POLÍTICA EXTERNA, LIDERANÇAS AUTORITÁRIAS E ULTRACONSERVADORISMO

Editora Appris Ltda.
1.ª Edição - Copyright© 2024 dos autores
Direitos de Edição Reservados à Editora Appris Ltda.

Nenhuma parte desta obra poderá ser utilizada indevidamente, sem estar de acordo com a Lei nº 9.610/98. Se incorreções forem encontradas, serão de exclusiva responsabilidade de seus organizadores. Foi realizado o Depósito Legal na Fundação Biblioteca Nacional, de acordo com as Leis nºs 10.994, de 14/12/2004, e 12.192, de 14/01/2010.

Catalogação na Fonte
Elaborado por: Dayanne Leal Souza
Bibliotecária CRB 9/2162

P769p
2024

Política externa, lideranças autoritárias e ultraconservadorismo / Rubens de S. Duarte e Carlos R. S. Milani (orgs.). – 1. ed. – Curitiba: Appris, 2024.
357 p. : il. ; 23 cm. – (Coleção Relações Internacionais).

Vários autores.
Inclui referências.
ISBN 978-65-250-6554-0

1. Política externa. 2. Autoritarismo. 3. Conservadorismo. 4. Brasil. I. Duarte, Rubens de S. II. Milani, Carlos R. S. III. Título. IV. Série.

CDD – 327

Livro de acordo com a normalização técnica da ABNT

Appris
editora

Editora e Livraria Appris Ltda.
Av. Manoel Ribas, 2265 – Mercês
Curitiba/PR – CEP: 80810-002
Tel. (41) 3156 - 4731
www.editoraappris.com.br

Printed in Brazil
Impresso no Brasil

Rubens de S. Duarte
Carlos R. S. Milani
(orgs.)

POLÍTICA EXTERNA, LIDERANÇAS AUTORITÁRIAS E ULTRACONSERVADORISMO

Appris editora

Curitiba, PR
2024

FICHA TÉCNICA

EDITORIAL	Augusto Coelho
	Sara C. de Andrade Coelho
COMITÊ EDITORIAL	Ana El Achkar (Universo/RJ)
	Andréa Barbosa Gouveia (UFPR)
	Antonio Evangelista de Souza Netto (PUC-SP)
	Belinda Cunha (UFPB)
	Délton Winter de Carvalho (FMP)
	Edson da Silva (UFVJM)
	Eliete Correia dos Santos (UEPB)
	Erineu Foerste (UFES)
	Erineu Foerste (Ufes)
	Fabiano Santos (UERJ-IESP)
	Francinete Fernandes de Sousa (UEPB)
	Francisco Carlos Duarte (PUCPR)
	Francisco de Assis (Fiam-Faam-SP-Brasil)
	Gláucia Figueiredo (UNIPAMPA/ UDELAR)
	Jacques de Lima Ferreira (UNOESC)
	Jean Carlos Gonçalves (UFPR)
	José Wálter Nunes (UnB)
	Junia de Vilhena (PUC-RIO)
	Lucas Mesquita (UNILA)
	Márcia Gonçalves (Unitau)
	Maria Aparecida Barbosa (USP)
	Maria Margarida de Andrade (Umack)
	Marilda A. Behrens (PUCPR)
	Marília Andrade Torales Campos (UFPR)
	Marli Caetano
	Patrícia L. Torres (PUCPR)
	Paula Costa Mosca Macedo (UNIFESP)
	Ramon Blanco (UNILA)
	Roberta Ecleide Kelly (NEPE)
	Roque Ismael da Costa Güllich (UFFS)
	Sergio Gomes (UFRJ)
	Tiago Gagliano Pinto Alberto (PUCPR)
	Toni Reis (UP)
	Valdomiro de Oliveira (UFPR)
SUPERVISORA EDITORIAL	Renata C. Lopes
PRODUÇÃO EDITORIAL	Adrielli de Almeida
REVISÃO	Vinícius Trindade
	Simone Ceré
DIAGRAMAÇÃO	Andrezza Libel
CAPA	Lívia Costa
REVISÃO DE PROVA	Daniela Nazario

COMITÊ CIENTÍFICO DA COLEÇÃO RELAÇÕES INTERNACIONAIS

DIREÇÃO CIENTÍFICA	Ramon Blanco (UNILA)
	Lucas Mesquita (UNILA)
CONSULTORES	Alexsandro Pereira (UFPR)
	Andrea Pacheco Pacífico (UEPB)
	Danielle Jacon Ayres Pinto (UFSC)
	Dawisson Belém Lopes (UFMG)
	Déborah Silva do Monte (UFGD)
	Fernando Ludwig (UFT)
	Gilberto Oliveira (UFRJ)
	Jayme Benvenutto (UFPE)
	Karina Lilia Pasquariello Mariano (UNESP)
	Lara Selis (UFU)
	Letícia Carvalho (PUC-MG)
	Marcela Vecchione (UFPA)
	Marcos Alan Ferreira (UFPB)
	Júlio C. Rodriguez (UFSM)
	Marta Fernandez (PUC-RJ)
	Maurício Santoro (UERJ)
	Muryatan Santana Barbosa (UFABC)
	Roberto Menezes (UNB)
INTERNACIONAIS	
	Cécile Mouly - Facultad Latinoamericana de Ciencias Sociales (FLACSO) Ecuador
	Daniela Perrotta - Universidad de Buenos Aires (UBA)
	Nahuel ODonne - Instituto Social del MERCOSUR

SUMÁRIO

INTRODUÇÃO 7
Rubens de S. Duarte
Carlos R. S. Milani

PARTE 1
POLÍTICA EXTERNA, AUTORITARISMO E MULTILATERALISMO

DIPLOMACIA BOLSONARISTA: DO POPULISMO À DEFINIÇÃO DE UMA POLÍTICA EXTERNA NÃO DEMOCRÁTICA................................ 17
Juliana Ramos Luiz
Rubens de Siqueira Duarte
Carlos R. S. Milani

CRISES DA DEMOCRACIA LIBERAL E ASCENSÃO DA EXTREMA DIREITA: RUPTURA E DESCONSTRUÇÃO DA POLÍTICA EXTERNA BRASILEIRA NO GOVERNO BOLSONARO 65
Tiago Nery
Pablo Saturnino Brag
Kethlyn Winter

CONTRA O MULTILATERALISMO: DESAFIOS E RESILIÊNCIA DO AUTORITARISMO ILIBERAL NA ORDEM INTERNACIONAL LIBERAL ..93
Leandro Carlos Dias Conde
Julia Nascimento Santos
Caio Samuel Milagres

MANUTENÇÃO DA PAZ EM TEMPOS DE CRISE DO MULTILATERALISMO E ASCENSÃO ULTRACONSERVADORA: UMA ANÁLISE DA POLÍTICA EXTERNA BRASILEIRA 133
Hugo Bras Martins da Costa
Murilo Gomes da Costa

PARTE 2
POLÍTICAS ANTIDEMOCRÁTICAS E AGENDAS INTERNACIONAIS

A POLÍTICA EXTERNA DO GOVERNO BOLSONARO E A AGENDA DE DIREITOS LGBTI..165
Magno Klein
Henrique Rabello de Carvalho

PÓS-FASCISMOS E ANTIDIREITOS DE GÊNERO: ANÁLISE DOS CASOS BRASILEIRO E INDIANO 201
Juliana Pinto
Bruna Soares

"A VERDADE ACIMA DE TUDO": OS FATORES ANTIDEMOCRÁTICOS E NEGACIONISTAS NA POLÍTICA EXTERNA CLIMÁTICA DO GOVERNO BOLSONARO 231
Danielle Costa da Silva
Maria Isabel Santos Lima
Beatriz Triani Cherem

AS RELAÇÕES ENTRE AUTORITARISMO, DESENVOLVIMENTO PREDATÓRIO E OBSTRUÇÃO CLIMÁTICA NO BRASIL: UMA ANÁLISE DO GOVERNO BOLSONARO 275
Carlos R. S. Milani
Janaína Pinto
Arthur Facini

IMPACTO DA COOPERAÇÃO INTERNACIONAL SOBRE A DEMOCRACIA EM ÁFRICA: UMA ANÁLISE COMPARATIVA SOBRE A INFLUÊNCIA DA COOPERAÇÃO NORTE-SUL E SUL-SUL NO PROCESSO DA DEMOCRATIZAÇÃO EM MOÇAMBIQUE................................309
Francisco Carlos da Conceição
Pedro Guiliche
Bénet Justina Machava

SOBRE OS AUTORES 349

INTRODUÇÃO

Rubens de S. Duarte
Carlos R. S. Milani

Na atualidade, seria adequado falar de uma onda transnacional de governos ultraconservadores e autoritários? O que existiria de singular no caso do governo de Jair Bolsonaro no Brasil? Como esses governos concebem e implementam as políticas públicas em geral e a política externa em particular? Existiriam aspectos comuns nas agendas internacionais dos Estados governados por lideranças ultraconservadoras e autoritárias? Quais? Como analisar o impacto dessa onda de políticas antidemocráticas e de ultraconservadorismo nos espaços multilaterais, sobretudo no âmbito das Nações Unidas? Em nossas pesquisas individuais e na reflexão coletiva do grupo, estaríamos satisfeitos com o uso frequente das terminologias "lideranças populistas", "governos populistas" ou ainda "política externa populista"? Como tratar, teórica e conceitualmente, esse fenômeno, considerando os diferentes contextos em que surgem? Tais foram as principais perguntas que alimentaram as plenárias do Laboratório de Análise Política Mundial (LABMUNDO), antena Rio de Janeiro, ao longo de três anos, entre março de 2021 e novembro de 2023, culminando, agora, na apresentação da presente obra coletiva.

Como organizadores desta coletânea, sabemos que, principalmente a partir da segunda década do século XXI, o mundo foi palco para a atuação de diversos governos e movimentos que passaram a desafiar instituições da democracia liberal, suas políticas e decisões, cujos impactos sociais foram produzindo, desde os anos 1990 e progressivamente, padrões de exclusão e indicadores de insatisfação social no Norte e no Sul do sistema internacional. Essa onda de insatisfação reverberou nas dimensões cultural, social, política e econômica, impressionando por sua rápida difusão, sua agressividade e sua capacidade de questionamento ou mesmo de destruição das instituições políticas existentes nos mais variados contextos de desenvolvimento da democracia. O uso de novas tecnologias de comunicação, das redes sociais e de ferramentas de desinformação e reprodução de notícias falsas, inclusive mediante aplicativos de inteligência artificial, tem sido um aspecto comum aos diferentes casos nacionais. Há aprendizado e reprodução transnacional das lições, sempre visando a minar princípios, normas e práticas democráticas.

Os casos mais simbólicos que motivaram o início deste projeto do LABMUNDO foram a saída do Reino Unido da União Europeia, a eleição de Donald Trump nos Estados Unidos e a crise política no Brasil que culminou com a vitória eleitoral de Jair Bolsonaro em 2018. Todavia, outros exemplos também podem ser incluídos nessa lista, a exemplo do governo de Rodrigo Duterte nas Filipinas, Recep Tayyip Erdoğan na Turquia (principalmente em sua fase mais recente) e de Viktor Mihály Orbán na Hungria, bem como o crescimento do Rassemblement National (França), da Alternative für Deutschland (Alemanha), do UK Independence Party e do Reform UK (Reino Unido), do Prawo i Sprawiedliwość (Polônia) e do VOX (Espanha). Mais recentemente, também se pode citar os trunfos eleitorais do Irmãos da Itália de Giorgia Meloni (Itália), Javier Milei (Argentina) e Geert Wilders (Países Baixos).

Todos esses casos guardam características únicas que respondem a uma realidade material e ideacional própria do contexto em que estão inseridos. Entretanto, eles se encontram, em diferentes intensidades, em algumas características comuns, podendo inclusive adotar como estratégia a construção de redes transnacionais de solidariedade para mobilizar e repercutir argumentos e apoios para além das fronteiras nacionais. Entre os aspectos que podem apresentar em comum, podemos lembrar, por exemplo, o descaso por instituições democráticas, a valorização de sentimentos ultranacionalistas, o revisionismo dos Direitos Humanos (em especial os ligados a minorias), a denúncia do que chamam de "ideologia de gênero", o negacionismo (científico, histórico, climático), o favorecimento de grupos religiosos, a rejeição de políticas de cunho social, uma paradoxal aliança com visões e estratégias ultraliberais no campo econômico e, finalmente, o desprezo pelo multilateralismo no âmbito internacional.

A inequívoca relevância dessa onda antidemocrática e ultraconservadora foi rapidamente identificada por pesquisadores do Brasil e de outras regiões do mundo. Diante da percepção de que poderíamos contribuir para a compreensão desse fenômeno, bem como para construir bases intelectuais que visem a sua superação, o LABMUNDO também procurou dialogar com esse tema, pesquisando seu impacto na política externa do Brasil e de outros países, em perspectiva comparada. Cabe ressaltar que apresentamos ao público uma obra genuinamente coletiva, resultante de um esforço concentrado de um grupo composto de pesquisadores de diferentes gerações e marcado pela pluralidade de pensamentos e métodos. Até mesmo a decisão a favor de como trabalhar este tema foi objeto de deliberação.

Com o tema de pesquisa definido, o LABMUNDO passou a ler e debater obras clássicas e outras mais recentes que já buscassem analisar essa onda antidemocrática. Não tardou para que o grupo percebesse que cientistas sociais buscavam conceitos já existentes na literatura científica, em particular de sociologia e ciência política, a fim de encaixar esse arcabouço teórico no que observavam empiricamente no momento contemporâneo. Foi o caso, por exemplo, de "populismo", "extrema direita", "fascismo" e "ultraconservadorismo". É importante reconhecer que esse esforço intelectual levou a reflexões importantes na construção de um pensamento crítico e embasado sobre o tema. É igualmente necessário lembrar que o uso desses conceitos, embora útil, não pode ser tratado como definitivo ou plenamente satisfatório. Ainda que tenham raízes, características e símbolos comuns, os movimentos no século XXI trazem inovações em seus projetos e em seus modos de agir. Também se deve levar em conta que o cenário mundial, os regimes internacionais, as instituições democráticas e as ferramentas de comunicação disponíveis passaram por processos de profunda transformação ao longo das décadas, aspecto esse que não pode ser ignorado. A extratemporalidade faz com que alguns conceitos precisem ser revisitados, a fim de que seus contornos renovados possam dar respostas mais precisas para a análise científica dos fenômenos atuais.

Ao longo dos debates, o LABMUNDO também identificou o risco de esvaziamento de conceitos. Fazer concessões teóricas e metodológicas, a fim de permitir a utilização de conceitos para explicar fenômenos que não são de escopo original, pode levar à perda de seu poder interpretativo ou explicativo, fenômeno esse chamado por Giovanni Sartori *"conceptual stretching"* (Sartori, 1970; Collier; Mahon, 1993). No limite, o conceito, que foi formulado para analisar um fenômeno específico, passa a ser adaptado e empregado para casos tão diferentes do original e entre si, que perde a capacidade de interpretar ou explicar a empiria. O termo "populista", por exemplo, passou a ser usado de modo quase livre para denotar o grupo politicamente rival, frequentemente como conceito oposto a "liberal". Seu uso passou a ser carregado de um tom bastante negativo e pejorativo, para políticos, partidos, ações e grupos dos mais variados espectros ideológicos. Em muitos momentos, o uso desse conceito foi feito sem o entendimento dos processos de construção do populismo. Não interessava o rigor científico, pois o objetivo, muitas vezes, era causar um impacto midiático, social e político, buscando, assim, estigmatizar o outro. O populismo passou praticamente a ter um sentido semelhante ao de corrupto e de mau governo, que não condiz com as definições clássicas, por exemplo, de Ernesto Laclau e Chantal Mouffe.

Diante desses desafios teóricos e empíricos, e partindo do desejo coletivo e da inquietação intelectual visando a entender melhor a onda de políticas antidemocráticas e de ultraconservadorismo e seu impacto na política externa, o LABMUNDO se propôs a organizar a presente obra. Os autores e autoras dos capítulos a seguir foram encorajados a analisar criticamente os conceitos existentes na literatura científica, de modo a trazer inovações conceituais e teóricas para se pensar a emergência de políticas antidemocráticas e seus efeitos nas relações internacionais e na política externa. Esse objetivo guia toda a construção desta obra, servindo de ponto de partida e de centro gravitacional para todas as contribuições.

O livro é dividido em duas partes. A primeira, "Política externa, autoritarismo e multilateralismo", tem como objetivo principal debater as interfaces entre as ondas autoritárias e a crise do multilateralismo, buscando analisar os impactos daí resultantes para a inserção internacional dos países do Sul Geopolítico, em especial o caso do Brasil (Alles; Brun, 2023). De autoria de Juliana Luiz, de Rubens de S. Duarte e de Carlos R. S. Milani, o primeiro capítulo apresenta os contornos do que os autores chamam de uma política externa democrática, para questionar o impacto do governo Bolsonaro sobre preceitos e procedimentos constitucionais na formulação e na condução da política externa. Para isso, os autores discutem as limitações dos conceitos existentes na literatura científica e estabelecem critérios constitutivos da política externa democrática. Diversos intelectuais clássicos são mobilizados nesse capítulo: Ernesto Laclau, Chantal Mouffe, Pierre Rosanvallon, Takis Pappas, entre outros. Com isso, os autores aplicam esse arcabouço teórico para a análise empírica, a partir do monitoramento das políticas no âmbito doméstico e do comportamento do Brasil em foros multilaterais, em particular no que tange à rivalidade sino-americana, às organizações multilaterais e à cooperação com outros países em desenvolvimento.

O segundo capítulo, de Tiago Nery, Pablo Saturnino Braga, Kethlyn Winter, assim como o anterior, dedica-se em um primeiro momento à análise das insuficiências dos conceitos existentes na literatura acadêmica — em especial "reacionarismo", "populismo" e "fascismo" — para entender o governo Bolsonaro. Além de uma análise apurada das mudanças promovidas no âmbito multilateral, os autores provocam o leitor a refletir sobre o Brasil como um fator de desagregação regional. Ou seja, o advento da liderança ultraconservadora de Bolsonaro provocou uma mudança tão profunda na tradição da política externa brasileira que fez com que o Brasil passasse a ser um fator causador ou agravador de desequilíbrios sociais, políticos e econômicos na América do Sul. De acordo com a análise proposta pelos autores, o Brasil, que foi atingido por essa onda mundial de políticas antidemocráticas e ultraconservadoras, passou, também, a ser um promotor e difusor desse movimento para países vizinhos, por meio de um efeito transbordamento.

Leandro Dias Conde, Júlia Nascimento Santos e Caio Samuel Milagres, autores do terceiro capítulo, sugerem uma análise que coloque a crítica da ordem internacional liberal no centro dos debates. Consideram que as políticas antidemocráticas e ultraconservadoras trazem consigo um descontentamento com as instituições internacionais e com os resultados sociais, políticos e econômicos que elas geraram nas últimas décadas. Diante da percepção de que essa estrutura internacional não é aceitável, há uma série de tentativas de miná-la e de criar oposições ao seu funcionamento. Trata-se, aqui, de uma análise baseada na identidade desses atores, que, segundo os autores, não veriam mais suas expectativas representadas nas instituições internacionais. Em seguida, os autores discutem os desafios internos do governo Bolsonaro, diante da disputa entre diferentes visões sobre o multilateralismo, descrevendo detalhadamente o papel de atores-chave na consolidação dos novos posicionamentos do Brasil.

O último capítulo da primeira parte situa-se na fronteira entre a política externa e a política de defesa, analisando o impacto da ascensão da onda antidemocrática e ultraconservadora na inserção brasileira no regime de segurança internacional. Hugo Bras Martins da Costa e Murilo Gomes da Costa esmiúçam empiricamente o impacto dos governos Temer e Bolsonaro no processo decisório relativo à participação em missões de paz. De modo dialético, o capítulo também explora em que medida a participação do Brasil na Missão das Nações Unidas para a estabilização no Haiti (MINUSTAH) atendeu às expectativas de socializar valores democráticos nas tropas brasileiras, bem como o papel desse *"peacekeeper* democrático" na política doméstica. Esse debate toma importância destacada ao se considerar o aumento da quantidade de militares (da reserva e da ativa) que ocuparam cargos ou chefiaram postos da administração pública ao longo do governo Bolsonaro.

A segunda parte, com o título de "Políticas antidemocráticas e agendas internacionais", tem como objetivo principal investigar as mudanças em matéria de formulação e implementação das políticas públicas, em especial da política externa, selecionando atores e agendas de acordo com as pesquisas individuais e coletivas em andamento. Para abrir esse segundo bloco, Magno Klein e Henrique Rabello de Carvalho exploram a política externa brasileira na agenda dos direitos LGBTI. Iniciam o debate recuperando as características e os princípios que permearam a tradição diplomática do Brasil nesse tema, para, em um segundo momento, contrastar com a postura adotada após a eleição de Bolsonaro em 2018. Esse contraste alimenta as análises que os autores oferecem no âmbito do processo decisório, das convergências ideológicas entre as bases de apoio de Bolsonaro e a condução de temas relacionados aos Direitos Humanos – dos quais os direitos LGBTI fazem parte.

O capítulo de autoria de Juliana Pinto e de Bruna Soares dá continuidade ao debate, aprofundando o impacto da onda ultraconservadora e autoritária na condução da política externa. As autoras oferecem uma visão baseada nos conceitos de "pós-fascismo" e de "política antidireitos" no âmbito dos Direitos Humanos, para destrinchar ações promovidas contra políticas de equidade de gênero. No capítulo, também são abordadas as estratégias utilizadas por governos autoritários para enfraquecer ou até para amputar políticas ligadas ao gênero. Com isso, as autoras identificam uma íntima relação com o extremismo religioso que é usado instrumentalmente para induzir pautas ultraconservadoras e para dar uma sustentação político-ideológica ao projeto de extirpar direitos da população.

Em seguida, o capítulo de autoria de Danielle Costa da Silva, de Maria Isabel Santos Lima e de Beatriz Triani Cherem inaugura nesta obra o debate mais atento a uma das principais características dessa onda de políticas antidemocráticas e ultraconservadoras: o negacionismo. A primeira seção do capítulo é dedicada para o debate conceitual entre políticas antidemocráticas e o negacionismo, sendo que as autoras elegeram o negacionismo climático como estudo de caso, a fim de dar insumos empíricos para o debate. O capítulo é baseado em uma densa e interessante metodologia de análise do conteúdo dos discursos de Bolsonaro, o que enriquece o capítulo — e esta obra como consequência — com uma perspectiva inovadora para o caso em questão.

O debate sobre negacionismo climático continua no capítulo seguinte, que é escrito por Carlos R. S. Milani, Janaína Pinto e Arthur Facini. Os autores identificam diferentes tipos de negacionismo e de estratégias empregadas. Com base nesse entendimento, a análise passa a dar conta de um maior leque de atores, motivações e ações que podem ser classificadas como negacionistas. Essa análise é, inicialmente, feita com base nos países do Norte Geopolítico, onde a literatura científica já avançou no mapeamento. Esse panorama mais amplo permite a compreensão do grau de influência que o negacionismo tem na política externa bolsonarista, que é foco da terceira seção do capítulo. Os autores também propõem uma leitura interdisciplinar da questão, trazendo, além das Relações Internacionais, interfaces com outras disciplinas das ciências sociais e das humanidades.

O último capítulo foi reservado para uma análise do impacto das políticas antidemocráticas e ultraconservadoras no continente africano. Francisco Carlos da Conceição, Pedro Guiliche e Bénet Justina Machava analisam como as políticas de ajuda e de cooperação internacional para o desenvolvimento foram impactadas e, consequentemente, como impactou o processo de democratização. Os três autores moçambicanos escolhem seu país como estudo de caso, uma vez que é um dos Estados que mais recebem fluxos internacionais de ajuda e de cooperação no mundo.

Ao fechar esta breve introdução, gostaríamos de registrar os nossos agradecimentos, em primeiro lugar, a todas e todos os pesquisadores do LABMUNDO que se engajaram neste projeto intelectualmente desafiador. Em segundo lugar, expressamos os nossos reconhecimentos às instituições que apoiam e financiam as atividades do LABMUNDO (antena Rio de Janeiro) no seio da Universidade do Estado do Rio de Janeiro (UERJ): ao Instituto de Estudos Sociais e Políticos (IESP), à Fundação de Amparo à Pesquisa do Estado do Rio de Janeiro (Faperj) e ao Conselho Nacional de Desenvolvimento Científico e Tecnológico (CNPq), o nosso muito obrigado.

Referências

ALLES, Delphine; BRUN, Elodie. Mobilizing the South: Pluralizing and Complexifying Multilateralism. *In*: GUILBAUD, Auriane; PETITEVILLE, Franck; RAMEL, Frédéric. (org.). *Crisis of Multilateralism? Challenges and Resilience*. London: Palgrave Macmillan, 2023. p. 177-196.

COLLIER, David; MAHON, James E. Conceptual "Stretching" Revisited: Adapting Categories in Comparative Analysis. *The American Political Science Review*, Cambridge, v. 87, n. 4, p. 845-855, 1993.

SARTORI, Giovanni. Concept Misformation in Comparative Politics. *The American Political Science Review*, Cambridge, v. 64, n. 4, p. 1033-1053, 1970.

PARTE 1

POLÍTICA EXTERNA, AUTORITARISMO E MULTILATERALISMO

DIPLOMACIA BOLSONARISTA: DO POPULISMO À DEFINIÇÃO DE UMA POLÍTICA EXTERNA NÃO DEMOCRÁTICA

Juliana Ramos Luiz
Rubens de Siqueira Duarte
Carlos R. S. Milani

Introdução

O ano de 2018 já apresentava indícios de profundas transformações da ordem internacional e doméstica, inclusive no campo da política externa. No cenário internacional, o resultado do referendo britânico sobre a permanência do Reino Unido na União Europeia (também conhecido como Brexit) e a eleição de Donald Trump nos Estados Unidos davam o tom radical da mudança. No âmbito doméstico, o então presidenciável Jair Bolsonaro, ao longo de sua campanha eleitoral, apresentou promessas polêmicas para a política externa alinhadas com a onda transnacional de ressurgimento da extrema direita e dos movimentos ultraconservadores. Suas promessas incluíam, por exemplo, interromper as relações bilaterais do Brasil com Cuba e com Venezuela, bem como a transferência da embaixada em Israel de Tel Aviv para Jerusalém, propostas que rompiam claramente com a longa tradição brasileira em sua diplomacia regional e multilateral. Ainda em campanha, Bolsonaro também provocou atritos com a China, maior parceiro comercial do Brasil, por exemplo, ao vociferar que Pequim estaria "não comprando do Brasil, mas o Brasil" (Gragnani, 2018).

Em sua proposta de governo, entregue ao Tribunal Superior Eleitoral (TSE) e autointitulada de "Projeto Fênix", Bolsonaro prometia um "novo Itamaraty", de modo que o órgão estivesse, em sua percepção, "a serviço de valores que sempre foram associados ao povo brasileiro" (TSE, 2018). Tal "guinada à direita" (Galinari, 2019), que aqui preferimos definir como, de fato, uma virada à extrema direita, confirmou-se com a indicação para o cargo de ministro das Relações Exteriores do jovem diplomata Ernesto Araújo, então diretor do Departamento de Estados Unidos, Canadá e Assuntos Interamericanos no Itamaraty. Araújo nunca havia chefiado posto no exterior até o momento de sua nomeação como chanceler. Em claro aceno a Olavo de

Carvalho, guru da extrema direita brasileira ainda vivo naquele momento, a escolha para o Itamaraty foi anunciada pelo Twitter de Jair Bolsonaro no final de 2018, afirmando que "a política externa brasileira deve ser parte do momento de regeneração que o Brasil vive hoje" (Rodrigues, 2018).

Com o início do mandato, em janeiro de 2019, presidente e chanceler reforçaram em seus discursos de posse que o novo governo representava um momento ímpar para a libertação nacional. Segundo Bolsonaro, o Brasil voltaria "a ser um país livre das amarras ideológicas" (Brasil, 2019a). A mesma narrativa foi complementada por Araújo, que enfatizou que "o presidente Bolsonaro está libertando o Brasil, por meio da verdade" (Brasil, 2019b). Importante destacar que a "libertação pela verdade" tem um sentido bem específico para a extrema direita brasileira em geral e para Araújo em particular, já que "não se trata aqui de um conhecimento racional, [...] a verdade nesse sentido profundo não pode ser ensinada por dedução analítica. *Gnosis* é o conhecimento no sentido de uma experiência mais íntima. A verdade é essencial, mas não pode ser ensinada nem aprendida" (Brasil, 2019b). Em pleno século XXI, a diplomacia nacional voltava à tradição antimoderna, pré-iluminista e apocalíptica das verdades reveladas.

Em seus quatro anos de mandato presidencial, inúmeros acontecimentos, posicionamentos e declarações marcaram a gestão Bolsonaro em matéria de política externa. Para dar conta das características essenciais da gestão bolsonarista da política externa, proliferaram adjetivações por parte da mídia especializada e de pesquisadores: "diplomacia do casuísmo" (Costa, 2020), "diplomacia errática" (Casado, 2020), "diplomacia da ruptura" (Spektor, 2019a), "diplomacia da vergonha" (Duchaide, 2020), "diplomacia da vassalagem" (Lima; Ferreira; Silva, 2023), "diplomacia da terra arrasada" (AFP, 2019), "diplomacia da camaradagem" (Estadão, 2019a), "política externa da estratégia do caos" (Lima; Albuquerque, 2019), "política externa da subordinação passiva" (Berringer *et al.*, 2022), "política externa da subserviência" (Fuser, 2019), "política externa de ultradireita" (Rodrigues, 2019) e "política externa populista" (Casarões, 2020).

Artigos publicados em jornais e redes sociais engrossaram uma nova onda global de estudos sobre a ascensão de governos de direita e de extrema direita. Muitos têm buscado no conceito do populismo uma definição que faça jus ao momento de expansão do ultraconservadorismo em escala global, de ataques aos organismos multilaterais e de posturas protecionistas e ultranacionalistas, como nos casos dos Estados Unidos, Reino Unido, Polônia, Hungria, Turquia, Filipinas e, entre 2019 e 2022, do Brasil.

A popularização e a difusão dos conceitos de populismo e neopopulismo na academia e grande mídia também provocaram críticas sobre seu uso, por ser "o termo populista [...] tão amplo que o único fio comum que contém é a aversão que seus usuários sentem por ele" (Cohen, 2018). Apesar do que consideramos aqui como imprecisão conceitual no uso do termo "populismo", Cas Mudde afirma que o debate tende a perdurar por permitir a "desmistificação da política [praticada] pelas democracias liberais ocidentais" (2004, p. 563). A pertinência do conceito também é apontada por Pierre Rosanvallon, que considera o populismo como um fato incontornável da contemporaneidade, a despeito de toda a sua confusão teórico-conceitual. O autor também destaca que não há outro conceito que cumpra a mesma função hoje exercida pelo populismo, isto é, demarcando o desencanto político e as fraturas sociais contemporâneas (Rosanvallon, 2020).

Não estamos tão certos quanto Cas Mudde ou Pierre Rosanvallon de que o "populismo", como conceito e realidade empírica, veio para ficar no debate sobre a construção da democracia nos mais diversos contextos, do Norte ao Sul, do Leste ao Oeste do sistema internacional. No entanto, acreditamos que o debate em curso confirma que é necessário voltar ao trabalho conceitual em matéria de política externa. É diante desse desafio que nos propusemos a construir este capítulo e a refletir sobre quais características melhor representam os quatro anos de governo Bolsonaro no campo da política externa. Sobretudo, embasados no entendimento de ser a política externa uma política pública (Lima, 2000; Milani, 2015; Milani; Pinheiro, 2017), buscamos avaliar em que medida o governo tem respondido aos critérios do que chamamos aqui de uma "política pública democrática", isto é, atendendo aos preceitos e procedimentos constitucionais pautados no respeito aos Direitos Humanos e na defesa do multilateralismo, como definiremos na primeira seção do capítulo. A pergunta central que buscamos responder é a seguinte: quais seriam as tarefas institucionais decorrentes do conceito de política externa democrática que o Executivo, mormente a Presidência da República e o Itamaraty, teria deixado de cumprir entre janeiro de 2019 e dezembro de 2022?

Nossa hipótese é de que, desde 1988, a administração Bolsonaro seria o primeiro dos governos a romper com os princípios normativos de uma política externa democrática, anunciando e implementando não apenas novas prioridades governamentais, mas associando a política externa brasileira (PEB) a um projeto de poder personalista e ultraconservador em descompasso com a diversidade sociocultural e o pluralismo político que embasam o pacto social da redemocratização. É evidente que a trajetória dos governos da redemocratização nunca foi homogênea, nem sequer perfeitamente enquadrada nos princípios normativos da política externa democrática, mas o governo de Bolsonaro foi o primeiro a produzir, na narrativa e nas práticas, uma ruptura com essa trajetória.

Para responder a esse questionamento, o presente capítulo está estruturado em torno de três seções: (i) um primeiro momento será dedicado ao debate conceitual sobre as insuficiências do termo "populismo", com indicação dos parâmetros mínimos para reconhecimento de uma política externa democrática; (ii) uma segunda seção fará um mapeamento dos principais atores no cenário doméstico que permeiam a formulação da política externa do governo Bolsonaro e das principais mudanças ocorridas ao longo de seu mandato, de modo a averiguar sua adequação aos critérios democráticos; (iii) a terceira seção analisa três âmbitos da política externa de Jair Bolsonaro, quais sejam, a rivalidade sino-americana, o multilateralismo e a cooperação regional e com outros países do Sul Geopolítico, avaliando os encaixes e desencaixes aos preceitos democráticos expostos.

As limitações conceituais do populismo e a proposta de uma política externa democrática

A ascensão de governos ultraconservadores de extrema direita nos últimos anos tem suscitado extensa apropriação e circulação internacional do termo "populismo" para se referir a lideranças tão distintas do ponto de vista ideológico, geopolítico e econômico quanto Donald Trump nos Estados Unidos, Viktor Orbán na Hungria, Mateusz Morawiecki na Polônia, Recep Erdogan na Turquia, Narendra Modi na Índia, Rodrigo Duterte nas Filipinas, Nicolás Maduro na Venezuela, Evo Morales na Bolívia ou Jair Bolsonaro no Brasil. Com exceção de alguns partidos e lideranças de direita e de esquerda que se autodeclaram abertamente populistas e atribuem a suas práticas uma carga positiva[1], trata-se de um termo usualmente mobilizado a partir de sua conotação negativa, isto é, enquanto "uma forma patológica, pseudo e pós-democrática, produzida pela corrupção dos ideais democráticos" (Mudde, 2004, p. 541). O teórico francês Pierre Rosanvallon equipara o populismo a uma espécie de "democratura", ou seja, um governo eleito pelo sufrágio universal, de aparências democráticas, mas que adota ferramentas francamente autoritárias (Rosanvallon, 2020).

---

[1] Este foi o caso, por exemplo, dos partidos políticos Podemos (Espanha) e Fidesz (Hungria).

Também se tornaram populares as publicações sobre a "política externa populista", em especial para analisar os casos dos EUA, União Europeia, Índia, Brasil e outros países latino-americanos (Cadier; Lequesne, 2020; Casarões; Farias, 2022; Giurlando; Wajner, 2023; Plagemann; Destradi, 2019; Wehner; Thies, 2021). O termo "populismo" é usado para vários contextos, de países industrializados a países do mundo em desenvolvimento, e essa ubiquidade torna o conceito ainda mais problemático, afinal, a variação em termos de trajetórias, práticas políticas e lideranças denominadas "populistas" impossibilita uma melhor análise comparativa das suas consequências nas instituições sociais e políticas (Stengel; Macdonald; Nabers, 2019). O populismo abarcaria diferentes espectros: de direita ou de esquerda; partidário ou baseado na figura do líder carismático. No caso da América Latina, por exemplo, experiências populistas perpassaram tanto ações governamentais de intervenção redistributiva, com vieses mais de esquerda nos anos 1930-50, quanto a fusão do modelo com o ajuste estrutural da desregulamentação neoliberal, com viés de direita, nos anos 1990 (Cadpevila *et al.*, 2019). São exatamente essas múltiplas ancoragens empíricas do populismo que tornam sua definição uma tarefa intelectual bastante árdua.

Para Takis Pappas, o conceito peca por seu essencialismo, construído a partir de diferentes características e contextos históricos ou geográficos, mas igualmente por sua falta de clareza quanto àquilo que não é. Ou seja, o conceito oposto de populismo não é preciso: seria a democracia *tout court* o conceito oposto de populismo? Seria a democracia representativa? Ou a democracia liberal? A imprecisão do conceito oposto também dificulta definir um recorte mais claro e objetivo dos critérios de inclusão e de exclusão relativos ao populismo. Sua operacionalização depende da recorrente mobilização de diferentes variáveis dos exemplos concretos, em vez de uma clara definição do conceito (Pappas, 2019).

Há autores que o compreendem como um método de comunicação, um modo específico de discurso (Aslandis, 2015, 2017; Norris; Inglehart, 2019; Norris, 2020). Enquanto retórica, o populismo mobilizaria apenas princípios de primeira ordem (estendendo a legitimidade de governar exclusivamente para o povo), mas é silente "quanto aos princípios de segunda ordem, isto é, sobre o que deve ser feito, quais políticas devem ser seguidas, quais decisões devem ser tomadas" (Norris; Inglehart, 2019, p. 4). Já para Benjamin Moffit (2016), o populismo representa um "estilo político", em que o estilo político criaria o próprio conteúdo e vice-versa; nesse sentido, o populismo seria "realizado, incorporado e promulgado em uma variedade de contextos políticos e culturais" (Moffit, 2016 *apud* Zeemann, 2019, p. 34).

Há também aqueles que reconhecem no conceito algo como uma ideologia emergente ou de menor envergadura. Cas Mudde (2004), por exemplo, define o populismo como um "esqueleto ideológico sem robustez" (no inglês, "*a thin-centered ideological skeleton*"), em comparação com o socialismo ou o liberalismo. Argumenta o autor que o populismo disporia de um núcleo duro de entendimento que gira em torno da homogeneização e simplificação de dois polos: povo e elite. Como afirma Cas Mudde, o populismo se espelharia no entendimento de que a sociedade "está separada em dois grupos homogêneos e antagônicos, o povo puro versus a elite corrupta", e que a política deveria ser uma expressão da vontade geral do povo (Mudde, 2004, p. 543). Essa definição se aproxima em grande medida da construção feita por Rosanvallon, ao ver o populismo como uma ideologia ascendente do século XXI (Rosanvallon, 2020).

Rosanvallon desenvolve sua análise de uma "cultura populista" a partir de cinco elementos: concepção de povo, de teoria democrática, de modo de representação, de economia política e filosófica, e de um regime de paixões e emoções. Para a concepção de povo, a lógica binária é equivalente às já mobilizadas por diferentes correntes e autores. Para o entendimento populista de democracia, a lógica democrática se apoia em três elementos: 1) na democracia direta, 2) na rejeição de instituições intermediárias e 3) na capacidade de expressão espontânea e imediata da vontade geral. Para a concepção de representação, dá-se destaque à figura de "homem-povo", isto é, a capacidade (normalmente do líder) de encarnar o povo em sua totalidade. Quanto à teoria econômica, vista como parte da política, Pierre Rosanvallon acredita haver principalmente um protecionismo econômico (neonacionalismo econômico) que garante soberania e segurança nacional. Por fim, no que tange ao regime de emoções, o autor considera o populismo como pioneiro na mobilização dos afetos na política, indo muito além das performances tradicionais da mobilização eleitoral. Segundo o autor francês, as formas contemporâneas de populismo guardam as aparências da democracia (pela via eleitoral), mas assumem modos autoritários de governar, apelando frequentemente ao *referendum* e às redes sociais como canais diretos de diálogo com o "povo" (Rosanvallon, 2020).

Em meio ao debate sobre a teoria democrática, Pappas (2019) identifica na ontologia do populismo duas propriedades indissociáveis: democracia e iliberalismo. Para o autor, populismo é equivalente à democracia iliberal, já que a política liberal está em constante busca de contenção da tirania da maioria, da promoção de diversidade social, da proteção do sistema de freios e contrapesos, entre outros mecanismos considerados irrelevantes no método populista. Como destaca o autor, "populismo é sempre democrático, mas nunca liberal" (2019, p. 35). Por meio de reflexões instigantes, Pappas (2019) adota uma concepção minimalista de democracia (por exemplo, a democracia eleitoral), que permite observar os mais diferentes governos atualmente identificados como populistas. Contudo, sua construção se desdobra em um outro debate, sobre as teorias de construção da democracia.

Quando passamos para a discussão sobre populismo e relações internacionais, o que se percebe é que o campo "tem se omitido com relação ao fenômeno" (Stengel; MacDonald; Nabers, 2019, p. 1-2). Os autores concordam que falta na literatura "um exame sistemático dos aspectos internacionais e transnacionais do populismo" (Stengel; MacDonald; Nabers, 2019, p. 3). Outro importante alerta é colocado por Sandra Destradi e Johannes Plagemann, ao enfatizarem que é ainda mais incipiente o estudo do populismo e política externa para além do seu viés ocidental (baseados nos exemplos europeus e norte-americanos). Os autores alertam, consequentemente, para a necessidade de estudos sobre o possível impacto na política mundial dessa ascensão populista não apenas nos países do Norte, mas especificamente nos países do que eles chamam de Sul Global (Destradi; Plagemann, 2019).

Na esteira desse raciocínio, mas longe de esgotar o debate existente sobre o populismo e suas contradições nas teorias sobre a construção democrática, cumpre destacar as críticas à definição de populismo a partir da polarização negativa, como o fazem em seus trabalhos Ernesto Laclau (2005) e Chantal Mouffe (2016). Ambos partem do pressuposto de que o conflito é inerente à política e, portanto, sempre haveria um "nós" contra "eles", impossibilitando a elaboração de uma teoria do populismo embasada nessa dimensão. Segundo Laclau, como indica o Quadro 1, o que precisa ser compreendido no estudo do populismo são "os motivos pelos quais essa forma de expressão política e social se [torna] 'necessária' em um determinado contexto histórico e cultural" (Gadea, 2017, p. 14). A resposta está, para Chantal Mouffe, na crise atual do modelo hegemônico neoliberal, que se atrela à crise da própria democracia liberal.

Quadro 1 – A contribuição de Laclau para o debate sobre populismo

Ernesto Laclau (1935-2014) argumenta que o populismo não pode ser reduzido à ideologia, ao resultado do desenvolvimento irracional de retóricas e práticas políticas, nem a um fenômeno sociocultural estreitamente identificado com a liderança carismática de um líder. O populismo ultrapassa as adjetivações negativas (por exemplo, irracional) e ultrapassa a análise do "conteúdo social" (como interesses de classe ou outros interesses). O populismo seria, portanto, um ato performático dotado de racionalidade própria, e a natureza vaga de suas agendas seria precondição para a construção de significados políticos vazios, porém instrumentalmente relevantes.
Para construção desse raciocínio sobre o populismo, Laclau desenvolve três premissas fundamentais sobre o tema. Primeiro: define a esfera pública não dominada pela argumentação racional e pela deliberação, mas a partir do conflito e divisão, reconhecendo tal dimensão conflitiva como elemento essencial da sociedade, inclusive para formação de políticas democráticas e plurais.
Segundo: ao invés de compreender a natureza e a lógica da formação das identidades coletivas a partir da sociologia dos grupos sociais, Laclau observa a constituição desse coletivo a partir da análise das demandas sociais, principalmente as não atendidas. À medida que se acumulam, transformam-se em exigências sociais que ajudam a articular essas múltiplas demandas em grupos e propiciar sentido de unidade, a partir da construção de identidades coletivas populares.
Terceiro: reconhece os significantes "vazios e flutuantes" como fundamentais para a construção da hegemonia no populismo. Para formação de identidades coletivas populistas, é preciso haver a congregação das diferentes particularidades dos grupos insatisfeitos. Essa equivalência é operada por meio desses significantes vazios, produzidos e reproduzidos a partir da retórica e de ferramentas — como a sinédoque — em que a parte passa a representar o todo (quando a *plebs* passa a significar o *populus*).
A partir dessas premissas, fica evidente que, para o autor, o "povo" não é um sujeito prévio a uma política populista, mas um sujeito político constituído por meio da instância política do populismo. E esse "povo" do populismo é bastante específico: ele não é a soma dos membros da comunidade, mas a soma dos "excluídos" e "ressentidos" que tomou para si a representação do todo.
Analisando os casos históricos da França (General Boulanger) e dos EUA (The People's Party) no século XIX, ou ainda a Turquia (Ataturk) e a Argentina (Perón) no século XX, Laclau analisa como demandas populares heterogêneas (não atendidas) geram ressentimento e são tornadas equivalentes graças à retórica. Ao final, tendo sido tornadas equivalentes, passam a ter um mesmo inimigo institucional, necessitando apenas de um significante vazio que as unifique.

Fonte: elaboração dos autores a partir de Laclau (2013)

Para Chantal Mouffe, as "repúblicas de centro" provocaram "a ausência de luta entre projetos de sociedade opostos, priva[ndo] as eleições de seu sentido e fornece[ndo] um terreno favorável ao desenvolvimento de partidos populistas de direita" (Mouffe, 2020). Essa lógica está, em certa medida, por trás da reflexão de Maristella Svampa sobre os limites do tensionamento democrático. Svampa define populismo como uma ambivalência, na tensão constitutiva entre elementos democráticos e não democráticos (2019, p. 2-4). No caso específico da América Latina para o século XXI, as "repúblicas de centro" construídas via consenso pelos governos progressistas de centro-esquerda, a ausência de alternativas dentro do campo progressista e o aumento da demonização do modelo resultaram no ultraconservadorismo e no reacionarismo de extrema direita na região, incluindo aí o Brasil como um dos exemplos mais emblemáticos. O recorte reforça a necessidade de tratar o populismo não como conteúdo, mas sim como forma.

Reconhecendo a importância de compreender os motivos pelos quais o populismo se torna expressão política e social de determinado contexto, a nosso ver, muitos trabalhos acadêmicos que mobilizam o populismo para discutir a política contemporânea não dispõem de um aprofundamento da compreensão histórica do autoritarismo, dos processos de exclusão social, das diferentes dimensões da crise socioambiental, da violência e das violações de Direitos Humanos nos mais diversos contextos de formação social e política, principalmente no caso dos países do Sul Geopolítico (Milani; Kraychete, 2022). Com isso, pecam por dissociar o conceito de populismo de uma teoria do Estado, de uma compreensão crítica do capitalismo e suas variedades; igualmente se distanciam de uma análise detalhada da policrise e da entropia sistêmica que representa a nossa entrada no Antropoceno (Brown, 2019, Chakrabarty, 2015, Morin; Kern, 1993; Swilling, 2013).

Por exemplo, para economias da periferia e semiperiferia do sistema internacional, como interpretar as diferentes trajetórias nacionais do neoliberalismo e seus efeitos sobre os processos de construção da democracia? No contexto de países de renda média, com altos índices de desigualdade e baixos níveis de acesso à educação formal, quais seriam as diferenças entre uma liderança popular e outra populista? Se o conceito de "populismo", como defendem alguns, tem sistematicamente uma conotação negativa, qual seria o seu conceito oposto? Ou seja, a que modelo de democracia se aspira quando se critica um governo ou uma liderança de "populista"? Estas seriam algumas das perguntas que, a nosso ver, os analistas que defendem o uso do termo deixam de responder, esvaziando suas análises de profundidade histórica, teórica, contextualizada e crítica.

Assim, muito modestamente, neste capítulo, propomos pensar os contornos de uma política externa democrática no Brasil e, por exclusão, os critérios que nos permitiriam etiquetar a política externa de Jair Bolsonaro como não democrática. A política externa, como é recorrentemente descrita pela literatura, mantém algum caráter insular/autônomo, resultado do fato de "originalmente, [ter sido] confiada a indivíduos ou grupos de indivíduos diretamente designados pelo soberano" (Lopes, 2012, p. 190). Uma característica que o corpo diplomático parece esforçar-se para sua manutenção. Em que pese esse insulamento relativo, diversos avanços de desencapsulamento permitem apontar, ainda que de modo lento e não linear, para a direção de uma política externa democrática, vide a crescente visibilidade da política externa no debate eleitoral, as crescentes demandas e reivindicações de atores não governamentais no campo das negociações internacionais, as propostas de criação de instâncias participativas/deliberativas de política externa por parte da sociedade civil, além do crescimento do debate acadêmico da política externa como mais uma das políticas a cargo do governo eleito (Faria, 2018, p. 69).

O debate acadêmico apresentado por Dawisson Lopes (2012, p. 186) sobre a possibilidade de uma política externa democrática ser ou não ser uma contradição lógica (oxímoro) ou uma impossibilidade fática (quimera) segue atual, sobretudo em razão da inclinação aristocrática da PEB, tendência sinalizada pelo mesmo autor (Lopes, 2010). Mas em que pese a ressalva, pesquisas como de Mesquita (2018) têm apresentado evidências da incorporação de mecanismos e instrumentos democráticos pela PEB desde a redemocratização política do país, sobretudo pela incorporação das normas constitucionais na forma de condução da política e pela observação dos parâmetros institucionais de participação da sociedade na agenda internacional.

Por exemplo, Mesquita (2018, p. 118) reforça que, aspecto constitucional, o artigo 4.º da Constituição de 1988 trouxe — pela primeira vez — a apresentação expressa de um rol de princípios "com o intuito de limitar e de conduzir a política externa nacional". Dentre os princípios estão da independência nacional, do respeito e prevalência dos Direitos Humanos, da autodeterminação dos povos, da não intervenção, da igualdade entre Estados; da defesa da paz; da solução pacífica de conflitos; do repúdio ao terrorismo e racismo; da cooperação entre os povos; da concessão de asilo político; e da integração econômica, política, social e cultural com os povos da América Latina. No aspecto institucional, Mesquita destaca diversas iniciativas de engajamento participativo, como o Programa Mercosul Social e Participativo, estabelecido pelo Decreto n.º 6.594/08, "resultado de um processo histórico de demandas de grupos sociais atuantes na política regional, em conjunto com diversas políticas governamentais de incentivo à participação social" (Mesquita, 2018, p. 120), e a criação do Conselho Provisório de Representantes das Comunidades Brasileiras no Exterior, formalizado pelo Decreto n.º 7.987/16, e também institucionalizado para ser uma ponte de diálogo entre o Itamaraty e as comunidades brasileiras no exterior.

Ainda que haja muitas lacunas sobre participação, Mesquita compreende ser possível reconhecer a existência de uma "política externa democraticamente orientada" desde 1988, isto é, produzida sobre a vigência de regimes democráticos, respeitosa dos

> [...] mecanismos e arranjos institucionais que ampliam a participação de atores não estatais no processo decisório da política externa, permitindo o aperfeiçoamento da representação política dentro da mesma, a qual historicamente ficou centralizada às burocracias estatais, criando um caráter diferenciado em relação às demais políticas e ramos do Estado (Mesquita, 2018, p. 109).

No bojo dos debates sobre política externa como política pública, por vezes houve percepções equivocadas de que, por ser uma política pública, a política externa seria *ipso facto* democrática, como se governos autoritários não concebessem e implementassem políticas públicas. Ou seja, o sentido de "público" atribuído a essa política governamental foi pouco debatido. Obviamente, no contexto brasileiro, esse reconhecimento propiciou abertura do campo: mais escrutínio analítico por pesquisadores e analistas da academia, demandas de transparência por agentes da sociedade civil e, portanto, ampliação do leque de visões sobre a nação, suas contradições e as possibilidades de inserção internacional do país. A experiência da PEB sob a administração Bolsonaro revelou, porém, dimensões desse debate que haviam sido timidamente aprofundadas: uma delas, acreditamos, diz respeito à natureza democrática ou não das políticas públicas, inclusive da política externa. Sem pretendermos exaurir o debate, apresentamos aqui a nossa contribuição inicial ao seu aprimoramento.

Partindo da premissa de que o populismo seria um método de construção da política pautado na estratégia de apagamento do *demos* a favor do *populum* homogeneizado, unificado e nunca atravessado por diversidade social e pluralismo político, buscamos nos concentrar nas tarefas institucionais de uma política externa democrática. E, para avançar nessa direção, restringimo-nos ao método, aos procedimentos e à dimensão deliberativa do que estamos chamando de uma PEB democrática, respaldada pelos resultados eleitorais e pelo respeito ao pluralismo, às instituições e aos princípios republicanos e constitucionais. Ou seja, reconhecemos que a PEB pode mudar de acordo com os resultados eleitorais à luz dos interesses e visões que a nova mandatária ou o novo mandatário possa representar, porém igualmente reconhecemos que é necessário dar um passo além de uma visão minimalista da democracia.

Em primeiro lugar, uma política externa democrática se define pelo diálogo plural com atores institucionais e não institucionais de diferentes espectros ideológicos presentes na sociedade. Ela escapa da hipersimplificação política das visões e dos interesses presentes no tecido social e econômico, opondo-se ao antagonismo do "nós contra eles" e assumindo a tarefa fundamental da coordenação dos diferentes interesses setoriais existentes. Não há a fabricação de uma imagem de brasileiro ideal, que sirva ao apagamento e, em algumas situações, demonização de grupos, ideias, princípios e comportamentos. Opõe-se, portanto, a buscas messiânicas de uma verdade construída com base em dogmas religiosos, na crítica cega à ciência e em esforços cruzadistas contra visões contrárias. Quem pensa diferente é bem-vindo, pode ser tratado como adversário, mas não como inimigo a ser banido ou, pior, exterminado. A PEB democrática promove valores no sentido do universal, não apenas um nicho religioso, econômico ou político. Entre os métodos e procedimentos da adequação da PEB ao diálogo plural estão, por exemplo, a abertura de fóruns e canais de diálogo com diversos grupos da sociedade, a manutenção regular de consultas públicas para diferentes temas em debate e o papel de moderação e mediação dos conflitos distributivos sociais.

Em segundo lugar, uma política externa democrática se define pela valorização das instituições, nunca objeto de sacralização, nem tampouco de simplificação. As instituições são espaços complexos que permitem intermediações entre diferentes interesses, ensejando participação social e concertação política. Não são isoladas da sociedade e, nesse sentido, contribuem para evitar processos de mistificação de lideranças carismáticas que podem incorrer na destruição no sentido material (eliminação dos espaços de diálogo político) e imaterial (eliminação do sentido coletivo da política) dos interesses coletivos, sempre diversos e frequentemente contraditórios. As instituições valorizam a profissionalização da burocracia e os diálogos diplomacia-sociedade, bem como as regulações consensuadas e construídas de modo coletivo, afastando-se, assim, das verdades reveladas e dos riscos associados à centralização e à personalização da PEB em torno de um núcleo familiar, privado e de amigos fiéis nas crenças e nos interesses. As instituições, portanto, implementam ações consistentes de valorização do amplo repertório de agendas e interesses da PEB. Entre os métodos e procedimentos da adequação da PEB à valorização das instituições estão, por exemplo, o diálogo com as mais diferentes instituições nacionais, regionais e multilaterais, a adequação das práticas políticas aos procedimentos processuais e burocráticos pré-ajustados, ou ainda a adoção de posicionamentos condizentes à tradição constitucional e histórica da prática diplomática.

Em terceiro lugar, uma política externa democrática se define por princípios republicanos e constitucionais. Não evidencia um espírito de ruptura com a modernidade política na estratégia internacional, pautando-se por interpretações racionais (e não mentiras ou notícias falsas) na definição das prioridades governamentais. Não se associa a quaisquer tipos de negacionismos (histórico, científico, climático ou social) que rejeitam a busca de objetivos políticos em diálogo crítico com a ciência. Não procura destruir o passado e ressignificar suas fundações, colocando o mito no lugar da história. Parafraseando Bruno Latour, uma política externa democrática não abraça as visões apocalípticas do mundo como uma espécie de "escapismo" que, como no caso do atrator 4 de Latour[2], situa a política fora deste mundo (Latour, 2020). Uma política externa democrática se dissocia da emergência de um novo messianismo em que a salvação decorre apenas da capacidade individual. Ela problematiza as relações entre agente e estrutura na compreensão racional dos processos de desenvolvimento e transformação social. Entre os métodos e procedimentos da adequação da PEB aos princípios constitucionais e republicanos estão, por exemplo, a atuação política com base na defesa do interesse público e coletivo em detrimento dos interesses particulares, a construção de posicionamentos com base na ciência e no conhecimento acumulado, sem contar a adequação do comportamento diplomático aos princípios da ética, transparência e defesa dos Direitos Humanos.

Como veremos nas seções seguintes, os anos da PEB bolsonarista ilustram perfeitamente como esses princípios foram declinados em processos históricos, por exemplo, no que diz respeito: (i) ao esvaziamento e fechamento dos espaços de participação e de diálogo institucional (Conselho Nacional de Segurança

---

[2] Latour constrói um modelo baseado em quatro atratores, sendo eles: 1-Local, 2-Global, 3-Terrestre, 4-Fora-deste-mundo. Se antes as disputas ocorriam entre direita *versus* esquerda ou mobilizações contra *versus* a favor da globalização (atrator 1 *versus* atrator 2), as novas disputas ocorrem entre ciência e racionalidade, como o caso emblemático da negação das mudanças climáticas (atrator 3 *versus* atrator 4). No atrator 4, fora-deste-mundo, não se reconhece a reação da terra às ações humanas, nem se constroem propostas de futuro comuns.

Alimentar e Nutricional – Consea, Pavilhão COP25); (ii) ao enfraquecimento do Itamaraty, responsável por esforços de coordenação da PEB; (iii) à perseguição a diplomatas que representassem a "elite cosmopolita dissonante dos valores nacionais"; (iv) à predileção por diplomatas alinhados com a cartilha bolsonarista; (v) à elevação de *bloggers* e ativistas de extrema direita das redes sociais a formuladores de ideias a serem debatidas no Itamaraty e na Fundação Alexandre de Gusmão (FUNAG). E, para analisar esses movimentos na política externa, nós adotamos menos as discussões a respeito do populismo e mais as construções que caberiam enquadrar uma política externa como democrática ou não.

Dimensão doméstica, principais atores e tarefas institucionais: aprofundamento de uma política externa não democrática no governo Bolsonaro

Nos marcos de uma política externa não democrática, os métodos populistas de governo resultam no enfraquecimento dos mecanismos de diálogo com a sociedade civil, das instituições do Estado como um todo e no descumprimento aos princípios constitucionais e normativos, bem como no afastamento de partes da sociedade, ao fabricar e difundir uma percepção do que seria o povo, deslegitimando a pluralidade. Nessa lógica, sua formulação das políticas públicas busca contornar parte dos mecanismos democráticos representativos, com base em uma percepção de que há uma elite política corrompida (no caso brasileiro: também globalista e adepta do marxismo cultural, adepta de uma nova ordem mundial)[3] na composição das instituições brasileiras. Isso é ainda mais evidenciado no caso da política externa, em que o corpo diplomático tende a encarnar a imagem de uma burocracia elitista distante da "sociedade real" e que persegue códigos de ética e de funcionamento consoantes a valores não intrinsecamente nacionais, mas cosmopolitas e globalizantes, como é próprio do *métier* do diplomata. Na cartilha do método populista, o objetivo do corpo diplomático está em seguir avançando com uma agenda considerada "antitética à verdadeira vontade do 'povo'" (Guimarães; Silva, 2020, p. 8).

Esse grupo de funcionários deve, portanto, ser enfraquecido, por não atender a uma determinada leitura do interesse nacional, apresentada como sendo a única possível ou "verdadeira". Com isso, a administração Bolsonaro privilegiou pessoas que professavam da mesma fé política durante o processo de reorganização do quadro de funcionários, ainda que essa troca de quadros

---

[3] Cabe ressaltar que esses conceitos não têm respaldo teórico nem empírico. São construções vagas, de modo a funcionarem como "guarda-chuva" para todos os sentimentos negativos de frustração, medo, ódio e confusão, a fim de instrumentalizar a repulsa de parte da sociedade contra tudo que não convém ao governo populista.

tenha implicado possível desprofissionalização do corpo técnico e quebra de hierarquias institucionalmente estabelecidas. A *expertise* sobre o assunto, a formação e a experiência ao longo de uma carreira diplomática passaram a ser critérios relativamente menos importantes na escolha de potenciais chefes ou diretores na Casa de Rio Branco. Além de ter editado decretos que flexibilizavam a composição dos quadros do Ministério, abrindo espaço para indicação de cargos comissionados para cargos que eram privativos da carreira diplomática. Com isso, o governo garantiu menor resistência das instituições, pois passaram a ser comandadas por seguidores políticos que, apesar de gozarem de *status* hierárquico inferior na carreira, eram considerados mais fiéis ao chanceler do que às normas e às experiências institucionalmente acumuladas. Tais fiéis foram capazes, inclusive, de ignorar preceitos constitucionais. Um dos efeitos mais imediatos desse enfraquecimento das instituições em sua capacidade de formulação de políticas públicas (no caso, da política externa) foi justamente o descumprimento de tarefas institucionais de diálogo com os diversos atores da sociedade e de construção de justificativas racionais na seleção de critérios de parcerias internacionais e na adoção de posicionamentos no cenário externo.

No caso da política externa brasileira, o Itamaraty, que já foi profundamente marcado pelo insulamento burocrático, havia ensaiado algumas tentativas de mitigar essa característica, desenvolvendo ao longo dos anos de redemocratização mecanismos de diálogo com a sociedade brasileira e práticas de descentralização em relação aos estados federados. Ainda assim, mesmo durante os anos FHC e os governos petistas, o Ministério foi bastante criticado pela falta de transparência e de institucionalização de suas políticas de diálogo com a sociedade civil. A promessa do Livro Branco da política externa brasileira não se efetivou, nem se realizou a esperança do Conselho Nacional de Política Externa (Conpeb). Não obstante, nos anos Bolsonaro, é perceptível a estratégia de deterioração do papel do Ministério em promover diálogos no âmbito doméstico e de filtrar os diferentes interesses e promover consensos. A tese de que a política externa não atendia aos interesses nacionais do Brasil foi explicitamente defendida por importantes líderes bolsonaristas, como no caso de Felipe Martins, assessor especial da Presidência para Assuntos Internacionais, que usou o canal no YouTube do deputado federal Eduardo Bolsonaro, na época presidente da Comissão de Relações Exteriores e de Defesa Nacional (Credn) da Câmara dos Deputados, para argumentar que o Itamaraty funcionava como um "escritório da ONU"[4].

---

[4] O Brasil precisa saber: Filipe G. Martins. [S. l.: s. n.], 22 fev. 2020. 1 vídeo (58 min.). Publicado pelo canal Eduardo Bolsonaro. Acesso em: 30 mr. 2023. Disponível em: https://www.youtube.com/watch?v=AiWy6Fw8xMw&ab_channel=EDUARDOBOLSONARO.

A Medida Provisória n.º 870, assinada no primeiro dia do governo Bolsonaro, e, posteriormente, revertida na Lei n.º 13.844, garantiu as bases legais para mudanças profundas no MRE, ao tornar possíveis nomeações para cargos em comissão e para funções de chefia, antes reservadas para diplomatas de carreira. Essa mudança foi complementada pelo Decreto n.º 9.683/19, que alterou a estrutura regimental do Itamaraty, incluindo os servidores comissionados dentro da hierarquia diplomática. Em resposta ao questionamento via Lei de Acesso à Informação[5], o Ministério das Relações Exteriores, por meio de sua Secretaria de Gestão Administrativa, afirmou que "em 16 de outubro de 2020 apurou o número global de 358 gratificações dos grupos DAS[6] e FCPE[7]". Todavia, negou-se a informar o histórico de nomeações de pessoas em cargos comissionados no Ministério (o que permitiria uma análise comparada da trajetória dos funcionários), afirmando que inexistia essa informação já organizada, o que "exigiria trabalho desproporcional da unidade, com prejuízo para a rotina de trabalho, nos termos do artigo 13, II, da Lei 12.527/2001". Ainda assim, na tabela enviada como resposta ao pedido de informação, é possível verificar que, entre os 55 cargos de Direção e Assessoramento Superior existentes em 2 de novembro de 2020, estão incluídos a chefia de 3 assessorias ou seções[8], 26 em cargo de direção de departamentos[9], 7 secretários à frente das secretarias[10], além do chefe do Gabinete do Ministro e o chefe da Secretaria-Geral das Relações Exteriores. Como se pode notar, além da promoção de diplomatas mais modernos, desrespeitando a ordem de hierarquia do MRE, também houve a escolha de cargos comissionados em importantes funções dentro do Itamaraty.

---

[5] Solicitação feita pelos autores, no dia 22 set. 2020, que recebeu o número de protocolo 09002.001264/2020-97.

[6] DAS é a abreviação para cargos comissionados de "Direção e Assessoramento Superior".

[7] Função Comissionada do Poder Executivo.

[8] Assessoria Especial de Gestão Estratégica; Assessoria Especial de Relações Federativas e com o Congresso Nacional; e Cerimonial.

[9] Departamento de Administração e Logística; Departamento de América do Sul; Departamento Cultural e Educacional; Departamento de Comunicação Social; Departamento Consular; Departamento de Promoção Tecnológica; Departamento de Defesa; Departamento de África; Departamento de Organismos Econômicos Multilaterais; Departamento de China; Departamento de Japão, Península Coreana e Pacífico; Departamento de Nações Unidas; Departamento de Europa; Departamento de Estados Unidos da América; Departamento de Direitos Humanos e Cidadania; Departamento de Índia, Sul e Sudeste da Ásia; Departamento de Meio Ambiente; Departamento de México, Canadá, América Central e Caribe; Departamento de Oriente Médio; Departamento de Promoção do Agronegócio; Departamento de Promoção de Energia, Recursos Minerais e Infraestrutura; Departamento de Promoção de Serviços e de Indústria; Departamento da Rússia e da Ásia Central; Departamento do Serviço Exterior; Departamento de Segurança e Justiça; e Departamento de Tecnologia e Gestão da Informação.

[10] Secretaria de Negociações Bilaterais e Regionais nas Américas; Secretaria de Negociações Bilaterais na Ásia, Pacífico e Rússia; Secretaria de Assuntos de Soberania Nacional e Cidadania; Secretaria de Comércio Exterior e Assuntos Econômicos; Secretaria de Comunicação e Cultura; e Secretaria de Gestão Administrativa; Secretaria de Negociações Bilaterais no Oriente Médio, Europa e África.

O remanejamento de embaixadores em postos estratégicos é comum em qualquer troca de governo. Como qualquer outra política pública, a política externa deve ter um grau de flexibilidade para comportar projetos de governo que são decididos democraticamente nas urnas, embora a continuidade e estabilidade seja sempre um objetivo desejável, para o qual a profissionalização do corpo diplomático deve contribuir (Duarte; Lima, 2017). Todavia, chamou a atenção o fato de que o governo Bolsonaro promoveu um salto geracional nos cargos que julgava estratégicos, preterindo, ainda que parcialmente, a tradição do Itamaraty baseada na antiguidade do corpo diplomático.

Dos 17 ministros de primeira classe que foram convidados para chefiar Secretarias[11] ou que ocuparam cargos de assessoramento ao Presidente, incluindo o chanceler Ernesto Araújo, 13 tinham menos de quatro anos na posição de ministro de primeira classe[12], o que indica que foram promovidos após 2016, ano do controverso *impeachment* de Dilma Rousseff. Como o Ocidente figura como prioridade na política externa do governo Bolsonaro, ministros de primeira classe "mais antigos" foram, em sua maioria, alocados em embaixadas nesses países. Nas missões permanentes do Brasil em organizações multilaterais[13], foram alocados diplomatas com média de 9,6 anos na posição. As embaixadas de Pequim, Moscou, Nova Délhi, Pretória e Ancara passaram a ser chefiadas por embaixadores promovidos, em média, há 7,5 anos.

A média dos dez embaixadores[14] chefiando missões nas capitais sul-americanas era ainda mais baixa: 6,3 anos. Os pontos fora desse padrão coincidiam com as prioridades da política externa do governo Bolsonaro: a missão permanente do Brasil na ONU, chefiada por João Genésio de Almeida Filho, promovido 591 dias – 1,6 ano – antes de sua nomeação; e a embaixada em Washington, que, após o fracasso em nomear Eduardo Bolsonaro, filho do presidente, como embaixador, promoveu um diplomata de carreira que já estava na missão, o que é um

---

[11] As secretarias são responsáveis pela execução do dia a dia da política externa do Brasil e têm cargo hierárquico alto na organização do MRE: http://www.itamaraty.gov.br/images/ed_gestaoADM/20200826-Organograma-port.pdf.

[12] Todas as informações de antiguidade consideraram as informações no dia 31 de julho de 2020.

[13] Rebraslon, Delbrasgen, Brasaladi, Rebrasdesarm, Delbrasgen, Delbrasmont, Delbrasomc, Brasunesco, Rebraslon, Braseuropa, Delbrasupa e Delbrasaiea.

[14] Desde o início do governo Bolsonaro, quando o Brasil reconheceu o autoproclamado Juan Guaidó como representante legítimo da Venezuela, o Itamaraty iniciou um processo de retirada de todos os seus diplomatas da embaixada em Caracas. O último diplomata retornou ao Brasil no dia 16 de abril de 2020.

movimento pouco usual na história diplomática brasileira. João Genésio foi colega de turma no Rio Branco de Ernesto Araújo. Pode-se observar, também, que os diplomatas escolhidos para posições julgadas mais estratégicas — como a chancelaria, a embaixada em Washington e a chefia de burocracias que estabelecem a política externa em seus setores — eram profissionais recém-promovidos, a maioria durante o próprio governo Bolsonaro, conforme argumentado anteriormente.

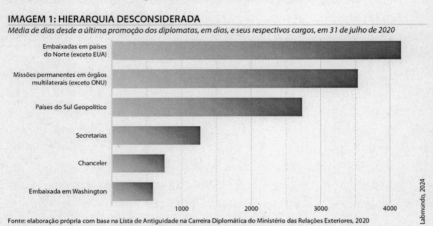

IMAGEM 1: HIERARQUIA DESCONSIDERADA
Média de dias desde a última promoção dos diplomatas, em dias, e seus respectivos cargos, em 31 de julho de 2020

Fonte: elaboração própria com base na Lista de Antiguidade na Carreira Diplomática do Ministério das Relações Exteriores, 2020

Apesar de a formulação e condução da política externa ser, por excelência, uma atribuição do Poder Executivo, o Legislativo dispõe de uma série de mecanismos de prestação de contas, visando influenciar a formulação dessa política pública (Anastasia; Mendonça; Almeida, 2012). No entanto, esses mecanismos são pouco utilizados por diversos motivos, que vão do desinteresse de parte dos deputados e senadores por temas de política externa até o desconhecimento dos referidos canais. A atuação do Legislativo ao longo dos anos de governo Bolsonaro seguiu essa tradição de distanciamento, atuando de modo reativo em momentos em que atores ligados à Presidência ou ao Itamaraty geraram desconforto (Kalout, 2020).

De praxe, o Congresso costuma manifestar-se por meio de notas de repúdio, por convite direcionado ao Ministro das Relações Exteriores para dar explicações, bem como por promessas de sabatinas mais rígidas ou atrasos nas votações para aprovação de cargos no exterior (Resende, 2020). Atuações isoladas, sejam individuais ou de pequenos grupos, são exceções a esse comportamento distante do Congresso. Logo no início do governo, o deputado Eduardo Bolsonaro, filho do Presidente, mostrou entusiasmo com temas de política externa, assumindo a presidência da Comissão de Relações Exteriores e de Defesa Nacional e almejando o posto de embaixador em Washington (Grilo; Oliveira, 2019). O mesmo deputado também fez viagens internacionais em busca de criar alianças conservadoras de extrema direita com pares, assim como emitiu declarações sobre governos ou resultados eleitorais em outros países, muitas delas gerando reações dos governos desses Estados. Além de Eduardo Bolsonaro, outros grupos que se intitulam conservadores usaram a política externa para estabelecer redes transnacionais em temas específicos que lhes são caros, como o aborto (Chade, 2020) e a internacionalização de igrejas evangélicas no continente africano (Fellet, 2019a).

Saindo das questões de formulação da política externa e indo para o seu conteúdo, há uma estratégia propagandista para o âmbito doméstico e uma isolacionista em relação aos compromissos multilaterais, que reforçam o método populista de contornar instituições do Estado brasileiro e buscar um direto contato com o "povo" no âmbito doméstico. O Itamaraty sob o governo Bolsonaro achou na crítica ao que era chamado pelo chanceler Ernesto Araújo de "globalismo" um meio para que a política externa deixasse de garantir ao Brasil um papel fundamental de mediador internacional. Como bem lembraram Celso Amorim e Celso Lafer em debates mediados por Maria Regina Soares de Lima (Latitude Sul, 2020a e 2020b), a mediação sempre foi um papel exercido pelo país na construção e na busca de consensos. Amorim adicionou que essa função é ainda mais importante quando o Brasil tem interesse próprio no exercício diplomático da construção de pontes, como seria o caso na crise venezuelana na América do Sul. Ao combater o globalismo, o governo Bolsonaro buscou enfraquecer a influência do Brasil no multilateralismo, dificultando o alcance a organizações intergovernamentais e a redes transnacionais que não defendiam posições do interesse de seu governo. O isolacionismo foi buscado de modo a reduzir as pressões internacionais e aumentar a margem de manobra do governo para políticas de ruptura no âmbito doméstico. Nesse sentido, foi simbólico o discurso de Ernesto Araújo no Conselho de Segurança da ONU, no dia 8 de maio de 2020:

> Penso que devemos evitar a palavra multilateralismo para falar sobre instituições internacionais e multilaterais. [...] Palavras que terminam em "ismo" normalmente designam ideologias, como fascismo, nazismo, comunismo. Vamos não

> fazer do multilateralismo outra ideologia. [...] O oposto de todas as ideologias é a liberdade. Observem que não dizemos "liberdadismo", dizemos liberdade (Lott, 2020).

Quando uma superpotência ataca o multilateralismo, essa estratégia pode até produzir resultados negativos sobre as instituições internacionais, como ocorreu ao longo do governo de Donald Trump nos EUA. Todavia, para potências intermediárias, essa estratégia isolacionista pode trazer mais pressão internacional, reduzindo sua autonomia ao invés de aumentá-la. Deve-se considerar a hipótese, portanto, de que a política externa deixou de ter objetivos internacionais como prioridade e passou a ter um papel articulador no cenário doméstico. O multilateralismo espelha no plano internacional as instituições, os direitos, as normas que caracterizam processos de democratização no âmbito nacional. As lideranças de extrema direita que atacam as instituições da democracia no plano doméstico são as mesmas que atacam o multilateralismo, suas regras e seus procedimentos. Esse ataque ao multilateralismo encontra no messianismo a base de sua narrativa, que associa uma percepção negativa em relação aos princípios, valores e instituições internacionais ao dever autoproclamado de combatê-los.

Esses princípios do multilateralismo, assim como a elite governante corrompida dentro das instituições brasileiras, não atenderiam à interpretação do interesse nacional que a administração bolsonarista julgava verdadeira e, portanto, deveriam ser combatidos. Um exemplo disso foi um fragmento de um texto, intitulado "Querer grandeza", publicado por Ernesto Araújo em seu *blog*:

> A aplicação dessa ideologia à diplomacia produz a obsessão em seguir os "regimes internacionais". Produz uma política externa onde não há amor à pátria mas apenas apego à "ordem internacional baseada em regras". A esquerda globalista quer um bando de nações apáticas e domesticadas, e dentro de cada nação um bando de gente repetindo mecanicamente o jargão dos direitos e da justiça, formando assim um mundo onde nem as pessoas nem os povos sejam capazes de pensar ou agir por conta própria (Caleiro, 2018).

Essa narrativa misturou-se com um negacionismo, por exemplo, no campo climático[15], que apagava traços de racionalidade em nome de uma interpretação doutrinária idealizada por entidades religiosas. O messianismo, com isso, encontrava aliados tanto nas pautas ultraconservadoras, como o ataque a direitos individuais de minorias e o tema do aborto[16], como na demonização de qualquer movimento de cunho socioambiental, associando uma imagem rasa e deturpada de "esquerda" com a perseguição religiosa, em especial a cristã[17]. Com isso, a narrativa da política externa extinguia a possibilidade de diálogo dentro da sociedade, pois toda e qualquer ideia diferente da defendida pelo governo faria parte de movimentos globalistas e deveria ser combatida nessa cruzada em que o Brasil se tornou parte importante, ao ponto de o chanceler retirar o busto do ex-ministro Francisco Clementino de San Tiago Dantas, idealizador da política externa independente, das salas do Itamaraty.

Com isso, o Itamaraty deixou de ser a instituição por excelência que tradicionalmente filtrava os diversos interesses setoriais e formulava a política externa, mediadora dos conflitos distributivos domésticos, para atuar como um órgão de propaganda para o âmbito interno em uma lógica de catequese para os já convertidos, uma vez que a legitimidade e credibilidade do país foi sendo debilitada a tal ponto que a política externa foi perdendo sua capacidade de construir pontes e defender avanços da reforma das organizações multilaterais. A FUNAG, por exemplo, que antes servia como um braço de ligação entre o MRE e a academia, passou a produzir eventos e publicações alinhados à cruzada antiglobalista. Nesse sentido, tornaram-se frequentes ataques a governos de teor social (Funag, 2020a, 2020b), elogios aos EUA (Funag, 2020c) e temas que fragilizavam a laici-

---

[15] Sobre as mudanças climáticas, o negacionismo de Ernesto Araújo fica evidente em uma publicação de seu *blog* "metapolíticabrasil", republicado em diferentes canais de comunicação: "O que é a teoria do aquecimento global? A tese de que o mundo está passando por um processo de aquecimento em ritmo alarmante devido ao aumento da concentração de dióxido de carbono na atmosfera, aumento esse causado pela ação humana. [...] Existem elementos científicos capazes de colocar em questão a teoria do aquecimento global. Há indícios de que a teoria é falsa. E há insuficiência de indícios de que a teoria seja verdadeira" (Araújo, 2019).

[16] No dia 8 de agosto de 2019, o deputado Eduardo Bolsonaro, em sua conta no Twitter, publicou um vídeo do Ernesto Araújo palestrando na Câmara dos Deputados e adicionou os dizeres: "MRE @ernestofaraujo desmascara a estratégia da esquerda de usar a ONU para impor o ABORTO no Brasil, matéria que jamais seria aprovada no atual Congresso. Além disso usam a expressão 'direito reprodutivo da mulher' para mascarar o termo 'aborto'. Parabéns Chanceler!" (Bolsonaro, 2019). Um dia antes, o deputado federal Carlos Jordy postou outro vídeo com os dizeres "Parabéns ao Ministro @ernestofaraujo por rechaçar o aborto, o feminismo e o conceito abstrato e falacioso chamado de direito reprodutivo, um eufemismo para aborto. Não queremos bolo com gilete" (Jordy, 2019).

[17] Nas palavras do chanceler: "Curiosamente, o projeto marxista, sobretudo em sua configuração atual no globalismo, contesta essa tríade humana fundacional. O projeto da esquerda em sua atual metamorfose pretende destruir a família, apagar a religião e controlar a linguagem ao ponto de reduzi-la ao balbucio de frases feitas" (Araújo, 2019).

dade do Estado (Funag, 2020d). Pode-se falar, portanto, de um espírito antimoderno e pré-iluminista que animou a política externa bolsonarista, que desprezou as instituições de Estado, a laicidade e a busca de soluções por meio da razão e da racionalização weberiana.

Para concluir a dimensão doméstica, cabe recuperar alguns dos tópicos estabelecidos para que a política externa cumpra as tarefas institucionais da sua dimensão democrática: respeito ao diálogo plural, às instituições e à adoção dos princípios constitucionais e republicanos. A valorização da participação de outras instâncias e grupos sociais no debate da política como um todo (e externa, em específico) foi evidenciada pelo desmonte de diversos conselhos nacionais que contavam com a participação de membros da sociedade civil e atores privados. Segundo levantamento do Cebrap de 2021, mais de 75% dos conselhos e comitês nacionais foram extintos na gestão Bolsonaro (Jornal Nacional, 2021). Com um papel de mediador das diferentes demandas e disputas setoriais na agenda internacional, o esvaziamento desses espaços esbarra na devida condução democrática da política externa. Mais claramente na agenda internacional, destaca-se a decisão de não mais sediar a COP25 (inicialmente datada para novembro de 2019), com redução de participação da sociedade civil como representantes brasileiros nas COPs subsequentes.

No que diz respeito às instituições, houve não apenas a já mencionada subversão da estrutura hierárquica montada pelo Itamaraty para definição de cargos, mas também constantes ataques às instituições nacionais e internacionais. O abandono de posições tradicionais do Brasil em posicionamentos diversos em fóruns regionais e globais denota desrespeito ao histórico de boas práticas diplomáticas construídas pela sua burocracia ao longo dos anos. Acusações constantes a organizações internacionais, como foi o caso da Organização Mundial de Saúde (OMS) em meio à pandemia da Covid-19, ilustram o descumprimento dessa tarefa.

Por último, cabe registrar o não cumprimento dos preceitos republicanos e constitucionais, balizadores da ação de defesa dos interesses públicos em detrimento dos interesses particulares. Aqui, os exemplos das atividades não democráticas incluem a tentativa de condução de Eduardo Bolsonaro ao cargo de embaixador dos Estados Unidos, a demora para reconhecer a eleição do presidente Joe Biden no mesmo país, os descumprimentos ambientais gerando a interrupção dos Fundos Clima e da Amazônia, bem como revezes na negociação do acordo Mercosul-União Europeia, sem contar o escândalo da intensificação das relações com países árabes possivelmente associada a benesses destinadas à família Bolsonaro. Em meio ao escândalo do volume de joias presenteadas por líderes árabes, Borges (2023) registra que, "antes de Bolsonaro ser eleito, Arábia Saudita, Emirados Árabes e Bahrein, somados, faturaram 2,9 bilhões de dólares com exportações para o Brasil. No ano passado [2022], embolsaram 8 bilhões de dólares".

Se a dimensão interna parece confirmar o descumprimento das tarefas institucionais de uma política externa democrática, a dimensão internacional, apresentada na próxima seção, parece seguir a mesma direção. Conforme dados analisados pelo Observatório de Política Externa na Imprensa do Cebrap, os assuntos apresentados na imagem a seguir representam os tópicos mais recorrentemente discutidos pelos principais jornais brasileiros[18] sobre a agenda internacional do Brasil.

IMAGEM 2: MÍDIA E MOBILIZAÇÃO PÚBLICA
Assuntos¹ mais discutidos por jornais brasileiros², por menção, entre 2019 e 2022

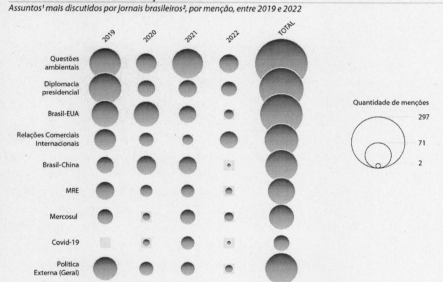

1- Os tópicos descritos seguem a mesma identificação dada pelo Observatório por semestre, com exceção do item "relações comerciais internacionais", que condensa as seguintes categorias: " Acordos Internacionais", "Política Comercial", "Comércio Internacional", "OCDE", "Apex" e "Comex". Na categoria Mercosul, outros tópicos como relações com Argentina, Paraguai, Uruguai, Venezuela e países da América do Sul existem, mas não foram computados na tabela. Portanto, é possível inferir uma dimensão mais ampla de noticiários cobrindo a agenda regional.

2- Foram considerados os seguintes jornais: O Globo, Folha de S. Paulo, Estadão, Valor e Gazeta do Povo

Fonte: dados do Observatório de Política Externa na Imprensa, 2022

Em bastante consonância com os tópicos, mas de maneira mais sistematizada, a próxima seção discute três aspectos: a rivalidade sino-ame-

---

[18] O Globo, O Estado de São Paulo, Folha de São Paulo, Valor Econômico e Gazeta do Povo.

ricana, a participação do Brasil em debates multilaterais (como as questões comerciais e ambientais) e seu engajamento na agenda regional.

Dimensão internacional da política externa bolsonarista: rivalidade sino-americana, multilateralismo e cooperação regional

A terceira seção deste capítulo dialoga tanto com as transformações promovidas pelo método populista na política externa quanto com os impactos da dimensão interna na externa, isto é, nas relações internacionais do país. Para tanto, usamos como base de análise três grandes agendas internacionais para uma potência intermediária, como é o caso do Brasil: sua posição na disputa geopolítica internacional, diante da crescente rivalidade sino-americana; seu papel e participação nos organismos e negociações multilaterais; e, por fim, seu engajamento com a agenda regional, em referência ao tradicional debate sobre a ambição brasileira de liderança para o subcontinente, mas também em relação à sua articulação e protagonismo enquanto Sul Geopolítico. Como mencionado antes, os tópicos convergem para os principais pontos discutidos pela imprensa brasileira no período.

Primeiro, ao analisarmos o tipo de atuação brasileira em meio à rivalidade sino-americana durante os anos 2019-2022, é nítida uma adesão quase que irrefletida aos interesses de Washington, inclusive em detrimento da mobilização da política externa enquanto ferramenta de desenvolvimento nacional. Recontextualizando a contribuição de Gerson Moura (1990) para a política externa do governo Dutra, Bolsonaro retomou o "alinhamento sem recompensa" com os EUA. Antes mesmo do início do mandato, Bolsonaro já dava sinais de uma preferência pelos Estados Unidos, sobretudo pelo governo do republicano (também ultraconservador) Donald Trump. Em diversas ocasiões, Bolsonaro e seus filhos sinalizaram admiração ao presidente norte-americano, inclusive predileção à reeleição de Trump ao governo dos EUA (Coelho, 2018).

Outro exemplo que contribui com esse profundo alinhamento foi a opção pelo presidente eleito de não participar da reunião do G20, em Buenos Aires, junto com Michel Temer, para receber John Bolton, então assessor de Segurança Nacional dos EUA para um café da manhã em sua residência no Rio (Folha de São Paulo, 2019). Como destaca Fernanda Magnotta, a novidade da gestão Bolsonaro se deu menos em razão de seu alinhamento com os Estados Unidos, e mais pelo fato de o novo governo ser "declaradamente trumpista" (Otta, 2018a). Isso afastou o Brasil de outros tradicionais parceiros do Norte, como os países europeus, que em sua maioria discordavam do direcionamento da política externa de Trump.

Essa aproximação com os EUA de Trump foi reforçada ao longo do mandato de Jair Bolsonaro, o chefe de Estado que, proporcionalmente, mais visitou os EUA nos últimos 35 anos. Até a pandemia de Covid-19, quando as viagens internacionais foram bastante reduzidas, Bolsonaro já tinha viajado, no período de 15 meses, quatro vezes para os Estados Unidos (Uribe; Dias, 2019), incluindo aí sua primeira viagem oficial a um país enquanto presidente eleito, quebrando a tradição dos governos anteriores de ter como primeiro destino internacional a Argentina. Inclusive, Bolsonaro visitou Chile e Israel, antes de realizar sua primeira viagem oficial a Buenos Aires.

Ainda no que tange ao "alinhamento sem recompensas" com Washington, o chanceler Ernesto Araújo reforçou no discurso da nova turma de diplomatas de 2019 que a aproximação do Brasil com a América Latina, Europa e BRICS foi uma "aposta equivocada", não tendo, portanto, gerado resultados positivos para o desenvolvimento do país (Folha de São Paulo, 2019b). Contudo, quando observamos as mais diversas ações brasileiras para os Estados Unidos, vemos um movimento unilateral de baixíssimo retorno para o país: entre diversos casos citamos a dispensa ao tratamento especial na OMC (MRE, 2019), a concordância em zerar a tarifa de importação da cota anual de trigo norte-americano (Canal Rural, 2019), a dispensa unilateral de vistos de entrada de norte-americanos no Brasil (O Globo, 2019a), além de acenos positivos a uma possível ação militar na Venezuela (Boghossian, 2019) e avaliação do Brasil de classificar o Hezbollah como organização terrorista, ao contrário da classificação promovida pelo Conselho de Segurança da ONU (Adghirni, 2019). Diante das respostas pífias do governo norte-americano, inclusive com sinais contrários à reciprocidade (como foi o caso da reimposição da tarifa sobre o aço e alumínio importados do Brasil e a reticência dos Estados Unidos em apoiar a candidatura do Brasil à Organização para a Cooperação e Desenvolvimento Econômico – OCDE), Feliciano Guimarães e Irma Oliveira e Silva (2020, p. 13) destacam que a aproximação de Bolsonaro com Trump foi muito além das considerações econômicas estratégicas, já que se baseou em valores, ideologia e costumes. Essa linha foi respaldada não apenas na figura do presidente e seus filhos, mas também pelo chanceler Araújo e, na sequência, pelo segundo chanceler de Bolsonaro, Carlos França.

Assim como na relação com os Estados Unidos, Bolsonaro desde a campanha demonstrou resistência e ressalva em sua relação com a China. Além das declarações polêmicas, enquanto presidenciável, Bolsonaro optou por visitar Taiwan, tensionando o não reconhecimento de Taiwan como nação independente pelo Brasil (MAGALHÃES, 2018). Contudo, ao contrário do claro alinhamento do Brasil com os EUA, o antagonismo com a China encontrou alguns limites, sobretudo pela bem-sucedida capacidade de pressão de outros grupos fora do clã Bolsonaro e do Itamaraty. Em grande medida, o setor agroexportador e parte da ala militar foram os grupos comumente participantes do processo decisório em política externa que mais resistiram ao confronto direto com a China. O risco de perdas econômicas, aliado à preocupação com uma visão mais geopolítica de segurança nacional, motivaram a busca por uma maior moderação por parte de alguns integrantes do governo, pelo menos quando o assunto eram as relações com a China. O vice-presidente Mourão, por exemplo, sinalizou em diversas ocasiões não considerar o país uma "ameaça estratégica" para o Brasil, mas um "parceiro estratégico", sobretudo para projetos em infraestrutura (Folha de São Paulo, 2019c).

Já a queda de braço entre preferência ideológica e pragmatismo comercial ficou nítida com representantes do agronegócio. Segundo Pedro de Camargo Neto, vice-presidente da Sociedade Rural Brasileira (SRB), o governo foi "comprando briga com nosso maior parceiro comercial e nem sabemos por que, só para imitar o Trump" (Folha de São Paulo, 2019d). É bastante significativo destacar que a SRB representa a ala mais conservadora e até mesmo reacionária do agronegócio brasileiro, o que só reforçou o peso da pauta ideológica em meio ao núcleo bolsonarista mais próximo do presidente. O agronegócio se mostrou eficaz em conter parte do sentimento anti-China por parte do governo, como foi a vitória do Ministério da Agricultura em apoiar a candidatura do representante da China, Qu Dongyu, para a FAO, ao contrário da posição do chanceler de apoiar o candidato da Geórgia, apadrinhado pelos Estados Unidos (Landim, 2019).

O debate midiático sobre as relações sino-brasileiras apontou para um certo relaxamento do antagonismo mais fortemente evidenciado na campanha eleitoral e nos primeiros meses de governo. Guimarães e Oliveira e Silva (2020) também convergiram para essa análise, sobretudo após a defesa, pela embaixada chinesa, da atuação e soberania brasileira em meio ao aumento das críticas internacionais ao governo em matéria ambiental. Para os autores, até a pandemia de Covid-19, o governo havia moderado seu discurso ideológico em relação à China em prol de uma posição mais pragmática do ponto de vista comercial. No entanto, durante a pandemia, o país passou por um novo atrito nas relações diplomáticas com a China, vide o comportamento de Eduardo Bolsonaro nas redes sociais, culpabilizando o país pela pandemia, assim emulando simplesmente o comportamento de Donald Trump (Estadão, 2020).

Na avaliação de Dawisson Belém Lopes (2020, p. 7-8), houve falta de clareza dentro do Itamaraty sobre qual deveria ser a orientação nacional para China, o que deu espaço para uma disputa entre diferentes atores e interesses privados e empresariais. Contudo, alguns casos evidenciaram uma postura mais resistente à China, como o caso da tecnologia 5G. Ao contrário do Ministério de Ciência e Tecnologia, o chanceler Araújo recomendou o banimento da Huawei, sem apresentação de evidências técnicas sobre falhas na segurança. Bolsonaro, por sua vez, sinalizou "impor algum tipo de restrição à Huawei" depois de ingerência de Araújo e do general Augusto Heleno, ministro do Gabinete de Segurança Institucional (Wiziack; Uribe, 2020). Mais um exemplo seria o dos entraves técnicos impostos no processo de retomada da usina de Angra 3, que limitaram a participação das empresas chinesas em benefício da norte-americana Westinghouse (Wiziack, 2020).

O "alinhamento sem recompensas" na posição brasileira pró-Estados Unidos em meio à rivalidade sino-americana produziu impacto no comportamento do presidente durante as eleições norte-americanas de 2020. Bolsonaro reiterou seu apoio a Trump, quebrando o padrão de isenção da diplomacia internacional, e, como argumentou Thomas Shannon, ex-embaixador dos EUA no Brasil, "limita[ndo] a capacidade do Brasil de construir um relacionamento bipartidário em Washington" (Bulla, 2020). A menção negativa ao Brasil no debate eleitoral dos EUA de 2020 comprovou essa visão.

No balanço das matérias veiculadas sobre o tema entre 2019 e 2022, articulistas, jornalistas, pesquisadores e formadores de opinião foram recorrentemente críticos ao alinhamento irrestrito aos Estados Unidos, comprometendo a tradição diplomática do país, as relações com o principal parceiro comercial, que é a China, e o próprio desenvolvimento nacional do país em razão de negociações desalinhadas com os interesses nacionais.

Quando passamos para a análise do tipo de atuação do governo brasileiro durante a gestão Bolsonaro em organismos e negociações multilaterais, precisamos, primeiro, pontuar que o Brasil sempre teve um destacado papel enquanto construtor de pontes, seja nos debates sobre desenvolvimento, seja na costura das relações Norte-Sul. É bem verdade que o sistema multilateral vem passando por turbulentas crises, sobretudo a partir da crise financeira internacional de 2008 e em razão das transformações estruturais advindas da disputa geopolítica sino-americana. O sistema multilateral e suas normas não mais correspondem às relações de poder destes primeiros anos do século XXI, tendo congelado suas instituições de acordo com as relações do pós-1945 e se adaptado muito marginalmente às demandas do novo mundo em que nos encontramos. Nesse cenário de desconexão entre norma e poder, o Brasil tem desempenhado, desde a redemocratização, papel destacado nos processos de fortalecimento de mecanismos multilaterais globais e regionais, desde a estruturação do Mercosul no período Sarney até o engajamento "ativo e altivo" em diversos fóruns internacionais nos anos petistas, inclusive com a criação de novos espaços multilaterais (realização da Rio-92, apoio à fundação do Conselho dos Direitos Humanos em Genebra, criação da União de Nações Sul-Americanas, entre outros exemplos).

Como apontado por Oliver Stuenkel, "a lógica da política externa brasileira se baseia na crença de que um sistema multilateral forte é benéfico para o Brasil, porque o multilateralismo, de certa maneira, ajuda a mitigar o impacto da geopolítica" (Caulyt, 2019). Contudo, o governo Bolsonaro – parte em razão de seu espelhamento com o trumpismo nos EUA, parte por sua orientação ideológica – atacou o multilateralismo e combateu aquilo que o primeiro chanceler do bolsonarismo chamou de "globalismo", executado "por meio do climatismo ou alarmismo climático, da ideologia de gênero, do dogmatismo politicamente correto, do imigracionismo, do racialismo ou reorganização da sociedade pelo princípio da raça, do antinacionalismo, do cientificismo" (Jornal Nacional, 2020).

Ao longo de quatro anos de governo, diversos foram os exemplos da guinada dada pelo Itamaraty, com orientação do clã bolsonarista e de alguns aliados mais próximos à pauta de costumes, como nichos ultraconservadores e de ortodoxia religiosa. Ressaltamos a pauta migratória, com a saída do Brasil do Pacto Global para Migração, também emulando o comportamento norte-americano (Fellet, 2019b). A agenda não se esgotou com a saída do pacto, já que o Brasil reforçou — via Portaria n.º 666, de julho de 2019, do Ministério da Justiça — a internalização de uma agenda antimigratória com a "deportação sumária de estrangeiros considerados perigosos" pelo então ministro Sérgio Moro (Brasil, 2019c).

No caso da agenda de gênero, minorias e populações tradicionais e indígenas, a pauta ultraconservadora também se difundiu fortemente nas posições brasileiras nos mais diversos foros internacionais. A busca pela reeleição do Brasil como membro do Conselho de Direitos Humanos da ONU sinalizou um compromisso da ala ultraconservadora, sobretudo do Itamaraty e do Ministério da Mulher, da Família e dos Direitos Humanos, de estender e encaminhar seus valores religiosos nas arenas por eles etiquetadas de "globalistas", incluindo aí o entendimento do termo "gênero" enquanto sinônimo de "sexo biológico", aproximando o Brasil de países ultraconservadores nas Nações Unidas, como Arábia Saudita, Paquistão e Egito. Na agenda de Direitos Humanos, o governo Bolsonaro optou por usar as instituições internacionais e investir na construção de novos marcos interpretativos para muitos temas da agenda.

A atualização da posição brasileira em matéria de gênero gerou provocação do Judiciário, inaugurando uma fase de judicialização da política externa bolsonarista, tendo em vista que o Supremo Tribunal Federal (STF) já havia julgado a necessidade de reconhecimento pelo Estado da manifestação individual das pessoas sobre seu gênero, o que representa — consequentemente — descumprimento pela política externa de orientação jurisprudencial do Supremo e de interpretação constitucional. Acionado pela corte, Araújo reagiu afirmando que "a Constituição Federal concede privativamente ao presidente da República a competência para manejar as relações exteriores" (Oliveira; D'Agostino, 2019), refutando a interferência do Judiciário na política externa.

No caso das negociações ambientais e climáticas, notou-se um enorme peso do tópico em questão por entre os principais canais de imprensa do Brasil. Como relatado nas matérias e artigos, o Brasil deixou de ser referência mundial e de atuar como líder, tendo sua imagem se tornado muito negativa, a ponto de o governo Bolsonaro ser apontado como opositor e obstrutor da pauta. Por décadas, desde a Rio-92 até a assinatura do acordo de Paris, o Brasil era reconhecido como um ator relevante, papel esse claramente abandonado pelo governo bolsonarista, o que fora prometido desde a campanha eleitoral em 2018. Bolsonaro já havia sinalizado sua negativa em sediar a COP25, por exemplo, a primeira conferência do clima em território latino-americano e que tinha o Brasil como potencial país-sede justamente pela sua relevância no tema e na região. Ademais, o país se mostrou obstaculizador do processo negociador durante a conferência em Madrid, novamente em consonância com o comportamento dos Estados Unidos (Passarinho, 2019).

Assim como o caso da agenda de gênero, as ações do governo bolsonarista no setor ambiental também levaram à mobilização do poder judiciário. O STF convocou audiência pública para debater a interrupção e o bloqueio dos repasses do Fundo Amazônia por países como Alemanha e Noruega, em resposta ao descumprimento dos compromissos internacionais e nacionais pelo Brasil. Inclusive, o impacto negativo da agenda ambiental produziu efeitos na economia nacional, seja pela suspensão, ainda no governo de Jair Bolsonaro, das negociações do acordo Mercosul-União Europeia, seja pela fuga de capitais e de investimentos diretos estrangeiros do país.

Ainda no plano multilateral, mas em outra direção, está a campanha e mobilização do governo bolsonarista a favor do acesso do Brasil à OCDE (iniciada durante a gestão Temer). Um argumento interessante sobre esse engajamento esteve no plano do reconhecimento do Brasil enquanto país ocidental. A busca pela acessão poderia ser justificada pela reação ao processo de desocidentalização do Brasil (em razão do incentivo externo a pautas autonomistas não ocidentais), aliada ao esforço de se "reocidentalizar" o país (Lopes, 2020). A lógica converge com a visão cristã e ocidental da política externa bolsonarista, reativa ao engajamento com o Sul e predisposta à manutenção/preservação dos valores, hábitos e tradições de certo Ocidente, imaginado e difundido pelas redes bolsonaristas, que passa bem longe de Nova York, São Francisco, Paris, Londres ou Berlim, mas que se aproxima da Flórida e vários estados sulistas dos EUA.

Em um balanço da relação do governo bolsonarista com o multilateralismo, é importante destacar que o alinhamento com o governo trumpista não traz benefícios a um país como o Brasil. Como enfatizado pelo embaixador Graça Lima, "o Brasil não escolheu o multilateralismo pela beleza, mas porque tende a se beneficiar com ele, [já que] o país não é um polo de poder" (Otta, 2018a). Um dos efeitos observados ao final dos quatro anos de governo bolsonarista, além da perda de prestígio do Brasil nos espaços multilaterais, foi que a imagem antipluralista do país afetou a capacidade do corpo diplomático em construir alianças e obter vantagens nas negociações. Por exemplo, foram reduzidos os convites estendidos ao Brasil para participação de alguns debates – sobretudo em temas sociais (Quero; Passarinho, 2019), aumentaram os vetos ao Brasil em processos de negociação (Moreira, 2019), contribuindo para o desprestígio do país enquanto construtor de pontes no tabuleiro internacional, dimensão essa que tem sido trabalhada fortemente pelo novo governo desde o começo de 2023. O ex-ministro Rubens Ricupero vislumbrou no governo bolsonarista não um processo de construção, mas sim de "desconstrução" do país, em consonância com a metáfora da terra arrasada. Para o ex-ministro, a desconstrução de um projeto é nítida não apenas por conta da atuação frente ao MRE, mas também pelo ativo engajamento de alguns ministérios, como da Mulher, do Meio Ambiente e da Educação (Brandão, 2019).

Um último ponto a se destacar para a agenda multilateral é sua mobilização para dentro, isto é, com construção de discursos menos voltados a criar alianças e convergências com outros países e mais para manter mobilizado parte do eleitorado bolsonarista. Em seus últimos discursos internacionais, tanto na abertura da Assembleia Geral das Nações Unidas quanto na Cúpula de Biodiversidade da mesma organização, Bolsonaro manteve as críticas recorrentes à Venezuela, acusou demais países e demais organizações de uma perseguição infundada ao Brasil, e manteve o recurso a afirmações sem comprovação política ou científica, já abertamente reconhecidas como *fake news* (Jornal do Brasil, 2020).

Ao observarmos a atuação brasileira para a região e para o Sul Geopolítico, é importante destacar que o Brasil e a região latino-americana se encontravam em contexto político-econômico instável, com uma baixa capacidade dos líderes da região de articular respostas regionais. Portanto, a expectativa era de uma baixa capacidade de mobilização internacional por haver maior turbulência nos contextos internos. Ainda assim, o governo Bolsonaro foi muito vocal na constante antagonização com a Venezuela e reforçou seu alinhamento mais ideológico quando priorizou o Chile para ser a primeira viagem oficial do presidente eleito na região, mesmo não sendo o Chile membro do Mercosul e com menos relações políticas e comerciais com o Brasil se comparado com os países fronteiriços (Chrispim; Braun, 2018).

O abandono das instâncias regionais existentes não pode ser explicado apenas a partir da gestão Bolsonaro, por ter se iniciado em gestões anteriores. Contudo, a narrativa bolsonarista pelo abandono das instituições latino e sul-americanas foi reforçada desde sua campanha eleitoral, quando já sinalizava que o Mercosul não seria uma prioridade para o Brasil (Otta, 2018b). O sinal de abandono do bloco ganhou resistência de parte do setor empresarial. Por exemplo, a Confederação Nacional da Indústria (CNI) reforçou o ponto que "pequenas e médias empresas, que exportam mais para esses países, serão as mais afetadas" (Otta, 2018c), além de comprometer o interesse comercial brasileiro, já que a região é grande importadora de produtos brasileiros.

Para além da região, o esforço de distanciamento daquilo considerado como política externa ideológica de esquerda impactou igualmente as relações com demais países do Sul Geopolítico. A recusa da manutenção de uma política externa calcada no relacionamento Sul-Sul foi recorrente pelo núcleo mais próximo ao Presidente e embasada em narrativas preconceituosas e pouco pragmáticas como é o caso da fala do vice-presidente Mourão, que refutou a diplomacia com a "mulambada [...] existente do outro lado do oceano e do lado de cá que não resultaram em nada, só em dívidas" (Veja, 2018). Contudo, organizações e grupos religiosos, sobretudo neopentecostais, passaram a atuar fortemente na agenda oficial das relações do governo brasileiro com outros países em desenvolvimento. Segundo depoimento do embaixador Fabio Mendes Marzano, "a religião passou a fazer parte da elaboração de políticas públicas no Brasil" (Chade, 2019).

Inclusive, a difusão da pauta religiosa a partir da política externa encontrou assento no poder legislativo, com a alta adesão de deputados ligados às igrejas. Na articulação parlamentar para as relações exteriores, notou-se a busca pela expansão de igrejas evangélicas brasileiras para outros países do Sul, sobretudo por entre países africanos, onde a operação dessas igrejas cresceu exponencialmente em anos recentes. Como mencionado na matéria de João Fellet (2019c), a Igreja Universal do Reino de Deus (IURD) já se encontra presente em 23 dos 55 países africanos, e buscou apoio no governo bolsonarista para expandir seu alcance e influência, apesar dos incidentes diplomáticos causados pela própria Igreja no exterior, como o caso de São Tomé e Príncipe em que a IURD foi denunciada por abusos e ilegalidades.

Além de ganharem respaldo do Itamaraty com o avanço da pauta ultraconservadora de costumes, tais grupos religiosos ajudaram a reordenar as alianças nos espaços multilaterais e, mais ainda, influenciaram outras decisões estratégicas nas relações com Washington e com a região: por exemplo, com o lançamento do Foro para o Progresso da América do Sul (Prosul) em março de 2019, assim como a campanha brasileira para que o país substituísse (como de fato ocorreu) o Chile no Comando do Sul das Forças Armadas dos Estados Unidos (Gielow, 2019). No que diz respeito ao crescente monopólio da IURD no diálogo brasileiro com a África, enfatizamos a fragilização do ideário de uma política pública democrática, isto é, que se pretende plural e representativa, além de representar o Estado enquanto instituição laica.

Num balanço sobre a região e o Sul Geopolítico, destacamos o mesmo processo sublinhado nas instâncias multilaterais globais nos debates regionais. O processo de implementação do corredor bioceânico pela Iniciativa "Integração da Infraestrutura Regional Sul-Americana" (IIRSA) é um dos inúmeros casos em que o governo de Bolsonaro se mostrou ausente, repercutindo em maior participação da Colômbia e do Chile e articulação subnacional, como foi o caso do Mato Grosso do Sul (Moura, 2020). Nos investimentos do Banco dos Brics, ao longo dos quatro anos, o Brasil se manteve como o país com menor destino dos recursos, além do atraso da criação e implementação do escritório do banco no país, na cidade de São Paulo (Estadão, 2019b). Por último, também vale destacar a eleição de Lacalle Pou no Uruguai, candidato de centro-direita que publicamente rejeitou o apoio de Bolsonaro à sua candidatura, por considerá-lo "tóxico" (Estadão, 2019a).

Completando a análise sobre o cumprimento ou descumprimento das tarefas institucionais democráticas da política externa bolsonarista, os exemplos dispostos apontam para a limitação das discussões plurais, seja com países, seja com organizações. Além dos alinhamentos não pragmáticos, fundamentados em ideologia, o país também enveredou em pautas extremistas, totalmente fora do padrão diplomático de respeito aos Direitos Humanos e da tradição de posicionamentos do país no seu relacionamento com instituições internacionais. A crescente recorrência de grupos da sociedade civil a organismos internacionais para apresentar denúncias do governo brasileiro também indica descumprimento da defesa dos Direitos Humanos dentro do país, bem como fechamento de espaços de diálogo. Entre outros elementos de descumprimento dos preceitos constitucionais e republicanos estão a não observação do laicismo nas ações internacionais praticadas em nome do Estado brasileiro e do desvio da função pública, sobretudo no que diz respeito à imagem do Brasil no exterior, demolida nos últimos anos para atingimento de interesses dos grupos alinhados à cartilha da presidência.

Considerações finais

Ao longo deste capítulo, procuramos entender que tarefas institucionais decorrentes do conceito de política externa democrática o Executivo, mormente a Presidência da República e o Itamaraty, teria deixado de cumprir entre janeiro de 2019 e dezembro de 2022. Além disso, procuramos demonstrar como o descumprimento de tais tarefas impactou determinados âmbitos da PEB durante o governo de Jair Bolsonaro, confirmando a nossa hipótese de que este foi o primeiro governo, desde 1988, a romper com os três princípios normativos de uma política externa democrática, uma vez que: (i) não promoveu diálogos plurais com atores de diferentes espectros ideológicos presentes na sociedade brasileira; (ii) não valorizou as instituições como espaços públicos e profissionais de mediação, participação e concertação em torno de interesses coletivos; (iii) não se pautou por princípios republicanos e constitucionais na definição das prioridades governamentais.

Ao contrário, a PEB não democrática do governo Bolsonaro se fundamentou em significantes vazios, como diria Laclau, em discriminações e preconceitos, propaganda anticiência e diferentes tipos de negacionismo, inclusive em plena pandemia de Covid-19, reforçando o senso comum de setores importantes da sociedade brasileira e visões polarizadas de temas complexos a partir de concepções reificadas e absolutas do bem contra o mal, da fé contra a ciência, do mundo cristão oprimido contra seus opressores. No plano internacional, o governo Bolsonaro difundiu simplificações de cunho político, institucional, social, sanitário e religioso, a fim de colocar em xeque a dimensão pluralista de uma política externa democrática. Assim, a política externa do governo Bolsonaro enfraqueceu decisivamente a capacidade de liderança do Brasil no cenário regional e multilateral, inclusive levando o país a descumprir metas e compromissos internacionais em matéria de aquecimento global, redução das taxas de desmatamento, combate contra a fome, entre outros objetivos de desenvolvimento sustentável (ODS) das Nações Unidas.

Ademais, do ponto de vista do processo decisório, procurou avançar na centralização e personificação da formulação da política externa. Além da participação ativa de Flávio Bolsonaro na recomendação de ministros e assessores, Carlos Bolsonaro foi o principal mobilizador das redes sociais por meio das quais Jair Bolsonaro se comunicou nacionalmente e Eduardo Bolsonaro, o filho mais diretamente empenhado em assuntos internacionais, representado tanto pela sua presidência da Comissão de Relações Exteriores do Congresso quanto por suas conexões transnacionais com a extrema direita na Europa e nos EUA. Eduardo Bolsonaro inclusive se revelou forte interlocutor não apenas da relação do Brasil com os EUA, mas também na organização de diversos encontros com governos estrangeiros (O Globo, 2019b). A atuação intensa de Eduardo Bolsonaro no campo da política externa encontrou respaldo no chanceler Araújo, o que reforçou a intenção de reorientação do Itamaraty. No contexto da crise sobre a embaixada norte-americana, Araújo destacou que o caso "ajudaria [n]esse processo muito necessário de romper um ensimesmamento do Itamaraty e romper um ciclo vicioso onde nós trabalhamos só para nós mesmos e esquecemos a sociedade do lado de fora" (Senra, 2019). Alinhado a isso, devemos associar a lógica do ódio às elites cosmopolitas do Itamaraty. Como descreveu Matias Spektor, essa desconstrução da política externa também tem origem "no fato de Bolsonaro menosprezar a competência do Itamaraty" (Spektor, 2019b; Stuenkel, 2019), concedendo ao chanceler Ernesto Araújo, e, depois, Carlos França, o trabalho de combater o que o messianismo bolsonarista identificava como tendências globalistas dentro do ministério.

Sabemos que a derrota eleitoral de Jair Bolsonaro, por mais relevante que tenha sido para o futuro próximo da democracia no Brasil, não representou a conclusão da obra dos movimentos socialmente ultraconservadores, ambientalmente negacionistas e economicamente ultraliberais em nossa sociedade. O fim do mandato presidencial de Jair Bolsonaro não implica o término da experiência bolsonarista no país, até mesmo porque suas raízes são históricas e, além disso, são muitos os adubos culturais, sociais e econômicos que fertilizam o solo do reacionarismo brasileiro. Portanto, no bojo da onda transnacional da extrema direita e das profundas transformações que ocorrem na ordem mundial, gostaríamos de sugerir duas agendas de pesquisa para o futuro.

Em primeiro lugar, sugerimos o contínuo aprofundamento teórico sobre a natureza da política externa e sobre o papel das instituições do serviço público que abrigam carreiras de Estado na defesa dos três princípios que aqui elencamos de uma política externa democrática. Mais pesquisas sobre a realidade brasileira seriam muito bem-vindas, mas igualmente pesquisas comparativas, considerando contextos em que existam burocracias diplomáticas com capacidades de ação semelhantes às da diplomacia brasileira, tanto em países desenvolvidos quanto em outros países no mundo em desenvolvimento.

Em segundo lugar, muitos analistas já apontaram que a dimensão doméstica da política externa impacta nas decisões externas, que as mudanças de governos e de coalizões de apoio tendem a produzir novas orientações em matéria de política externa. No caso brasileiro, a experiência bolsonarista ilustrou perfeitamente esse processo, com a novidade da conotação negativa de uma política externa não democrática, que esperamos ter elucidado neste capítulo. No entanto, futuros projetos de pesquisa poderiam inverter as lentes analíticas a fim de entender se, e como, decisões estratégicas e caminhos delineados no âmbito externo podem impactar a construção da democracia no plano doméstico.

Em outras palavras, alianças forjadas e coalizões construídas internacionalmente podem afetar negativamente a democracia no âmbito nacional? O recente anúncio da expansão do grupo dos BRICS, nítida expressão do poderio chinês na ordem global, deixou muitos diplomatas e analistas brasileiros perplexos. Além das muitas questões estratégicas e geopolíticas que tal processo de expansão pode ensejar, também nos parece importante lançar a seguinte pergunta: em que medida pertencer ao grupo dos BRICS, uma coalizão com franca maioria de Estados onde vicejam regimes autoritários ou muito pouco democráticos, pode afetar o futuro da democracia no Brasil? Deixamos o(a) leitor(a) avaliar se tais pistas de reflexão fazem sentido na construção de futuros projetos de pesquisa no campo das Relações Internacionais no Brasil.

Referências

ADGHIRNI, Samy. Governo estuda classificar Hezbollah como organização terrorista. *O Globo*, [S. l.], 19 ago. 2019. Disponível em: https://oglobo.globo.com/mundo/governo-brasileiro-estuda-classificar-hezbollah-como-organizacao-terrorista-23886616. Acesso em: 30 fev. 2023.

AGENCE FRANCE-PRESSE (AFP). Jair Bolsonaro, a diplomacia da terra arrasada. *Uol*, [S. l.], 10 set. 2019. Disponível em: https://noticias.uol.com.br/ultimas-noticias/afp/2019/09/10/jair-bolsonaro-a-diplomacia-da-terra-arrasada.htm. Acesso em: 20 fev. 2023.

ANASTASIA, Fátima; MENDONÇA, Christopher; ALMEIDA, Helga. Poder legislativo e política externa no Brasil: jogando com as regras. *Contexto Internacional*, PUC-Rio, v. 34, p. 617-657, 2012.

ARAÚJO, Ernesto. Falsas aspas, falsos modelos. *Diário do Poder*, [S. l.], 4 ago. 2019. Disponível em: https://diariodopoder.com.br/opiniao/falsas-aspas-falsos-modelos. Acesso em: 15 fev. 2023.

ARAÚJO, Ernesto. Liberdade religiosa, religião libertadora. *In:* FUNAG. *A nova política externa brasileira*: seleção de discursos, artigos e entrevistas do Ministro das Relações Exteriores. Brasília: Funag, 2019, p. 317-324.

ASLANIDIS Paris. Is Populism an Ideology? A Refutation and a New Perspective. *Political Studies*, [S. l.], v. 64 (1_suppl), p. 88-104, 2015. DOI:10.1111/1467-9248.12224.

ASLANIDIS, Paris. *Populism and Social Movements* [Oxford Handbook of Populism]. 2017. DOI:10.1093/oxfordhb/9780198803560.013.23.

BRASIL. Presidente (2019-2022: Jair Bolsonaro). *Discurso durante cerimônia de posse no Congresso Nacional*. Brasília, 1 jan. 2019. Disponível em: www.biblioteca.presidencia.gov.br/presidencia/ex-presidentes/bolsonaro/discursos/discurso-do-presidente-da-republica-jair-bolsonaro-durante-cerimonia-de-posse-no--congresso-nacional. Acesso em: 15 fev. 2023.

BRASIL. Ministro das Relações Exteriores (2019-2021: Ernesto Araújo). *Discurso durante cerimônia de posse no Ministério das Relações Exteriores*. Brasília, 2 jan. 2019b. Disponível em: https://www.gov.br/funag/pt-br/centrais-de-conteudo/politica-externa-brasileira/discurso-do-embaixador-ernesto-araujo-na-cerimonia-de-posse-como-ministro-das-relacoes-exteriores-em-brasilia-02-01-2019. Acesso em: 20 mar. 2023.

BRASIL. Ministério da Justiça e Segurança Pública. *Portaria nº 666, de 25 de julho de 2019*. Dispõe sobre o impedimento de ingresso, a repatriação e a deportação sumária de pessoa perigosa ou que tenha praticado ato contrário aos princípios e objetivos dispostos na Constituição Federal. Brasília, DF, 2019c. Disponível em: https://www.in.gov.br/en/web/dou/-/portaria-n-666-de-25-de-julho-de-2019-207244569. Acesso em: 20 mar. 2023.

BERRINGER, Tatiana *et al*. Relações Brasil-EUA nos governos Biden e Bolsonaro (2021). *In*: SOUSA, Ana Tereza Lopes Marra de; AZZI, Diego Araújo; RODRIGUES, Gilberto Marcos Antônio (org.). *Política externa brasileira em tempos de isolamento diplomático*. Rio de Janeiro: Telha, 2022.

BOGHOSSIAN, Bruno. Bolsonaro colhe resultados nos EUA, mas faz concessões generosas. *Folha de São Paulo*, São Paulo, 20 mar. 2019. Disponível em: https://www1.folha.uol.com.br/colunas/bruno-boghossian/2019/03/bolsonaro-colhe-resultados-nos-eua-mas-faz-concessoes-generosas.shtml. Acesso em: 18 fev. 2023.

BOLSONARO, Eduardo (@bolsonaroSP). MRE @ernestofaraujo desmascara a estratégia da esquerda... *Twitter*, 8 ago. 2019. Disponível em: https://twitter.com/bolsonarosp/status/1159474981694246913. Acesso em: 18 fev. 2023.

BORGES, André. Com Bolsonaro, países árabes bateram recorde de exportação ao Brasil. *Folha de São Paulo/Piauí, Anais da Diplomacia*, 31 ago. 2023. Disponível em: https://piaui.folha.uol.com.br/com-bolsonaro-paises-arabes-bateram-recorde-de-exportacao-ao-brasil/. Acesso em: 20 set. 2023.

BRANDÃO, Adriana. Política Externa nos 100 primeiros dias de Bolsonaro provoca danos à imagem do Brasil. *RFI*, [S. l.], 10 abr. 2019. Disponível em: https://

www.rfi.fr/br/brasil/20190410-politica-externa-nos-100-primeiros-dias-de-bolsonaro-provoca-danos-imagem-do-brasil. Acesso em: 20 fev. 2022.

BROWN, Wendy. *Nas ruínas do neoliberalismo*. São Paulo: Filosófica Politeia, 2019.

BULLA, Beatriz. Biden já aparou atritos com Brasil, mas relação com Bolsonaro tende a ser tensa. *Estadão*, Washington, 17 jul. 2020. Disponível em: https://www.estadao.com.br/internacional/biden-ja-aparou-atritos-com-brasil-mas-relacao-com-bolsonaro-tenderia-a-tensao/. Acesso em: 30 mar. 2023.

CADIER, David; LEQUESNE, Christian. How Populism Impacts EU Foreign Policy. *EU-LISTCO Policy Paper Series*, Bruxelas, n. 8, p. 1-11, 2020.

CADPEVILA, Luc; CHANTAL, François Vergniolle de; VINEL, Jean-Christian. Populismos nas Américas. *IdeAs* [Online], [S. l.], 14, 2019. Disponível em: http://journals.openedition.org/ideas/6968. Acesso em: 20 dez. 2019.

CANAL RURAL. Trigo: importação dos EUA é avaliado como desestímulo ao setor no Brasil. *Canal Rural*, [S. l.] 20 mar. 2019. Disponível em: https://www.canalrural.com.br/programas/rural-noticias/trigo-importacao-dos-eua-e-avaliado-como-desestimulo-ao-setor-no-brasil/. Acesso em: 20 fev. 2021.

CALEIRO, João. As opiniões polêmicas do novo chanceler sobre raça, fake news e 8 temas. *Exame*, São Paulo, 14 nov. 2018. Disponível em: https://exame.com/brasil/as-opinioes-polemicas-do-novo-chanceler-sobre-raca-fake-news-e-8-temas/. Acesso em: 20 out. 2022.

CASADO, José. O jogo de alto risco. *O Globo*, Rio de Janeiro. 20 out. 2020. Disponível em: https://oglobo.globo.com/opiniao/jogo-de-alto-risco-1-24701154. Acesso em: 20 abr. 2022.

CASARÕES, Guilherme. Política externa sob Bolsonaro e Ernesto Araújo inaugura a diplomacia populista. *Folha de São Paulo*, São Paulo, 22 abr. 2020. Disponível em: https://www1.folha.uol.com.br/mundo/2020/04/politica-externa-sob-bolsonaro-e-ernesto-araujo-inaugura-a-diplomacia-populista.shtml. Acesso em: 13 mar. 2023.

CASARÕES, Guilherme; FARIAS, Déborah. Brazilian foreign policy under Jair Bolsonaro: far-right populism and the rejection of the liberal international order. *Cambridge Review of International Affairs*, Cambridge, v. 35, n. 5, p. 741-761, 2022.

CAULYT, Fernando. Com Bolsonaro, política externa virou caixa de surpresas. *DW*, [S. l.], 1 jul. 2019. Disponível em: https://www.dw.com/pt-br/com-bolsonaro-pol%C3%ADtica-externa-se-tornou-uma-caixa-de-surpresas/a-49407488. Acesso em: 20 jul. 2023.

CEBRAP. *Observatório de Política Externa na Imprensa*. Boletins n.º 8 (1.º sem 2019), 9 (2.º sem 2019), 10 (1.º sem 2020), 11 (2.º sem 2020), 12 (1.º sem 2021), 13 (2.º sem 2021), 14 (1.º sem 2022) e 15 (2.º sem 2022). Disponíveis em: https://cebrap.org.br/projetos/observatorio/. Acesso em: 15 jul. 2023.

CHADE, Jamil. Itamaraty contraria Constituição e prega religião como política de Estado. *Uol*, Budapeste, 28 nov. 2019. Disponível em: https://noticias.uol.com.br/colunas/jamil-chade/2019/11/28/governo-bolsonaro-cristaos-hungria-diplomacia-itamaraty.htm. Acesso em: 15 maio 2022.

CHADE, Jamil. Brasil e EUA articulam aliança mundial antiaborto. *Uol*, São Paulo, 2 set. 2020. Disponível em: https://noticias.uol.com.br/colunas/jamil-chade/2020/09/02/brasil-e-eua-querem-liderar-alianca-mundial-antiaborto.htm. Acesso em: 20 maio 2022.

CHAKRABARTY, Dipesh. *The human condition in the Anthropocene*. The Tanner Lectures in Human Values, Yale University, February 18–19 2015. Disponível em: https://tannerlectures.utah.edu/_resources/documents/a-to-z/c/Chakrabarty%20manuscript.pdf. Acesso em: 20 maio 2022.

CHRISPIM, Denise; BRAUN, Julia. Em nove dias, Bolsonaro acumula trapalhadas na política externa. *Veja*, São Paulo, 6 nov. 2018. Disponível em: https://veja.abril.com.br/mundo/em-nove-dias-bolsonaro-acumula-trapalhadas-na-politica-externa/. Acesso em: 13 mar. 2023.

COELHO, Luciana. Jair Bolsonaro promete virada na política externa. *Folha de São Paulo*, São Paulo, 31 dez. 2018. Disponível em: https://www1.folha.uol.com.br/mundo/2018/12/jair-bolsonaro-promete-virada-na-politica-externa.shtml. Acesso em: 13 fev. 2023.

COHEN, Roger. It's time to depopularize "populist". *The New York Times*, Nova York, Opinion, 13 jul. 2018. Disponível em: https://www.nytimes.com/2018/07/13/opinion/populism-language-meaning.html. Acesso em: 13 fev. 2023.

COSTA, Ana Clara. O Itamaraty e a diplomacia do casuísmo. Época, Brasil, 10 jan. 2020. Disponível em: https://oglobo.globo.com/epoca/brasil/o-itamaraty-a-diplomacia-do-casuismo-24182152. Acesso em: 24 fev. 2023.

DESTRADI, Sandra; PLAGEMANN, Johannes. Populism and International Relations: (Un)predictability, personalisation, and the reinforcement of existing trends in world politics. *Review of International Studies X*, [S. l.], p. 1-20, 2019.

DUARTE, Rubens de S.; LIMA, Maria Regina Soares de. Politicising financial foreign policy: an analysis of Brazilian foreign policy formulation for the financial sector (2003- 2015). *Revista Brasileira de Política Internacional* (Online), v. 60, p. 1-18, 2017.

DUCHIADE, André. Ex-chanceleres e ministros de toda a Nova República pré-Bolsonaro se reúnem para atacar 'diplomacia da vergonha'. *O Globo*, Rio de Janeiro, 20 abr. 2020. Disponível em: https://oglobo.globo.com/mundo/ex-chanceleres--ministros-de-toda-nova-republica-pre-bolsonaro-se-reunem-para-atacar-diplomacia-da-vergonha-24400021. Acesso em: 13 jan. 2023.

ESTADÃO. Diplomacia da Camaradagem. *Estadão*, São Paulo, Notas & Informações, 27 dez. 2019a. Disponível em: https://www.estadao.com.br/opiniao/diplomacia-da-camaradagem/. Acesso em: 13 fev. 2022.

ESTADÃO. Bolsonaro reclama de "desequilíbrio" em financiamentos do banco do Brics. *Estadão*, São Paulo, 14 nov. 2019b. Disponível em: https://www.gazetadopovo.com.br/republica/breves/bolsonaro-reclama-investimentos-banco-brics/. Acesso em: 13 mar. 2022.

ESTADÃO. China diz que Eduardo Bolsonaro causa "influência nociva". *Isto é Dinheiro*, São Paulo, 19 mar. 2020. Disponível em: https://istoedinheiro.com.br/china-diz-que-eduardo-bolsonaro-causa-influencia-nociva/. Acesso em: 13/02/2022.

FARIA, Carlos Aurélio Pimenta de. Desencapsulamento, politização e necessidade de (re)legitimação da política externa brasileira: razões e percalços para o seu monitoramento e sua avaliação. *Revista Tempo do Mundo*, Brasília, v. 4, n. 1, p. 65-93, 2018.

FELLET, João. Evangélicos fazem ofensiva para dominar política externa do Brasil para África. *BBC News Brasil*, São Paulo, 23 dez. 2019a. Disponível em: https://www.bbc.com/portuguese/brasil-50845597. Acesso em: 13 fev. 2022.

FELLET, João. Em comunicado a diplomatas, governo Bolsonaro confirma saída de pacto de migração da ONU. *BBC News Brasil*, São Paulo, 8 jan. 2019b. Disponível em: https://www.bbc.com/portuguese/brasil-46802258. Acesso em: 13 abr. 2022.

FELLET, João. Revolta contra Igreja Universal gera morte e crise diplomática em país africano. *BBC News Brasil*, São Paulo, 4 nov. 2019c. Disponível em: https://www.bbc.com/portuguese/brasil-50270551. Acesso em: 13 maio 2022.

FOLHA DE SÃO PAULO. Brasil deve propor aos EUA 'conversas exploratórias' para acordo de livre comércio. *Folha de São Paulo*, São Paulo, 20 fev. 2019a. Disponível em: https://www1.folha.uol.com.br/mundo/2019/02/eua-e-brasil-devem-anunciar-conversas-exploratorias-para-acordo-de-livre-comercio.shtml. Acesso em: 13 fev. 2022.

FOLHA DE SÃO PAULO. A novos diplomatas, Araújo diz que país 'não venderá alma' para exportar minério de ferro e soja. *Folha de São Paulo*, 11 mar. 2019b. Disponível em: https://www1.folha.uol.com.br/mundo/2019/03/a-novos-diplomatas-araujo-diz-que-pais-nao-vendera-alma-para-exportar-minerio-de-ferro-e-soja.shtml. Acesso em: 13 fev. 2022.

FOLHA DE SÃO PAULO. China não é ameaça, e sim parceiro estratégico, diz Mourão. *Folha de São Paulo*, São Paulo, 6 abr. 2019c. Disponível em: https://www1.folha.uol.com.br/mundo/2019/04/china-nao-e-ameaca-e-sim-parceiro-estrategico-diz-mourao.shtml. Acesso em: 13 mar. 2022.

FOLHA DE SÃO PAULO. Ruralista reclama de viés anti-China no governo Bolsonaro. *Folha de São Paulo*, São Paulo, 15 mar. 2019d. Disponível em: https://www1.folha.uol.com.br/mercado/2019/03/ruralistas-reclamam-de-vies-anti-china-no-governo-bolsonaro.shtml. Acesso em: 13 fev. 2022.

FUNAG. Seminário "Como destruir um país: uma aventura socialista na Venezuela". *YouTube*, 27 ago. 2020a. Disponível em: https://www.youtube.com/watch?v=Cx6_mj4wmQo&ab_channel=Funda%C3%A7%C3%A3oAlexandredeGusm%C3%A3o. Acesso em: 21 fev. 2023.

FUNAG. Conferência "Castro-Chavismo: crime organizado nas Américas". *YouTube*, 30 jun 2020b. Disponível em: https://www.youtube.com/watch?v=bw0NWqB12h8&list=PLY4MsNDouGfgeKNprniPkF5FtFNoHa5i5&index=1&ab_channel=Funda%C3%A7%C3%A3oAlexandredeGusm%C3%A3o. Acesso em: 4 abr. 2022.

FUNAG. Conferência Virtual "Resgate da Relação Brasil-Estados Unidos e seus benefícios". *YouTube*, 11 ago. 2020c. Disponível em: https://antigo.funag.gov.br/index.php/es/novedades/3304-vea-los-videos-de-la-conferencia-del-diputado-federal-eduardo-bolsonaro-sobre-la-recuperacion-de-la-relacion-entre-estados-unidos-y-brasil. Acesso em: 4 maio 2022.

FUNAG. Conferência "A importância da promoção de políticas internacionais da defesa da vida". *YouTube*, 4 ago. 2020d. Disponível em: https://www.youtube.

com/watch?v=U2oYwBRjc80&ab_channel=Funda%C3%A7%C3%A3oAlexandre-deGusm%C3%A3o. Acesso em: 4 maio 2022.

FUSER, Igor. Diplomacia da subserviência: política externa com as orelhas do Mickey. *In:* AZEVEDO, José Sérgio G.; POCHMANN, Márcio (org.). *Brasil incertezas e submissões?*. São Paulo: Fundação Perseu Abramo, 2019. p. 105-126. Disponível em: https://fpabramo.org.br/publicacoes/wp-content/uploads/sites/5/2019/09/Brasil-incertezas-e-Submiss%C3%A3o-Epub1.pdf. Acesso em: 13 mar. 2022.

GADEA, Carlos. Ernesto Laclau e a "razão populista". *Revista IHU Online*, [S. l.], n. 508, p. 15-17, 2017. Disponível em: http://www.ihuonline.unisinos.br/artigo/6936-ernesto-laclau-e-a-razao-populista. Acesso em: 12 já. 2022.

GALINARI, Tiago. A "guinada à direita" e a nova política externa brasileira. *Caderno de Geografia*, [S. l.], v. 29, n. especial 2, p. 190-211, 2019. ISSN 2318-2962. DOI: https://doi.org/10.5752/P.2318-2962.2019v29n2p190-211.

GIELOW, Igor. General brasileiro no Comando Sul dos EUA nega subordinação a Washington. *Folha de São Paulo*, São Paulo, 25 fev. 2019. Disponível em: https://www1.folha.uol.com.br/mundo/2019/02/general-brasileiro-no-comando-sul-dos-eua-nega-subordinacao-a-washington.shtml. Acesso em: 13 mar. 2023.

GIURLANDO, Philip; WAJNER, Daniel F. *Populist Foreign Policy*: Regional Perspectives of Populist in the International Scene. London: Palgrave Macmillan Cham, 2023.

GRAGNANI, Juliana. Bolsonaro tem condições de adotar uma política externa agressiva à la Trump? *BBC Brasil*, Londres, 17 nov. 2018. Disponível em: https://www.bbc.com/portuguese/brasil-46139678. Acesso em: 13 fev. 2023.

GRILLO, Marco; OLIVEIRA, Eliane. Senadores prometem resistir à indicação de Eduardo Bolsonaro para embaixada nos EUA. *O Globo*, Rio de Janeiro, 12 set. 2019. Disponível em: https://oglobo.globo.com/mundo/senadores-prometem-resistir-indicacao-de-eduardo-bolsonaro-para-embaixada-nos-eua-23804082. Acesso em: 21 mar. 2022.

GUIMARÃES, Feliciano de Sá; OLIVEIRA E SILVA, Irma Dutra de. Far-Right Populism and Foreign Policy Identity: Jair Bolsonaro's ultraconservatism and the new politics of alignment. *International Affairs*, Londres, v. 97, n. 2, 345-363, 2021.

JORDY, Carlos (@carlosjordy). Parabéns ao Ministro @ernestofaraujo por rechaçar o aborto... *Twitter*, 7 ago. 2019. Disponível em: https://twitter.com/carlosjordy/status/1159154113172688897. Acesso em: 20 abr. 2022.

JORNAL DO BRASIL. Brasil se apequena no plano externo com bolsonaro, avalia analista. *Jornal do Brasil*, Rio de Janeiro, set. 2020. Disponível em: https://www.jb.com.br/pais/politica/ 2020/09/1025767-brasil--se-apequena-no-plano-externo--com-bolsonaro-na- onu--avalia-analista.html. Acesso em: 20 maio 2022.

JORNAL NACIONAL. Pesquisa mostra que 75% dos conselhos e comitês nacionais foram extintos ou esvaziados no governo Bolsonaro. *G1*, Rio de Janeiro, 25 out. 2021. Disponível em: https://g1.globo.com/jornal-nacional/noticia/2021/10/25/pesquisa-mostra-que-75percent-dos-conselhos-e-comites-nacionais-foram--extintos-ou-esvaziados-no-governo-bolsonaro.ghtml. Acesso em: 10 jan. 2023.

JORNAL NACIONAL. Ministro das Relações Exteriores afirma que coronavírus é um plano comunista. *G1*, Rio de Janeiro, 22 abr. 2020. Disponível em: https://g1.globo.com/jornal-nacional/noticia/2020/04/22/ministro-das-relacoes-exteriores-afirma-que-coronavirus-e-um-plano-comunista.ghtml. Acesso em: 20 jan. 2023.

KALOUT, Hussein. A perigosa inércia do Senado nos rumos da política externa brasileira. *O Globo*, Rio de Janeiro, 5 fev. 2020. Disponível em: https://oglobo.globo.com/epoca/a-perigosa-inercia-do-senado-nos-rumos-da-politica-externa-brasileira-1-24231176. Acesso em: 20 dez. 2022.

LACLAU, Ernesto. *La razón populista*. México, Argentina, Brasil: Fondo de Cultura Econômica, 2005.

LACLAU, Ernesto. *A Razão Populista*. Rio de Janeiro: EdUERJ, 2013.

LANDIM, Raquel. Brasil apoia candidato chinês para comando de órgão de agricultura da ONU. *Folha de São Paulo*, São Paulo, 18 mar. 2019. Disponível em: https://www1.folha.uol.com.br/mundo/2019/05/brasil-apoia-candidato-chines--para-comando-de-orgao-de-agricultura-da-onu.shtml. Acesso em: 20 jan. 2023.

LATOUR, Bruno. *Onde aterrar? Como se orientar politicamente no Antropoceno*. Rio de Janeiro: Bazar do Tempo, 2020.

LIMA, Maria Regina Soares de. Instituições democráticas e política exterior. *Contexto Internacional*, Rio de Janeiro, v. 22, n. 2, p. 265-303, 2000.

LIMA, Maria Regina Soares de; ALBUQUERQUE, Mariana. O estilo Bolsonaro de governar e a política externa. *Boletim OPSA*, Rio de Janeiro, n. 1, p. 15-21, jan./mar. 2019. ISSN 1809-8827.

LIMA, Kátia Regina R.; FERREIRA, Emmanoel L.; SILVA, Patric Anderson G. da. A política externa no governo Bolsonaro: autonomia ou alinhamento aos EUA? *Cadernos do GPOSSHE On-line*, Fortaleza, v. 7, n. 1, 2023.

LOPES, Dawisson Belém. De-westernization, democratization, disconnection: the emergence of Brazil's post-diplomatic foreign policy, *Global Affairs*, 6:2, 167-184, 2020. DOI: 10.1080/23340460.2020.1769494.

LOPES, Dawisson Belém. Política externa democrática: oxímoro, quimera ou tendência? *Revista Brasileira de Ciências Sociais*, 27, p. 185-202, 2012.

LOTT, Diana. Em fala sobre 2ª Guerra ao Conselho de Segurança da ONU, Ernesto ataca multilateralismo. *Folha de São Paulo*, 8 mai. 2020. Disponível em: https://www1.folha.uol.com.br/mundo/2020/05/em-fala-sobre-2a-guerra-ao-conselho-de-seguranca-da-onu-ernesto-ataca-multilateralismo.shtml. Acesso em: 20 jan. 2023.

MAGALHÃES, Guilherme. Aceno de Bolsonaro a Taiwan desanima Pequim, diz alto funcionário do regime chinês. *Folha de São Paulo*, 5 nov. 2018. Disponível em: https://www1.folha.uol.com.br/mundo/2018/11/aceno-de-bolsonaro-a-taiwan-desanima-pequim-diz-alto-funcionario-do-regime-chines.shtml. Acesso em: 20 fev. 2023.

MILANI, Carlos R. S. Política externa é política pública? *Insight Inteligência*, p. 57-75, 2015.

MILANI, Carlos R. S.; KRAYCHETE, Elsa Sousa (org.). *Política externa e desenvolvimento no Sul Geopolítico*. Salvador: EDUFBA, 2022.

MILANI, Carlos R. S.; PINHEIRO, Leticia. (2017). The politics of Brazilian foreign policy and its analytical challenges. *Foreign Policy Analysis*, 13: 278-296

MINISTÉRIO DAS RELAÇÕES EXTERIORES (MRE). Tratamento especial e diferenciado e a OMC. *Nota à imprensa n.º 82/2019.* Disponível em: https://www.gov.br/mre/pt-br/canais_atendimento/imprensa/notas-a-imprensa/2019/tratamento-especial-e-diferenciado-e-a-omc. Acesso em: 20 jan. 2023

MOFFITT, Benjamin. *The Global Rise of Populism*: Performance, Political Style, and Representation. Stanford, CA: Stanford University Press, 2016.

MOREIRA, Assis. EUA rejeitam veto da Índia ao Brasil na OMC. *Valor*, Genebra, 30 set. 2019. Disponível em: https://valor.globo.com/brasil/noticia/2019/09/30/eua-rejeitam-veto-da-india-ao-brasil-na-omc.ghtml. Acesso em: 19 mar. 2023.

MORIN, Edgar; KERN, Anne-Brigitte. *Terre Patrie*. Paris: Seuil, 1993.

MOUFFE, Chantal. *Le paradoxe démocratique*. Paris: Beaux-Arts de Paris, 2016.

MOUFFE, Chantal. Controvérsia sobre o populismo de esquerda. *Le Monde Diplomatique*, 10 set. de 2020. Disponível em: https://diplomatique.org.br/controversia-sobre-o-populismo-de-esquerda/. Acesso em: 20 jan. 2022.

MOURA, Gerson. *O alinhamento sem recompensa*: a política externa do governo Dutra. Rio de Janeiro; CPDOC/FGV, 1990. 113p.

MOURA, Marcus. Com rota bioceânica, Campo Grande pode virar centro de distribuição de produtos na América Latina. *CBN*, 14 set. 2020. Disponível em: https://www.rcn67.com.br/cbn/campo-grande/com-rota-bioceanica-campo-grande-pode-virar-centro-de-distr/142067/. Acesso em: 20 jan. 2022.

MUDDE, Cas. The Populist Zeitgeist. *Government and Opposition*, 39(4), 541-563, 2004. DOI:10.1111/j.1477-7053.2004.00135.x.

NORRIS, Pippa; RONALD, Inglehart. *Cultural Backlash*: Trump, Brexit, and Authoritarian Populism. Cambridge: Cambridge University Press, 2019.

NORRIS, Pippa. Measuring populism worldwide. *Faculty Research Working Paper Series*, Harvard Kennedy School, February, 2020 - RWP20-002. Disponível em: https://www.hks.harvard.edu/research-insights/publications?f%5B0%5D=publication_types%3A121. Acesso em: 20 jan. 2022.

O GLOBO. Brasil dispensa visto para turistas dos EUA, Canadá, Japão e Austrália. *Jornal O Globo*, 18 mar. 2019a. Disponível em: https://oglobo.globo.com/mundo/brasil-dispensa-visto-para-turistas-dos-eua-canada-japao-australia-23531808. Acesso em: 10 dez. 2022.

O GLOBO. Chanceler informal, Eduardo Bolsonaro acompanha o pai em praticamente todas as viagens internacionais importantes. *O Globo*, 11 jul. 2019b. Disponível em: https://oglobo.globo.com/mundo/chanceler-informal-eduardo-bolsonaro-acompanha-pai-em-praticamente-todas-as-viagens-internacionais-importantes-23800985. Acesso em: 20 jan. 2022.

OLIVEIRA, Mariana; D'AGOSTINO, Rosanne. Política externa se alinhou com Bolsonaro, e "gênero" se refere a homem ou mulher, diz Araújo. *TV Globo e G1*, Brasília, 29 out. 2019. Disponível em: https://g1.globo.com/politica/noticia/2019/10/29/politica-externa-se-alinhou-com-bolsonaro-e-genero-se-refere-a-homem-ou-mulher-diz-araujo.ghtml. Acesso em: 20 jan. 2022.

OTTA, Lu. Política Externa ao estilo Trump pode gerar conflito para o País, dizem especialistas. *Estadão*, 31 dez. 2018a. Disponível em: https://www.estadao.com.br/politica/politica-externa-ao-estilo-trump-pode-gerar-conflito/. Acesso em: 20 jan. 2022.

OTTA, Lu. Nova política externa pode prejudicar exportações. *Estadão*, Brasília, 4 nov. 2018b. Disponível em: https://www.estadao.com.br/economia/nova-politica-externa-pode-prejudicar-exportacoes/. Acesso em: 20 jan. 2022.

OTTA, Lu. CNI diz que enfraquecer Mercosul é favorecer a China após fala de Guedes. *Estadão Conteúdo*, 30 out. 2018c. Disponível em: https://exame.com/economia/cni-diz-que-enfraquecer-mercosul-e-favorecer-a-china-apos-fala-de-guedes/. Acesso em: 20 jan. 2022.

PAPPAS, Takis S. *Populism and liberal democracy*: a comparative and theoretical analysis. Oxford: Oxford University Press, 2019.

PASSARINHO, Nathalia. Como política ambiental de Bolsonaro afetou imagem do Brasil em 2019 e quais as consequências disso. *BBC News Brasil*, Londres, 31 dez. 2019. Disponível em: https://www.bbc.com/portuguese/brasil-50851921. Acesso em: 20 jan. 2022.

PLAGEMANN, Johannes; DESTRADI, Sandra. Populism and Foreign Policy: The Case of India. *Foreign Policy Analysis*, v. 15, n. 2, p. 283-301, 2019.

QUERO, Caio; PASSARINHO, Nathalia. Governo Bolsonaro ameaça prestígio internacional do país, dizem diplomatas brasileiros. *BBC News Brasil*, São Paulo, Londres, 31 maio 2019. Disponível em: https://www.bbc.com/portuguese/brasil-48402241. Acesso em: 20 jan. 2022.

RESENDE, Constança. Grupo de senadores tenta barrar sabatinas de embaixadores em resposta a Ernesto. *Folha de São Paulo*, 20 set. 2020. Disponível em: https://www1.folha.uol.com.br/mundo/2020/09/grupo-de-senadores-tenta-barrar-sabatinas-de-embaixadores-em-resposta-a-ernesto.shtml?utm_source=whatsapp&utm_medium=social&utm_campaign=comphomewa. Acesso em: 20 jan. 2022.

RODRIGUES, Alex. Embaixador Ernesto Araújo é escolhido para Relações Exteriores. *Agência Brasil*, Brasília, 14 nov. 2018, Disponível em: https://agenciabrasil.ebc.com.br/politica/noticia/2018-11/embaixador-ernesto-araujo-e-escolhido-para-relacoes-exteriores. Acesso em: 20 jan.2022.

RODRIGUES, Gilberto. *Trump dos trópicos? Política externa de ultradireita no Brasil.* Análises Carolina. 06/2019. 15 abr. 2019. Disponível em: https://www.researchgate.net/publication/332426015_ Trump_dos_tropicos_Politica_externa_de_ulltradireita_no_Brasil. Acesso em: 20 jun. 2022.

ROSANVALLON, Pierre. *Penser le populisme*, 27 set. 2011. Disponível em: https://laviedesidees.fr/Penser-le-populisme.html. Acesso em: 20 jan. 2022.

ROSANVALLON, Pierre. *Le siècle du populisme*: histoire, théorie, critique. Paris: Éditions du Seuil, 2020.

SENRA, Ricardo. Indicação de Eduardo Bolsonaro não é negócio de família e rompe ciclo vicioso no Itamaraty, diz chanceler. *BBC News Brasil*, Londres, 12 jun. 2019. Disponível em: https://www.bbc.com/portuguese/brasil-48805559. Acesso em: 20 jan. 2022.

SPEKTOR, Matias. Diplomacia da ruptura. *In:* ABRANCHES, Sérgio et al. *Democracia em risco? 22 ensaios sobre o Brasil hoje.* São Paulo: Companhia das Letras, 2019. p. 322-366. Disponível em: https://bibliotecadigital.tse.jus.br/xmlui/handle/bdtse/5638. Acesso em: 20 jan. 2022.

SPEKTOR, Matias. Itamaraty enfraquecido é estratégia de Bolsonaro. *Folha de São Paulo*, 4 abr. 2019b. Disponível em: https://www1.folha.uol.com.br/colunas/matiasspektor/2019/04/itamaraty-enfraquecido-e-estrategia-de-bolsonaro.shtml. Acesso em: 20 jan. 2022.

STENGEL, Frank; MACDONALD, David; NABERS, Dirk. Introduction: analyzing the nexus between populism and international relations. *In:* STENGEL, Frank; MACDONALD, David; NABERS, Dirk (ed.). *Populism and World Politics*: Exploring Inter and Transnational Dimensions. Basingstoke: Palgrave Macmillan, 2019. p. 1-22.

STUENKEL, Oliver. Fiasco da viagem a Israel é só um sinal do que virá na política externa brasileira. *El País*, 6 abr. 2019. Disponível em: https://brasil.elpais.com/brasil/2019/04/08/opinion/1554743344_870885.html. Acesso em: 20 jan. 2022.

SVAMPA, Maristella. What the new right wing brings to Latin America between the political and the social: new areas of dispute". *Seminário "A Reactionary Wave? Understanding the Moment, Looking at Resistance Strategies"*, organizado por RLS Quito em julho de 2019. Artigo disponível em: maristellasvampa.net/what-the--new-right-wing-brings-to-latin-america-between-the-political-and-the-social--new-areas-of-dispute-en-frl-berlin/. Acesso em: 20 jan. 2022.

SWILLING, Mark. Economic Crisis, Long Waves and the Sustainability Transition: An African Perspective. *Environmental Innovation and Societal Transitions*, v. 6 (March), p. 96-115, 2013.

TRIBUNAL SUPERIOR ELEITORAL - TSE. *Brasil acima de tudo, Deus acima de todos* - Proposta de governo do candidato Jair Bolsonaro. 2018. Disponível em: https://divulgacandcontas.tse.jus.br/candidaturas/oficial/2018/BR/BR/2022802018/280000614517/proposta_1534284632231.pdf. Acesso em: 20 jan. 2022.

URIBE, Gustavo; DIAS, Marina. Bolsonaro planeja viagem aos EUA para se contrapor a Argentina. *Folha de São Paulo*, 29 out. 2019. Disponível em: https://www1.folha.uol.com.br/mundo/2019/10/bolsonaro-planeja-viagem-aos-eua-para-se-contrapor-a-argentina.shtml. Acesso em: 20 jan. 2022.

VEJA. Gestão Bolsonaro evitará acordos comerciais com a mulambada, diz Mourão. *Veja*, 17 set. 2018. Disponível em: https://veja.abril.com.br/politica/gestao-bolsonaro-evitara-acordos-comerciais-com-a-mulambada-diz-mourao/. Acesso em: 20 jan. 2022.

WEHNER, Leslie E.; THIES, Cameron G. The nexus of populism and foreign policy. *International Relations*, v. 35, n. 2, p. 320-340, 2021.

WIZIACK, Julio. Brasil cria travas que dificultam investimento chinês no país. *Folha de São Paulo*, 8 ago. 2020. Disponível em: https://www1.folha.uol.com.br/mercado/2020/08/brasil-cria-travas-que-dificultam-investimentos-chines-no-pais.shtml. Acesso em: 20 jan. 2022.

WIZIACK, Julio; URIBE, Gustavo. Bolsonaro transforma 5G em disputa geopolítica, e leilão deve ficar para 2021. *Folha de São Paulo*, 12 jun. 2020. Disponível em: https://www1.folha.uol.com.br/mercado/2020/06/bolsonaro-transforma-5g-em-disputa-geopolitica-e-leilao-deve-ficar-para-2021.shtml. Acesso em: 20 jan. 2022.

ZEEMANN, Jan. "Populism beyond the Nation". *In*: STENGEL, Frank; MACDONALD, David; NABERS, Dirk (ed.). *Populism and World Politics*: Exploring Inter and Transnational Dimensions. Basingstoke: Palgrave Macmillan, 2019. p. 25-54.

CRISES DA DEMOCRACIA LIBERAL E ASCENSÃO DA EXTREMA DIREITA: RUPTURA E DESCONSTRUÇÃO DA POLÍTICA EXTERNA BRASILEIRA NO GOVERNO BOLSONARO

Tiago Nery
Pablo Saturnino Brag
Kethlyn Winter

Introdução

O presente capítulo pretende analisar a atual crise das democracias liberais e seu impacto no Sul Geopolítico, com enfoque no estudo de caso do Brasil e na política externa do governo de extrema direita de Jair Bolsonaro. Nesse sentido, serão estudadas as dimensões sistêmica e doméstica dessa política externa em suas estratégias multilateral e regional. Pretende-se analisar em que medida conceitos como populismo, fascismo e reacionarismo se aplicam ao governo Bolsonaro. Além disso, analisar-se-á o impacto da coalizão bolsonarista na orientação da política externa brasileira, destacando-se as dimensões multilateral e regional da política exterior.

A crise da ordem democrática liberal segue caminhos de sucesso, uma vez que enfatiza os preceitos neoliberais em soma com valores reacionários e ultranacionalistas (Ikenberry, 2010). Nas últimas décadas, o neoliberalismo limitou a dimensão política, restringindo-a a aspectos meramente eleitorais ou procedimentais, e atacou a social, desconstruindo políticas públicas em áreas como educação, saúde e direitos trabalhistas. Com o fim do bloco socialista, entre 1989 e 1991, houve o desmantelamento do Estado de Bem-Estar Social no Ocidente e, até mesmo, a eliminação dos direitos econômicos e sociais do catálogo dos direitos. Isso contribuiu para a crescente contradição entre capitalismo e regimes democráticos. No primeiro caso, contribuiu para o definhamento das energias democráticas. No segundo, a razão neoliberal reafirmou o poder corporativo, legitimou a desigualdade e atacou os membros mais vulneráveis das sociedades. A insegurança e as desigualdades crescentes têm provocado a ascensão de líderes de extrema direita em diversos países (Brown, 2020; Losurdo, 2006; Przeworski, 2020).

A ascensão de governos que desafiam as instituições das democracias liberais afeta várias partes do mundo com intensidade variável. Uma ampla gama de estudos aponta para os fatores que produziram essa "tempestade perfeita" que representa uma ameaça à existência de regimes democráticos (Rosanvallon, 2020; Runciman, 2018; Levitsky; Ziblatt, 2018; Norris; Inglehart, 2019). A crise das democracias liberais resulta de um complexo emaranhado de questões econômicas, políticas, culturais, tecnológicas, psicossociais e ambientais que podem ser brevemente apontadas: a crise de representatividade das classes políticas e da "política pós-partidária"; a manipulação de dados e *fake news*, bem como a influência de algoritmos e *big data* nos processos eleitorais (Hindman, 2018; Sustein, 2017 Morrozov, 2018); a 4.ª Revolução Industrial e suas consequências no aumento das formas precárias de emprego e a "armadilha da classe média" (Schwab, 2016); o aprofundamento das desigualdades internacionais (Piketty, 2015); e o impacto das mudanças climáticas em uma multiplicidade de campos como energia, saúde pública, alimentação e habitação, com potenciais efeitos para o agravamento desse quadro de desigualdades (Jafry, 2019). Essas questões têm raízes na hegemonia da razão neoliberal e na lógica de organização produtiva e financeira do sistema internacional, fortemente associado à economia fóssil, como apontado anteriormente.

No que diz respeito ao Brasil, a eleição de Jair Bolsonaro está inserida em um contexto internacional de crescimento da extrema direita. Sua vitória foi produto de uma agenda antipolítica e antigoverno que vinha se construindo desde o segundo governo de Dilma Rousseff, consolidando-se em 2018. O bolsonarismo representa uma nova forma de conservadorismo, ideológico e anti-institucional, que abandona a premissa de governo virtuoso por um projeto de destruição das estruturas do Estado e de políticas públicas, a exemplo das políticas de Direitos Humanos, meio ambiente, saúde, defesa e política externa (Avritzer, 2021).

A política externa é uma política pública que se relaciona não apenas às políticas de defesa e segurança, mas também a outras políticas (cultura, ciência e tecnologia, Direitos Humanos, educação, saúde, entre outras). Sua compreensão exige a análise dos limites sistêmicos e domésticos. Isso significa que mudanças nos governos e na ideologia das coalizões políticas produzem alterações na orientação da política externa, com reflexos nas estratégias de inserção multilateral e regional.

O presente capítulo analisa a crise das democracias no mundo, destacando as características do caso brasileiro. Ao enfatizar as ameaças à democracia brasileira, a primeira seção discute os conceitos de populismo, fascismo e reacionarismo, procurando verificar a capacidade explicativa e os limites de cada um deles na compreensão do bolsonarismo. A segunda seção analisa a ruptura no posicionamento do Brasil em relação à agenda multilateral, e sua interface com a base de apoio olavista[19] e neopentecostal. Por fim, a terceira seção trata dos impactos desestabilizadores e desagregadores da política externa bolsonarista para a região, e a influência dos militares, grupo de interesse estruturante do governo Bolsonaro. Assim, são explorados os impactos da retórica reacionária e das ações do governo Bolsonaro sobre as dimensões multilateral e regional da política externa brasileira, considerando as coalizões que sustentaram o governo domesticamente.

A crise da democracia no Brasil: reacionarismo, populismo e fascismo na tentativa de compreensão do governo Bolsonaro

Nos últimos anos, tornou-se comum afirmar que os sistemas democráticos estão em crise ou que as democracias estão em recessão. Em diferentes países do Norte e do Sul Geopolítico, líderes reacionários chegaram ao poder na esteira de uma crise econômica mundial que só tem paralelo com a catástrofe de 1929. Para alguns analistas, a ascensão da extrema direita está relacionada com a crescente tensão entre capitalismo e democracia, agravada pela razão neoliberal e pela desagregação do tecido social. Para outros, matrizes teóricas como populismo e fascismo contribuem para alargar o campo de análises. Há ainda aqueles que preferem o conceito de reacionarismo para entender fenômenos como, por exemplo, o bolsonarismo. No entanto, tomados isoladamente, nenhum desses conceitos parece suficiente para elucidar todos os aspectos relacionados à atual ascensão das direitas radicais no mundo.

Os levantes reacionários da segunda década do século XXI, que constituem o ciclo autoritário global, associaram a insatisfação com *déficits* reais do modo de funcionamento das democracias existentes com instrumentos e táticas pertencentes a uma nova sociabilidade digital[20] (Nobre, 2022).

---

[19] O olavismo consiste numa corrente ideológica e movimento político de extrema direita associado ao astrólogo e escritor brasileiro Olavo de Carvalho.

[20] A sociabilidade digital surgiu junto com três fenômenos de enorme amplitude: a crise econômica de 2008, a rápida expansão das grandes plataformas digitais, e as crises de representação dos sistemas democráticos (Nobre, 2022).

O reacionário é expressão da radicalização da ideologia de direita e do conservadorismo, uma vez que o movimento não apenas busca preservar o *status quo*, mas retroceder a uma ordem em que o exercício do poder era ainda mais absoluto (Lynch; Cassimiro, 2022, p. 23). O "espírito reacionário" é um exilado do tempo, pois nutre uma nostalgia de uma sociedade organizada por padrões hierárquicos e religiosos claros (Lilla, 2016, p. 12). A fórmula nativista e teocrática traduz o espírito reacionário e está impactando partidos consolidados, reconfigurando coalizões políticas em diversas democracias liberais.

O movimento tem impacto sistêmico e procura construir uma nova conceituação do "internacional", como se pode observar nos discursos das campanhas do Brexit e de Donald Trump. Pode-se falar, portanto, em um internacionalismo reacionário (De Orellana; Michelsen, 2019). A onda reacionária mundial chegou à contemporaneidade impulsionada pela constatação de que só é possível enfrentar a dinâmica revolucionária dos direitos (culturais, individuais, econômicos, sociais, ambientais) por meio de um processo de demolição.

Como afirma Heloísa Starling (2022), o reacionarismo contemporâneo moldou na lógica da destruição a estratégia e o princípio político que movem sua ação. Alguns analistas consideram que o governo Bolsonaro representou um populismo de direita (Rosanvallon, 2021); outros acham que o bolsonarismo flertou com aspectos do fascismo, cujas raízes se encontram na própria história da formação social do país (Bignotto, 2022; Cohn, 2022; Pericás, 2021). Segundo Starling (2022), a âncora ideológica do bolsonarismo teria outra natureza política, o reacionarismo. Apesar de soar vago e difuso — não é agudo como "conservadorismo" ou "populismo", nem ameaçador como "fascismo" —, o termo "reacionário" serve para sintetizar o comportamento político daqueles que se sentem atraídos por uma visão de mundo de extrema direita. No Brasil, o reacionarismo conferiu a forma política e o conteúdo ideológico ao confronto permanente de Bolsonaro contra a Constituição de 1988 e todo aquele que tenta se interpor entre o "cidadão de bem" e a realização do seu projeto autoritário: as feministas, o movimento negro, os movimentos sociais, os sindicatos, em suma, qualquer construção coletiva que funcione como freio (Lago, 2022; Starling, 2022).

Ao longo da história, a coexistência do capitalismo com a democracia sempre foi problemática. Existe um conflito inerente entre a ilimitação capitalista da riqueza e a ilimitação democrática da política. Apesar dessa tensão estrutural, durante quase duzentos anos, a expectativa de progresso material foi um componente essencial da civilização ocidental. O ápice dessa expectativa ocorreu durante a "Era de Ouro" ou os "Trinta Anos Gloriosos" do capitalismo no Ocidente (1945-1975). Nos últimos quarenta anos, a hegemonia neoliberal destruiu essa expectativa, provocando profundas consequências culturais e políticas (Przeworski, 2020; Rancière, 2014).

Desde os anos 1980, a ofensiva neoliberal tem deslocado o espectro político para a direita, provocando o desgaste dos sistemas partidários tradicionais e o crescimento da direita radical. Os partidos social-democratas e os sindicatos perderam força, provocando alterações na base social de apoio a movimentos de extrema direita. Historicamente, esses movimentos eram apoiados pela pequena burguesia — pequenos agricultores e comerciantes, trabalhadores autônomos —, ao passo que agora buscam combinar essa base tradicional com acenos à classe trabalhadora (Przeworski, 2020)[21].

A racionalidade neoliberal e os ataques à democracia, à igualdade e à sociedade contribuíram para legitimar forças extremistas e antidemocráticas na segunda década do século XXI. O neoliberalismo produziu uma cultura política e uma subjetividade que permitiram que lideranças demagogas instrumentalizassem a frustração e o ressentimento dos indivíduos abandonados economicamente, os "perdedores" da globalização. Esses líderes e movimentos se aproveitaram também do niilismo que caracteriza as sociedades fragmentadas contemporâneas, que se expressa como perda de confiança na ciência, na facticidade e em valores fundamentais. A racionalidade neoliberal foi fundamental para gerar sinergia entre uma cultura antidemocrática desde baixo e formas antidemocráticas de poder estatal desde cima (Brown, 2019).

No Brasil, as manifestações de junho de 2013 marcaram o surgimento, ainda que de forma difusa e embrionária, de um movimento de extrema direita. Em 2015, o movimento de massa reacionário estava mais coordenado na campanha pela derrubada da então presidenta Dilma Rousseff. Naquele momento, o que unia a direita era o antipetismo e a luta contra a corrupção. Na história recente, a base do bolsonarismo organizou-se em torno de bandeiras como o anticomunismo, a defesa da família tradicional, o militarismo armamentista e os valores de mercado. Em 2018, confluíram

---

[21] Na França, antigos eleitores do Partido Comunista Francês (PCF) passaram a votar cada vez mais na Frente Nacional (FN) de Jean-Marie Le Pen e Marine Le Pen, que recentemente mudou o nome do partido criado pelo pai para Reunião Nacional (RN). Entre 1974 e 2012, os votos de operários para a FN/RN passaram de menos de 3% para aproximadamente 50%. Com a crise do comunismo e da social-democracia, o voto de protesto se deslocou da esquerda para a extrema direita (Laclau, 2005; Rosanvallon, 2021).

para a candidatura de Bolsonaro as figuras do antipetismo, do antissistema, do reacionarismo de costumes, do lavajatismo e do autoritarismo sem disfarces (Lacerda, 2019).

Atualmente, a maior parte da literatura política costuma classificar como populistas diferentes líderes mundiais, tais como Jair Bolsonaro, Donald Trump, Hugo Chávez, Narendra Modi, Viktor Orbán, Vladimir Putin, Recep Erdogan, entre outros. As vitórias do populismo seriam o sinal do esgotamento dos projetos progressistas e expressariam o fim de um longo ciclo ideológico e político. O populismo seria uma resposta aos desafios colocados pelas transformações pelas quais passam várias sociedades, sobretudo as ocidentais (Bignotto, 2022; Rosanvallon, 2021).

Segundo Rosanvallon (2021), a base dos governos populistas seria constituída pelos excluídos da globalização e pelas pessoas menos escolarizadas, que encontram dificuldade em se inserir na sociedade da revolução digital. No caso do Brasil (e também no caso dos Estados Unidos de Trump), entretanto, o governo Bolsonaro se apoiou não apenas em setores organizados (agronegócio, associações empresariais, elite financeira), mas também em grupos heterogêneos e desorganizados, que cortam de alto a baixo a estrutura social. O bolsonarismo representou uma revolta de "escalões inferiores" em diferentes domínios. Tratou-se de um levante de membros de igrejas contra seus pastores; das baixas patentes das forças de segurança e militares contra suas cúpulas; do baixo contra o alto clero do Congresso; de pequenas e médias empresas contra suas entidades representativas; assim como dos baixos escalões do mercado financeiro contra os grandes bancos. Além disso, o bolsonarismo (e o trumpismo) *"hackearam"* partidos existentes e utilizaram as mídias digitais para a reestruturação da política, transformando as redes e as plataformas digitais em espaços *antiestablishment*, de engajamento e mobilização permanentes (Nobre, 2022; Starling, 2022).

Nesse contexto, o populismo aparece como uma alternativa à política liberal tradicional. O conceito de populismo tem na maioria das vezes uma conotação pejorativa. É um conceito elástico, tão desordenado é o seu emprego. A palavra "populista" costuma ser aplicada como etiqueta única para classificar fenômenos políticos muito diversos. Uma característica persistente da literatura sobre populismo é sua dificuldade de conferir ao conceito um significado preciso. Trata-se de um conceito considerado ambíguo e vago, relegado a uma posição marginal no âmbito do discurso das ciências sociais. Diante desse cenário, empregar o conceito de populismo, que se refere a um universo amplo e complexo, pode ser um caminho fecundo, mesmo sabendo que será necessário recorrer a simplificações para utilizar algumas de suas ferramentas teóricas (Bignotto, 2022; Laclau, 2005; Rosanvallon, 2021).

No debate teórico, liberais e pós-marxistas possuem visões diferentes sobre populismo, sobretudo no que se refere à relação desse conceito com a política e a democracia. Para Pierre Rosanvallon (2021), o populismo é uma forma limite do projeto democrático, que quando vira um regime político constitui uma forma de democracia qualificada como polarizada. Essa democracia polarizada está ameaçada de desviar no sentido de uma democratura, ou seja, de um poder autoritário[22]. A democratura permitiria a passagem progressiva de alguns países para regimes autoritários no âmbito de um quadro institucional democrático preexistente. Foi o que ocorreu com a Hungria governada por Viktor Orbán após sua reeleição, que era a principal referência para o projeto autoritário bolsonarista. Nas eleições de 2022, o presidente Bolsonaro obteve 58.156.292 de votos (49,10%) enquanto Lula teve 60.284.640 votos (50,90%), uma diferença de apenas 2,13 milhões de votos. No entanto, deve-se observar que a derrota de Bolsonaro no pleito eleitoral não deve ser confundida com o fim do bolsonarismo enquanto movimento.

Diferentemente da tradição liberal, o cientista político Ernesto Laclau (2005) concebe o populismo como uma maneira de construir o conceito de "povo" e a própria política. Para ele, a razão populista rompe com duas formas de racionalidade que proclamam o fim da política: com o evento revolucionário, que levaria à reconciliação total da sociedade consigo mesma, tornando o momento político supérfluo; e com certas visões liberais e pós-modernas que reduzem a política à mera gestão tecnocrática. Segundo Laclau, não há intervenção política que não seja de alguma forma populista. Nessa mesma linha argumentativa, Jacques Rancière (2014) afirma que o termo "populismo" é usado para classificar todas as formas políticas que destoam do consenso democrático liberal. A acusação de populista revelaria a grande aspiração das elites de governar sem povo, sem a política.

Apesar das diferentes concepções sobre populismo, Rosanvallon e Laclau entendem que os regimes populistas podem ser tanto de direita quanto de esquerda. Afinal, o populismo envolve uma série de recursos discursivos

---

[22] O conceito de "democratura" é semelhante ao de sub-repção mencionado por Adam Przeworski (2020, p. 206), que consistiria "no uso de mecanismos legais existentes em regimes com credenciais democráticas favoráveis para fins antidemocráticos".

que podem servir para diferentes usos. Como observa Enzo Traverso (2021), o populismo se converte em uma categoria abstrata formalizada por um conjunto de características gerais, categoria na qual alguns movimentos de esquerda e de extrema direita se encaixam. O bolsonarismo, por exemplo, apela para um povo que só teria direito à existência quando apoia e adota as ideias do seu líder. Os opositores são tratados como inimigos, e não adversários, devendo, portanto, ser eliminados, como na dinâmica das guerras. Além disso, seu governo negou constantemente a importância dos corpos intermediários da democracia, a exemplo da imprensa.

Em algumas situações, o populismo atrai um elemento anti-institucional, contrário ao *status quo*, que desafia a normalização política e pode tender à direita ou esquerda (Laclau menciona os exemplos de Adhemar de Barros, governador de São Paulo entre 1945 e 1951 e entre 1963 e 1966, e Mao Tsé-Tung, principal líder da Revolução Chinesa de 1949). Apesar de ter atuado como parlamentar por quase trinta anos, Bolsonaro concorreu às eleições de 2018 se apresentando como um *outsider*, fato desmentido por sua trajetória, mais próxima do "baixo clero", denominação que se refere à maioria dos parlamentares, caracterizados pelo fisiologismo e pela falta de consistência ideológica e fidelidade partidária.

Bolsonaro precisou do colapso para ser eleito e adotou o caos como método. Seu governo embaralhou a divisão entre situação e oposição, reconfigurando-a em uma divisão entre "sistema" e "antissistema". Bolsonaro "nega" tudo o que faz parte do "sistema", identificado com instituições como a mídia, a ciência e a política institucional. Seu governo foi marcado por múltiplos negacionismos: dos horrores da ditadura militar, da confiabilidade das urnas eletrônicas, da eficácia das vacinas, da emergência climática etc. Além disso, Bolsonaro nunca pretendeu governar para todos os brasileiros, mas apenas para uma parte da população. Trata-se de governar para uma base social e eleitoral que não é maioria, mas é grande o suficiente para sustentar um governo e evitar que um presidente "antissistema" sofra um *impeachment* por parte do "sistema". Essa tática garantiu a passagem de Bolsonaro ao segundo turno das eleições de 2022.

O recurso aos estudos sobre o fascismo pode ser uma ferramenta válida para compreender alguns aspectos do governo Bolsonaro e do bolsonarismo. No entanto, deve-se atentar para o fato de que o Brasil não teve um regime fascista comparável aos regimes que existiram no século XX (Bignotto, 2022). Para Armando Boito Jr. (2020), o movimento de apoio a Bolsonaro e seu governo podem ser caracterizados como neofascistas, mas não se pode falar em uma ditadura fascista. Por sua vez, Gabriel Cohn (2022) menciona um fascismo latente no país, difuso na sociedade, dissimulado, e por isso mais arraigado e resistente à identificação e ao combate.

Para alguns analistas, o fascismo deve ser compreendido como um fenômeno temporal-sincrônico (ou seja, histórico), o que leva a uma concentração das análises na Europa do entreguerras, enfatizando o fascismo italiano e o nazismo alemão. Por sua vez, outros analistas privilegiam um caráter genérico-diacrônico para discutir o fascismo, tratando o fenômeno como uma modalidade de ocorrência mais ampla e recorrente no mundo contemporâneo. Assim, o fascismo pode ser visto como um conceito que transcende a era que o gerou. Ele existe como um processo no tempo e não como uma essência (Bignotto, 2022; Pericás, 2021; Traverso, 2021).

Para Umberto Eco (2018), o fascismo poderia voltar sob novas vestes. Segundo Robert Paxton (2004), o fascismo como forma de comportamento político poderia ser visível ainda hoje, sobretudo como movimento político, o primeiro de cinco estágios que ele propõe para analisar o fenômeno[23]. Na mesma direção, Michael Mann (2008) considera provável que voltem a surgir movimentos de tendências fascistas no mundo, mas que seriam diferentes do fascismo histórico.

Ao analisar o fascismo, Gramsci (2004) procurou identificar suas raízes nacionais. Nesse sentido, muitos dos elementos que são atribuídos a um suposto "neofascismo", "pós-fascismo" ou "protofascismo" adaptado às condições atuais do Brasil, constituem explicitações de características arraigadas na trajetória histórica nacional, cujas raízes estão no legado colonial, na escravidão e no autoritarismo das elites. Apesar da relevância do modelo fascista ou neofascista para entender o caso brasileiro, é principalmente na própria história do país que se devem buscar as origens e as características do bolsonarismo (Cohn, 2022; Pericás, 2021).

Em 1967, Adorno (2020) alertou que, apesar do colapso do fascismo, seus pressupostos sociais ainda perduravam socialmente, mesmo que não de forma imediatamente política. O surgimento do fascismo histórico e dos atuais movimentos de extrema direita está articulado com uma crise econômica do capitalismo e suas consequências: aumento das desigualdades,

---

[23] Paxton (2004, p. 23) propõe um ciclo de cinco estágios para analisar o fascismo: (1) criação de um movimento; (2) enraizamento no sistema político; (3) tomada do poder; (4) exercício do poder; (5) radicalização ou entropia no longo prazo. Apesar de cada estágio ser requisito para o próximo, não é preciso que um movimento fascista complete todos eles. A ideia de ciclo contribui para uma concepção não estática, pois concebe o fascismo como uma sucessão de escolhas e processos.

concentração de capital, fragmentação do mundo do trabalho e pauperização. A possibilidade de desclassificação permanente, que atinge amplas camadas médias e de trabalhadores no Ocidente, faz com que esses estratos sociais tendam a um ódio a tudo aquilo que identificam como socialismo, transferindo a culpa de sua própria desclassificação potencial ou real não ao aparato que a causa, mas àqueles que se opõem criticamente ao sistema no qual outrora eles possuíam algum *status*.

Desde o colapso do socialismo soviético e da adesão da social-democracia ao neoliberalismo, a direita radical tem se tornado a força mais influente de oposição ao "sistema", identificado com as instituições democráticas, com os meios de comunicação e com as forças moderadas de direita e de esquerda. Nesse contexto, tanto nos 1920 e 1930 como agora, nenhum movimento fascista ou neofascista chegou ao poder sem ter sido apoiado, de modo mais ou menos explícito, pelas elites tradicionais, conservadores ou liberais de centro.

Aparentemente, é possível encontrar elementos usados pelo bolsonarismo que se assemelham àqueles promovidos pelo fascismo histórico. Durante seu mandato, Bolsonaro utilizou constantemente uma retórica anticomunista e racista e promoveu desfiles de motocicletas semelhantes aos de Mussolini. Na complexa dinâmica de usurpação de temas e símbolos, que remetem tanto a Joseph Goebbles quanto a "estrategistas políticos" contemporâneos, como Steven Bannon, o governo Bolsonaro utilizou o *slogan* "Brasil acima de tudo, Deus acima de todos", possivelmente inspirado no verso "A Alemanha acima de tudo", que pode ser encontrado em "A canção dos alemães", usada pelos nazistas (Cohn, 2022; Pericás, 2021).

De maneira semelhante ao fascismo italiano, os bolsonaristas se apegam à ideia de que são um movimento, que não precisa mudar de caráter para continuar a conduzir sua ocupação do poder. Aproveitando-se da crise das instituições democráticas, o bolsonarismo pretende negar a política e substituí-la por um conjunto de práticas cuja principal característica é nunca se estabilizar em formas rigorosas de direito (Bignotto, 2022). Assim, procura preencher o vácuo deixado pela negação da política, para a qual contribuíram as elites tradicionais e os meios de comunicação, com receitas politicamente reacionárias e socialmente regressivas.

Ao contrário do fascismo, que era anti-individualista na concepção de alguns de seus teóricos, o bolsonarismo exalta o individualismo e promove a desconstrução de qualquer forma de coletividade. Dessa forma, estaria mais próximo do liberalismo econômico de Thatcher do que das experiências alemã e italiana da primeira metade do século XX. Se o fascismo usava o argumento da "modernização" da sociedade, o bolsonarismo possui um caráter regressivo, que carece de uma cosmovisão estruturadora do conjunto de suas ações, constituindo uma espécie de utopia regressiva. Todavia, a diferença mais patente entre o fascismo histórico e o bolsonarismo está na questão do nacionalismo. Enquanto no fascismo clássico a autonomia nacional é uma aspiração fundamental, o bolsonarismo é marcado pela subordinação à potência hegemônica (Bignotto, 2022; Cohn, 2022; Pericás, 2021).

Nas ações destrutivas de Bolsonaro e do bolsonarismo, há características que não podem ser corretamente abordadas pelas teorias sobre populismo e fascismo. O bolsonarismo não é uma ideologia, mas uma expressão política específica personificada em seu líder. Trata-se de um fenômeno que não se resume a Bolsonaro e que coloca a violência no centro da vida política e das relações sociais, inviabilizando a convivência democrática (Bignotto, 2022; Pericás, 2021).

A linguagem do bolsonarismo é baseada na ameaça, na intransigência, na negação, na nostalgia e no ressentimento. A combinação desses afetos tristes com a política tem uma dimensão utópica, reacionária e explosiva, que é dirigida ao passado. A utopia regressiva bolsonarista pretende transcrever a história do Brasil na chave da falsificação, prometendo restaurar um passado que nunca existiu (Starling, 2022). Ademais, o bolsonarismo inovou ao recuperar a mística na política, característica pouco valorizada nas democracias liberais que reduzem o fenômeno político às regras do jogo e às relações institucionais (Lago, 2022).

Há mais de meio século, Adorno (2020) advertiu que não se deveria subestimar uma base social devido à ausência de teoria ou ao baixo nível intelectual dos seus integrantes. A base social bolsonarista é formada por frações de classe incultas, conservadoras, depauperadas e ressentidas que não controlam os meios de produção, pelo menos não seu polo dinâmico. Trata-se de cerca de um terço do eleitorado, com um núcleo duro de aproximadamente 11% (Nobre, 2022). Em termos de origem de classe e perfil ideológico, Bolsonaro é muito diferente dos verdadeiros "donos do poder". Ele não representa diretamente o agronegócio, o sistema financeiro ou o setor industrial, mas os pequenos comerciantes, os empresários varejistas, os grupos neopentecostais e o chamado partido militar[24], formado pelas alas radicalizadas das polícias e baixas patentes das Forças Armadas (Pericás, 2021).

---

[24] Para se ter uma ideia da presença das Forças Armadas na política, estima-se que 6.157 militares da ativa e da reserva, principalmente do Exército, ocuparam cargos civis no governo Bolsonaro (Bignotto, 2022). É um número superior aos cargos ocupados por militares durante a ditadura militar (1964-1985).

A aliança ultraconservadora que elegeu Bolsonaro em 2022 é caracterizada pela defesa da ortodoxia econômica, do cristianismo, da família tradicional e do militarismo (Lacerda, 2019). Uma vez eleito, Bolsonaro utilizou a política externa como parte do seu projeto ideológico mais amplo. Suas decisões de política externa foram caracterizadas pelo anticomunismo, pela luta contra o globalismo (identificado com o marxismo cultural), pela defesa da identidade cristã e pelo negacionismo científico (Casarões; Farias, 2021).

Em suma, a compreensão do bolsonarismo exige uma análise política contextual que combine um olhar sobre as tendências sistêmicas, que caracterizam a crise das democracias no mundo, com elementos enraizados na história brasileira. Apesar de a retórica antissistêmica do populismo estar presente no bolsonarismo, trata-se de um conceito elástico e vago para explicar a crise da democracia no Brasil. O conceito de fascismo tem mais força explicativa, com suas semelhanças e diferenças entre o fascismo histórico e o fascismo latente da ideologia bolsonarista. No entanto, o reacionarismo e o caráter autocrático das elites brasileiras — marcadas pela escravidão, pela aversão às classes populares e pela eterna disposição em apoiar regimes antidemocráticos — explicam melhor o bolsonarismo. A seguir, serão analisados os reflexos da retórica reacionária e sua utopia regressiva na política externa de Bolsonaro nos planos multilateral e regional.

Política externa brasileira no plano multilateral

No plano multilateral, a política externa é um vetor da diplomacia de ruptura de Bolsonaro (Spektor, 2019), que pode ser observada em dimensões afins da política externa, em especial no que diz respeito aos alinhamentos geopolíticos em torno da agenda de valores e costumes. No multilateralismo, impactou a perspectiva "antiglobalista" enfatizada pelo ex-chanceler Ernesto Araújo, a qual reduzia a complexa trama das relações internacionais a um fantoche anacrônico que reinventava uma retórica anticomunista por meio de uma linguagem frequentemente vulgar e pouco usual na diplomacia. As instituições internacionais estariam, portanto, a serviço de uma ideologia "globalista", a qual representaria os interesses dessas minorias e de elites transnacionais como se fosse uma reinvenção do comunismo no século XXI. Araújo foi uma indicação direta do guru filosófico do bolsonarismo, Olavo de Carvalho, que foi seu "professor". Assim, Araújo foi figura de proa da corrente olavista na configuração das forças de sustentação doméstica do governo Bolsonaro.

O alinhamento servil e acrítico ao governo de Donald Trump (2017-2021) foi a marca da política externa bolsonarista, colocando em suspensão princípios básicos da vida diplomática e da liturgia das relações internacionais. Em artigo, Ernesto Araújo (2017) explica o alinhamento automático a Trump, visto como o "salvador do Ocidente". A denúncia do globalismo vem ancorada no mimetismo da política externa trumpista, tal como uma tentativa do resgate das nacionalidades preservadas que teriam sido diluídas pelo multilateralismo. Na dimensão geopolítica, as civilizações não ocidentais, principalmente a China, usariam as organizações internacionais para subverter os valores genuínos do mundo ocidental — aqueles do mundo colonial, patriarcal e escravagista. O mundo que morreu no século XX, mas insiste em viver no imaginário nostálgico do movimento reacionário.

Os Direitos Humanos e o cosmopolitismo seriam ameaças à identidade nacional de acordo com o governo brasileiro, em sua técnica tipicamente reacionária. Observamos a tentativa de provincializar os Direitos Humanos e as abordagens multiculturais que marcaram a expansão do multilateralismo desde o fim da Guerra Fria, em especial a partir da especialização e diversificação dos primeiros depois da Conferência de Viena em 1993. A retórica reacionária apresenta a ideia da defesa da homogeneidade nacional, que seria ameaçada pelas identidades múltiplas de minorias que encontram no multilateralismo o espaço de atuação e reivindicação de seus direitos. Nessa ótica, os povos originários, as mulheres, a população LGBTI, o movimento negro e quilombola estariam desvirtuando a identidade nacional. A retórica recupera a noção da pátria tal qual a pequena vila ameaçada pelo estrangeiro, que no caso do movimento reacionário se manifesta na expansão e diversificação dos Direitos Humanos nos espaços multilaterais.

O multilateralismo tornou-se uma trincheira dessa guerra cultural, e com ampla ressonância entre os neopentecostais, grupo de interesse essencial para a configuração do apoio doméstico do governo Bolsonaro e da formação de uma maioria parlamentar – uma vez que a bancada evangélica é das mais expressivas do parlamento brasileiro. Nesse sentido, a sinergia entre o chanceler Ernesto Araújo e a ministra da Mulher, da Família e dos Direitos Humanos, Damares Alves, representou a coalizão entre dois essenciais grupos de interesse que viabilizaram o bolsonarismo: o olavismo e o neopentecostalismo.

A defesa dos valores da família cristã coloca em suspensão qualquer debate sobre identidade de gênero e direitos reprodutivos, agendas que se transformaram em alvos de uma guerra cultural. Como expressão dessa subversão reacionária dos espaços multilaterais, as chancelarias brasileira e estadunidense se articularam para construir uma coalizão antiaborto, em um esforço geopolítico entre islâmicos e cristãos reacionários. No dia 22 de outubro de 2020, esse esforço diplomático resultou na declaração conjunta de Estados Unidos, Brasil, Hungria, Egito, Indonésia e Uganda (país que pune a homossexualidade com prisão perpétua). Depois dos idealizadores, outros 26 países também assinaram a "Declaração de Genebra"[25], que se opõe à posição que a ONU assumiu no tema. Em ofício ao Senado, a ONG Conectas cobrou, sem sucesso, convocação do chanceler Ernesto Araújo para explicar a iniciativa, já que o Brasil é "signatário de acordos globais que recomendam a prevenção de abortos inseguros, a revisão das leis punitivas e o pleno respeito pelo direito das mulheres à autonomia sexual e reprodutiva" (Conectas, 2022).

A aliança geopolítica reacionária consubstanciada pelo alcunhado Consenso de Genebra difundiu diversos mecanismos de cooperação política e jurídica. Com a derrota eleitoral de Donald Trump, em novembro de 2020, Joe Biden determinou a saída imediata dos EUA da coalizão por memorando (White House, 2022). Apesar da retirada do mais forte governo que liderou a coalizão, a rede continuou se articulando e produzindo resultados importantes. O governo Bolsonaro assumiu o protagonismo diplomático nesta rede antiaborto a pedido de aliados de Trump, como revelou Jamil Chade (2022):

> Num email de 20 de janeiro de 2021 obtido pela coluna, Valerie Huber se despede dos demais colegas e "anuncia que o Brasil, gentilmente, ofereceu servir agora como coordenador dessa coalizão histórica". "Países que desejam se unir à Declaração podem fazer isso contactando a embaixada do Brasil nos Estados Unidos, por mais detalhes".

Reforçando os laços diplomáticos do Consenso de Genebra, Jair Bolsonaro recebeu a sua homóloga da Hungria, Katalin Novak, eleita presidente em maio de 2022. Ela ocupou, no governo do primeiro-ministro Viktor Orbán, a pasta equivalente a que foi chefiada por Damares Alves no governo Bolsonaro. Na sua recepção no Palácio do Planalto, Novak reforçou a aliança reacionária: "Nós acreditamos que a mãe é mulher e que o pai é homem, e não aceitamos outro tipo de justificativa. Considerando o fato que são sociedades cristãs, também não achamos que podemos resolver essa questão de redução da população com soluções migratórias" (Poder 360, 2022).

---

[25] Disponível em: https://gcdintermariumconference.org/.

O Brasil organizou o Seminário Internacional de Políticas Públicas Familiares[26], que contou com a participação de Valerie Huber, sinalizando a continuidade da cooperação do governo com o trumpismo e a liderança na agenda antiaborto. O seminário foi aberto por Angela Gandra, chefe da Secretaria Nacional da Família, importante órgão do Ministério da Mulher, Família e Direitos Humanos. Angela Gandra foi invocada como *amicus curiae* no processo que redefiniu a orientação da Suprema Corte dos Estados Unidos sobre o aborto, com a revisão da decisão sobre *Roe x Wade* de 1973 (Estadão, 2022). O fato retrata o estreito vínculo e a capacidade de cooperação jurídica da rede de ativismo transnacional antiaborto e a relevância que o governo brasileiro assumiu neste ímpeto. A esfera do direito, importante ressaltar, tornou-se um campo crucial da atuação da rede. O uso da arena multilateral, a qual é estratégica na construção dos elos transnacionais das redes de ativismo, vem sendo articulado especialmente com a defesa jurídica do conservadorismo cristão e a limitação do conceito de família a partir de um padrão heteronormativo e cristão. Na cosmovisão reacionária, no intuito do resgate dos valores cristãos e familiares que estariam ameaçados pela expansão dos direitos das minorias, incluindo as mulheres como minorias políticas, claro, é fundamental – tal como a expansão da esfera privada explicada por Wendy Brown (2019).

Observou-se, portanto, uma tendência de alinhamento ideológico mais estreito com os Estados Unidos no âmbito multilateral. Essa relação teve grande influência dos militares, grupo de interesse mais articulado nas posições de comando no governo de Bolsonaro. Como resultado da atuação dos militares no governo, o regionalismo também foi afetado, caracterizando-se pela adoção de uma diplomacia militar que se manifestou por meio de negociações para o estabelecimento de cooperação regional, atividades de intercâmbio, exercícios militares e reuniões bilaterais entre representantes dos Estados-Maiores e/ou comandantes de outras forças (Carta Capital, 2019). No entanto, é fundamental ressaltar que, ao longo desse processo, existiu uma clara assimetria de poder na relação com os Estados Unidos. Essa dinâmica refletiu a busca dos militares brasileiros em promover seus interesses, exemplificada pelo Acordo de Alcântara[27]. Os militares constituíram o principal grupo de interesse que viabilizou o governo Bolsonaro.

---

[26] Ver: https://www.gov.br/mdh/pt-br/assuntos/noticias/2022/junho/seminario-internacional-amplia-debate-sobre-politicas-publicas-voltadas-para-promocao-da-familia.

[27] Apesar de estabelecer uma relação assimétrica, na qual os interesses norte-americanos prevaleciam em grande medida, os militares brasileiros nutriam a expectativa de que o Acordo de Alcântara proporcionasse acesso a recursos capazes de impulsionar a indústria espacial do Brasil. Entretanto, essa indústria não recebeu o orçamento adequado para seu desenvolvimento durante o governo Bolsonaro.

A eleição de Jair Bolsonaro representou a volta de militares como atores políticos protagonistas[28], desta vez por uma via eleitoral. Visto o histórico de intervenções militares no Brasil, o retorno massivo de militares ao governo federal tem relevância política, simbólica e cultural (Jaeger; Braga, 2020), uma vez que as Forças Armadas transmitiriam à sociedade confiança e percepção de defesa da pátria — valores característicos do *ethos* militar e que conferem à cultura desse grupo a crença de superioridade em relação aos civis (D'Araujo, 2000), apesar da subordinação do poder militar ao poder civil, que foi um princípio essencial para a consolidação do regime democrático no Brasil (Carvalho, 2007).

Esse prestígio militar refletiu-se no âmbito político, com a associação dos militares a valores de ordem, eficiência e incorruptibilidade. A ideia de que militares são mais preparados do que os civis para funções que exigem risco, disciplina, prazos e responsabilidade ganhou ainda mais força desde que o mundo político ruiu com a Operação Lava Jato[29]. Portanto, em um quadro de hostilidade da opinião pública ao mundo político, estimulada pela associação entre o lavajatismo e os meios de comunicação no Brasil, os militares tornam-se uma saída perfeita para o preenchimento dos quadros políticos do governo federal, pois o *ethos* militar preencheria as condições de virtude para a política — amor à pátria, incorruptibilidade e conhecimento técnico.

O militarismo tornou-se, ademais, a materialização do espírito reacionário. A celebração do 31 de março[30], além de negacionismo histórico, foi fiel expressão da nostalgia de uma suposta "época de ouro" que teria sido viabilizada justamente pela virtude dos militares. A banalização do golpismo assumiu até traços jurídicos com a profusão de teses totalmente

---

[28] No governo Temer (2016-2017) os militares já ganharam destaque com a intervenção na segurança pública no Rio de Janeiro e a nomeação do general Raul Jungmann para o cargo de Ministro da Defesa.

[29] Iniciada em 2014, a Operação Lava Jato teve como propósito realizar investigações sobre desvios de recursos públicos associados à Petrobras e a grandes empreiteiras. O desenrolar das medidas investigativas culminou na detenção de políticos, empresários e executivos. Apesar de sua premissa original, a Lava Jato desencadeou operações controversas, as quais se associaram ao impacto negativo na estabilidade tanto da economia como do cenário político brasileiro.

[30] Em 31 de março de 1964, ocorreu um golpe militar que destituiu um governo democraticamente eleito no Brasil. Durante esse período, militares governaram restringindo os direitos civis e perpetrando perseguições contra a oposição política, além de graves violações aos Direitos Humanos, incluindo a tortura. A Ditadura Militar foi um marco expressivo do papel dos militares na política brasileira. Durante o governo Bolsonaro, a determinação da celebração do 31 de março suscitou divisões na sociedade brasileira. Militares e defensores do governo buscaram reavaliar a história e enaltecer a intervenção militar, enquanto outros grupos, a saber, a oposição, vítimas e familiares, rejeitaram a celebração, recordando os aspectos sombrios e autoritários vividos na ditadura.

infundadas sobre o artigo 142 da Constituição Federal – o qual justificaria uma intervenção militar solicitada pelo governo Bolsonaro devido ao suposto abuso de poder do Judiciário[31].

Carregando esse significado simbólico e material, os militares foram uma das principais bases de apoio ao governo Bolsonaro, gerando efeitos sobre a política externa, em especial na agenda regional, por conta da questão venezuelana, caso que se transformou em um mantra do bolsonarismo e sua retórica antiesquerdista. Ainda que o governo Bolsonaro não tenha apoiado uma intervenção direta na Venezuela, reproduziu a influência estadunidense em seus posicionamentos, ao defender a atuação de agentes externos para o fim da crise (Senra, 2019). Essa relação entre os militares e o governo Bolsonaro impactou, portanto, a agenda da integração regional, a qual será analisada a seguir.

O Brasil como fator de desagregação regional

Nos últimos anos, o Brasil deixou de ser um fator de equilíbrio na América do Sul, tornando-se um elemento de desagregação regional. Essa transformação ocorreu sobretudo a partir do golpe parlamentar ou o controverso *impeachment* de Dilma Rousseff e a ascensão de Michel Temer, em 2016. No governo Bolsonaro, tal processo rompeu com a trajetória da política externa brasileira, afetando a relação do Brasil com alguns vizinhos e os projetos de integração regional. A retórica reacionária de Bolsonaro, com seu anticomunismo e negacionismo, converteu o Brasil em fator de instabilidade regional, desvirtuando a vocação pacífica da diplomacia brasileira para a região. O país esteve a ponto de violar os preceitos constitucionais da não intervenção e da solução pacífica de conflitos no caso da Venezuela. A política externa bolsonarista contribuiu para afastar o Brasil de projetos integrativos de caráter autônomo, como a União de Nações Sul-Americanas (Unasul) e a Comunidade dos Estados Latino-Americanos e Caribenhos (Celac). O ultraliberalismo econômico rebaixou o Mercado Comum do Sul (Mercosul), possibilitando o controverso acordo com a União Europeia (UE). Além disso, a desarticulação dos esquemas de integração, aliada ao negacionismo científico, impediu uma resposta concertada da região à pandemia da Covid-19.

---

[31] Insuflados pelo não reconhecimento da derrota nas eleições por Bolsonaro, centenas de acampamentos reivindicando uma intervenção militar foram montados em frente aos quartéis generais e comandos das Forças Armadas por todo o território brasileiro. Sem atingirem suas sanhas golpistas, em 8 de janeiro de 2023, uma semana depois da posse do novo governo Lula, os movimentos se organizaram para invadir e vandalizar o Palácio do Planalto, o Congresso Nacional e o Supremo Tribunal Federal, com o propósito de instigar um golpe militar.

A política externa está no terreno da política e é afetada por relações de poder sistêmicas e domésticas. No âmbito interno, as mudanças na política externa decorrem da alternância de governo e das ideias das coalizões de poder. Trata-se de uma política pública, cujo processo decisório tem se tornado mais complexo nos últimos anos, com a ampliação do número de atores, a diversificação das agendas e o processo de globalização. Sua formulação e sua implementação estão inseridas na dinâmica das escolhas de governo, refletindo os acordos, os conflitos e os interesses diversos da própria dinâmica política (Milani; Pinheiro, 2013).

Na primeira década do século XXI, a ascensão de governos progressistas levou à combinação de políticas neodesenvolvimentistas, ênfase nas questões sociais e políticas externas mais autônomas. No contexto da integração autonômica, o Mercosul adquiriu novas dimensões e passou a reconhecer suas assimetrias. Em 2008, foi criada a Unasul, espaço de concertação regional dos 12 países sul-americanos que abrangia diferentes políticas públicas, a exemplo das políticas de defesa, infraestrutura e saúde. Em um âmbito ampliado, surgiu a Celac, em 2011, organismo composto por 33 países. Nesse período, o Brasil deu impulso ao regionalismo pós-liberal, com especial ênfase ao espaço geopolítico sul-americano.

Na segunda metade dos anos 2000, mudanças na economia internacional e na geopolítica levaram à crise dos governos progressistas e sua substituição por forças conservadoras na região. O fim do *boom* de *commodities* provocou turbulências econômicas e políticas, acirrando conflitos distributivos que levaram à ascensão, em alguns casos, de forças de extrema direita, como no Brasil. Apesar do crescimento econômico, de avanços na área social e do reposicionamento da América do Sul no sistema internacional, os governos progressistas não mudaram a posição periférica do subcontinente na divisão internacional do trabalho, reforçando o caráter primário-exportador da estrutura produtiva de seus países.

A crescente rivalidade sino-americana contribuiu para a desestabilização dos governos progressistas na região. Em 2017, o documento contendo a estratégia de segurança nacional dos Estados Unidos (*National Security Strategy* – NSS) alertava que a China buscava colocar a América Latina em sua órbita, por meio de investimentos e empréstimos liderados pelo Estado. A presença chinesa na região constituía, portanto, uma ameaça à segurança estadunidense (Cepik, 2019). Na realidade, episódios anteriores envolvendo Honduras, em 2009, o Paraguai, em 2012, e a espionagem ao governo brasileiro, em 2013, deixavam claro que a reversão dos governos progressistas na América Latina, e em particular na América do Sul, era um objetivo estratégico dos Estados Unidos.

A onda rosa ou progressista foi substituída por uma onda azul ou reacionária, cujos governos iniciaram um processo de desconstrução dos organismos de integração autônoma e tentaram retomar os projetos de regionalismo aberto e integração hemisférica. Diferentemente dos anos 1990, os governos da recente onda azul possuem uma agressividade ainda maior. Enquanto a onda liberal-conservadora enfatizava políticas de abertura comercial e privatizações, a onda reacionária priorizou a retirada de direitos sociais conquistados ao longo do século XX, minando a legitimidade das instituições e corroendo as bases da própria democracia. Ademais, a política externa dos governos de direita iniciou a desconstrução do regionalismo pós-liberal, atingindo a Celac, o Mercosul e a Unasul (Maringoni, 2022; Viégas; Rodrigues, 2021).

Nas eleições de 2018, a política externa brasileira para a região foi um dos pontos centrais da campanha do então candidato Jair Bolsonaro, que propunha romper com a política externa dos governos do PT. Na realidade, tal processo de reversão da política dos governos progressistas para a América do Sul começou no governo Temer. O governo brasileiro contribuiu para a suspensão da Venezuela do Mercosul, retirou da agenda o tema da entrada da Bolívia no bloco e retomou as negociações do acordo de livre-comércio Mercosul-UE. Discordâncias sobre a sucessão de Ernesto Samper no cargo de secretário-geral da Unasul fizeram com que Brasil, Argentina, Chile, Colômbia, Paraguai e Peru suspendessem sua participação no organismo, provocando sua paralisação. Em 2017, foi criado o Grupo de Lima com o objetivo de isolar a Venezuela (Saraiva, 2020; Viégas; Rodrigues, 2021).

A ascensão de Bolsonaro significou o reordenamento das alianças do governo brasileiro na região, bem como da sua visão das instituições regionais. Nas suas primeiras viagens internacionais, Bolsonaro visitou os Estados Unidos — expressão mais emblemática da extrema direita sob a presidência de Donald Trump —, Israel — aliado preferencial do movimento reacionário — e o Chile — laboratório mundial do neoliberalismo. Ao não visitar a Argentina, o presidente brasileiro expressou seu desprezo pelo vizinho e pelo Mercosul. Aliás, a oposição e a securitização das relações com a Venezuela significavam uma versão contemporânea e localizada da "ameaça comunista" na América do Sul (Lacerda, 2019; Saraiva, 2020).

Esse processo se concretizou quando o governo brasileiro conferiu à crise venezuelana o *status* de "questão de segurança". Visto que a securitização não é uma prática neutra, mas sim um discurso político construído conforme o contexto e os atores inseridos na questão a fim de legitimar determinadas ações (Buzan; Waever, 1998), ao retratar a Venezuela como uma ditadura e uma ameaça regional, o governo Bolsonaro justificou a adoção de ações extraordinárias e medidas restritivas contra funcionários do governo venezuelano (Reuters, 2019). Somado a isso, o apoio de Bolsonaro ao autoproclamado presidente, Juan Guaidó, foi apresentado como uma iniciativa para salvaguardar a democracia e a estabilidade na região. Como resultado de tais medidas, as relações bilaterais entre Brasil e Venezuela foram rompidas devido à divergência ideológica e política.

O governo Bolsonaro estabeleceu relações preferenciais com os governos de extrema direita da Colômbia, presidida por Iván Duque, e com o governo de direita do Chile, presidido por Sebastián Piñera. Por essa razão, demonstrou simpatia pelo projeto chileno-colombiano de criação do Prosul, fórum que substituiu a Unasul. Os governos reacionários viam a Unasul como uma organização ideologizada (influência bolivariana), burocrática (tratado, regimento) e custosa (40 funcionários e orçamento anual de cerca de 11 milhões de dólares). Assim, ficava claro que o padrão anterior de regionalismo autônomo institucionalizado era encarado como antítese do novo projeto representado pelo Prosul (Saraiva, 2020; Viégas; Rodrigues, 2021).

Em março de 2019, ocorreu a primeira cúpula dos chefes de Estado em Santiago para a criação do novo bloco regional, resultante da assinatura de uma declaração presidencial conjunta. A Venezuela foi excluída da cúpula, com a alegação de não cumprimento dos critérios democráticos estabelecidos pelos outros governos. O documento foi assinado por Argentina, Brasil, Chile, Colômbia, Equador, Paraguai, Peru e Guiana. Bolívia e Uruguai, ainda governados por líderes progressistas na ocasião, participaram do encontro, mas não assinaram a declaração, ficando de fora do novo fórum junto com a Venezuela. Diferentemente do modelo anterior, que incluía na composição de organismos como Mercosul e Unasul uma maior diversidade de matizes ideológicos, o Prosul surgiu como um mecanismo pautado pelo perfil ideológico dos governos da onda reacionária (Viégas; Rodrigues, 2021). O Prosul surgiu com uma estrutura dispersa e flexível, de caráter superficial, e não como uma organização regional nos moldes da Unasul. Na realidade, representou uma tentativa de renovação do regionalismo aberto e da integração hemisférica na América do Sul, subordinando o subcontinente aos Estados Unidos. Além disso, o Prosul significou uma agenda sul-americana empobrecida tematicamente, caracterizada pelo mimetismo ideológico com Washington (Hirst, 2022; Viégas; Rodrigues, 2021).

O projeto do governo Bolsonaro de esvaziamento e destruição das organizações do regionalismo autônomo culminou com a suspensão da participação do Brasil na Celac em janeiro de 2020. Todo esse processo contribuiu para a desordenada ou inexistente ação multilateral regional no enfrentamento da pandemia de Covid-19. Das quase 7 milhões de mortes até o momento (outubro de 2023), cerca de 2,95 milhões ocorreram nas Américas, e aproximadamente 1,4 milhão nos países da América do Sul. O negacionismo do governo Bolsonaro contribuiu para a ausência de uma resposta regional à pandemia (Buss, 2023; Hirst, 2022; WHO, 2023).

A ruptura da política externa brasileira para a América Latina nos anos do governo Bolsonaro torna evidente que a política externa é uma política pública influenciada pela alternância de governo e pelas ideias da coalizão no poder. Os governos progressistas de Lula e Dilma contribuíram para impulsionar um regionalismo pós-liberal, que apontava para a transformação da região, sobretudo da América do Sul, em um polo de poder autônomo com maior relevância geopolítica. Em sentido oposto, o governo Bolsonaro, com sua retórica reacionária e sua política econômica ultraliberal, contribuiu para rebaixar o Mercosul, esvaziar a Celac e destruir a Unasul.

Considerações finais

A crise da democracia é um fenômeno mundial que está corroendo as instituições em vários pontos do planeta, no Norte e no Sul Geopolítico. Diferentes governos têm agido para degradar a ordem política, destruir os mecanismos de representação, interferir no sistema judicial, censurar os meios de comunicação, fechar as portas das universidades, em suma, erodir uma a uma todas as instituições democráticas. Países como Hungria e Polônia se encontram em algum ponto entre a ditadura e o fascismo. O avanço da extrema direita bate às portas inclusive de democracias estabelecidas desde 1945, como Alemanha, França e Itália. Trata-se de um movimento que abrange líderes e países tão diversos como Donald Trump, nos Estados Unidos, Narendra Modi, na Índia, Recep Erdogan, na Turquia, e Vladimir Putin, na Rússia. Entre 2018 e 2022, o Brasil de Bolsonaro tornou-se um dos principais representantes da extrema direita mundial.

Nos últimos quarenta anos, a razão neoliberal erodiu os vínculos do "casamento forçado" entre o capitalismo e a democracia que haviam sido criados após a Segunda Guerra Mundial, e que tiveram no consenso keynesiano e na ordem de Bretton Woods seus pilares doméstico e sistêmico, respectivamente. A mercantilização de todas as esferas da vida e a destruição do tecido social, fenômeno que Karl Polanyi (2000) chamou de "moinho satânico", vem levando à destruição da natureza, ao aumento das desigualdades e à precarização do mundo do trabalho. Tudo isso tem contribuído para a ascensão da extrema direita no mundo.

Alguns elementos decisivos que provocaram regressões autoritárias no século passado se reapresentaram, ainda que de forma nova e em novo patamar. Nesse contexto, conceitos como fascismo, populismo e reacionarismo constituem um conjunto de referenciais teóricos que têm sido mobilizados no debate sobre a crise das democracias. No entanto, nenhum desses conceitos, quando tomados isoladamente, parece explicar por completo fenômenos como o bolsonarismo (Starling; Lago; Bignotto, 2022; Nobre, 2022).

O governo Bolsonaro inaugurou um capítulo crítico na história da política externa brasileira, baseado em uma visão cruzadista, que promove a aproximação entre política externa e religião, e em uma retórica contra o "globalismo" e a integração regional. O governo reacionário procurou subverter a ordem internacional liberal, rompeu com o histórico posicionamento do Brasil em temas importantes da agenda do sistema multilateral e tornou o país um fator de instabilidade regional.

O espírito reacionário encontrou na retórica do antiglobalismo um eco da política externa de governos de extrema direita. Matizados por questões locais, o fortalecimento dos movimentos contrários à globalização produziu distintas facetas, como o Brexit, o trumpismo e o bolsonarismo. Várias são as peculiaridades desses movimentos, porém, um elo em comum é a rejeição à globalização, a qual seria uma estratégia do marxismo cultural para deturpar as identidades nacionais. A reação à globalização, em termos práticos, manifesta-se na tentativa de desvirtuar os espaços multilaterais e suas agendas, e no Brasil articulou-se como eixo estruturante de grupos de interesse essenciais do governo Bolsonaro: os olavistas e os neopentecostais. Outra importante interface das bases de sustentação do governo e a política externa ocorreu em decorrência da ocupação de postos-chaves do governo por militares.

O bolsonarismo, como um suspiro nostálgico, revive o militarismo tal qual fossem as Forças Armadas a representação máxima dos valores pátrios. Esse ressurgimento do militarismo na política brasileira se mistura ao caldo de rejeição à política tradicional catalisado pelo lavajatismo. A centralidade do "partido militar" na distribuição das posições de comando no governo Bolsonaro impactou a política externa brasileira, especialmente na reversão drástica dos processos de integração regional. Durante a onda reacionária, ficou claro como o regionalismo latino, e especialmente o sul-americano, possui seu destino atrelado ao futuro político da democracia no Brasil. A política externa de Bolsonaro, com sua retórica reacionária e seu caráter missionário, enfraqueceu o Mercosul, afastou o país da Celac e implodiu a Unasul. Ademais, o negacionismo científico do governo brasileiro contribuiu para a ausência de uma resposta regional articulada à pandemia da Covid-19 e retirou o Brasil do centro das negociações climáticas multilaterais.

Em suma, a compreensão do bolsonarismo deve combinar os mencionados conceitos da ciência política, sobretudo o reacionarismo, com análises sobre a trajetória do autoritarismo na formação do Brasil. De fato, muitas características do bolsonarismo têm raízes na estrutura social, política e econômica do país. Apesar de a derrota de Bolsonaro nas eleições presidências de 2022 não significar o fim do bolsonarismo e do ativismo da extrema direita no país, a vitória da frente ampla liderada por Lula foi muito importante, pois aponta para mudanças significativas na política doméstica e na política externa brasileira.

Referências

ADORNO, Theodor W. *Aspectos do novo radicalismo de direita*. São Paulo: Unesp, 2020. 103 p.

AVRITZER, Leonardo. "Política e antipolítica nos dois anos de governo Bolsonaro". *In*: AVRITZER, Leonardo; KERCHE, Fábio; MARONA, Marjorie (org.). *Governo Bolsonaro*: retrocesso democrático e degradação política. Belo Horizonte: Autêntica, 2021. p. 13-20.

ARAÚJO, Ernesto. Trump e o Ocidente. *Cadernos de Política Exterior*, Instituto de Pesquisa de Relações Internacionais, Brasília, v. 3, n. 6, dez. 2017.

BIGNOTTO, Newton. "Bolsonaro e o bolsonarismo entre o populismo e o fascismo". *In*: STARLING, Heloísa; LAGO, Miguel; BIGNOTTO, Newton (org.).

Linguagem da destruição: a democracia brasileira em crise. São Paulo: Companhia das Letras, 2022. p. 120-174.

BOITO JR., Armando. "Por que caracterizar o bolsonarismo como neofascismo". *Crítica Marxista*, Campinas, n. 50, p. 111-119, 2020.

BROWN, Wendy. *Nas ruínas do neoliberalismo*: a ascensão da política antidemocrática no Ocidente. São Paulo: Politeia, 2020. 256 p.

BUSS, Paulo. "O desafio da saúde na restauração da Unasul". *Le Monde Diplomatique Brasil*, [S. l.], 12 abr. 2023.

BUZAN, Barry; WAEVER, Ole. *Security:* A New Framework for Analysis. Boulder, CO: Lynne Rienner Publishers, 1998.

CASARÕES, Guilherme S. Paixão; FARIAS, Déborah B. Leal. "Brazilian Foreign Policy under Jair Bolsonaro: far-right populism and the rejection of the liberal international order". *Cambridge Review of International Affairs*, São Paulo, p. 1-21, 2021.

CARTA CAPITAL. *Os militares e a política externa no governo de Jair Bolsonaro*. Disponível em: https://www.cartacapital.com.br/blogs/observamundo/os-militares-e-a-politica-externa-no-governo-de-jair-bolsonaro/.Acesso em: 23 jun. 2023.

CHADE, Jamil. Itamaraty assumirá papel de Trump em agenda ultraconservadora, revela email. *UOL*, 2021. Disponível em: https://noticias.uol.com.br/colunas/jamil-chade/2021/01/29/itamaraty-assumira-papel-de-trump-em-agenda-ultraconservadora-revela-email.htm?cmpid=copiaecola. Acesso em: 24 out. 2022.

CEPIK, Marco. "O corolário Trump e a América Latina". *Revista Tempo do Mundo*, Porto Alegre, v. 5, n. 1, p. 241-265, 2019.

COHN, Gabriel. "O fascismo latente". *Lua Nova*, São Paulo, n. 116, p. 37-52, 2022.

CONECTAS. Brasil e EUA articulam aliança internacional contra direitos das mulheres. *Conectas*, 2022. Disponível em:https://www.conectas.org/noticias/brasil-e-eua-articulam-alianca-internacional-contra-direitos-das-mulheres. Acesso em: 24 out. 2022.

D'ARAUJO, Maria C. *Ainda em busca da identidade*: desafio das Forças Armadas na Nova República. Rio de Janeiro: FGV, 2000.

DE ORELLANA, Pablo; MICHELSEN, Nicholas. Reactionary Internationalism: The philosophy of the New Right. *Review of International Studies*, [S. l.], v. 45, n. 5, 748-767, 2019. DOI:10.1017/S0260210519000159.

ECO, Umberto. *O fascismo eterno*. Rio de Janeiro: Record, 2018. 63 p.

ESTADÃO. Secretaria da família de Bolsonaro participou de decisão contra aborto na Suprema Corte dos EUA. *Estadão*, 2022. Disponível em: https://www.estadao.com.br/politica/secretaria-da-familia-de-bolsonaro-participou-de-decisao-contra-aborto-na-suprema-corte-dos-eua/ Acesso em: 24 out. 2022.

GRAMSCI, Antonio. "Forças elementares". *In*: COUTINHO, Carlos Nelson (ed.). *Escritos políticos*, v. 2. Rio de Janeiro: Civilização Brasileira, 2004. p. 56-58.

HINDMAN, Matthew. *The Internet Trap*: How the Digital Economy Builds Monopolies and Undermines Democracy. Princeton: Princeton University Press, 2018.

HIRST, Monica. "América Latina: um regionalismo fora de lugar". *Boletim OPSA*, Rio de Janeiro, n. 3, p. 16-19, 2022.

IKENBERRY, Gilford. "The Liberal International Order and its Discontents". *Millennium, Journal of International Studies*, [S. l.], v. 38, n. 3, p. 509-521, 2010.

JAFRY, Tahseen. *Routledge Handbook of Climate Justice*. New York: Routledge, 2019. 542 p.

JAEGER, Rafaella L. M. BRAGA, Maria do S. S. *"Eleições de 2018: o Brasil se dobra aos fardados"*. 44.º Encontro Anual da Anpocs, Simpósios de Pesquisas Pós-Graduadas (SPGs), 2020.

KRISCH, Nico. *Institutions under Stress*: Covid-19, Anti-Internationalism and the Futures of Global Governance. The Graduate Institute of Geneva, Global Challenges. Special Issue n. 1, june 2020. Disponível em: https://globalchallenges.ch/issue/special_1/institutions-under-stress-covid-19-anti-internationalism-and-the-futures-of-global-governance/. Acesso em: 20 fev. 2022.

LACERDA, Marina B. *O novo conservadorismo brasileiro*: de Reagan a Bolsonaro. Porto Alegre: Zouk, 2019. 228 p.

LACLAU, Ernesto. *On populist reason*. London: Verso, 2005. 276 p.

LAGO, Miguel. "Como explicar a resiliência de Bolsonaro. *In*: STARLING, Heloísa; LAGO, Miguel; BIGNOTTO, Newton (org.). *Linguagem da destruição*: a democracia brasileira em crise. São Paulo: Companhia das Letras, 2022. p. 19-69.

LEVITSKY, Steven; ZIBLATT, Daniel. *How Democracies Die*. New York: Crown, 2018.

LILLA, Mark. *A mente naufragada*: sobre o espírito reacionário. Tradução de Clóvis Marques. Rio de Janeiro: Record, 2018.

LOSURDO, Domenico. *Liberalismo*: entre civilização e barbárie. São Paulo: Anita Garibaldi, 2006. 160 p.

LYNCH, Christian; CASSIMIRO, Paulo Henrique. *O populismo reacionário*: ascensão e legado do bolsonarismo. São Paulo: Contracorrente, 2022. 100 p.

MANN, Michael. *Fascistas*. Rio de Janeiro: Record, 2008. 556 p.

MARINGONI, Gilberto. "Há um novo ciclo progressista na América Latina?". *Margem Esquerda*, São Paulo, n. 39, p. 96-105, 2022.

MILANI, Carlos. R. S.; PINHEIRO, Letícia. Política externa brasileira: os desafios de sua caracterização como política pública. *Contexto Internacional*, v. 35, n. 1, p. 11-41, 2013.

MOROZOV, Evgeny. *Big Tech*: a ascensão dos dados e a morte da política. São Paulo: Ubu, 2018. 189 p.

NOBRE, Marcos. *Limites da democracia:* de junho de 2013 ao governo Bolsonaro. São Paulo: Todavia, 2022. 316 p.

NORRIS, Pippa Norris; INGLEHART, Ronald. *Cultural Backlash*: Trump, Brexit and Authoritarian Populism. Cambridge: Cambridge University Press, 2019.

PAXTON, Robert O. *The anatomy of fascism*. New York: Vintage, 2004. 321 p.

REUTERS. Brasil proíbe entrada de altos funcionários da Venezuela. *Reuters*, 20 ago. 2019. Disponível em: https://www.reuters.com/article/politica-brasil-proibe-venezuelanos-govm-idLTAKCN1VA1LK. Acesso em: 27 jul. 2023.

PERICÁS, Luiz Bernardo. "O governo Bolsonaro e a questão do fascismo". *Margem Esquerda*, [*S. l.*], n. 37, p. 84-101, 2021.

PIKETTY, Thomas. *The economics of inequality*. Cambridge: Harvard University Press, 2015. 142 p.

PODER 360. Família deve ser tema central do Brasil, diz presidente húngara. *Poder 360*, 2022. Disponível em: https://www.poder360.com.br/governo/familia-deve-ser-tema-central-do-brasil-diz-presidente-hungara/. Acesso em: 24 out. 2022.

POLANYI, Karl. *A grande transformação*: as origens de nossa época. 2. ed. Rio de Janeiro: Campus, 2000. 349 p.

PRZEWORSKI, Adam. *Crises da democracia*. Rio de Janeiro: Zahar, 2020. 268 p.

RANCIÈRE, Jacques. *O ódio à democracia*. São Paulo: Boitempo, 2014. 125 p.

ROSANVALLON, Pierre. *O século do populismo*: história, teoria, crítica. Rio de Janeiro: Ateliê de Humanidades, 2021. 387 p.

RUNCIMAN, David. *How Democracy Ends*. Hardcover, 2019. 256 p.

SARAIVA, Miriam. "The democratic regime and the changes in Brazilian foreign policy towards South America". *Brazilian Political Science Review*, São Paulo, v. 14, n. 3, 2020. 39 p.

SANTOS, Wanderley Guilherme dos. *Código da pureza*. Rio de Janeiro: FGV, 2004.

SENRA, Ricardo. Não haverá ação militar do Brasil ou dos EUA na Venezuela, diz Mourão após reunião com Pence. *BBC News Brasil*, online, 2019. Disponível em: https://www.bbc.com/portuguese/brasil-47861875. Acesso em: 20 fev. 2022.

SCHWAB, Klaus. *The fourth industrial revolution*. World Economic Forum, 2016.

STARLING, Heloísa. "Brasil, país do passado". *In*: STARLING, Heloísa; LAGO, Miguel; BIGNOTTO, Newton (org.). *Linguagem da destruição*: a democracia brasileira em crise. São Paulo: Companhia das Letras, 2022. p. 70-119.

SUSTEIN, Cass R. *#Republic*: Divided Democracy in the Age of Social Media. Princeton: Princeton University Press, 2017.

TRAVERSO, Enzo. *As novas faces do fascismo*: populismo e a extrema direita. Belo Horizonte: Âyiné, 2021. 275 p.

VALFRÉ, Ricardo. *Número de militares em cargos civis no Executivo triplica em menos de 10 anos*. *Estadão*, online, 2022. Disponível em: https://www.estadao.com.br/politica/presenca-de-militares-em-cargos-de-confianca-cresce-193-no-governo-bolsonaro/. Acesso em: 20 jan. 2023.

VIÉGAS, Willyan A; RODRIGUES, Bernardo S. "O projeto de desintegração do Foro para o Progresso e Integração da América do Sul (Prosul): um bloco de regressividade autônoma". *Mural Internacional*, Rio de Janeiro, v. 12, 2021. 16 p.

WEGNER, Rubia Cristina; FERNANDES, Marcelo Pereira; FREITAS, Alexandre Jerônimo. "O retorno das caravelas: notas sobre o recente acordo Mercosul-União Europeia". *Princípios*, [S. l.], n. 159, p. 236-257, 2020.

WHITE HOUSE. *Memorandum on protecting women's health at home and abroad.* 2021. Disponível em: https://www.whitehouse.gov/briefing-room/presidential-actions/2021/01/28/memorandum-on-protecting-womens-health-at-home-and-abroad/. Acesso em: 22 out. 2022.

WHO – WORLD HEALTH ORGANIZATION. *Coronavirus (Covid-19) Dashboard.* Disponível em: https://covid19.who.int/. Acesso em: 23 mar. 2023.

CONTRA O MULTILATERALISMO: DESAFIOS E RESILIÊNCIA DO AUTORITARISMO ILIBERAL NA ORDEM INTERNACIONAL LIBERAL

Leandro Carlos Dias Conde
Julia Nascimento Santos
Caio Samuel Milagres

Introdução

A partir da segunda década do século XXI, políticos marcadamente ultraconservadores, antidemocráticos e neonacionalistas foram sendo eleitos ao redor do mundo, eventos que em alguns círculos acadêmicos convencionou-se chamar de "ascensão global da extrema direita" (Campion; Poynting, 2021). Esse fenômeno representa uma mudança rápida na arena política internacional. Esse movimento ganhou notoriedade, em grande parte, após a eleição de Donald Trump, que é considerada um marco na organização transnacional e sistêmica desses grupos. Uma nova geração de líderes antidemocráticos emergiu, desafiando o *status quo* e recorrendo às mídias sociais para conquistar a imaginação de milhões de seguidores fervorosos. Eles têm sido ágeis em responder às queixas e sentimentos de alienação em populações tanto de países em desenvolvimento quanto desenvolvidos (Putzel, 2020).

Com base nas pesquisas de Zarakol (2019) e Adler-Nissen e Zarakol (2021), podemos identificar duas formas distintas de oposição à Ordem Internacional Liberal (OIL) que atuam em conjunto para miná-la por dentro. A primeira forma envolve governantes ultraconservadores, antidemocráticos, autoritários e neonacionalistas, juntamente com seus eleitores no Norte Geopolítico. A segunda forma, mais recente, manifestou-se em políticos ideologicamente semelhantes no Sul Geopolítico.

É importante destacar que os ataques ao multilateralismo não são apenas uma reação ao descontentamento e às expectativas econômicas não cumpridas decorrentes da globalização neoliberal. Há também um elemento significativo relacionado à busca por reconhecimento em uma estrutura que não é mais considerada aceitável. Isso é verdade tanto para aqueles que buscam posições relevantes de *status* fora dessa estrutura quanto para aqueles que acreditam que a estrutura está deixando de refletir sua autoimagem. Nessa dinâmica que se instaura, observamos o surgimento de ações direcionadas para a preservação das posições existentes ou para retardar o declínio de um Estado, à luz da percepção de perda de *status* diante dos novos atores (Conde, 2022). É notável a ironia apontada por Adler-Nissen e Zarakol (2021) na conjuntura atual. Durante décadas, imaginava-se que os ataques à estrutura da ordem internacional, erguida no pós-Segunda Guerra, viriam dos novos atores do Sul Geopolítico, muitos deles não democráticos e não liberais. Contudo, o ataque mais substancial acabou surgindo de dentro da própria OIL.

O grupo de atores ao qual nos referimos, que ascendeu ao poder a partir da segunda década do século XXI, representa uma parcela da população que genuinamente sente ter perdido seu lugar no mundo. Eles acreditam que o progresso dos outros ocorreu à custa de seus próprios direitos e privilégios. Se na primeira década do século XXI era comum ver as lutas pelo reconhecimento de *status* partindo dos atores do Sul Geopolítico, reivindicando mais poder dentro das instituições multilaterais e denunciando seu déficit democrático, a partir da segunda década observamos um movimento diferente. Agora, há uma oposição ao multilateralismo, historicamente considerado o espaço primordial de inserção internacional dos países periféricos. Como afirmam Adler-Nissen e Zarakol (2021, p. 616), "regimes autoritários frustrados e grupos que perdem status no núcleo encontram uma causa comum em um inimigo: a elite liberal cosmopolita que prometeu igualdade material e simbólica". É relevante destacar as contradições de um discurso ultranacionalista no âmbito político, mas ultraliberal na esfera econômica, como exploraremos posteriormente. "*These illiberal leaders are united by resentment of the LIO, as well as mutual financial interests and symbolic recognition: this sustains their networks* [...]" (Adler-Nissen; Zarakol, 2021, p. 624).

No caso do Sul Geopolítico, países como o Brasil e a Índia seguiram, com trajetórias distintas, uma direção antidemocrática, autoritária e ultraconservadora. Ambos são liderados por políticos considerados "homens fortes" que demonstram desdém pelos Direitos Humanos. Vale ressaltar que antes da ascensão de líderes como Bolsonaro no Brasil, o país desempenhava um papel construtivo nas instituições multilaterais, particularmente ativo nos fóruns de Direitos Humanos, apesar de suas reservas em relação a uma ordem internacional dominada pelo Norte. No entanto, o que vemos hoje é um claro retrocesso nas credenciais democráticas que a diplomacia brasileira havia construído ao longo dos anos (Wright, 2021). Quanto à atuação de Narendra Modi na Índia, ele lidera o Partido do Povo Indiano (Bharatiya Janata Party – BJP), um partido com uma ideologia nacionalista hindu que critica e, em muitos casos, fomenta ataques a grupos religiosos e étnicos minoritários, principalmente muçulmanos, minando gradualmente as credenciais democráticas da maior democracia eleitoral do mundo.

Com base no que foi apresentado, esta proposta de capítulo se insere em um conjunto de pesquisas dedicadas a compreender o estado de crise em que o multilateralismo se encontra, devido ao avanço de seus críticos e detratores antidemocráticos. Essa crise afeta não apenas os arranjos multilaterais, mas também as normas, regras e práticas que prevalecem na OIL. O capítulo explora o surgimento do autoritarismo iliberal no contexto político do Brasil e da Índia, com um foco particular nas administrações de Bolsonaro e Modi. Embora possa haver opiniões divergentes sobre se essa ascensão deve ser caracterizada como populista, fascista, reacionária ou excludente, há um consenso sobre a presença de tendências autoritárias e ultraconservadoras.

Esta análise nos permitirá formular hipóteses sobre as semelhanças e diferenças mais amplas na abordagem ao multilateralismo. Sob quais condições os autoritários iliberais abraçam ou rejeitam o multilateralismo? Para examinar isso, comparamos dois presidentes populistas: Jair Messias Bolsonaro, do Brasil, e Narendra Modi, da Índia. Nosso objetivo é proporcionar uma compreensão das contestações e suas implicações para o futuro do multilateralismo. Para isso, escolhemos analisar dois países de grande relevância no sistema internacional que, ao longo da segunda década do século XXI, elegeram líderes que desafiam consistentemente os princípios democráticos e liberais, tanto em âmbito doméstico quanto global.

Para tanto, vamos abordar a questão de que governos iliberais podem adotar perspectivas diversas em relação ao multilateralismo em suas políticas externas. Assim, na primeira seção, com base na extensa literatura sobre a conceituação e definição de conceitos como populismo, ultraconservadorismo, neonacionalismo, autoritarismo iliberal, conduziremos uma discussão sobre a insuficiência dos conceitos atuais, entre eles o principal, que é o de populismo, avançando a opção por iliberais. A segunda seção deste trabalho se concentra em uma análise do caso de Jair Bolsonaro. Em seguida, procedemos à análise do caso de Narendra Modi.

Posteriormente, nos dedicamos a um esforço de análise comparada dos dois casos mencionados. Abordaremos a comparação sob duas perspectivas distintas: destacando as semelhanças e as diferenças. Partimos do pressuposto de que há uma certa semelhança na maneira como a Índia e o Brasil implementam políticas domésticas autoritárias e iliberais. No entanto, identificamos diferenças marcantes na condução da política externa de Modi e Bolsonaro, particularmente em relação ao multilateralismo e à adesão à Ordem Internacional Liberal. Ao contrário do Brasil, mesmo os elementos mais reacionários do BJP não conseguiram alterar drasticamente a política externa indiana nos últimos anos. Finalmente, em nossa seção conclusiva, retomamos as principais discussões e propomos possíveis direções para avançar na agenda de pesquisa proposta.

Em busca de um conceito...

Embora não adotemos o conceito de populismo, vamos conduzir a discussão com base em suas definições, aprofundando nossa compreensão e abordando suas críticas. Nosso foco estará em como conceitos como populismo, ultraconservadorismo, neonacionalismo, autoritarismo e iliberalismo percebem e interagem com a ordem internacional liberal, especialmente no que diz respeito ao multilateralismo. Conforme ressaltam Lynch e Cassimiro (2021), para entender plenamente esses conceitos, é necessário realizar uma análise que vá além das perspectivas ideológicas, evitando simplificações estigmatizantes e equívocos simplistas.

O populismo é frequentemente descrito como uma "ideologia centrada fina" que se baseia na crença de que a sociedade pode ser dividida em dois grupos nitidamente distintos e opostos: o "povo puro" e a "elite corrupta", com um forte foco na "vontade geral" (Mudde, 2004). Muller (2019) acrescenta que os populistas tendem a ser antielitistas e antipluralistas, o que representa uma ameaça à democracia ao promover uma versão degradada desta. Muller destaca a natureza divisiva das alegações feitas pelos populistas, que afirmam representar os "verdadeiros cidadãos", o que, segundo ele, os torna antidemocráticos. Essa compreensão do populismo ressalta como essa abordagem política pode simplificar demais a complexidade da sociedade e minar os princípios democráticos ao criar divisões rígidas entre grupos de cidadãos e desqualificar a pluralidade de vozes e opiniões que caracteriza uma democracia saudável.

As opiniões sobre o populismo variam; alguns o veem como um ressurgimento da soberania popular, enquanto outros o percebem como uma ameaça à democracia, como enfatizado por Lynch e Cassimiro (2021). Além disso, defensores tanto à esquerda quanto à direita do espectro político abraçaram esse conceito. Isso ressalta a importância de abordar o populismo de forma objetiva e transparente para fins de análise e discussão. Conforme delineado por Lynch e Cassimiro (2021), é crucial examinar esses fenômenos sob a ótica de suas divisões ideológicas. Como resultado, observa-se o populismo se manifestando de forma notável tanto em formas de esquerda quanto de direita. O populismo de esquerda busca aliviar desigualdades por meio de meios revolucionários, enquadrando o "povo" como trabalhadores explorados por uma minoria de capitalistas que manipulam o Estado para seu próprio benefício (Lynch; Cassimiro, 2021, p. 225). No Brasil, essa narrativa encontra expressão em líderes como Getúlio Vargas, João Goulart e Lula. Mais recentemente, a nova esquerda foca em diminuir disparidades sociais e desafiar normas sociais estabelecidas, como o patriarcado, a heteronormatividade e o racismo. No entanto, até o momento, são poucos os exemplos notáveis de populismo provenientes da nova esquerda, marcados por um sucesso eleitoral significativo e um impacto político concreto.

Por outro lado, o populismo de direita visa manter a ordem e a autoridade, retratando o "povo" como empreendedores e famílias ameaçadas por uma minoria de elementos subversivos que minam a propriedade privada e os valores tradicionais (Lynch; Cassimiro, 2021, p. 225). No Brasil, figuras políticas como Carlos Lacerda, Fernando Collor e, mais recentemente, Jair Bolsonaro personificaram esse tipo de populismo. Tempos recentes têm visto a nova direita advogando pela preservação de normas culturais tradicionais e pela ênfase em atributos como masculinidade e virilidade, como exemplificado por figuras como Jair Bolsonaro. Consequentemente, o populismo exibe um espectro de intensidade e modos de ação, variando de moderado a radical. "Na modalidade moderada, o populismo não confronta a democracia e pode até fortalecê-la" (Lynch; Cassimiro, 2021, p. 225).

No contexto do Norte Geopolítico, os populistas podem se desviar de certas práticas liberais, mas geralmente não conseguem minar completamente os valores centrais da democracia liberal. Regimes populistas duradouros ainda carecem de amplo apoio, embora haja casos importantes de sucesso que merecem atenção. O populismo frequentemente funciona como uma expressão de descontentamento dentro da ordem liberal, mas geralmente não representa uma ameaça existencial comparável aos desafios históricos enfrentados pela democracia. Essa observação sugere que classificar os populistas como aberrações em democracias ocidentais já estabelecidas pode ser enganador. O populismo pode ser interpretado como uma reação às falhas percebidas no liberalismo, em vez de uma completa quebra da ordem liberal. Muitos movimentos populistas surgem como respostas a questões e desafios que os eleitores consideram não terem sido adequadamente abordados pelas elites políticas ou pelo sistema liberal existente (Mudde, 2004). Essas falhas podem incluir desigualdades econômicas crescentes, problemas de imigração, corrupção política, entre outros.

Nesse sentido, o populismo pode ser considerado como um mecanismo de correção ou recalibração do sistema democrático, em que os eleitores buscam mudanças significativas e uma maior responsabilidade por parte dos governantes. É importante entender o populismo não apenas como um fenômeno disruptivo, mas também como um sintoma das tensões e desafios dentro das sociedades democráticas. A análise cuidadosa das causas subjacentes ao populismo e das preocupações reais dos eleitores pode ser fundamental para o fortalecimento e a adaptação contínua das democracias liberais às necessidades e aspirações de suas populações.

Mudde (2004) e outros acadêmicos frequentemente veem o populismo como uma reação ao liberalismo não democrático, mas a incorporação completa do antiliberalismo em suas definições de populismo pode variar. Alguns destacam o antiliberalismo, enquanto outros concentram-se na resposta ao sistema político percebido como distante ou elitista. O populismo pode abranger diversas posições políticas e ideológicas, tornando sua relação com o liberalismo complexa. Assim, a definição e interpretação do populismo podem variar de acordo com o contexto e a análise específica de cada autor. Lynch e Cassimiro (2021) observam essa complexidade.

O debate acadêmico em torno dessa questão reflete a complexidade e a natureza em evolução do populismo como fenômeno político, e diferentes perspectivas contribuem para uma compreensão mais abrangente desse fenômeno. Embora a perspectiva de Mudde (2004) destaque que o populismo frequentemente coexiste com outras ideologias, como o nacionalismo, ela não oferece um método analítico claro para diferenciar essas ideologias ou examinar suas interações (Wojczewski, 2020). Por outro lado, a compreensão discursiva do populismo baseada no trabalho de Ernesto Laclau vê o populismo como uma estratégia comunicativa que conecta várias demandas sociais frustradas, forma uma identidade coletiva chamada "o povo" e posiciona um líder populista como seu representante contra um adversário comum, frequentemente a elite (Wojczewski, 2020).

Ao contrário da "ideologia centrada fina", Laclau (2005) destaca a construção de categorias sociopolíticas, como "o povo", e permite uma análise mais aprofundada da formação de identidades populistas e nacionalistas, examinando as práticas de diferenciação e a criação do "outro". Ela se concentra na dimensão discursiva e retórica do populismo, destacando como os líderes populistas mobilizam e articulam demandas e ressentimentos populares em uma narrativa que polariza a política entre "o povo" e a elite. Essa abordagem oferece uma perspectiva valiosa para entender como o populismo opera na esfera pública, influencia a mobilização política e constrói identidades políticas. Ela destaca como as estratégias discursivas desempenham um papel fundamental na formação e na manutenção do apoio populista (Laclau, 2005).

A perspectiva de Asladinis (2016) reforça a ideia de Laclau de que o populismo de um movimento não está necessariamente vinculado a um conteúdo político específico, mas sim a uma lógica particular de expressão. Referindo-se ao trabalho de Laclau, Asladinis (2016) reconhece que a essência do populismo reside na forma como os líderes populistas mobilizam retoricamente o apoio popular e criam uma polarização política entre o "povo" e as "elites", independentemente do conteúdo político específico em questão. Por isso, segundo Asladinis (2016), a incorporação do iliberalismo como um adjetivo para o conceito de populismo representaria um avanço teórico significativo nos estudos políticos. No entanto, Laurelle (2020) argumenta que o iliberalismo pode surgir como um concorrente conceitual importante em relação ao populismo. Isso se deve ao fato de que muitos dos aspectos associados ao iliberalismo foram originalmente desenvolvidos dentro do âmbito do populismo. Essa perspectiva destaca que, embora o populismo frequentemente seja caracterizado por seu antiliberalismo, essa dimensão antiliberal pode se tornar uma força motriz por si só, levando à formação de sistemas políticos iliberais. Portanto, enquanto o populismo pode ser visto como uma estratégia política que abraça o antiliberalismo em resposta a determinadas demandas populares, o iliberalismo pode ser entendido como uma ideologia que busca conscientemente minar os princípios liberais e democráticos em favor de um governo mais autoritário.

Em 1997, Fareed Zakaria introduziu o termo "iliberal" em seu influente artigo da *Foreign Affairs* discutindo democracias iliberais, antecedendo seu posterior livro *O futuro da liberdade* (2003). Durante esse período, muitos ainda mantinham a crença em um "fim da história" semelhante à perspectiva de Fukuyama, na qual a democracia liberal e as economias de mercado eram vistas como triunfantes, inspiradas no modelo da "terceira onda de democratização" (Laurelle, 2022, p. 304). Dentro desse contexto, Zakaria (2003) estava afirmando a necessidade de cautela em relação a alguns regimes democráticos, especialmente na América Latina e na Europa Oriental, que poderiam realizar eleições e ser nominalmente rotulados como democracias, mas deixar de cumprir princípios liberais como pluralismo, liberdades individuais ou *checks and balances*. Zakaria (2003) concluiu, advogando por instituições internacionais e pelos Estados Unidos, que se concentrassem na promoção da liberalização em detrimento da democratização. Ele argumentou que priorizar o primeiro naturalmente levaria ao segundo, enquanto a abordagem reversa poderia não produzir os mesmos resultados.

O conceito de "iliberalismo" passou por uma transformação significativa na última década, especialmente após ser adotado pelo primeiro-ministro da Hungria, Viktor Orbán, durante seu discurso em Băile Tuşnad em 2014. Laurelle (2020) argumenta que a adoção dessa noção por Orbán e outros líderes autodeclarados iliberais reflete uma convicção de que o liberalismo promove o egoísmo e uma perspectiva cosmopolita desapegada. Orbán acredita que o iliberalismo atual contribui para uma sociedade composta por indivíduos fragmentados e diversos, que reivindicam seus direitos sem reconhecer suas responsabilidades para com a comunidade nacional e o Estado (Laurelle, 2022, p. 306). Nesse contexto, o iliberalismo surge como uma alternativa ao que é percebido como as limitações do liberalismo que foi implementado nas duas décadas anteriores por elites políticas consideradas desconectadas da verdadeira identidade nacional – identificadas também como neoliberais.

A visão iliberal defende um retorno a uma forma mais comunitária de política, na qual a identidade nacional e a coesão social são priorizadas sobre os valores e princípios liberais tradicionais. Ela enfatiza a importância da nação e do Estado como elementos centrais na vida política e rejeita a visão cosmopolita e individualista associada ao liberalismo. Essa transformação no uso do termo "iliberalismo" destaca como os debates políticos contemporâneos estão moldando e redefinindo conceitos-chave, e como diferentes líderes políticos estão adotando essas ideias em resposta a preocupações específicas em seus contextos nacionais e, por vezes, extrapolando para a dimensão internacional.

Isso é particularmente notório em áreas do Norte Geopolítico, bem como em regiões como a América Latina e em nações majoritariamente cristãs, onde líderes políticos destacam tais valores como parte de uma estratégia para estabelecer um terreno comum com movimentos conservadores convencionais. Eles fundamentam suas abordagens iliberais em um quadro ideológico mais amplo de valores tradicionais, muitas vezes associados ao conservadorismo. Esses líderes afirmam estar defendendo a coesão social, a família, a religião e a cultura contra o que percebem como ameaças à identidade nacional e aos valores fundamentais. Eles se apresentam como defensores desses valores tradicionais em oposição às influências liberais e cosmopolitas que consideram prejudiciais à sociedade.

Vladimir Putin, presidente da Rússia, é um exemplo notável disso, ao afirmar que o liberalismo havia se tornado "obsoleto" e cumprido seu propósito. Essa retórica iliberal destaca como os líderes políticos podem adaptar e adotar uma linguagem que apela aos valores tradicionais como uma maneira de consolidar o poder e justificar políticas que podem ser contrárias aos princípios liberais e democráticos tradicionais. No entanto, autoridades russas geralmente evitam usar o termo "iliberal", preferindo empregar terminologia centrada no conservadorismo e nos valores tradicionais em vez disso, salienta Laurelle (2022, p. 306).

Citando Sheri Berman (2017), Laurelle (2022) explica que o iliberalismo está emergindo dentro das democracias liberais, potencialmente direcionando-as para caminhos menos liberais. Isso implica que até mesmo em democracias de longa data, traços de iliberalismo podem ser identificados, como foi evidente durante a administração de Donald Trump nos Estados Unidos (2017-2021) e durante o governo liderado pelos conservadores que culminou no Brexit no Reino Unido. A autora (Laurelle, 2022, p. 311) argumenta que dentro desse contexto de iliberalismo, mesmo nações com longo histórico de democracia liberal formam um grupo que exibe características iliberais em entidades políticas, partidos e sistemas. Isso inclui países pós-comunistas, na Europa Ocidental, nos Estados Unidos, na América Latina e em nações específicas, como a Índia e as Filipinas. No entanto, Laurelle (2022) observa que certas regiões são excluídas dessa caracterização de iliberalismo. Por exemplo, a China não é considerada iliberal nesse contexto, devido ao seu regime de partido único autoritário, desprovido de qualquer histórico de liberalização passada.

Essa análise sublinha como o iliberalismo pode se manifestar de maneiras variadas em diferentes contextos políticos e regionais, e como ele pode afetar mesmo as democracias mais antigas e consolidadas. Isso destaca a complexidade da dinâmica política global contemporânea, em que ideias e práticas iliberais podem emergir em uma variedade de lugares, tanto dentro quanto fora das fronteiras das democracias liberais tradicionais. O populismo não é estritamente ligado a uma agenda ideológica particular, mas sim a uma abordagem política que busca capitalizar o apoio popular contra as elites percebidas. Por outro lado, o iliberalismo, conforme definido aqui, se concentra na defesa de hierarquias tradicionais e na promoção de soluções culturalmente homogêneas e de viés autoritário. Ele tende a se opor a valores liberais, como a igualdade de direitos, a diversidade cultural e a tolerância. O iliberalismo, muitas vezes, procura fortalecer o papel do Estado em restringir a pluralidade e promover uma visão particular de identidade nacional.

Essa distinção mostra que, embora o populismo possa ser uma estratégia política utilizada tanto por grupos de direita quanto de esquerda, o iliberalismo é mais específico em sua orientação, focando-se na promoção de valores tradicionais e na resistência a mudanças culturais e sociais.

> Leftist movements, promoting cultural liberalism and inclusive nationhood, fall outside this definition. Additionally, many populist movements aren't illiberal, and some illiberal leaders, like Putin, don't adhere to populism (Laurelle, 2022, p. 318).

A perspectiva apresentada por Laurelle (2022), que reintroduz o liberalismo como o principal oponente do iliberalismo, enfatiza a importância desse conflito ideológico. Essa abordagem destaca o antagonismo central entre essas duas correntes ideológicas. Essa perspectiva está alinhada com a visão de Asladinis (2016), que questiona a percepção do populismo como uma ideologia em si. Em vez disso, Asladinis vê o populismo como uma abordagem comunicativa enraizada na contraposição do "povo" à "elite". Essa abordagem destaca como o populismo se baseia na comunicação direta e não filtrada, ocasionalmente desafiando as normas do discurso político tradicional. Ambas as perspectivas realçam como os conflitos políticos contemporâneos muitas vezes giram em torno da oposição entre visões liberais e iliberais, com o populismo sendo uma estratégia política que pode ser adotada por aqueles que se alinham com diferentes correntes ideológicas, mas que frequentemente se opõem ao liberalismo em seus vários aspectos. Isso demonstra como as ideias políticas e as estratégias comunicativas podem se entrelaçar para moldar a dinâmica política. No entanto, é importante notar que o populismo e o iliberalismo podem se sobrepor em alguns casos, especialmente quando líderes populistas adotam retóricas e políticas iliberais como parte de sua estratégia política.

O iliberalismo tende a enfatizar a identidade nacional, a coesão cultural e a homogeneidade étnica em detrimento da diversidade e das liberdades individuais. Isso pode resultar em políticas que restringem as liberdades civis, limitam a liberdade de expressão e promovem uma visão mais autoritária do governo. Nos países ocidentais, é possível identificar movimentos e intelectuais de direita que abraçam essa perspectiva iliberal. Alguns membros da Nouvelle Droite francesa e "paleoconservadores" nos Estados Unidos e na Europa defendem uma ênfase na identidade étnico-racial e na preservação da cultura tradicional como uma reação ao que veem como ameaças às suas sociedades (Wajner; Wehner, 2023). Outros interpretam o cristianismo ocidental de forma religiosa e cultural, exemplificados por figuras como Samuel Huntington, Steve Bannon e o Center for European Renewal, que promovem a perspectiva judaico-cristã.

Neste capítulo, concentramos nossa análise em investigar cenários que envolvem movimentos de extrema direita contemporâneos que se autodeclaram defensores da "sociedade tradicional". Estes movimentos tendem a retratar adversários do passado, não se limitando ao comunismo, como responsáveis pelo que chamam de "marxismo cultural". Além disso, eles criticam aspectos como o ateísmo, a homossexualidade, a tensão racial e a disseminação da "ideologia de gênero". A visão de mundo desses líderes está enraizada e alinhada com o contexto social, o que ajuda a compreender as dinâmicas sociais e as opções disponíveis. Essa interpretação também abrange a forma como os líderes percebem e lidam com as restrições sociais, incluindo estruturas e contextos domésticos, bem como como eles situam os atores internacionais em sua realidade (Wajner; Wehner, 2023).

Essa retórica também pode ser usada para mobilizar apoio político, ao apresentar essas questões de forma polarizada e alarmista, muitas vezes retratando os defensores dessas causas como uma ameaça à liberdade e aos valores tradicionais. É importante que os analistas políticos e a sociedade em geral estejam cientes dessas estratégias simplistas e busquem compreender as questões sociais de maneira mais completa e nuançada, a fim de promover um diálogo construtivo e soluções eficazes para os desafios que enfrentamos. No entanto, é importante notar que nem todos os movimentos de direita no Ocidente adotam essa abordagem iliberal. Existem diversas correntes dentro da política de direita, e suas posições podem variar amplamente. Alguns movimentos de direita defendem valores liberais clássicos, como a liberdade individual e o Estado de Direito, enquanto outros adotam uma visão mais iliberal. Essa diversidade de perspectivas dentro da política de direita destaca a complexidade da dinâmica política contemporânea e a importância de uma análise cuidadosa para entender as várias correntes ideológicas e suas implicações para a democracia liberal.

Reconhecemos que não há um conceito absoluto e que a maioria dos autores que consultamos está tentando abranger um conjunto similar de características. Portanto, daqui em diante, optaremos por empregar a terminologia líderes "autoritários iliberais" para delinear o tipo de atores e suas políticas, particularmente no âmbito da política externa, com os quais estamos tratando. Esses atores se retratam como redentores das massas, influenciando a forma como estas percebem a realidade. Essa filtragem cognitiva da realidade social e do sentimento nacional ajuda o líder a compreender seu contexto e a explorar possíveis cursos de ação, considerando as limitações impostas por fatores domésticos e internacionais.

O que esperamos que esteja claro é que, nesse contexto, o Estado desempenha um papel fundamental no estabelecimento e manutenção do poder autoritário. No entanto, é essencial reconhecer que dentro das instituições estatais várias forças sociais estão em jogo e exercem influência na implementação de políticas, muitas vezes devido a acessos desiguais. Além disso, os Estados perpetuam relações de produção capitalistas de longa data. Essa interligação implica que os Estados estejam inevitavelmente sujeitos a dinâmicas de poder globais, as quais, por sua vez, exercem influência sobre a natureza do poder autoritário. Líderes autoritários iliberais muitas vezes procuram reformar essas organizações para torná-las mais alinhadas com suas próprias ideologias, em vez de advogar por sua completa dissolução – a não ser em último caso. A ideia central não é uma rejeição total do multilateralismo, mas sim uma crítica à forma como ele é implementado, abordando questões relacionadas aos métodos, estrutura e distribuição de poder.

Bolsonaro contra o multilateralismo: entre o confronto, o pragmatismo e os desafios internos

As eleições presidenciais de 2018 representaram um ponto de inflexão significativo na postura internacional do Brasil. O resultado dessas eleições trouxe ao poder um político de extrema direita, Jair Messias Bolsonaro (2019-2022), que adotou uma abordagem disruptiva em relação à ordem internacional e regional vigente. Bolsonaro se apresentou como o único defensor de "Deus, Pátria e Família", em contraposição ao que ele via como uma elite global progressista, secular e hostil à fé cristã. Ele construiu sua imagem como um campeão do povo comum, em oposição às elites políticas tradicionais brasileiras. Nesse papel, frequentemente expressava sua oposição a influências estrangeiras, conceitos, indivíduos e regulamentações, atribuindo-lhes origens "estrangeiras". Sua crítica é direcionada principalmente ao que ele considera um "estabelecimento transnacional", que abrangia diplomatas globais, burocratas tecnocratas e instituições internacionais. Para o bolsonarismo, tanto os desafios domésticos quanto os internacionais são resultado da atuação da elite política esquerdista brasileira.

Um exemplo marcante desse comportamento ocorreu durante a Assembleia Geral das Nações Unidas (ONU) em 2019, quando Bolsonaro se apresentou como a voz do povo brasileiro. Ele enfatizou o desejo da população por um Brasil livre do socialismo e aproveitou sua plataforma internacional para proteger e promover sua agenda, ao mesmo tempo que desacreditava seus oponentes políticos como forma de legitimar sua liderança. Bolsonaro vê as organizações multilaterais, incluindo a ONU, como extensões das elites de esquerda, e frequentemente as criticava, rotulando-as como encontros comunistas. Essa postura era parte de sua estratégia para se posicionar como um líder *antiestablishment* e defensor dos valores conservadores que ele considerava ameaçados pelas elites internacionais. Por isso, o bolsonarismo é frequentemente associado à sua cruzada contra o "marxismo cultural" global, que acredita emanar de instituições internacionais, com a ONU servindo como uma representação significativa dessa ideologia. Consequentemente, em seu discurso, Bolsonaro concluiu com uma mensagem direta de crítica tanto ao globalismo quanto à própria ONU:

> He asserted, "Our presence here is not to eliminate national identities and sovereignties in the name of an abstract 'global interest.' This organization is not meant to promote a 'Global Interest Organization,' but rather, it is the United Nations Organization, and it should remain true to that purpose!" (Bolsonaro, 2019).

É necessário fazer um breve recuo histórico para explorar minuciosamente as principais causas identificadas na literatura que sustentam o fenômeno da extrema direita conhecido como "bolsonarismo". Esta análise é fundamental para compreender os princípios centrais desse movimento e para esclarecer por que caracterizamos um governo liderado por Bolsonaro como aderente a uma postura autoritária iliberal. Além disso, é igualmente importante examinar como esses princípios se refletem em sua agenda de política externa. Lynch e Cassimiro (2021) destacam que, dentro da cultura política brasileira, sempre houve a presença de elementos reacionários, embora geralmente constituíssem uma minoria, mas com uma notável gama, diversidade e complexidade. Isso abrange um espectro que vai desde nacionalistas autoritários com laços com o falecido político Enéas Carneiro até fervorosas organizações ultracatólicas, como o Centro Dom Bosco.

O que estamos delineando com o bolsonarismo é que podemos traçar algumas de suas origens históricas à tradição do conservadorismo cultural brasileira. Em casos específicos, alinha-se com ideologias reacionárias como o movimento integralista, liderado por Plínio Salgado na década de 1930, que amalgamou elementos do fascismo europeu com a defesa do patrimônio católico e colonial do Brasil. Além disso, outros grupos reacionários incluíram "patrianovistas" monarquistas e segmentos selecionados da Ação Católica Brasileira (Lynch; Cassimiro, 2021). Essa fusão resultou em um discurso que defendia um Estado forte enquanto endossava uma visão regressiva reminiscente da sociedade colonial do século XVII (Lynch; Cassimiro, 2021, p. 243). O que diferencia o bolsonarismo de outras facções de extrema direita no Brasil não é apenas sua ampla base de apoio, como evidenciado pelos 56 milhões de votos dados a Jair Bolsonaro em 2018 e os 58 milhões em sua mal-sucedida reeleição em 2022, mas também sua notável capacidade de ajustar sua ideologia e objetivos, como destacado por Casarões (2022).

A representação simplificada da realidade, retratando os governos de esquerda como a fonte de todos os problemas no Brasil, visava conquistar eleitores – muitos dos quais pertenciam às classes sociais C e D e eram anteriormente apoiadores do Partido dos Trabalhadores (PT). No entanto, esses eleitores haviam se desiludido com o governo do PT. A estratégia do governo envolvia a promoção de uma ideologia conservadora, religiosa e autoritária. Como observaram Saraiva e Albuquerque (2022), "na interpretação do governo, o anticomunismo serviria de base para a escolha de parceiros e de 'ameaças', como 'o bolivarianismo das Américas', que deve ser liquidado" (p. 156). Como apontaram Hirst e Maciel (2022), as apreensões que existiam antes da vitória de Jair Bolsonaro rapidamente se transformaram em preocupações reais quanto às ameaças à convivência democrática e à preservação dos Direitos Humanos – muitas das quais infelizmente se materializaram. Ao examinar o âmbito das políticas públicas predominantemente domésticas, torna-se evidente que houve um amplo ataque a programas sociais renomados e eficazes, como o Programa de Aquisição de Alimentos da Agricultura Familiar, o Programa Farmácia Popular e iniciativas de transferência de renda, levando a uma significativa desmontagem das capacidades estatais.

Durante o governo Bolsonaro, a democracia, o Estado de Direito e as liberdades civis das minorias estiveram constantemente sob ataque (Meyer, 2023). A recente regressão na democracia, nas liberdades civis e na proteção dos Direitos Humanos dentro do Brasil decorre principalmente de dinâmicas domésticas, mas foi exacerbada por reformas neoliberais e redução do engajamento social. Baseando-se em Brown (2020), certamente podemos argumentar que o surgimento do bolsonarismo reflete uma resposta autoritária iliberal, em parte incitada pelas dinâmicas do neoliberalismo em si. Portanto, o governo Bolsonaro pode ser visto como uma manifestação das repercussões do neoliberalismo.

De acordo com Casarões (2022), uma diferença notável entre Bolsonaro e seus rivais políticos, incluindo aqueles dentro do campo de direita, é seu foco deliberado em questões internacionais. Desde o início de sua campanha, Bolsonaro consistentemente expressou críticas diretas aos pilares da ordem internacional liberal, incluindo instituições multilaterais como as Nações Unidas, bem como ao multiculturalismo e aos Direitos Humanos. Em contrapartida, ele elogiou líderes que compartilhavam sua postura contrária ao multilateralismo, destacando figuras como Donald Trump e Benjamin Netanyahu como exemplos. Saraiva e Albuquerque (2022, p. 156) enfatizam a firme oposição do governo Bolsonaro ao Fórum de São Paulo, retratando-o como a personificação do espantalho do comunismo. Eles sugerem que essa oposição é usada para criar e propagar narrativas de conspiração com o objetivo de manter o eleitorado mobilizado em um estado contínuo de campanha política, ao mesmo tempo que atende aos interesses de grupos domésticos específicos.

Casarões e Farias (2022, p. 746) afirmam que a plataforma política iliberal de Bolsonaro se alinha com uma onda global de líderes populistas autoritários de direita, percebidos como uma ameaça aos valores e normas liberais. Como apontam os autores, Bolsonaro rejeitou de forma decisiva praticamente todos os elementos da OIL, incluindo o multilateralismo e o regionalismo, que haviam sido pilares da política externa brasileira desde a era do Barão do Rio Branco. Sob a liderança de Bolsonaro, o Brasil se transformou em um crítico proeminente das instituições multilaterais, uma transformação impulsionada por uma agenda enraizada no antiglobalismo e anticomunismo. A adoção de uma política externa que desafia a OIL tornou-se evidente no primeiro ano de governo, conforme articulado pelo ex-ministro das Relações Exteriores Ernesto Araújo (2019), que afirmou que "Itamaraty existe para o Brasil, não para a ordem global" (Itamaraty, 2019).

Conforme ressaltado por Saraiva e Albuquerque (2022, p. 156), o globalismo e a cruzada contra ele são conceitos cruciais que desempenham um papel fundamental na formulação da política externa liderada por Bolsonaro. Essa perspectiva ideológica representa a principal fonte de conflito entre a visão de mundo de Bolsonaro e os princípios do multilateralismo.

Mudanças na política externa são esperadas quando novas administrações assumem o cargo, já que frequentemente buscam avançar agendas alinhadas com suas ideologias e objetivos. No entanto, é raro testemunhar mudanças tão substanciais em valores fundamentais e estratégias estabelecidas há muito tempo. Neste caso, a política externa do Brasil se afastou significativamente de sua histórica dedicação à cooperação internacional e ao multilateralismo. O país passou de ser um apoiador da ordem internacional liberal para se tornar um crítico contundente do multilateralismo. Essa mudança é motivada pelo argumento de que as instituições multilaterais comprometem a soberania nacional, a fé e os valores culturais.

Como mencionado anteriormente, sua plataforma iliberal está enraizada em um movimento de autoritarismo de direita que é percebido como uma ameaça às normas e valores liberais, tanto internamente como internacionalmente. Ernesto Araújo, o então ministro das Relações Exteriores, consistentemente refletiu essa percepção ao estabelecer como objetivo fortalecer os laços com nações conservadoras que compartilham crenças em uma luta contra o que veem como globalismo. O globalismo é personificado por instituições internacionais, que, segundo essa visão, têm a missão de minar os valores cristãos e propagar ideologias progressistas, incluindo a assim chamada "ideologia de gênero". Araújo (2019) frequentemente caracterizava o Brasil como sendo governado por uma elite comunista-globalista, descrevendo essa caracterização como parte de um esforço totalitário com o objetivo de transformar o país em uma nação comunista desde a redemocratização. Essas ideias, que norteavam a abordagem do ex-ministro Araújo, centravam-se no antiglobalismo e na crença na "salvação do Ocidente por Trump", alinhando-se com as visões propagadas pelo astrólogo Olavo de Carvalho.

De fato, no início de sua gestão no Itamaraty, houve uma orientação para que os diplomatas brasileiros excluíssem referências de gênero das negociações na ONU, enfatizando a base biológica do gênero. Em 2020, o Brasil vetou um plano de ação do Mercosul que continha termos como "crime de ódio" e "identidade de gênero". A presença do Brasil na ONU durante o governo Bolsonaro refletiu uma tentativa de promover e implementar uma agenda conservadora, com o objetivo de preservar valores sociais alinhados com a direita religiosa. Araújo via o globalismo como uma força que se opunha aos valores nacionais e tradicionais, incluindo normas sociais liberais e mercados globais sem restrições. Segundo Martins (2018), o globalismo enfraquece os sistemas democráticos ao transferir a autoridade de tomada de decisões para instituições internacionais que não são transparentes e que são supervisionadas por representantes estrangeiros.

Inicialmente, Trump foi visto como a figura que traria de volta ao Brasil sua mítica e nunca acessada herança ocidental. No entanto, apesar da descrição inicial do ministro das Relações Exteriores do Brasil, Ernesto Araújo, como pragmático, suas prioridades, alianças e adversários passaram por uma mudança significativa (Casarões, 2022). As políticas de Araújo se posicionaram contra o multiculturalismo e as fronteiras abertas, visando rejuvenescer princípios judaico-cristãos. Essa abordagem estabeleceu paralelos com figuras como Trump, Netanyahu e Viktor Orban (Araujo, 2019). O Brasil se uniu ativamente a governos autoritários e grupos religiosos para defender o que chamavam de "valores familiares" no Conselho de Direitos Humanos da ONU. Eles trabalharam ativamente para impedir que frases como "direitos à saúde sexual e reprodutiva" e "direitos à educação sexual" fossem incluídas em resoluções em diversos fóruns. Como resultado, o Brasil enfrentou críticas no Conselho de Direitos Humanos por suas restrições à liberdade de imprensa e violações dos Direitos Humanos relacionadas à pandemia de Covid-19 e ao aumento do desmatamento na Amazônia.

Não houve um desengajamento completo do multilateralismo durante o governo Bolsonaro, apesar das muitas crises e contratempos. Bolsonaro adotou uma abordagem, em muitos casos, pouco pragmática, oscilando entre a imagem de guardião patriótico do Brasil contra pressões externas e a colaboração com aliados e fóruns internacionais quando isso se mostrou benéfico para a agenda de seu governo. Essa abordagem pragmática ilustra que a política externa de Bolsonaro foi se tornando mais prática quando necessário, especialmente para evitar despesas econômicas resultantes de demandas e limitações impostas por grupos de interesse doméstico, especialmente elites do agronegócio. Nesse sentido, a saída de Ernesto Araújo em 2021 marcou uma mudança para uma abordagem mais convencional dos princípios da política externa, afastando-se da postura confrontacional em questões como Direitos Humanos e globalismo. O embaixador Carlos Alberto Franco assumiu o cargo de ministro das Relações Exteriores (2021-2022) durante essa transição. Vale ressaltar que a saída de Araújo coincidiu com o início da administração de Joe Biden nos Estados Unidos.

É essencial destacar fatores como a gestão inadequada da pandemia pela administração e as deficiências políticas do presidente Bolsonaro como limitadores à sua capacidade de aumentar sua popularidade, especialmente diante de uma crise de custo de vida caracterizada por inflação crescente e altas taxas de juros (Meyer, 2023). Essa situação levou várias instituições, incluindo o Congresso e o Supremo Tribunal, a mobilizar contramedidas políticas e legais contra suas ambições autoritárias. Isso ocorreu mesmo quando ele atacou abertamente o processo eleitoral e se recusou a reconhecer os resultados, inflando seus seguidores mais extremistas a tomar medidas com o objetivo de impor um golpe de estado.

Ao fim, parafraseando Meyer (2023, p. 40), dada a incapacidade de angariar apoio mais amplo enquanto segue um caminho iliberal, o bolsonarismo parece enfrentar desafios significativos em sua trajetória política no Brasil. Isso se mantém verdadeiro mesmo que, a curto prazo, ele não desapareça por completo do cenário político nacional e como representante iliberal internacional. No entanto,

> [the] results of the 2022 elections showed that Bolsonarism is still capable of electing several conservative deputies and senators, meaning that it will be, for the time being, a strong political force, even without Jair Bolsonaro being re-elected president (2023, p. 40).

Modi contra o multilateralismo? Entre identidade e pragmatismo

Pouco após assumir o cargo de primeiro-ministro, Narendra Damodardas Modi (2014-) fez referência à longa história de subjugação da Índia, que, segundo ele, se estendeu por 1.200 anos. Essa referência aludiu à presença dos muçulmanos no subcontinente indiano e aos relatos históricos de conquista, saque e domínio por invasores islâmicos (Indrajit, 2023, p. 37). As palavras e ações de Modi durante seu primeiro mês como primeiro-ministro marcaram o início de uma transformação significativa na política indiana (Kumar, 2022; Indrajit, 2023). A chave para o sucesso eleitoral do BJP reside em sua abordagem estratégica de mobilizar amplo apoio público, desde a base até o topo. Essa estratégia é orquestrada por um líder carismático que desafia as elites estabelecidas em nome de uma noção vagamente definida de "o povo". Notavelmente, esse padrão compartilha semelhanças com líderes como Duterte nas Filipinas, Orban na Hungria e Bolsonaro no Brasil. Modi se apresentou como um líder honesto dedicado incansavelmente à preservação do bem-estar do povo indiano, especialmente durante sua campanha para reeleição em 2019 (Destradi; Jumle, 2023).

Membro de longa data do Partido Bharatiya Janata (BJP – Partido do Povo Indiano), sob sua liderança, o BJP conquistou 281 dos 543 assentos na Lok Sabha, que é a câmara baixa do parlamento indiano, concedendo à sua coalizão, a Aliança Democrática Nacional liderada pelo BJP (NDA), uma maioria confortável na Lok Sabha. Nos anos seguintes, a coalizão liderada por Modi expandiu sua dominância eleitoral em diversos estados indianos, ganhando influência significativa não apenas na formulação de políticas, mas também em sua implementação. Em 2019, Modi foi reeleito como primeiro-ministro com uma maioria ainda maior. O BJP aumentou sua contagem de assentos na Lok Sabha para 303, dando à NDA uma maioria esmagadora na câmara (Indrajit, 2023).

O BJP se posiciona estrategicamente como uma entidade política representando tanto segmentos marginalizados quanto privilegiados da sociedade, alinhando-se com a narrativa nacional predominante do Hindutva. Essa narrativa enfatiza o reconhecimento e retrata o partido como guardião da "Índia autêntica". Para expandir seu apelo além de considerações étnicas, o BJP adotou a linguagem da igualdade, redistribuição de riqueza e dignidade humana – conceitos inicialmente enraizados em movimentos de justiça social. O público principal para essas apelações inclui pessoas de origens de "casta alta" com vantagens sociais que, apesar de suas vantagens na sociedade, enfrentam desafios econômicos. Esse fenômeno destaca as limitações percebidas dos movimentos liberais de esquerda em mobilizar e envolver eleitorados desiludidos das classes médias e altas (Indrajit, 2023).

A dupla posição do BJP e sua habilidosa incorporação de temas de justiça social em seu discurso político destacam seus esforços para atrair diversos segmentos da população. Além disso, enfatizam o reconhecimento do partido das deficiências de outras forças ideológicas em capturar o apoio de eleitores desencantados. Enquanto o BJP articula uma narrativa de justiça social, atribui as origens centrais da desigualdade a uma elite percebida como corrupta e antagonista ao hinduísmo. Essa elite é vista como tendo marginalizado historicamente grupos que, nas últimas décadas, fizeram progressos significativos em termos de posição social, econômica e política. No entanto, quando o BJP traduz essa retórica em políticas, sua agenda se concentra em reduzir a extensão dos direitos sociais e fortalecer hierarquias socioculturais tradicionais centradas no hinduísmo.

Na Índia, como observado por Indrajit (2023, p. 43), esse padrão é considerado emblemático das preocupações políticas de uma classe média hindu emergente. Essa classe média, principalmente hindu, percebe uma sensação de vulnerabilidade, pois se sente ameaçada pelos esforços de mobilização de baixo para cima. Essa situação pode ser comparada ao que aconteceu no Brasil, onde uma classe média recém-empoderada respondeu aos esforços de mobilização de baixo para cima. No Brasil, isso foi evidente na remoção do governo de Dilma Rousseff em 2016 e na eleição de Bolsonaro em 2018, refletindo uma dinâmica semelhante vista na Índia com o ascenso de Modi.

No caminho para consolidar o poder, o BJP, sob a liderança de Narendra Modi, permaneceu firme no cumprimento de várias promessas cruciais feitas aos seus apoiadores ao longo das décadas. Essa dedicação não é surpreendente, pois as promessas se alinham de perto com os valores estimados da Rashtriya Swayamsevak Sangh (RSS), a organização-mãe do BJP, fundada em 1025[32]. A RSS se dedica a organizar a sociedade de acordo com os valores do hinduísmo e a proteger o Hindu Dharma, ou o modo de vida hindu. A RSS sempre buscou exercer um controle rígido sobre sua criação política mais exitosa, o BJP, cujos membros atualmente ocupam os cargos mais altos do país. Narendra Modi, membro de longa data do RSS, reflete a influência da organização em suas políticas nacionalistas hindus (Ramaseshan, 2013).

Como argumenta Indrajit (2023, p. 38), essa aliança entre as promessas do BJP e os valores da RSS é esperada. Em agosto de 2019, apenas três meses após garantir uma vitória eleitoral substancial, o governo de Modi tomou uma decisão decisiva ao revogar o Artigo 370 da Constituição Indiana (Indrajit, 2023). Essa mudança drástica dissolveu o *status* semiautônomo do estado de Jammu e Caxemira. Embora críticos tenham argumentado que essa medida era inconstitucional, ela foi tomada com a intenção de promover uma identidade nacional unificada, eliminando privilégios especiais para regiões distintas. Notavelmente, essa iniciativa recebeu apoio não apenas dos aliados do BJP, mas também de partidos políticos que se opuseram veementemente ao BJP nas eleições de 2019 (Indrajit, 2023, p. 39).

---

[32] Após a independência da Índia, a organização evoluiu para um conglomerado nacionalista hindu, dando origem a várias entidades afiliadas que estabeleceram diversas escolas, organizações de caridade e clubes sociais para disseminar suas doutrinas ideológicas. Essas organizações, motivadas pela ideologia do *Rashtriya Swayamsevak Sangh*, se referem coletivamente a si mesmas como parte do *Sangh Parivar* (Ramaseshan, 2013).

O nacionalismo hindu ou Hindutva tende a ver as relações internacionais através de uma lente que enfatiza conflitos culturais e civilizacionais em vez do tradicional quadro de interações entre Estados soberanos (Wojczewski, 2019). Essa perspectiva reflete a crença na importância da identidade cultural e civilizacional como fatores definidores na política global. A ideia de que as relações internacionais sejam caracterizadas por um "choque de civilizações", conforme apresentado por Huntington. Ela sugere que os conflitos globais são impulsionados por diferenças culturais, religiosas e civilizacionais, em vez de fatores puramente políticos ou econômicos. O nacionalismo hindu do BJP de certa forma se alinharia com esse conceito, enfatizando os aspectos culturais e civilizacionais da identidade indiana em sua perspectiva de política externa.

De outro lado, os nacionalistas hindus frequentemente criticam o que percebem como a influência excessiva de ideias e práticas ocidentais, incluindo os princípios de política externa associados a figuras como Jawaharlal Nehru, primeiro primeiro-ministro da Índia[33]. Eles argumentam que as filosofias ocidentalizadas, especialmente aquelas associadas ao liberalismo e ao secularismo, não são totalmente adequadas ao contexto cultural e civilizacional único da Índia. Isso reflete a ideia de que as tradições e valores indianos são distintos e que os modelos ocidentais podem não se encaixar perfeitamente na realidade indiana. Essa discussão muitas vezes gira em torno do equilíbrio entre valores universais e particularismos culturais. Alguns argumentam que é importante preservar os valores e tradições culturais indianos, enquanto outros defendem a adoção de princípios universais, como os Direitos Humanos e a democracia, independentemente do contexto cultural[34].

Durante as campanhas eleitorais, Modi e outros políticos do BJP ligam estrategicamente o Partido do Congresso aos colonizadores britânicos, acusando-os de táticas de dividir para conquistar. A campanha também retrata o partido como corrupto e o acusa de comprometer a política externa e de segurança indianas. Ameaças à segurança, como fluxos migratórios de muçulmanos vindos de Bangladesh e os esforços de desestabilização

---

[33] Primeiro-ministro de 1947 até sua morte em 1964, Nehru foi um líder carismático e desempenhou um papel importante na formação dos princípios democráticos e seculares da Índia moderna. Ele é frequentemente lembrado por sua contribuição para a política, a economia e a diplomacia indianas.

[34] Essa questão tem sido debatida ao longo da história política e intelectual da Índia e continua sendo um tópico de discussão importante no país. Vale observar que essas perspectivas dentro do nacionalismo hindu não são universalmente mantidas por todos os membros do BJP ou pela ampla população indiana (Kumar, 2022). A Índia é uma sociedade diversa e pluralista com uma ampla gama de visões políticas, culturais e religiosas.

do Paquistão, são vistas como negligenciadas pelo governo liderado pelo Partido do Congresso (Kumar, 2022). Modi insinua constantemente que as elites do Congresso colaboram com os inimigos da Índia, usando essa retórica para obter apoio (Wojczewski, 2019).

Da mesma forma, ao criticar entidades estrangeiras, Modi e o BJP recorrem à retórica de política externa, que desempenha um papel crucial na formação de um senso coletivo de identidade. Isso é alcançado apontando certas organizações como estrangeiras – na maioria das vezes aquelas com vínculos com organizações não governamentais estrangeiras e entidades financeiras privadas estrangeiras –, delineando assim as fronteiras e a identidade do próprio país. Essa internalização do elemento "estrangeiro" na política doméstica acrescenta uma dimensão distintiva ao discurso, pois identifica vários "outros" dentro da nação e os acusa de obstruir ou comprometer a formação de uma identidade hindu forte e monolítica (Wojczewski, 2019, p. 11).

Yadav (2023) conduziu uma pesquisa em 2019 para investigar as origens do declínio democrático na Índia. A pesquisa revelou uma tendência preocupante na política indiana que persiste há mais de sete décadas. Muitos políticos indianos, independentemente da afiliação partidária, não consideram certos valores e instituições associados à democracia liberal como essenciais para o funcionamento de um sistema democrático.

A pesquisa também destacou uma disparidade significativa entre os políticos do BJP e dos demais partidos, como o Partido do Congresso Nacional, o Partido Comunista da Índia, o Partido Comunista da Índia-Marxista e o Bahujan Samaj Party; e os partidos estaduais relevantes, como o Trinamool Congress, o Telugu Desam Party, o Samajwadi Party e o Yuvajana Shramika Rythu Congress Party. Os políticos do BJP eram mais propensos a manter opiniões incongruentes com os princípios da democracia liberal. Por exemplo, uma porcentagem maior de políticos não do BJP (81%) acreditava na absoluta necessidade de eleições livres e justas para a democracia, em comparação com apenas 69,4% dos políticos do BJP. Essa divergência nas atitudes em relação aos valores democráticos levanta questões importantes sobre o papel do BJP nos desafios democráticos da Índia, uma vez que o partido, quando no poder, foi acusado de continuar e aprimorar tendências autoritárias, gerando preocupações sobre o abandono das normas democráticas liberais pela Índia.

Para compreender a política externa atual da Índia, especialmente sua abordagem ao multilateralismo, é essencial mergulhar no contexto histórico, especificamente no mandato do governo anterior do Partido

Bharatiya Janata (BJP), liderado por Atal Bihari Vajpayee, de 1998 a 2004. A política externa de Vajpayee foi caracterizada por um forte compromisso com o multilateralismo, um caminho originalmente pavimentado por Nehru, com um foco significativo na geopolítica e em preocupações estratégicas, principalmente na região do sul da Ásia (Mongelli, 2023). O governo de Vajpayee, salienta Mongelli (2023), efetivamente marginalizou perspectivas ideológicas de c – mesmo que tenha recebido críticas. Isso contrasta fortemente com o governo do BJP atual, liderado por Modi. Essa perspectiva histórica, conforme articulada por Desdrati e Plagemann (2019), destaca como a Índia, apesar das mudanças na liderança política, manteve um foco firme em seus interesses geopolíticos e objetivos estratégicos regionais. Essa continuidade dentro do quadro de política externa da Índia é de suma importância para compreender a posição atual do país no cenário global.

O envolvimento inicial da Índia com o multilateralismo começou logo após a obtenção da independência, com Jawaharlal Nehru desempenhando um papel fundamental na formação da abordagem da Índia. Nehru tinha como objetivo unir as nações asiáticas e africanas em torno dos princípios de igualdade, fraternidade e do conceito de "um mundo" caracterizado por sistemas diversos. Além disso, ele defendia uma estrutura internacional federal e via as Nações Unidas (ONU) como o meio para concretizar essa visão (Kumar, 2022). Durante esse período, a Índia depositou grande confiança na ONU e em instituições relacionadas, incluindo o sistema de Bretton Woods e o Acordo Geral sobre Tarifas e Comércio (GATT) (Kumar, 2022). A Índia esperava que a ONU servisse como um fórum global para resolver imparcialmente disputas internacionais com base em evidências e urgência. Esse compromisso com as instituições multilaterais e uma estratégia de negociação alinhada com a cultura política histórica da Índia, que havia evoluído durante sua árdua luta pela independência. A busca da Índia por reformas na ONU e aspirações para a adesão ao Conselho de Segurança das Nações Unidas (CSNU) se tornaram pontos cruciais de contenda, como apresentado por Kumar (2022, p. 419): *"Nehru expected the UN to reform soon, and that India would be offered membership of the United Nations Security Council (UNSC)"*.

Em resumo, a abordagem da Índia ao multilateralismo é caracterizada por uma perspectiva híbrida única resultante da intrincada interação entre valores ocidentais e tradicionais indianos (Kumar, 2022). Do ponto de vista da Índia, a ordem liberal parece dominada pelo Ocidente, e aspectos estruturais, como o Conselho de Segurança das Nações Unidas, representações desiguais e estruturas de votação em instituições de Bretton Woods, suscitam preocupações. Essas questões, juntamente com disparidades em diversos órgãos internacionais, contribuem para o descontentamento da Índia e levantam questões sobre a legitimidade da OIL (Chandam, 2021, p. 336). No entanto, a Índia não buscou o desmantelamento das instituições ocidentais. Em vez disso, como uma nação insatisfeita, a Índia consistentemente buscou alianças e parcerias com Estados não ocidentais. Para Chandam (2021), o envolvimento da Índia com a ordem internacional liberal é motivado pela ausência de uma ordem alternativa viável que possa melhor servir seus interesses e valores. Essa inclinação estratégica levou a Índia a desempenhar papéis substanciais na formação de organizações como o Movimento dos Não Alinhados (MNA) e o BRICS. Além disso, a participação ativa da Índia na Organização de Cooperação de Xangai (OCX) destaca seu envolvimento multilateral (Kumar, 2022).

Kumar (2022) observa que a percepção da abordagem da política externa de Narendra Modi tem sido objeto de debate e especulação, especialmente após sua grande vitória eleitoral em 2014. No início de seu governo, em 2015, havia incerteza sobre se o primeiro-ministro Modi sucumbiria às narrativas ideológicas e extremistas de superioridade hindu, uma vez que o nacionalismo hindu ocupa um lugar significativo no movimento político do BJP, ou se adotaria uma política externa mais pragmática e orientada para o poder (Mongelli, 2023).

A política externa de Narendra Modi indica uma maior afinidade com a narrativa tradicional de política externa indiana como um país em desenvolvimento e uma potência regional responsável. Embora possa haver elementos das proposições nacionalistas do BJP, a abordagem de Modi não os funde completamente com o paradigma de Nehru. Em vez disso, a política externa de Modi parece estar enraizada na longa tradição de nacionalismo hindu da Índia e na rejeição de ideias imperialistas ocidentais (Desdrati; Plagemann, 2019; Chandam, 2021; Kumar, 2022; Mongelli, 2023). No entanto, é importante observar que a abordagem de Modi não retrata a ordem internacional liberal, representada pelo multilateralismo, como uma fonte de dominação e subjugação imperialista ocidental. Essa abordagem matizada ao multilateralismo distingue a política externa de Modi de uma rejeição completa das ideias ocidentais, demonstrando seu pragmatismo ao navegar na imagem e no papel global da Índia. A política externa de Modi reflete uma tentativa de equilibrar os valores culturais históricos da Índia com as realidades globais contemporâneas, mantendo um engajamento construtivo com a OIL. Em contraste com alguns líderes de extrema direita que propagam teorias conspiratórias e se envolvem em retórica divisiva, a política externa da Índia sob Swaraj e Jaishankar parece priorizar a diplomacia pragmática orientada para o poder, com o objetivo de avançar nos interesses da Índia em um cenário global em rápida mudança (Mongelli, 2023, p. 103).

No palco global, Modi se esforça para retratar a Índia como uma civilização e nação hindu. Essa abordagem marca uma mudança em relação a seus predecessores, como observa Wojczewski (2019, p. 16). Durante suas visitas ao exterior, Modi fala predominantemente em hindi, simbolizando seu compromisso em promover a identidade cultural da indiana. Ele frequentemente apresenta artefatos hindus, como o *Bhagavad Gita*, como presentes para seus homólogos, participa ativamente de rituais hindus e visita com frequência templos hindus e budistas quando viaja para o exterior.

> In his inaugural speech at UNGA in 2014, Modi equated India's vision of civilization with a multilateral system. For him, "every nation's world view is shaped by its civilization and philosophical tradition. India's ancient wisdom sees the world as one family. It is this timeless current of thought that gives India an unwavering belief in multilateralism" (Mongelli, 2023, p. 103).

Modi sustenta um firme compromisso com o multilateralismo ao se envolver diretamente em questões internacionais de grande relevância. Isso é evidente no contexto das mudanças climáticas, no qual Modi demonstrou uma notável transformação na abordagem tradicional de negociação da Índia. Ele mostrou disposição para assumir responsabilidades internacionais mais significativas, como exemplificado por suas ações na cúpula climática de 2015 em Paris, conforme observa Wojczewski (2019). Ele enfatizou que, na Índia, a Natureza sempre foi vista como uma "Mãe", destinada não a servir a raça humana, mas a fornecer e nutrir; portanto, não deve ser explorada (Modi, 2015 *apud* Wojczewski, 2019).

A política externa de Modi demonstra uma continuidade significativa em três dimensões essenciais: o exercício do poder, a diversificação das relações de segurança e a busca por *status*. Como destacado por Basrur (2017), a diplomacia indiana não apresenta alinhamento discernível com a orientação nacionalista hindu que prevalece no cenário doméstico da Índia durante o governo do BJP. Em vez disso, as ações da política externa de Modi permanecem consistentes no quadro das relações da Índia com grandes potências globais, um quadro adaptado a um período marcado por cooperação substancial no contexto da integração econômica global e tensões simultâneas decorrentes das mudanças geopolíticas (Basrur, 2017).

O engajamento multilateral tem sido um pilar da política externa da Índia, permitindo ao país promover seus interesses no palco global, fomentar parcerias e participar da governança internacional. Como Basrur (2017, p. 25) coloca de maneira apropriada, "como Vajpayee e Singh antes dele, Modi continuou a pressionar as reivindicações da Índia por um *status* mais elevado na sociedade das nações por meio da aquisição de símbolos de poder, comportamento estratégico contido e redes de contatos em várias mesas". No entanto, existe uma mudança perceptível na abordagem da administração Vajpayee. Enquanto o governo Vajpayee buscou redefinir o não alinhamento e adotar uma política de multialinhamento ao envolver-se com grandes potências em diversas direções, eles continuaram a manter a retórica do não alinhamento e participaram ativamente das cúpulas do Movimento dos Não Alinhados, como apontado por Wojczewski (2019, p. 17).

Modi efetivamente aproveita suas visitas a nações estrangeiras e participação em fóruns multilaterais não apenas para destacar os princípios hindus da Índia, mas também para criar a imagem de um líder formidável, popular e dinâmico que elevou o *status*, o poder e a influência globais da Índia. A política externa de Modi é retratada como uma expressão não filtrada da vontade popular. Para alcançar isso, Modi até buscou contornar os meios de comunicação tradicionais e, em alguns casos, impediu que representantes da mídia o acompanhassem em viagens ao exterior (Wojczewski, 2019). Isso reflete um esforço concentrado para afirmar a dominação e o controle sobre a agenda de política externa da Índia, notadamente exemplificado pelo papel ampliado do gabinete do primeiro-ministro na formação das decisões de política externa (Basrur, 2017). Essa mudança permitiu a Modi divergir de certos princípios de longa data da política externa indiana, incluindo a remoção do princípio do não alinhamento da retórica oficial de política externa da Índia.

Em relação à região, as complexidades desse "hinduísmo internacional" são mais evidentes. Após assumir o cargo em maio de 2014, Modi estendeu convites aos líderes de todos os estados-membros da Associação Sul-Asiática de Cooperação Regional (SAARC), sinalizando uma abordagem de "vizinhança em primeiro lugar". De acordo com Wojczewski (2019, p.

16), a política de "vizinhança em primeiro lugar", que promete uma maior cooperação na região, reflete a disposição da Índia em assumir responsabilidades internacionais e reconhecer os princípios de interdependência positiva. No entanto, é crucial reconhecer que a aplicação do princípio "Índia em primeiro lugar" à vizinhança da Índia pode ser interpretada de várias maneiras, destacando a ambiguidade inerente à política externa de Modi, conforme observa o autor (2019).

Figuras como Sushma Swaraj, que serviu como ministra de Relações Exteriores da Índia de 2014 a 2019, e Subrahmanyam Jaishankar, seu sucessor desde maio de 2019, destacaram a aspiração da Índia de ser uma "potência líder" em um "mundo multipolar" (Mongelli, 2023). Essa visão enfatiza o compromisso da Índia em adotar posições baseadas em princípios e compartilhar responsabilidades globais, enfatizando também o papel da diplomacia no avanço do desenvolvimento nacional. A abordagem de Modi parece ser principalmente orientada para o poder, sem indicações de adesão a teorias conspiratórias ou envolvimento em narrativas ideológicas, como alguns líderes políticos de outras nações (Mongelli, 2023, p. 103). A evidência apresentada por Destradi e Jumle (2023), juntamente com as perspectivas compartilhadas por Mongelli (2023) e Plagemann e Destradi (2019), bem como Basrur (2017) e Wojczewski (2019), sugerem que a política externa de Modi exibe continuidade em vários aspectos das administrações indianas anteriores.

Apesar das inclinações autoritárias iliberais do primeiro-ministro e de sua ideologia profundamente enraizada no nacionalismo hindu, Modi não se afastou totalmente dos princípios que tradicionalmente moldaram a política externa da Índia. A administração de Modi parece manter uma postura pragmática, priorizando os interesses nacionais e os objetivos estratégicos da Índia. Esse pragmatismo está alinhado com a tradição, que frequentemente se adapta às dinâmicas globais em evolução, tendo em vista que as decisões de política externa são influenciadas por uma complexa interação de fatores domésticos e internacionais. Como seus antecessores, o governo de Modi considera tanto as dinâmicas políticas domésticas quanto os desenvolvimentos globais ao formular a política externa (Destradi; Jumle, 2023). A política externa de Modi, apesar das raízes autoritárias e iliberais do BJP, preserva aspectos fundamentais das tradições estabelecidas na Índia, buscando um equilíbrio entre interesses nacionais, realidades internacionais e considerações políticas domésticas na busca de seus objetivos de política externa.

Divergência na política externa: as abordagens contrastantes de Modi e Bolsonaro em relação ao multilateralismo

A suposição prevalente sugere que líderes oriundos do Sul Geopolítico tendem a adotar abordagens semelhantes na formação de suas identidades de política externa, principalmente devido aos desafios compartilhados relacionados ao desenvolvimento. Frequentemente, presume-se que esses líderes, vindos do Sul, enfrentam questões comuns que influenciam seu pensamento e ações. Essa presunção se torna ainda mais evidente quando líderes de diferentes nações compartilham a mesma orientação ideológica, como destacado por Mongelli (2023). No entanto, como nossa análise revela, essa suposição não necessariamente se sustenta quando comparadas as políticas externas de Bolsonaro e Modi, apesar de ambos os líderes serem caracterizados como autoritários iliberais, pelo menos no contexto da política doméstica. A comparação entre esses dois casos também evidencia outras diferenças claras.

Bolsonaro habilmente retratou todos os governos anteriores desde a redemocratização do Brasil como sendo impulsionados principalmente por considerações ideológicas. Essa caracterização, frequentemente chamada de "ideologização" da política externa, estava comumente associada ao governo do Partido dos Trabalhadores. Bolsonaro, ao assumir o cargo, incorporou habilmente esse discurso doméstico na narrativa oficial da política externa, reformulando efetivamente a abordagem do Brasil aos assuntos internacionais. Essa mudança marcou uma mudança significativa na postura internacional do Brasil sob sua liderança. De fato, o engajamento global do Brasil começou a declinar durante a presidência de Dilma Rousseff (2011-2016). Essa queda persistiu, embora com diferentes orientações ideológicas, durante o governo de Michel Temer (2016-2018).

Bolsonaro se inspirou substancialmente na retórica de extrema-direita prevalente em figuras como Donald Trump, Steve Bannon e outros líderes-chave do movimento Make America Great Again (MAGA) nos Estados Unidos. Essa conexão tem significado histórico, pois destaca o alcance global e a influência das ideologias de extrema-direita no cenário político contemporâneo. Isso destaca como essas ideologias e movimentos podem transcender fronteiras nacionais e ressoar em várias partes do mundo. Mongelli (2023) e Destradi e Jumle (2023) enfatizam que o BJP, por exemplo, profundamente enraizado no nacionalismo hindu, seguiu um caminho divergente das partes de extrema-direita convencionais baseadas em ideologias ocidentais. Em vez disso, adotou o Hindutva, uma ideologia centrada na Hinduness (Plagemann; Destradi, 2019). Quando vista dentro de um contexto histórico, essa mudança destaca a singularidade do cenário político da Índia em comparação com o do Brasil e países europeus. Nesse contexto, é digno de nota que a retórica de extrema-direita de Bolsonaro adotou uma narrativa internacional que moldou o mundo por meio de perspectivas religiosas e antiglobalistas. Em contraste, a adesão de Modi ao nacionalismo hindu se alinha mais de perto com a identidade de longa data da Índia como uma nação em desenvolvimento e um participante responsável no sistema multilateral (Mongelli, 2023, p. 102). Essa divergência histórica lança luz sobre as trajetórias únicas dos movimentos de extrema-direita nesses dois países e destaca o papel do contexto histórico na formação de suas ideologias.

Como abordado na seção anterior, a abordagem de política externa de Modi caracteriza-se pelo pragmatismo. Ao contrário de Bolsonaro, que utilizou intensamente a política externa para ganho eleitoral durante as eleições de 2018 no Brasil, Modi evitou a politização excessiva dos assuntos internacionais para fins domésticos – a menos em casos relacionados a disputas de fronteira ou no caso da influência de ONGs e organizações financeiras internacionais financiando organizações domésticas. Isso contribuiu para as notáveis diferenças em suas estratégias de política externa, especialmente em manter uma separação entre assuntos internacionais e o público doméstico. Embora ambos os líderes possam defender ideias de supremacia cultural ou religiosa, é essencial reconhecer que tais noções têm raízes históricas na política externa da Índia, mesmo que sejam enfatizadas de forma mais acentuada durante o governo de Modi (Basrur, 2017; Mongelli, 2023). Em contraste, a política externa de Jair Bolsonaro representa uma ruptura com a abordagem tradicional do Brasil, inclinando-se para identidades de extrema-direita observadas com mais frequência no Norte Geopolítico. Bolsonaro parece abraçar acriticamente narrativas orientadas para o Norte, como a luta global entre globalistas e nacionalistas.

Além disso, as identidades dominantes da Índia são mais orientadas regionalmente, com sua principal formação de identidade centrada em sua realidade sul-asiática (Mongelli, 2023). O Brasil, por outro lado, parece priorizar menos suas credenciais sul-americanas, enfatizando um alcance mais global. As identidades predominantes da Índia estão mais correlacionadas com o ator responsável e emergente, refletindo seu compromisso histórico com o multilateralismo e seu papel na criação de uma ordem mundial multipolar (Mongelli, 2023). Em contraste, a correlação mais alta do governo Bolsonaro estava entre as identidades ultranacionalistas e antiglobalistas, indicando uma postura contraproducente em relação à defesa de uma ordem multipolar e multilateral.

No caso da Índia, o governo do BJP não levou a interrupções significativas na trajetória geral de política externa do país. No entanto, é digno de nota que a abordagem da Índia em relação a seus dois maiores rivais, o Paquistão e a China, tornou-se notavelmente menos cooperativa durante esse período (Destradi *et al.*, 2023). O apoio ao multilateralismo na Índia de Modi pode ser interpretado como um esforço estratégico para alavancar as normas multilaterais ao navegar por dinâmicas internas complexas. As ações e perspectivas da Índia refletem uma tentativa dos emergentes de utilizar plataformas multilaterais para transmitir sua crescente influência, mantendo estratégias econômicas protecionistas e nacionalistas internamente.

Bolsonaro enfrentou limitações em suas ações internacionais, incluindo preocupações com possíveis repercussões econômicas e políticas sinalizadas por atores domésticos. Essas limitações foram especialmente evidentes em suas relações com a China e o Mercosul. Além disso, a erosão das instituições democráticas e econômicas dentro do Brasil prejudicou gravemente a reputação internacional do país, diminuindo significativamente sua capacidade de atuar como líder regional. Em contraste, a Índia consistentemente sinalizou seu compromisso em aprimorar a cooperação em sua região, demonstrando sua prontidão para assumir maiores responsabilidades internacionais (Basrur, 2017).

Embora Bolsonaro e Modi compartilhassem várias semelhanças em suas políticas domésticas, a postura adversária adotada pelo Brasil em relação às instituições multilaterais suscita preocupações significativas sobre o *status* internacional do país, em contraste com a abordagem mais cooperativa da Índia em relação ao multilateralismo. No caso de Bolsonaro, havia uma clara ambição de alterar fundamentalmente a política externa. Em contraste com Bolsonaro, a abordagem de Modi à política externa demonstra uma compreensão mais equilibrada da realidade de nosso mundo interconectado. Modi reconhece que a Índia se beneficia da globalização e acredita que a Índia, historicamente representando o "Vishva-Bandhutva" ou a fraternidade do mundo, carrega responsabilidades significativas em lidar com desafios globais comuns (Modi, 2015).

Como Chandam (2021) esclarece, as perspectivas da Índia diferem significativamente das do Norte Geopolítico em questões relacionadas à autonomia soberana, segurança humana e promoção da democracia. Essa divergência, particularmente representada pelos Estados Unidos, torna-se evidente em sua disposição de intervir na soberania das nações quando consideram necessário, como visto no caso da invasão do Iraque. Em contraste, a Índia mantém um compromisso inabalável em defender os direitos dos Estados-nação soberanos. Ao contrário da ordem internacional liberal predominante, caracterizada pelo liberalismo internacional irrestrito, que às vezes pode minar a soberania nacional, a visão da Índia para a OIL está centrada em elevar as potências democráticas soberanas a um papel proeminente na formação dos assuntos globais. Muito parecido com o Brasil, os princípios da Índia de soberania, não intervenção e autonomia estratégica estão profundamente enraizados em sua visão de mundo. Nesse sentido, as posições da Índia e do Brasil são cruciais na medida em que continuam a crescer economicamente e militarmente.

Destradi e Plagemann (2019) enfatizam que mesmo governos posicionados na extrema direita do espectro político não abandonam completamente a cooperação internacional. Assim, apesar de suas tendências isolacionistas, esses líderes frequentemente se veem compelidos a colaborar quando enfrentam desafios globais, adiando consistentemente sua retirada da ordem internacional liberal. Portanto, não é raro que esses líderes continuem participando de instituições multilaterais, seja com o objetivo de impulsionar mudanças de dentro para fora ou, em alguns casos, para obstruir ou enfraquecer tais instituições.

Com base em Plagemann e Destradi (2019), Destradi e Jumle (2023) e Mongelli (2023), nossa análise nos leva a propor uma hipótese central: a variação nas orientações de política externa pode estar relacionada à força e abrangência do estabelecimento de política externa dentro da sociedade em geral. Na Índia, o estabelecimento de política externa resistiu eficazmente à influência exercida pelos movimentos autoritários iliberais de extrema-direita. Em contrapartida, no Brasil, essa resistência foi menos eficaz. Portanto, a análise sugere que, embora ambos os líderes possam ser caracterizados como autoritários iliberais, suas identidades de política externa diferem significativamente devido a fatores institucionais, históricos, culturais e geopolíticos.

Pode-se argumentar que na Índia há um maior consenso entre as elites estratégicas em relação ao papel que a potência indiana (hindu) deve desempenhar no cenário mundial. Em contrapartida, no caso brasileiro, não existe um consenso sólido entre as elites, e falta uma base doméstica consistente, que seria necessária para buscar de maneira coesa uma posição de destaque no cenário internacional (Conde, 2022). Essa situação cria um descompasso, uma vez que, apesar da ausência de um consenso amplo e sólido, a comunidade envolvida na formulação da política externa brasileira ressalta a importância de fortalecer o papel do país no sistema internacional como uma de suas prioridades. Conforme apontado por Conde (2022, p. 279), a falta desse consenso revela uma profunda divisão que transcende as meras aspirações por um protagonismo maior no sistema internacional, mesmo que esse objetivo esteja alinhado com o desenvolvimento nacional.

Considerações finais

Desconsiderar os perigos inerentes ao autoritarismo iliberal seria uma postura imprudente, pois existem estratégias para fortalecer a ordem liberal internacional, especialmente por meio da formulação de políticas que deem prioridade ao bem-estar das classes médias e trabalhadoras em meio à era da globalização. Embora o surgimento de líderes autoritários iliberais apresente desafios à OIL, essa ordem, que já se sustenta há sete décadas, parece ter a resiliência necessária para resistir a essas turbulências.

Um exemplo disso pode ser observado durante o mandato de Donald Trump na Casa Branca, em que, apesar de contratempos e confrontos, seu enfoque autoritário em relação à democracia liberal em seu país não se traduziu em um ataque direto à ordem liberal em si. Isso ilustra a capacidade da OIL de enfrentar ascensões autoritárias mesmo em seu âmago. No entanto, permanece em aberto a questão de até quando essa resiliência se manterá, com as distintas dimensões que compõem a OIL apresentando níveis variados de resistência.

É importante reforçar que as crises internacionais estão cada vez mais se transformando em crises de credibilidade mútua, com o multilateralismo sendo a principal vítima (CONDE, 2022). Os países em desenvolvimento permanecem comprometidos em remodelar as regras, trabalhando dentro do quadro institucional existente e colaborando para realinhá-las em seu favor, reconhecendo a necessidade de recuperar e fortalecer os espaços multilaterais para evitar que o sistema internacional se torne ainda mais injusto. O multilateralismo contemporâneo deve ser entendido como uma combinação de poder e cooperação, ou como uma forma incompleta de cooperação que gera frustração e amargura, especialmente entre as potências médias. Muitas propostas de reforma das instituições internacionais surgem da insatisfação dos Estados com suas estruturas atuais. Por exemplo, a oposição ao multilateralismo não necessariamente equivale a uma rejeição do direito internacional, pois tanto governos democráticos quanto não democráticos podem demonstrar diferentes níveis de conformidade ou não conformidade com o direito internacional, influenciados por suas ideologias (Meyer, 2023).

Governos autoritários de extrema-direita colaboram entre si e até mesmo com governos ideologicamente opostos em assuntos globais, conforme aponta Rudolphy (2022, p. 347). Essas estratégias incluem iniciativas como a promoção de projetos regionalistas, o fomento de solidariedades baseadas na identidade e a construção de redes políticas de apoiadores com ideias semelhantes, frequentemente financiadas por recursos nacionais (Wajner; Wehner, 2023, p. 3). No caso da maioria dos governos autoritários iliberais citados neste capítulo, apesar de suas críticas às instituições liberais, eles frequentemente se veem obrigados a cooperar com elas.

A resistência às instituições internacionais pode, de fato, fornecer um indicador mais claro das atitudes em relação ao multilateralismo. No entanto, é importante notar que os casos de resistência também podem ser motivados por ideologias específicas e não necessariamente representam uma oposição inerente ao multilateralismo em si. A ordem internacional liberal compreende uma complexa rede de instituições interconectadas, regras, práticas e normas, que é mais precisamente representada pelo que chamamos de sistema multilateral. Essa complexidade torna difícil para líderes autoritários não liberais evitá-la, mesmo que tentem miná-la ou desfinanciá-la. Além disso, os esforços para reformar ou estabelecer instituições internacionais, como discutido anteriormente, podem parecer desafiar a ordem estabelecida sem necessariamente rejeitar o multilateralismo em si. Embora as tentativas de reforma possam expressar insatisfação com certos aspectos do multilateralismo, elas podem ser vistas como "antagonistas" em relação às instituições internacionais existentes.

Para aprimorar nossa compreensão do "contra o multilateralismo", é fundamental fazer uma distinção clara entre iniciativas de reforma que desafiam os princípios fundamentais ou a existência do multilateralismo, como a OIL, e aquelas que buscam ajustes menores. Essa diferenciação é crucial para uma avaliação abrangente, pois leva em consideração a natureza das mudanças propostas e os valores desejados pelos atores envolvidos. Uma concepção mais refinada do "contra o multilateralismo" deve levar em consideração esses fatores de forma cuidadosa. Mesmo os governos autoritários iliberais, apesar de suas inclinações isolacionistas, frequentemente encontram desafios ao tentar se desconectar completamente do multilateralismo. A necessidade prática muitas vezes os obriga a permanecer dentro do quadro liberal, mesmo que resistam às convenções e normas do internacionalismo liberal. Essa dinâmica complexa ilustra a interseção entre interesses pragmáticos e resistência ideológica que molda a relação entre governos autoritários e o sistema multilateral.

Além disso, a globalização financeira, geralmente associada à onda neoliberal, desempenhou um papel significativo na geração de disparidades de riqueza, perda de empregos e na percepção da erosão da soberania nacional (Brown, 2020). Esses fatores têm alimentado o descontentamento público. O grande influxo de imigrantes na Europa e nos Estados Unidos tem agravado ainda mais a coesão social e a identidade nacional. Delegar decisões políticas a órgãos internacionais, como a União Europeia, é percebido como contribuindo para a erosão da soberania nacional. O surgimento do autoritarismo não liberal ganhou impulso à medida que os partidos políticos tradicionais não conseguiram representar adequadamente aqueles afetados negativamente pelos aspectos negativos da ordem liberal.

Disputas dentro da ordem internacional liberal não sinalizam necessariamente seu colapso, e as implicações da política externa dos autoritários iliberais variam. Alguns podem não rejeitar completamente a interdependência ou o multilateralismo. Como apontado por Chandam (2021, p. 332), os observadores ocidentais muitas vezes se concentram excessivamente em questões dentro do mundo ocidental, presumindo que a solução para a crise reside apenas em mudanças de política dentro dessas regiões. No entanto, a causa raiz da crise vai além das falhas de política do Norte Geopolítico. Ela decorre principalmente da diminuição da hegemonia ocidental, provocada pelo surgimento de ordens alternativas e desafios às normas de longa data enraizadas no sistema multilateral.

A oposição por parte dos governos autoritários iliberais à ordem internacional liberal é um fenômeno complexo e frequentemente ambíguo, uma vez que tais governos muitas vezes encontram benefícios práticos em permanecer dentro do âmbito liberal, mesmo enquanto resistem a determinados aspectos das instituições internacionais. A pandemia de Covid-19 ilustra as limitações do multilateralismo em lidar de maneira rápida e equitativa com crises globais. No entanto, isso não implica que o multilateralismo seja inerentemente falho, mas sim que há desafios significativos em sua implementação. Muitos argumentam que a pandemia ressalta a necessidade de reformar as instituições multilaterais para torná-las mais ágeis, inclusivas e eficazes. Esse movimento implicaria mudanças nos mandatos constitutivos dessas instituições.

O presente capítulo procurou demonstrar uma diferença significativa entre os dois casos, que, embora limitados em escopo, fornecem um ponto de partida para investigações mais aprofundadas. Uma base teórica mais abrangente é necessária para examinar a suposição de oposição dos governos autoritários iliberais ao multilateralismo, e é crucial contar com evidências empíricas substanciais para sustentar essa ideia. Essas suposições devem ser avaliadas tanto do ponto de vista metodológico quanto substancial. Este estudo ressalta a importância dos estudos de caso em uma perspectiva comparada para entender as aparentes contradições entre a política interna de um governo autoritário iliberal e suas agendas de política externa. É claro que há uma necessidade de mais pesquisas para explorar como esses líderes conseguem equilibrar esses dois aspectos delicados. À luz do que foi apresentado, esses casos nos ensinam algumas lições importantes. Em primeiro lugar, eles destacam que a influência do autoritarismo iliberal na formulação e implementação da política externa não é tão direta como poderíamos inicialmente pensar, e diversos fatores podem atenuar seus efeitos. Isso sugere que as políticas externas podem ser variáveis e não necessariamente representam uma rejeição completa da ordem internacional liberal.

Referências

ADLER-NISSEN, Rebecca. Stigma Management in International Relations: Transgressive Identities, Norms, and Order in International Society. *International Organization*, [S. l.], v. 68, n. 1, p. 143-176, 2014.

ADLER-NISSEN, Rebecca; ZARAKOL, Ayse. Struggles for Recognition: The Liberal International Order and the Merger of Its Discontents. *Forthcoming in International Organization*, 2021.

ARAUJO, Ernesto. *Inaugural speech as Brazil's Minister of Foreign Relations*, 2 January 2019. Disponível em: https://www.funag.gov.br/chdd/index.php/ministros-de-estado-dasrelacoesexteriores?id=317. Acesso em: 20 jan. 2022.

ARAUJO, Ernesto. *Speech given in seminar on globalism*, 10 June 2019. Disponível em: http://funag.gov.br/index.php/pt-br/2015-02-12-19-38-42/2942. Acesso em: 20 jan. 2022.

ARAUJO, Ernesto. *Discurso do Ministro das Relações Exteriores*, 22 October 2020. Disponível em: https://www.gov.br/mre/pt-br/centrais-de-conteudo/publicacoes/discursos-artigoseentrevistas/ministro-das-relacoes-exteriores-1/discursos-mre/discurso-do-ministrodasrelacoes-exteriores-ernesto-araujo-na-formatura-da-turma-joao-cabral-de-melo-neto2019-2020-do-instituto-rio-branco-brasilia-22-de--outubro-de-2020. Acesso em: 20 jan. 2022.

ARAUJO, Ernesto. *"Se falar em liberdade nos faz pária internacional, que sejamos esse pária", diz Ernesto Araujo*. Disponível em: https://www.correiobraziliense.com.br/politica/2020/10/4884035-se-falar-em-liberdadenos-faz-paria-internacional-que--sejamos-esse-paria-diz-ernesto-araujo.html. Acesso em: 20 jan. 2022.

ASLADINIS, Paris. Is Populism an Ideology? A Refutation and a New Perspective. *Political Studies*, [S. l.], v. 64, n. 1S, p. 88–104, 2016.

AYDIN, Umut. Emerging middle powers and the liberal international order. *International Affairs*, Londres, v. 97, n. 5, p. 1377–1394, 2021.

BADIE, Bertrand. Neoconservatism, Neoliberalism, Neonationalism. New Perspectives on the International Order. *The Sciences Po Series in International Relations and Political Economy*. [Online]. Disponível em: Doi.org/10.1007/978-3-319-94286-5_6. Acesso em: 20 jan. 2022.

BASRUR, Rajesh. Modi's foreign policy fundamentals: a trajectory unchanged. *International Affairs*, Londres, v. 93, n. 1, p. 7-26, 2017.

BETTIZA, Gregorio; LEWIS, David. Authoritarian Powers and Norm Contestation in the Liberal International Order: Theorizing the Power Politics of Ideas and Identity. *Journal of Global Security Studies*, [S. l.], v. 5, n. 4, p. 559-577, 2020.

BETTIZA, Gregorio *et al.* Civilizationism and the Ideological Contestation of the Liberal International Order. *International Studies Review*, [Online], 2023.

BOLSONARO, Jair. *Speech at the opening of the 74th UN General Assembly*, 24 September 2019. Disponível em: https://funag.gov.br/index.php/en/component/content/article?id=3004. Acesso em: 20 jan. 2022.

BOLSONARO, Jair. *Speech at the opening of the 75th UN General Assembly*, 22 September 2020. Disponível em: https://estatements.unmeetings.org/estatements/10.0010/20200922/cVOfMr0rKnhR/lIeAuB7WE9ug_en.pdf. Acesso em: 20 jan. 2022.

BROWN, Wendy. *Nas ruínas do neoliberalismo*: a ascensão da política antidemocrática no Ocidente. São Paulo: Politeia, 2020.

CAMPION, Kristy; POYNTING, Scott. International Nets and National Links: The Global Rise of the Extreme Right—Introduction to Special Issue. *Social Sciences*, Basel, 10, 61, 2021.

CASARÕES, Guilherme. O movimento bolsonarista e a americanização da política brasileira: causas e consequências da extrema direita no poder. *Journal of Democracy em Português*, São Paulo, v. 11, n. 2, nov. 2022.

CASARÕES, Guilherme. S. P.; FARIAS, Deborah B. L. Brazilian foreign policy under Jair Bolsonaro: far-right populism and the rejection of the liberal international order. *Cambridge Review of International Affairs*, Cambridge, v. 35, n. 5, p. 741-761, 2022.

CHANDAM, Johnson S. India's Interplay with Liberal International Order: Potentials and Constraints. *India Quarterly*, [S. l.], v. 77, n. 3, p. 329–345, 2021.

CHANDAM, Johnson S. Western populism and liberal order: a reflection on 'structural liberalism' and the resilience of Western liberal order. *International Relations*, v. 38, n. 1, p. 46-67, 2022.

CONDE, Leandro Carlos Dias. *Humilhação e reconhecimento*: Brasil e China em busca de status internacional. Curitiba: Appris, 2022.

DESTRADI, Sandra. *et al.* Populist Foreign Policy in Asia. *In:* GIURLANDO, P.; WAJNER, D. F. (ed.) Populist Foreign Policy. *Global Foreign Policy Studies*. Palgrave Macmillan, Cham, 2023.

DESTRADI, Sandra; PLAGEMANN, Johannes. Populism and International Relations: (Un)predictability, Personalization, and the Reinforcement of Existing Trends in World Politics. *Review of International Studies*, Londres, v. 45, n. 5, p. 711-730, 2019.

GUROL, Julia *et al.* Authoritarian power and contestation beyond the state. *Globalizations*, [Online], 2023.

HIRST, Monica; MACIEL, Tadeu. Brazil's Foreign Policy in the Time of the Bolsonaro Government. *SciELO Preprints*, 2022.

KUMAR, Rajan. India's multilateral foreign policy strategy: phases of its evolution. *The Round Table*, [S. l.], v. 111, n. 3, p. 426-439, 2022.

LARUELLE, Marlene. Illiberalism: a conceptual introduction. *East European Politics*, [S. l.], v. 38, n. 2, p. 303327, 2022.

LYNCH, Christian E. C; CASSIMIRO, Paulo. H. P. O populismo reacionário no poder: uma radiografia ideológica da presidência Bolsonaro (2018-2021). *Aisthesis*, [S. l.], n. 70, p. 223-249, 2021.

MARTINS, Filipe. *A luta anti-globalista e o exemplo paradigmático de Israel*, 8 December 2017. Disponível em: https://sensoincomum.org/2017/12/08/anti-globalistaexemplo-deisrael/. Acesso em: 20 jan. 2022.

MARTINS, Filipe. *A nova vergonha da mídia*: confundir globalismo com globalização, 16 November 2018. Disponível em: http://sensoincomum.org/2018/11/16/nova-vergonhamidia-globalismo-globalizacao/. Acesso em: 20 jan. 2022.

MEYER, Emilio P. N. Illiberalism in Brazil: From Constitutional Authoritarianism to Bolsonarism. *The Journal of Illiberalism Studies*, [S. l.], v. 3, n. 2, p. 21-41, 2023.

MODI, Narendra. *PM's Address at the Inauguration of the Indian Pavilion at COP-21 Paris*. 2015. https://www.narendramodi.in/pm-s-address-at-the-inauguration-of-theindian-pavilion-atcop21-paris–385201. Acesso em: 20 jan. 2022.

MUDDE, Cas. The Populist Zeitgeist. *Government and Opposition*, [S. l.], v. 39, n. 4, p. 541-563, 2004.

PLAGEMANN, Johannes; DESTRADI, Sandra. Populism and Foreign Policy: the case of India. *Foreign Policy Analysis*, v. 15, p. 283-301, 2019.

PLATTNER, Marc F. Illiberal Democracy and the Struggle on the Right. *Journal of Democracy*, [S. l.], v. 30, n. 1, p. 5-19, 2019.

PUTZEL, James. The 'Populist' Right Challenge to Neoliberalism: Social Policy between a Rock and a Hard Place. *Development and Change*, [S. l.], v. 51, n. 2, p. 418-441, 2020.

RAMASESHAN, Radhika. "The BJP and the RSS: Family Squabbles Turn Intense." *Economic and Political Weekly*, [S. l.], v. 48, n. 6, p. 12-15. JSTOR, 2013.

RUDOLPHY, Marcela P. Populism's Antagonism to International Law: Lessons from Latin America. *AJIL Unbound*, [S. l.], v. 116, p. 346-351, 2022.

SARAIVA, Miriam G.; ALBUQUERQUE, Felipe L. Como mudar uma política externa? *CEBRI-Revista*: Brazilian Journal of International Affairs, [S. l.], v. 1, p. 148-166, 2022.

WOJCZEWSKI, Thorsten. Populism, Hindu Nationalism, and Foreign Policy in India: The Politics of Representing "the People", *International Studies Review*, [S. l.], v. 22, Issue 3, September,

WRIGHT, Thomas. Advancing Multilateralism in a Populist Age. *Foreign Policy at Brookings Institution*, 2021.

YADAV, Vineeta. Why India's Political Elites Are to Blame. *Journal of Democracy*, [S. l.], v. 34, n. 3, July 2023.

ZAKARIA, Fareed. *The Future of Freedom:* Illiberal Democracy at Home and Abroad. New York: W. W. Norton & Company, 2003.

MANUTENÇÃO DA PAZ EM TEMPOS DE CRISE DO MULTILATERALISMO E ASCENSÃO ULTRACONSERVADORA: UMA ANÁLISE DA POLÍTICA EXTERNA BRASILEIRA

Hugo Bras Martins da Costa
Murilo Gomes da Costa

Introdução

Criadas de forma improvisada como uma resposta à crise do mecanismo de segurança coletiva previsto na Carta da ONU, as operações de paz se tornaram o instrumento mais visível do multilateralismo das Nações Unidas em seus esforços de manutenção da paz e da segurança internacional. Em função das suas contribuições para garantir a continuidade do cessar-fogo e o cumprimento dos acordos de paz, evitando a retomada de conflitos entre nações, bem como do seu apoio para que países anfitriões de missões percorressem o difícil caminho do conflito até à paz, as operações de paz da ONU foram agraciadas com o Prêmio Nobel da Paz de 1988.

No entanto, desde meados da segunda década do século XXI, tal instrumento multilateral entrou em mais uma etapa de grandes desafios, acompanhada da necessidade de adaptações e reinvenções, em seu processo nada linear de desenvolvimento histórico. Esse momento particular é, sem dúvidas, intensificado por outros dois processos políticos que vêm ganhando destaque nas análises da atual conjuntura internacional: a crise do multilateralismo e as crises atuais da democracia.

Em nosso entendimento, a crise do multilateralismo deriva tanto da incapacidade dos Estados — principais responsáveis pelos mecanismos multilaterais — de alcançar compromissos satisfatórios para oferecer soluções aos problemas globais contemporâneos, como da incapacidade desses atores em estabelecer condições para implementá-los. Essa dinâmica, por sua vez, é inerente às constituições e operações das organizações internacionais. Esse fenômeno torna ainda mais complexa a possibilidade de se alcançar aquilo que Guillaume Devin chama de trilema funcional das organizações internacionais: legitimidade, representatividade e eficiência. Para o autor, as três dimensões não podem ser objetivadas, justamente porque permanecem dependentes das percepções mutáveis dos atores envolvidos, em particular dos Estados, que são tanto juízes quanto julgados, e cujas posições nunca são desinteressadas (Devin, 2011).

As crises da democracia, por sua vez, se fundamentam no aumento da quantidade de interrupções democráticas e governamentais nos últimos anos, a Norte e Sul do sistema internacional. Em outras palavras, o termo aqui mobilizado busca contemplar o processo de enfraquecimento das democracias ao redor do mundo na atualidade tanto por forças externas ao regime político-partidário quanto pelas vitórias eleitorais de governos autoritários e ultraconservadores que, uma vez eleitos, atentam contra a ordem constitucional e o Estado Democrático de Direito.

A despeito das vantagens de tratar esses dois fenômenos separadamente em termos analíticos, é importante destacar que essas duas crises se retroalimentam na dinâmica política internacional, e influenciam fortemente as missões de paz da ONU. Por um lado, o desprezo e boicote do multilateralismo pelos governos autoritários e ultraconservadores traz consequências severas para a legitimidade, representatividade e eficácia das organizações internacionais em suas diferentes frentes de atuação. Por outro lado, a crise enfrentada pelos organismos multilaterais é instrumentalizada para obtenção de capital político doméstico por movimentos que defendem o abandono do multilateralismo sob a acusação de este promover decisões à revelia dos interesses nacionais particulares e desrespeitar a soberania dos Estados.

Além disso, é importante ressaltar que as lições ensinadas pela história dessas missões nos permitem afirmar que esse momento crítico dificilmente significará o fim das operações de paz da ONU como um todo. Isso porque tal instrumento tem se mostrado altamente resiliente e adaptável em resposta não apenas às mudanças nas ameaças à paz e à segurança internacionais, mas também às mudanças na estrutura e na dinâmica política do sistema internacional que alteram a correlação de forças no interior da organização e fora dela.

A participação do Brasil nas operações de paz da ONU representa uma faceta notável e duradoura da história diplomática e militar do país. Desde sua adesão à Organização em 1945, na qualidade de membro fundador, o Brasil tem desempenhado um papel ativo e significativo no cenário internacional, contribuindo de maneira consistente para a manutenção da paz e da estabilidade global. Ao longo das décadas, o Brasil consolidou sua reputação como um parceiro confiável e comprometido com a promoção da paz e segurança, participando ativamente em missões de paz em diversos cantos do mundo.

Esta trajetória, marcada por momentos de destaque e desafios complexos, reflete a importância que o país atribui ao multilateralismo e à construção de um ambiente internacional mais seguro e pacífico.

Apesar de o Brasil ter retornado ao Conselho de Segurança da ONU para o biênio 2022-2023[35], o que coloca o país no centro do processo decisório multilateral desta agenda, é correto afirmar, entretanto, que, desde a crise política nacional decorrente do início do processo de impedimento da presidenta Dilma Rousseff em 2016 e a intensificação da crise do multilateralismo — que coincidem com o processo de retirada das tropas brasileiras da Missão das Nações Unidas para a Estabilização do Haiti (MINUSTAH) em 2017, devido ao encerramento da missão –, os governos de Michel Temer e Jair Bolsonaro optaram politicamente por reduzir ou limitar o papel e a relevância da contribuição histórica do país para o sistema das operações de paz da ONU.

No âmbito da política doméstica, convém ressaltar que a crise política, aprofundada com o *impeachment* de Dilma Rousseff, em 2016, e a consequente vitória eleitoral de Jair Bolsonaro, em 2018, estão inseridas nesse contexto mais amplo da crise das democracias. No entanto, este momento político também gerou uma inflexão para o objeto central desta pesquisa, tendo em vista que desde então se inaugurou um período marcado por uma mudança nos rumos da política externa brasileira para as missões de paz da ONU, que haviam se consolidado a partir de meados dos anos 1990.

Tendo em vista que um dos objetivos gerais deste livro é compreender os impactos da crise do multilateralismo e das crises da democracia na inserção internacional de países do Sul Geopolítico, este capítulo busca contribuir, a partir de uma análise empírica, para compreensão da agenda de manutenção da paz em tempos de crise do multilateralismo e das democracias, e de ascensão ultraconservadora. Para tal, são analisados os principais condicionantes domésticos do envio de tropas brasileiras para essas missões, bem como as suas consequências na dinâmica política nacional, com especial atenção à atuação militar, com vistas a dialogar com as principais contribuições teóricas identificadas na literatura. Mais precisamente, este

---

[35] O retorno do Brasil ao CSNU ocorreu em função de uma negociação com Honduras para substituir aquele país na ocupação do assento eletivo ao Grupo dos Países da América Latina e do Caribe (Grulac)

capítulo busca responder à seguinte questão de pesquisa: quais foram os impactos da crise do multilateralismo e da crise da democracia brasileira sobre a política externa brasileira para as operações de manutenção da paz das Nações Unidas?

Para responder essa pergunta de pesquisa, este capítulo tomou como unidade de análise dois eixos relacionados à agenda da política externa brasileira para as operações de paz, que serão discutidos ao longo de duas seções distintas. O primeiro eixo passa pela análise da perda de relevância e de prioridade do envio de tropas para as missões de paz da ONU na política externa brasileira pós-missão no Haiti. Para tal, especial atenção é dada aos casos de não envio de tropas para a Missão na República Centro-Africana e da retirada das tropas brasileiras da missão no Líbano. Ainda neste eixo, recorremos aos dados orçamentários para demonstrar que, para além do nível decisório, também houve uma redução na priorização e no compromisso fiscal do orçamento federal brasileiro direcionado à sua contribuição com a ONU.

O segundo eixo relaciona-se prioritariamente com a ocupação de cargos não eletivos da administração pública federal pelos oficiais egressos das missões de paz da ONU, no contexto de aumento da participação militar na esfera pública. Nesta pesquisa, argumentamos que essa tendência foi um efeito não previsto da participação dos militares nas operações de paz, fato que vai na contramão da hipótese do *peacekeeper* democrático, difundida por estudiosos das Relações Internacionais.

Metodologicamente, o primeiro eixo de análise fundamenta-se na coleta e análise dos dados provenientes da base de dados oficial *on-line* do Departamento de Operações de Manutenção da Paz[36], que disponibiliza os dados mensais sobre as contribuições para as operações de paz desde 1990, com filtro por missão, por tamanho do contingente e por país. E a discussão sobre a contribuição financeira do Brasil para as missões de paz da ONU foi feita a partir da análise da quitação das obrigações financeiras do país com a organização internacional, em função da sua condição de Estado-membro, a partir de dados obtidos do UN Committee on Contributions.

Ainda neste eixo, também é feita a coleta e a análise descritiva de dados obtidos do banco do Sistema Integrado de Planejamento e Orçamento e do Portal da Transparência, por meio da base de dados oficial

---

[36] Para acessar a base de dados oficial *on-line* do Departamento de Operações de Manutenção da Paz (DPKO, da sigla em inglês): https://peacekeeping.un.org/en/troop-and-police-contributors.

on-line do Ministério do Planejamento, que disponibiliza as informações referentes às ações orçamentárias previstas, à liquidação das despesas empenhadas, bem como à sua destinação para outras finalidades na esfera pública federal.

O segundo eixo é viabilizado pela análise descritiva de dados, extraídos da Nota Técnica[37] produzida pela Diretoria de Estudos e Políticas do Estado, das Instituições e da Democracia do Instituto de Pesquisa Econômica Aplicada (IPEA). Ademais, para reforçar o argumento sobre o efeito não previsto da participação dos militares nas operações de paz, é proposto um diálogo com a literatura especializada em operações de paz e controle civil-militar no campo das Relações Internacionais, com ênfase no debate sobre o *peacekeeper* democrático.

Neste capítulo, argumentamos que a perda de prioridade e relevância da agenda de manutenção da paz na política externa brasileira, após o controverso *impeachment* de Dilma Rousseff, foi a resultante dos processos de (re)nacionalização da doutrina militar brasileira e de desintegração entre a política externa e a política de defesa nacional, bem como de redução no compromisso com o multilateralismo, que ganharam força a partir dos governos de Michel Temer e Jair Bolsonaro. Igualmente, defendemos que a participação brasileira em missões de manutenção da paz, ao invés de democratizar, profissionalizar e reforçar o controle civil sobre os militares — como defendido pela tese do *peacekeeper* democrático —, fortaleceu o processo de politização das forças armadas e de militarização da política que ganhou força a partir da deposição de Dilma Rousseff.

Perda de relevância e de prioridade do envio de tropas para as missões de paz da ONU na política externa brasileira pós-missão no Haiti

A participação do Brasil nas operações de paz da ONU se confunde com as próprias origens das missões de paz da Organização na década de 1950. Nesta seção, a trajetória do desdobramento de tropas brasileiras para as missões de paz será analisada a partir de um recorte mais amplo, considerando, seus momentos de expansão e retração, desde o seu primeiro engajamento, em 1956. Busca-se argumentar que a redução ou

---

[37] A Nota Técnica publiciza os recém-divulgados microdados sobre os militares, provenientes do Portal da Transparência e que foram cruzados com os dados do Sistema Integrado de Administração de Pessoal (Siape).

limitação do papel e da relevância brasileira na agenda de manutenção da paz da ONU observada nos períodos entre o golpe civil-militar de 1964 e o final da década de 1980, bem como a partir do *impeachment* de Dilma Rousseff, não foram apenas contingências, mas resultantes de processos de preterimento da vertente externa da defesa e da desintegração entre as políticas externa e de defesa nacional pelas elites governamentais, assim como da perda de prioridade pela agenda multilateral na política externa brasileira.

A primeira operação de paz da ONU para a qual tropas das Forças Armadas brasileiras foram se deu a partir da aceitação do convite do secretário-geral da ONU, pelo governo Juscelino Kubitschek, para participar da Força de Emergência das Nações Unidas (UNEF I) no Sinai, em 1956. Ao longo das décadas de 1950 e 1960, o Brasil, que também desdobrou uma unidade militar especializada para a Operação das Nações Unidas no Congo (ONUC), composta por uma unidade de transporte aéreo da Força Aérea Brasileira entre 1960 e 1964, consolidou-se como um ator relevante para a agenda de manutenção que ganhara destaque no interior da Organização.

A transição dos anos 1960 para a década de 1970, no entanto, foi marcada por uma profunda retração na atuação de tropas brasileiras nas forças de paz. Em paralelo à crise vivenciada pelas operações de manutenção da paz como um todo no âmbito da própria ONU, o Brasil encerrava em 1967 a participação das suas tropas na UNEF I, o que levou o país a se tornar um Estado-membro não contribuinte com as operações de paz até o final da década de 1980. O retraimento da participação brasileira nas missões de paz da ONU, a partir da segunda metade de 1960, foi fortemente condicionado pelas mudanças nas diretrizes de inserção internacional do país nos fóruns multilaterais das Nações Unidas, que foram inauguradas pelos governos da ditadura militar brasileira e que alteraram sensivelmente o comportamento organizacional do Itamaraty nos anos 1970 e 1980. Entre essas diretrizes, destaca-se o paradigma de política externa dos governos da ditadura militar, acoplado quase que exclusivamente à agenda de desenvolvimento, limitando as outras agendas aos seus efeitos diretos sob as perspectivas de desenvolvimento do Brasil ou mesmo aos interesses econômicos do Estado brasileiro de forma mais ampla. Consequentemente, a agenda de manutenção da paz da ONU não se enquadrava nas prioridades estratégicas que impulsionaram o ativismo multilateral do Brasil durante a ditadura civil-militar.

Igualmente, este retraimento foi condicionado pela total perda de controle civil sobre as Forças Armadas brasileiras a partir do Golpe Civil Militar de 1964, e pela consolidação, a partir da aprovação do Ato Institucional n.º 5 (AI-5), de 13 de dezembro de 1968, de uma (re)nacionalização da doutrina militar brasileira. Esta estava baseada na percepção, entre os governos militares brasileiros, de que a prioridade das Forças Armadas era atuar no âmbito da segurança nacional, combatendo os chamados inimigos internos do regime, atuando no âmbito internacional apenas para fortalecer a cooperação repressiva entre ditaduras militares do Cone Sul e entre estas e o governo dos Estados Unidos. Em outras palavras, este processo foi condicionado pela consolidação da percepção entre as elites estratégicas da ditadura militar brasileira de que as Forças Armadas do país deveriam estar orientadas quase que exclusivamente para enfrentar os riscos associados ao ambiente interno de ameaças (Sotomayor, 2010). Consequentemente, perdia atratividade um engajamento diplomático mais ativo nas missões de paz em um contexto de retraimento da agenda de manutenção da paz no âmbito da ONU, por um lado, e de perda de capacidade do MRE de engajar os militares brasileiros em ações de política externa, por outro lado.

Por fim, a não contribuição com tropas para as missões de paz da ONU, na metade de 1960, foi fortemente condicionada pela repercussão negativa no Exército e na opinião pública nacional da maneira como as tropas brasileiras foram retiradas do Suez em 1967 e da ausência de qualquer assistência por parte do Estado brasileiro aos veteranos do batalhão de Suez, diferentemente do ocorrido com ex-combatentes da Guerra do Paraguai e da Segunda Guerra Mundial. No que se refere à retirada das tropas brasileiras de seu acampamento em território egípcio próximo à fronteira com Israel, é importante destacar que, em função da demora do governo brasileiro de garantir o retorno do Terceiro Batalhão do Segundo Regimento de Infantaria apesar das evidências do início da guerra entre árabes e israelenses, os militares brasileiros viram-se vítimas dos combates entre israelenses e egípcios, o que levou a vítimas fatais entre integrantes do contingente, e acabaram sendo aprisionados por tropas israelenses. Consequentemente, uma geração de militares e de oficiais brasileiros tornou-se desconfiada de voltar a atender as demandas do Ministério das Relações Exteriores para participar de operações (Uziel; Vargas, 2015) e uma atuação diplomática mais ativa do Brasil na agenda de manutenção passou a ser vista com bastante reserva no âmbito da política doméstica.

A retomada da participação de tropas brasileiras nas missões de paz da ONU ocorreu a partir do final dos anos 1980, já findados os governos militares da ditadura brasileira e promulgada a Constituição de 1988, quando os órgãos do Estado Brasileiro passaram a identificar que a estrutura político-institucional multilateral do sistema de manutenção da paz da ONU voltava a apresentar oportunidades para o Brasil participar de ações internacionais meritórias nas áreas de paz e segurança internacionais (Uziel; Vargas, 2015). Também contribuía significativamente para essa percepção o retorno do Brasil ao Conselho de Segurança da ONU após praticamente duas décadas, mediante exercício de mandatos eletivos nos biênios 1988-1989, durante o governo de José Sarney, que levava o Brasil a ter que se envolver com os processos de criação, encerramento e renovação de mandatos das operações de manutenção da paz da ONU que se encontravam em franca expansão.

Também contribuiu para a retomada do engajamento do Brasil nessa agenda o processo de reestruturação das Forças Armadas brasileiras e de criação do Ministério da Defesa, iniciado durante o governo de Fernando Collor, e intensificado durante o governo de Itamar Franco e Fernando Henrique Cardoso. Nesse contexto, foram desdobradas tropas brasileiras para a ONUMOZ, em Moçambique, no segundo semestre de 1994 e para a Terceira Missão de Verificação das Nações Unidas em Angola (UNAVEM III) entre setembro de 1995 e julho de 1997.

As reformas promovidas pelos governos de Fernando Collor, Itamar Franco e Fernando Henrique Cardoso foram essenciais para que, no final do governo FHC e durante os governos Lula da Silva e Dilma Rousseff, o Brasil experimentasse o mais sólido ciclo de expansão em sua política externa de manutenção da paz. Nesse contexto, foram desdobradas tropas brasileiras para a Administração Transitória das Nações Unidas em Timor Leste (UNTAET), entre fevereiro de 2000 e abril de 2002, para a Missão das Nações Unidas de Apoio a Timor-Leste (UNMISET), entre maio de 2002 e abril de 2005, para a MINUSTAH, no Haiti, a partir de junho de 2004, e para a Força-Tarefa Marítima da Força Interina das Nações Unidas no Líbano (UNIFIL), a partir de novembro de 2011. Ao longo deste período, a presença substantiva do Brasil nessas missões era percebida como uma forma de projeção externa do poder diplomático e militar do país. Além disso, a contribuição brasileira ocupava posição central para o reforço do multilateralismo, principalmente para a gestão de temas relacionados à paz e à segurança internacional.

Gráfico 1 – Contribuição brasileira às missões de paz das Nações Unidas, por tipo de pessoal, por ano, entre 1990 e 2015

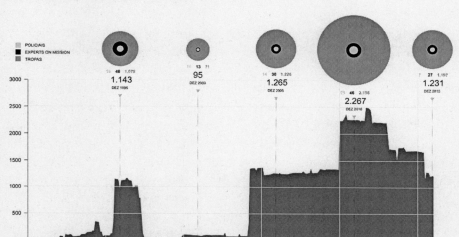

Fonte: Instituto Igarapé (2015)

Em outubro de 2015, no entanto, o Conselho de Segurança da ONU aprovou, por meio da Resolução 2.243, um plano de saída da MINUSTAH do Haiti que culminaria com o seu encerramento em meados de 2016 e a sua substituição pela Missão das Nações Unidas para o Apoio à Justiça no Haiti (MINUJUSTH). Porém, as dificuldades políticas criadas pelo adiamento das eleições presidenciais, inicialmente previstas para setembro de 2015 e janeiro de 2016, assim como a devastação gerada pela passagem do furacão Matthew pela ilha caribenha em outubro de 2016, provocaram mudanças no planejamento da missão e adiaram o seu encerramento. Tanto o adiamento do encerramento da MINUSTAH, em 2016, como a não participação brasileira na MINUJUSTH intensificaram os debates domésticos sobre a experiência brasileira no Haiti e sobre o futuro do engajamento do país em operações de manutenção da paz da ONU.

O fim da participação brasileira na MINUSTAH, entretanto, não resultou na continuidade do ciclo de expansão do engajamento do país nas operações de manutenção da paz da ONU iniciado a partir dos anos 1990. Na verdade, desde a retirada das tropas brasileiras do Haiti, que coincidiu com o processo de *impeachment* da presidenta Dilma Rousseff, houve um retraimento contínuo da atuação das tropas brasileiras nessas missões, que levou o país a se tornar um Estado-membro não contribuinte com as operações de paz a partir de 2020, com o encerramento da sua participação na UNIFIL.

Vale destacar que, desde o encerramento da participação brasileira na UNIFIL em 2020 e o não desdobramento de tropas para uma nova operação de paz da ONU até o término do governo de Bolsonaro, em dezembro de 2022, foi a primeira vez em 21 anos que o Brasil ficou sem tropas em missões de paz da ONU. Este período só encontra paralelo com o período entre os anos 1970 e 1980, durante a ditadura militar, no qual o Brasil não apenas não enviou tropas para as missões de paz da ONU, como se retirou dos fóruns da Organização responsáveis pela regulação e tomada de decisões na agenda de manutenção da paz. Com efeito, é correto afirmarmos que, a partir do controverso *impeachment* de Dilma Rousseff, a contribuição brasileira com tropas para as missões de paz entrou em uma fase marcada pela perda de relevância, deixando de ser prioritária para as políticas externa e de defesa nacional do Brasil.

Nota-se, portanto, que, apesar da intensificação do debate público sobre o futuro do Brasil nas missões de paz da ONU, a agenda de manutenção da paz não parecia ser mais uma prioridade e tampouco um consenso entre as autoridades públicas nacionais e os chefes das burocracias estatais. O controverso *impeachment* de Dilma Rousseff e a proximidade das eleições de 2018 voltaram o olhar do novo governo para a política doméstica e promoveram uma grande frustração nas expectativas de que o Brasil continuaria desempenhando um papel de relevo nas operações de paz da ONU. Com efeito, durante o governo Temer, apesar dos convites que foram feitos pelo Secretariado, com apoio da França, para que o Brasil enviasse tropas para uma das missões de paz da Organização no continente africano, as Forças Armadas foram direcionadas para atuar rotineiramente em operações de garantia da lei e da ordem no território nacional e na intervenção federal no estado do Rio de Janeiro em 2018.

Foi nesse contexto que o governo brasileiro, após realizar uma etapa informal de negociações com o secretariado da ONU, recebeu um convite formal da Organização para o envio de tropas para a Missão Multidimensional Integrada das Nações Unidas para a Estabilização da República Centro-Africana (MINUSCA). Entre o recebimento da consulta informal pelo DPKO, em fevereiro de 2017, e a recusa do governo brasileiro ao convite do secretário-geral da ONU, em abril de 2018, para que o país desdobrasse um batalhão de infantaria de até 750 militares para a MINUSCA, ocorreu amplo processo de consulta e coordenação da Presidência da República com os Ministérios das Relações Exteriores e o da Defesa e as Forças Armadas.

A análise do processo decisório que resultou na recusa do governo de Michel Temer para o envio de tropas brasileiras para a MINUSCA revela que a decisão presidencial foi condicionada pelo não consentimento ou concordância do Ministério das Relações Exteriores durante todo o debate doméstico sobre o envio de tropas, e também pelas reservas apresentadas pelo Alto Comando das Forças Armadas acerca das condições do desdobramento. Igualmente, condicionou a decisão presidencial o emprego de tropas das Forças Armadas na segurança pública do estado do Rio de Janeiro durante a intervenção federal nesse estado em fevereiro de 2018. Os debates, ocorridos entre fevereiro de 2017 e abril de 2018, contaram com a participação de autoridades públicas da coalizão política no poder executivo federal, de representantes de alto nível das burocracias de relações exteriores e defesa nacional e das Forças Armadas, além de representantes dos Ministérios da Fazenda e do Planejamento.

O não consentimento do Itamaraty foi baseado no diminuto interesse estratégico brasileiro na RCA e na resistência quanto ao caráter da missão que prevê uso da força mais acentuado do que a política externa brasileira costuma aceitar. Sem o consentimento desse importante ator doméstico que domina relevantes canais de ação formais e informais, para garantir a implementação da participação brasileira na MINUSCA com suficiente expertise técnica, a Presidência da República preferiu não aprovar o desdobramento.

Igualmente, condicionou negativamente o processo decisório, o entendimento do Alto Comando das Forças Armadas, com base nos relatórios das missões de reconhecimento do terreno, de que a demora no envio de uma resposta formal tornava o desdobramento desaconselhável em função dos riscos de baixas associados ao terreno acidentado e à logística precária do país, que eram agravados pelo período de fortes chuvas que se iniciava a partir de abril e impossibilitava a chegada ao local da operação por terra. Também era uma preocupação das Forças Armadas, em especial do Exército Brasileiro, a resistência de funcionários dos Ministérios da Fazenda e do Planejamento, apreensivos com os gastos envolvidos devido ao contexto de crise financeira interna, que haviam exigido a imposição de medidas de austeridade nas políticas sociais, e que condicionavam o envio ao uso de recursos já orçados do Exército, condição sabidamente inaceitável para os militares.

Após meses de grande debate doméstico sobre a participação brasileira na RCA, um fato novo na política doméstica brasileira alterou completamente a conjuntura na qual se processava a decisão presidencial em relação ao desdobramento para a MINUSCA. Por meio do Decreto n.º 9.288, de 16 de fevereiro de 2018, outorgado pelo Presidente da República, o governo federal decidiu intervir de forma restrita à segurança pública na autonomia do estado do Rio de Janeiro, aplicando pela primeira vez o artigo 34 da Constituição Federal. Em função da crise de segurança pública que atingiu aquele estado da federação, o governo federal mobilizou tropas das Forças Armadas brasileiras para fins de Garantia da Lei e da Ordem e o general Walter Braga Netto foi nomeado interventor federal no Rio de Janeiro. Como resultado da intervenção, a partir de fevereiro de 2018 as possibilidades de uma decisão presidencial favorável ao desdobramento de tropas brasileiras para a MINUSCA foram enterradas de vez.

A recusa do governo brasileiro foi recebida de forma negativa no âmbito do Secretariado das Nações Unidas e de governos estrangeiros dos membros do CSNU, tendo em vista que o Brasil não apenas descumpriu os prazos limites para uma resposta formal ao convite, mas também não firmou nenhum compromisso público em relação ao aceite do convite para o envio de tropas para a MINUSCA, mesmo sob constante pressão de tais atores externos para que houvesse uma definição da questão. A pressão era justificada, principalmente, porque diversas autoridades dos poderes Executivo e Legislativo, bem como das Forças Armadas, haviam sinalizado aos seus interlocutores internacionais que o Brasil estava disposto a seguir contribuindo com tropas para as missões de paz da ONU.

Com a decisão oficial do governo de Temer pela não participação na MINUSCA em abril de 2018, a agenda de contribuição do Brasil com tropas para as operações de paz passou a se limitar à Força Interina das Nações Unidas no Líbano (UNIFIL), visto que durante seu curto governo não foi mais realizado nenhum desdobramento para uma nova missão. Além disso, não foram enviados observadores militares brasileiros em missões individuais para novas operações de manutenção da paz, missões de observação e missões políticas das Nações Unidas.

Conforme mencionado anteriormente, esse processo de limitação da atuação brasileira na agenda de manutenção da paz na política externa brasileira se intensificou ainda mais com a vitória eleitoral de Jair Bolsonaro.

Isso porque a participação das tropas brasileiras na Força Tarefa Marítima da missão de paz no Líbano, única contribuição substantiva do Brasil como uma missão de paz da ONU – que persistia após o encerramento da missão no Haiti em 2017 –, foi encerrada em dezembro de 2020, sem que houvesse o término do mandato da missão.

A análise do processo decisório que resultou na retirada das tropas brasileiras da UNIFIL, realizada pelo governo de Jair Bolsonaro, revela que esta decisão política foi condicionada pela busca de estreitar laços entre o governo de Bolsonaro e o governo israelense de Benjamin Netanyahu. Neste particular, vale destacar que a decisão do governo brasileiro foi realizada após um pedido do primeiro-ministro israelense em uma conversa telefônica com o presidente brasileiro, em agosto de 2019, em um contexto de não cumprimento das promessas eleitorais de Jair Bolsonaro. Durante a sua campanha, ele afirmava que o governo brasileiro reconheceria Jerusalém como a capital do Estado de Israel e transferiria a embaixada brasileira de Tel Aviv para aquela cidade. Contudo, houve fortes pressões do setor de agronegócio brasileiro para que a presidência não tomasse essa medida.

A decisão pela retirada das tropas também foi condicionada pelo aumento dos riscos de um incidente entre as tropas brasileiras da UNIFIL e a força aérea israelense devido à invasão de seus caças supersônicos Falcon F-16I ao território do Líbano, cruzando o corredor marítimo que era monitorado pelos navios brasileiros, que geravam sinais de detecção e advertências que não eram obedecidos. Outro condicionante para a retirada das tropas foi o objetivo do governo Bolsonaro de buscar um alinhamento com o governo de Donald Trump nos EUA. Com efeito, pesou na decisão o pedido do governo estadunidense para que o Brasil classificasse o Hezbollah como um grupo terrorista, como haviam feito os governos paraguaio e argentino. Igualmente, condicionou tal decisão à oposição que o governo de Donald Trump fazia à continuidade da missão de paz no Líbano, chegando inclusive a ameaçar vetar a renovação do seu mandato no Conselho de Segurança da ONU, em agosto de 2020. Por fim, a decisão de encerrar a participação brasileira na missão de paz no Líbano foi condicionada pela severa redução orçamentária da UNIFIL, decorrente de cortes no financiamento às operações de paz da ONU no Oriente Médio realizados pelos Estados Unidos, enquanto principal financiador daquela missão, o que implicaria em maiores riscos e piores condições operacionais para as tropas brasileiras.

Outro elemento empírico que ajuda a ilustrar a perda de relevância e de prioridade do envio de tropas para as missões de paz da ONU e o desinteresse no engajamento multilateral brasileiro na ONU é a questão orçamentária. Ao recuperar os dados do Comitê Orçamentário da Assembleia Geral da ONU, por exemplo, nota-se como na avaliação da contribuição dos Estados-membros para o orçamento regular da ONU, o Brasil apresentou uma constante queda, com o menor valor de contribuição esperado nos anos de 2022 e 2023, conforme ilustrado a seguir.

Gráfico 2 – Contribuição brasileira ao orçamento regular das Nações Unidas, em dólares americanos, por ano, entre 2016 e 2022

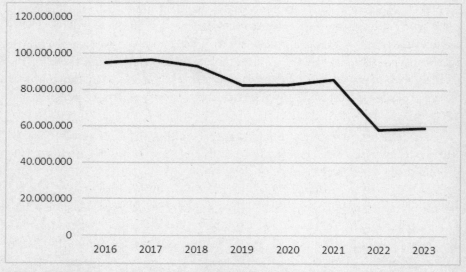

Fonte: elaboração própria, com base em UN Committee on Contributions (2023)

Os dados presentes na avaliação dos Planos Plurianuais também revelam informações relevantes. Com uma grande queda de 2016 para 2017, mantendo orçamentos mais baixos até 2019, quando há uma tendência de crescimento. O fato mais relevante é olhar para o contraste com o orçamento empenhado, em 2022, ano eleitoral, na casa de R$ 1,4 bilhão, que resultou no pagamento de apenas R$ 506,39 mil, conforme ilustrado no Gráfico 3.

Gráfico 3 – Histórico orçamentário dos valores empenhados e pagos pelo Brasil à ONU, em reais, por ano, entre 2016 e 2022*

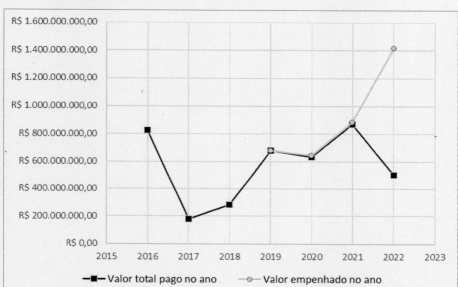

* Orçamento atribuído à Ação Orçamentária "0128 - Contribuição à Organização das Nações Unidas - ONU (MRE)"[38].
Fonte: elaboração própria com base no Portal da Transparência (2023)

O impacto do desfalque orçamentário relativo à contribuição com organizações internacionais nos últimos anos foi significativo e gerou dívidas do Brasil em inúmeros fóruns multilaterais. Em 2023, o governo brasileiro comprometeu-se em quitar, ainda no mesmo ano, todas as dívidas acumuladas desde 2014 com organismos multilaterais internacionais. No total, eram cerca de R$ 4 bilhões, dos quais quase R$ 2 bilhões foram pagos em 2023. O Ministério do Planejamento e Orçamento ressalta que a prioridade nos pagamentos foi o restabelecimento do direito do Brasil a voto em organismos como a ONU, além de resgatar a capacidade de o País se financiar com fundos para os quais havia parado de contribuir em governos passados (CNN BRASIL, 2023). Em especial no caso da ONU, a urgência em quitar as dívidas justificava-se em função de o Brasil estar

---

[38] Merece destaque a descrição da ação 0128 nos Planos Plurinacionais, que enfatizam o peso das Operações de Paz no orçamento da ação: "Pagamento de contribuição à Organização das Nações Unidas – ONU para permitir a participação brasileira nesse Organismo, que atua, sobretudo, em Operações de Paz de forma a assegurar o direito de participação do Brasil nas Missões por ela organizadas e nos Tribunais Internacionais por ela mantidos" (Ministério do Planejamento Orçamento e Gestão, 2016, p. 31).

cumprindo o seu 11.º mandato no Conselho de Segurança (biênio 2022-2023) e de presidir o Conselho de Segurança das Nações Unidas (CSNU) durante o mês de outubro de 2023. .

Vale destacar também que a perda de relevância da contribuição histórica do país para o sistema das operações de paz da ONU desde a crise política nacional decorrente do início do processo de impedimento da presidenta Dilma Rousseff em 2016 e a intensificação da crise do multilateralismo, que coincidem com o processo de retirada das tropas brasileiras da MINUSTAH em 2017, foi acompanhada de um aumento do uso das Forças Armadas no contexto doméstico por meio de Operações de Garantia da Lei e da Ordem (GLOs), conforme ilustrado no Gráfico a seguir, e de um aumento na ocupação de cargos na administração pública federal por militares, conforme será analisado na próxima seção.

Gráfico 4 – Quantidade de Operações Garantia da Lei e da Ordem, por ano, entre 1992 e 2021

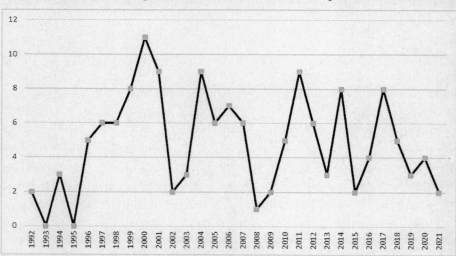

Fonte: elaboração própria com base em Ministério da Defesa (2023)

Essa correlação negativa entre os dados empíricos referentes ao engajamento dos militares brasileiros nas missões de paz e nas GLOs, somada à redução na contribuição brasileira ao orçamento da ONU, nos remete ao debate teórico da literatura especializada que busca explicar as variações em termos de participação dos Estados em missões de paz tanto de um mesmo regime político quanto entre regimes políticos diferentes. Neste particular, vale destacar que a análise empírica realizada concorre fortemente para a validação das conclusões teóricas do modelo analítico desenvolvido por Arturo Sotomayor Velázquez, que, à luz do tipo de doutrina militar utilizada pelas suas forças armadas (orientações externas ou internas) e pelo grau de integração da sua política exterior e de defesa, busca explicar as variações no engajamento de Estados latino-americanos nas missões de paz da ONU (Sotomayor, 2010). Segundo Sotomayor, os Estados com doutrinas militares voltadas para o exterior, e cujas políticas externa e de defesa são integradas, estariam mais dispostos a contribuir para as missões de paz da ONU. Por outro lado, os Estados com doutrinas orientadas para o cenário doméstico e com políticas externa e de defesa não integradas seriam mais relutantes a contribuir com as operações manutenção da paz (Sotomayor, 2010).

Consequentemente, podemos concluir, com base nas contribuições de Arturo Sotomayor, que a redução do papel do Brasil na agenda de manutenção da paz da ONU, agenda que ganhou relevância a partir da década de 1990, não foi apenas uma contingência, mas resultou dos processos de (re)nacionalização da doutrina militar brasileira e de desintegração entre a política externa e a política de defesa nacional, bem como de redução na priorização e no compromisso fiscal do orçamento federal brasileiro direcionado à sua contribuição com a ONU – tendências essas que ganharam força a partir dos governos de Michel Temer e Jair Bolsonaro. Isso porque, conforme demonstrado por Alsina Jr., o projeto de articulação entre política externa e política de defesa, no qual os militares orientariam suas missões para defender os interesses do país no exterior, foi interrompido a partir do governo Temer, e as Forças Armadas passaram a atuar rotineiramente em operações de combate ao crime sem a expectativa de uma missão relevante no exterior (Alsina Jr., 2018).

O efeito não previsto da participação dos militares em operações de paz: a ocupação de cargos não eletivos da administração pública federal e de cargos eletivos federais e estaduais

Sem jamais abandonar a arena política ao longo de todo o período republicano, os militares brasileiros da ativa e da reserva oscilaram, como em um movimento pendular, entre momentos de maior e menor ocupação de cargos civis, e, portanto, de natureza extramilitar, na política nacional. Com o fim da ditadura na década de 1980, a nomeação política de militares foi progressivamente diminuindo, ainda que em um ritmo "lento, gradual e seguro", o que conferia a alguns analistas um certo otimismo em relação à desmilitarização da política, bem como à despolitização das Forças Armadas no Brasil.

Ao longo da Nova República, a ausência dos militares no primeiro plano do debate político era atribuída à adoção de uma série de medidas pelos governos democraticamente eleitos. Entre essas reformas, poderiam ser citadas: a extinção do Serviço Nacional de Informações, em 1990, e a criação da Agência Brasileira de Inteligência, em 1999; o estabelecimento da justiça comum como foro para julgar militares acusados de cometer crimes comuns em 1996; a formulação de uma Política de Defesa Nacional também em 1996 (com atualizações em 2005 e 2012); a criação do Ministério da Defesa em 1999; a construção da Estratégia Nacional de Defesa em 2008 (com atualização em 2012) e a publicação do *Livro Branco de Defesa Nacional* (2012).

Desde 2016, o sentido do pêndulo, no entanto, voltou a se alterar e, ao longo dos governos de Michel Temer e de Jair Bolsonaro, a ocupação de cargos por militares da ativa e da reserva no governo federal, bem como a candidatura e a eleição de militares para cargos eletivos federais, alcançou níveis recordes desde o fim da ditadura militar.

Tabela 1 – Ocupação de cargos da administração pública federal por militares, entre 2013-2021

Tipo de cargo ou função	2013	2014	2015	2016	2017	2018	2019	2020	2021	% (2013-2021)
Cargo comissionado de gerência executiva	8	8	7	7	6	3	4	10	11	37,5
Cargo comissionado de assessoria	8	8	7	7	6	6	6	5	7	-12,5
Cargo comissionado de assistência	9	8	8	7	3	2	1	2	2	-77,8
Cargo comissionado de direção	2	2	1	2	1	1	1	1	3	50,0
Cargo comissionado de técnico	-	1	5	8	11	9	16	14	15	n.a.
Cargos em agências reguladoras – subtotal	**27**	**27**	**28**	**31**	**27**	**21**	**28**	**32**	**38**	**40,7**
Cargo de NS	6	6	6	6	6	6	12	13	14	133,3
NS – subtotal	**6**	**6**	**6**	**6**	**6**	**6**	**12**	**13**	**14**	**133,3**
DAS	303	345	345	346	313	349	581	689	683	125,4
FCPE	-	-	-	-	22	32	42	54	59	n.a.
DAS + FCPE – subtotal	**303**	**345**	**345**	**346**	**335**	**381**	**623**	**743**	**742**	**144,9**
Função de confiança – gratificação Decreto-Lei n.º 2.355-Emp	-	-	-	-	-	-	-	2	3	n.a.
FC na Telebras	-	-	-	-	-	-	-	11	5	n.a.
Função de assessoria e apoio	-	-	-	53	55	42	46	44	49	n.a.
Função de gestão	-	-	-	12	14	14	15	11	7	n.a.
Função dirigente na EBSERH	-	-	-	-	-	-	-	-	2	n.a.
Função de gratificação de honorário de dirigente de empresa	-	-	-	-	-	-	3	4	4	n.a.
Função gratificada	8	15	24	37	49	51	65	82	87	987,5

Tipo de cargo ou função	2013	2014	2015	2016	2017	2018	2019	2020	2021	% (2013-2021)
Função gratificada no Ceitec	-	-	-	-	-	-	1	1	1	n.a.
Função técnica	-	-	-	32	32	29	31	33	30	n.a.
Gratificação de função de confiança	-	-	-	2	-	-	-	-	-	n.a.
Plano de funções gratificadas	-	-	1	-	2	2	2	-	2	n.a.
Cargos em empresas estatais federais – subtotal	8	15	25	136	152	138	163	188	190	2.275,0
Total	344	393	404	519	520	546	826	976	984	186,0

Obs.: 1. n.a. – não aplicável.
Obs. 2: Em todos os anos, os dados apresentados são referentes a junho.
Obs.: O conteúdo desta tabela foi mantido conforme o original disponibilizado pelo Atlas do Estado Brasileiro[39].
Fonte: Schmidt (2022)

---

[39] O Atlas do Estado Brasileiro é uma plataforma de dados integrados sobre a estrutura organizacional e de pessoal do Estado brasileiro, nos três níveis da administração – federal, estadual e municipal – e nos três Poderes – Executivo, Legislativo e Judiciário. O principal objetivo é integrar, consolidar, detalhar e disponibilizar dados existentes, mas dispersos, sobre o pessoal ocupado no setor público e realizar análises em detalhe dos diferentes aspectos do setor público brasileiro (Ipea, 2023).

Gráfico 5 – Quantidade de membros das Forças Armadas e militares reformados eleitos nas eleições federais e estaduais, entre 2002 e 2022

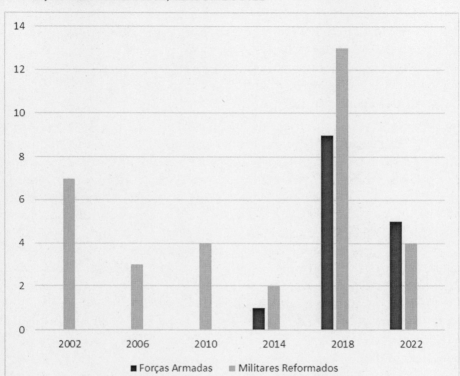

Fonte: elaboração própria com base em TSE (2023)

Este quadro foi qualitativamente ampliado pela criação do Gabinete de Segurança Institucional, que passou a controlar a Agência Brasileira de Inteligência, e a sua ocupação pelo general Sérgio Etchegoyen, bem como pela nomeação do general Joaquim Silva e Luna para comandar o Ministério da Defesa, o primeiro militar a comandar a pasta desde a sua criação, no segundo governo de Fernando Henrique Cardoso, em 1999. Esses dois episódios marcaram não apenas a chegada de dois generais do exército da ativa a cargos do primeiro escalão do governo federal, como também a submissão das pastas de Defesa e Inteligência da administração pública federal ao controle da alta cúpula das Forças Armadas.

O que se observou no período entre 2016 e 2022 foi uma reversão tamanha do quadro que vinha se consolidando desde 1988, que a validade das interpretações das relações civis-militares no Brasil contemporâneo, que apontavam para uma volta definitiva dos militares brasileiros à caserna, foi submetida a um intenso escrutínio teórico e empírico. Nesse sentido, esta seção busca contribuir para esse debate com a literatura e, para isso, se debruça sobre as limitações da hipótese do *peacekeeper* democrático difundida por estudiosos das Relações Internacionais, para a compreensão da ocupação de cargos da administração pública federal pelos militares egressos da Missão das Nações Unidas para Estabilização do Haiti (MINUSTAH) no período entre 2016 e 2022.

A hipótese do *peacekeeper* democrático defende que a participação de tropas de países que emergiram de uma transição democrática recente em missões de paz teria efeitos domésticos sobre o processo de socialização dos seus militares, tornando-os mais profissionais e democráticos, e reforçando a sua subordinação ao poder civil. Mais precisamente, seus autores se baseavam no entendimento de que a participação militar em missões de paz poderia: (1) induzir uma mudança doutrinária nas organizações militares, (2) socializar as tropas para que adotem novas normas profissionais e democráticas e (3) melhorar as relações entre civis e militares e a cooperação entre soldados e diplomatas. Isso porque ela: (1) traria grandes benefícios para o relacionamento entre os militares e outros setores do Estado e da sociedade ao longo do tempo, uma vez que tal missão, que não tinha como objetivo principal eliminar o inimigo, exigiria que os militares tivessem um poder de barganha que os conflitos convencionais não contemplavam (Moskos, 1976); (2) facilitaria o controle dos militares, pois eles estariam servindo em missões no exterior (Desch, 1999, p. 12); (3) envolveria menos os militares em assuntos domésticos devido à sua orientação para o exterior (Pion-Berlin; Arceneaux, 2000); e (4) geraria incentivos financeiros e orçamentários aos militares que evitassem atos ostensivos de insubordinação militar, bem como tentativas de golpe para que continuassem participando de missões de paz (Lundgren, 2018).

Nesta pesquisa, argumentamos que a participação brasileira em missões de manutenção da paz, no lugar de democratizar, profissionalizar e reforçar o controle civil sobre os militares, fortaleceu o processo de politização das Forças Armadas e de militarização da política que ganhou força a partir da deposição de Dilma Rousseff. Com efeito, este capítulo se aproxima das contribuições teóricas acerca dos impactos da participação em missões de paz para a democratização, profissionalização e controle civil das Forças Armadas dos Estados elaboradas por Maggie Dwyer, Arturo Sotomayor, e por MacKay, Nasirzadeh e Sealey, que apontam limitações empíricas para a generalização da hipótese do *peacekeeper* democrático.

Ao analisar dez casos de insurreições lideradas por militares egressos de missões de paz das Nações Unidas em países da África Ocidental, Maggie Dwyer argumenta que o engajamento nesse instrumento multilateral teve um efeito bastante limitado na reforma das instituições militares nacionais, visto que a politização das Forças Armadas, que resultou nos motins analisados, decorria de queixas materiais e de um senso de injustiça que era compartilhado pelos oficiais que serviram como capacetes azuis em operações de paz da ONU (Dwyer, 2015).

Já Arturo Sotomayor questionou a hipótese dos efeitos reformadores da participação em missões de paz sobre as Forças Armadas, em sua análise dos casos do Brasil, Argentina e Uruguai no livro *The Myth of Democratic Peacekeeper*. Se o caso argentino alterou com sucesso a orientação e a doutrina tradicionalmente voltadas para o interior das Forças Armadas na Argentina, esse mesmo efeito não teria sido observado nos casos brasileiro e uruguaio. Com base nos efeitos divergentes observados na análise empírica, Sotomayor conclui o seu trabalho argumentando contrariamente ao determinismo presente na hipótese do *peacekeeper* democrático e sugerindo que o impacto da manutenção da paz em diferentes comunidades políticas não é unidimensional, unidirecional ou homogêneo (Sotomayor, 2014).

Por fim, Levin, MacKay, Nasirzadeh e Sealey propuseram um refinamento da hipótese do *peacekeeper* democrático, a partir da argumentação de que haveria uma relação entre os efeitos sobre as relações civis-militares da participação neste tipo de missão e o regime político do Estado analisado. Em outras palavras, os autores argumentam que enquanto países com instituições democráticas robustas se beneficiariam dessa participação em suas relações civis-militares, aqueles que possuem instituições frágeis do ponto de vista democrático não só não se beneficiariam desta participação, como poderiam sofrer retrocessos com ela. Isso porque a transferência de fundos e prestígio da ONU para as Forças Armadas de países não democráticos ou politicamente instáveis poderia até mesmo potencializar as possibilidades da busca por um protagonismo político pelas Forças Armadas, ao invés de contribuir para um processo de reforma democrática nas instituições militares (Levin *et al.*, 2017).

Em termos teórico-analíticos, as contribuições desses autores são importantes para esta pesquisa não tanto pelas suas conclusões empíricas em particular, mas porque indicam como as estruturas domésticas dos Estados e fatores institucionais do sistema de manutenção da paz da ONU podem causar efeitos divergentes entre os países, principalmente no que se refere à democratização, profissionalização e o controle civil das suas Forças Armadas. Com efeito, esses trabalhos nos distanciam de teorias generalizantes de longo alcance e nos fazem observar de forma mais atenta as contribuições teóricas de curto e médio alcance derivadas de estudos do caso brasileiro.

Nesse particular, este capítulo abraça as conclusões empíricas de Arturo Sotomayor e Adriana Marques sobre os impactos da participação brasileira na MINUSTAH para a democratização, profissionalização e controle civil das suas Forças Armadas. Segundo Marques (2020), a experiência na ONU reavivou e reforçou um padrão de comportamento militar já visto em outros momentos históricos, pois os egressos do Haiti se inscreveram em uma longa tradição salvacionista que as reformas institucionais da Nova República não conseguiram sepultar. Assim como seus antecessores do século XIX — os veteranos da Guerra do Paraguai — e do século XX — os veteranos da Segunda Guerra Mundial —, os generais que retornaram do Haiti reforçaram a narrativa que já vinha sendo alimentada desde o *impeachment* de Dilma Rousseff, de que, diante de uma crise de liderança, de um momento de desunião, e da imersão em um mar de corrupção e aparelhamento por que o Brasil passava, as altas cúpulas militares deveriam se politizar para cumprir a "missão" de salvar o país. Com efeito, conforme demonstrou Adriana Marques, durante o governo de Jair Bolsonaro:

> O general Augusto Heleno Ribeiro Pereira, primeiro comandante militar da MINUSTAH, assumiu a chefia do Gabinete de Segurança Institucional do governo; o general Carlos Alberto dos Santos Cruz, quarto comandante militar da MINUSTAH, tornou-se seu ministro-chefe da Secretaria de Governo; o general Floriano Peixoto Vieira Neto, quinto comandante militar da MINUSTAH, assumiu a Secretaria-Geral da Presidência da República; o general Fernando Azevedo e Silva, chefe de operações do segundo contingente da MINUSTAH, foi nomeado ministro da Defesa e, no outro lado da Praça dos Três Poderes, o general Ajax Porto Pinheiro, que foi o décimo primeiro e último comandante militar da MINUSTAH, substituiu-o na função de assessor especial da presidência do Supremo Tribunal Federal. No Setor Militar Urbano, o general Edson Leal Pujol, nono comandante militar da MINUSTAH, assumiu o comando do Exército [...] Ainda no primeiro semestre de 2019, mais dois egressos da MINUSTAH, que eram generais da ativa, foram trabalhar no Palácio do Planalto: o general Otávio Santana do Rêgo Barros, subcomandante do 12º contingente do Batalhão de

Infantaria de Força de Paz do Brasil na MINUSTAH, à época em que o batalhão era comandado pelo general Ajax, foi nomeado porta-voz da Presidência da República e o general Luiz Eduardo Ramos Baptista Pereira, sétimo comandante militar da MINUSTAH, substituiu o general Santos Cruz na Secretaria de Governo. Se agregarmos a esse grupo o ministro da infraestrutura Tarcísio Gomes de Freitas, ex-capitão do Exército que chefiou a seção técnica da Companhia de Engenharia do Brasil na MINUSTAH, a "turma" do Haiti está completa (Marques, 2020, p. 180).

Além disso, este capítulo converge com o debate sobre a (re)nacionalização da doutrina militar brasileira e os seus efeitos no âmbito doméstico, tema que tem sido discutido nas ciências sociais brasileiras.

Piero Leirner, por exemplo, argumenta que a participação dos militares brasileiros em operações de paz nas últimas décadas contribuiu para um processo de dissolução da fronteira entre intervenção militar, produção do Estado e exercício do governo, que se intensificou ainda mais a partir dos governos de Michel Temer (2016-2018) e Jair Bolsonaro (2018-2022).

Para justificar tal argumento, Leirner (2020) explicita como elementos ideológicos e doutrinários foram articulados por um núcleo militar na produção de uma teoria da guerra híbrida[40] — cuja propagação na própria caserna, de acordo com o autor, foi também sua primeira atualização. A receita envolveu, segundo o autor, entre muitas outras variáveis, o anticomunismo latente desde a Intentona de 1935 e transformações da doutrina da guerra revolucionária que, a partir da década de 1990, acionaram a Amazônia como cenário prototípico. Mais recentemente, segundo o autor, a participação do Brasil na operação de manutenção da paz no Haiti não apenas acelerou a incorporação de um aparato doutrinário e operacional estadunidense, como também propiciou uma experiência-laboratório de dissolução da fronteira entre intervenção militar, produção do Estado e exercício do governo.

Santiago (2022) argumenta em sentido similar que os militares brasileiros incorporaram em suas práticas a lógica de coordenação e diplomacia exigida na operação e tomaram posse de uma estrutura ideológica e doutrinária na qual é seu papel garantir a estabilidade também no Brasil, reforçando a tradição salvacionista mencionada anteriormente.

---

[40] Neste tipo de "guerra", as batalhas acontecem principalmente no campo do conhecimento, e todas as fronteiras entre civil e militar, guerra e paz, diplomacia e conflito são difusas. Como exemplo, ao longo do mandato do ex-presidente Bolsonaro, "o próprio produziu tensões que eram acirradas e/ou resolvidas dentro dos meios militares, garantindo a eles amplo controle das narrativas geralmente operadas por oficiais de patentes mais altas, como os generais, sendo alguns deles, inclusive, ex-comandantes de missões de manutenção da Paz da ONU" (Santiago, 2022, p. 193).

Graham (2017), por sua vez, caracteriza como "autocolonização" o processo de transpor experiências de intervenções internacionais dentro dos próprios países, especialmente nos grandes centros urbanos. Isso acontece porque a percepção de ameaças de "insurgência urbana" justifica o controle por meio da presença militar nas cidades. O autor argumenta que tal conceito se amplifica nas narrativas da securitização e pode abarcar desde ações de grupos armados até manifestações populares de reivindicações políticas, ou seja, todos os cidadãos passam a ser tratados como ameaças.

Um exemplo dessa possibilidade foi observado com a definição ampla de "forças oponentes", que esteve presente inicialmente no manual das operações de GLO do Ministério da Defesa, em 2013, sendo alterada apenas em 2014, por pressão do campo progressista, que exigia uma revisão a fim de não abrir brecha para a criminalização de movimentos sociais.

É interessante destacar também como a *expertise* adquirida no Haiti também se transformou em doutrina militar e ajudou a revisar e consolidar o *Manual de Campanha EB20-MC-10.217*, publicado ainda em 2015 e que estabelecia as três fases para o uso da força em contextos domésticos[41]. Conforme destaca Santiago (2022), não por acaso, essas três fases também podem ser identificadas no desenvolvimento das operações da ONU – imposição, manutenção e construção da paz. Ademais, o documento traz definições, gráficos e metodologias que muito se assemelham com aquelas encontradas nos manuais internacionais, uma maneira de legitimar o emprego das Forças Armadas no cenário doméstico e de aumentar o poder institucional das Forças Armadas dentro do Brasil (Santiago, 2022).

Portanto, a partir dos dados empíricos e da discussão teórica apresentados, argumentamos que a participação brasileira em missões de manutenção da paz, em especial na MINUSTAH, promoveu uma espécie de efeito não previsto. Em outras palavras, o engajamento externo das Forças Armadas brasileiras em operações de manutenção da paz gerou, em função da legitimidade internacional que foi transferida para as Forças Armadas e em seus altos oficiais, o aumento do uso doméstico das Forças Armadas em funções que excedem a sua missão constitucional precípua de defesa

---

[41] Este documento estabelecia as três fases para o uso da força em contextos domésticos. A primeira (intervenção) tinha como foco principalmente as ações coercitivas, ou seja, aquela de imposição da paz no terreno, por meio da neutralização de conflitos e de bandidos. A segunda fase (estabilização) referia-se à estabilização quando há um equilíbrio entre ações coercitivas e construtivas. A terceira fase (normalização) visava ao desenvolvimento de um ambiente que permitisse a retomada do controle estatal sobre a área (EB20-MC-10.217 – p. 2-10) (Santiago, 2022).

nacional, como o emprego de tropas na segurança pública, por exemplo. Por outro lado, gerou um aumento da ocupação de cargos da alta gestão do governo federal pelos oficiais egressos das missões de paz da ONU.

Considerações finais

Ao longo da discussão realizada neste capítulo foi possível observar como as crises do multilateralismo e da democracia brasileira contribuíram para algumas mudanças de rumo na política externa brasileira para as operações de manutenção da paz das Nações Unidas.

No contexto da análise da perda de relevância e de prioridade do envio de tropas para as missões de paz da ONU na política externa brasileira após a saída do país das novas missões de paz no Haiti, os estudos de caso do não envio de tropas do país para a RCA ou novas missões de paz pós-Haiti e da retirada das tropas brasileiras da missão no Líbano, bem como da redução da contribuição orçamentária e do aumento imediato das operações de GLO, nos permitem compreender, com base nas contribuições de Arturo Sotomayor, que a redução ou limitação do papel e da relevância brasileira na agenda de manutenção da paz da ONU não foi apenas uma contingência. Este capítulo defende que esta mudança de rumos foi a resultante dos processos de (re)nacionalização da doutrina militar brasileira e de desintegração entre a política externa e a política de defesa nacional, bem como de redução na priorização e no compromisso fiscal do orçamento federal brasileiro direcionado à sua contribuição com a ONU, que ganharam força a partir dos governos de Michel Temer e Jair Bolsonaro.

Na dimensão doméstica, com recente abertura dos dados sobre a ocupação de cargos públicos, foi possível ter não apenas uma visão geral do quantitativo da ocupação dos cargos na administração pública federal, mas averiguar a ocupação de cargos não eletivos da administração pública federal por oficiais egressos das missões de paz da ONU. Os dados empíricos apresentados possibilitam trazer luz à discussão sobre o mito do *peacekeeper* democrático, como discutido na primeira seção do capítulo, tendo em vista que a participação em operações de paz não necessariamente reforçou valores democráticos das Forças Armadas do Brasil e/ou fortaleceu necessariamente as relações civis. Ou seja, o estudo da conjuntura política doméstica brasileira é essencial para compreender as nuances do que chamamos neste trabalho de efeito não previsto.

O prestígio e o reconhecimento internacional derivados dos serviços prestados pelos militares brasileiros em operações de manutenção da paz, principalmente no Haiti, também foram mobilizados de modo a legitimar e atualizar uma característica já antiga na tradição das Forças Armadas: enxergarem-se como uma elite política e salvacionista, que domina os meios mais racionais e eficientes para gerir uma população. Portanto, agendas de pesquisa futuras devem investigar minuciosamente as estratégias provenientes dos meios militares, que têm sido reveladas por meio de documentos, tais como o "Projeto de Nação — o Brasil em 2035"[42], datado de 2022 e lançado pelo Instituto General Villas Bôas, Instituto Sagres e Instituto Federalista, por exemplo.

O risco dessas mobilizações, conforme bem aponta Santiago (2022), é que esse tipo de Plano de Nação seja justamente a consolidação de uma estratégia dos militares para garantir um tipo de Estado específico ao qual eles querem servir. Um Estado que é pautado ainda pela suposta ameaça de elementos ideológicos, que não é laico, que apresenta uma agenda neoliberal de desenvolvimento voltada para privilegiar as elites empresariais, e que tem as Forças Armadas como garantidoras desse Estado de Direito. Nesse sentido, a própria escrita do documento — com a participação do general Villas Bôas — e o seu lançamento — que contou com a presença do vice-presidente general Hamilton Mourão — também atualizam a doutrina militar que os coloca como detentores das melhores capacidades de comando do país.

Referências

BRASIL. Ministério da Defesa. Estado Maior Conjunto das Forças Armadas. *Projeto Seleção e Emprego de Tropas Adjudicadas*. Brasília: Ministério da Defesa, 2017.

CNN BRASIL. *Governo brasileiro se compromete a pagar dívida de R$ 4 bilhões até o fim do ano*. 2023. Disponível em: https://www.cnnbrasil.com.br/economia/governo-brasileiro-se-compromete-a-pagar-divida-de-r-4-bi-ate-o-fim-do-ano/. Acesso em: 31 jan. 2024

DESCH, Michael. *Civilian Control of the Military:* The Changing Security Environment. Baltimore: John Hopkins University Press, 1999.

DEVIN, Guillaume. *Les Organizations Internationales*. Paris: Armand Colin, 2011.

---

[42] Para uma análise mais detalhada do *Projeto de Nação - O Brasil em 2035*, ver: Santiago (2022).

DWYER, Maggie. Peacekeeping abroad, trouble making at home: Mutinies in West Africa. *African Affairs*, v. 114, Issue 455, p. 206-225, April 2015. DOI: https://doi.org/10.1093/afraf/adv004. Acesso em: 31 jan. 2024

GRAHAM, Stephen. *Cidades sitiadas*: o novo urbanismo militar. Coleção Estado de Sítio. São Paulo: Boitempo, 2017.

INSTITUTO DE PESQUISAS ECONÔMICAS E APLICADAS – IPEA. *Atlas do Estado Brasileiro*. Ipea, 2023. Disponível em: https://www.ipea.gov.br/atlasestado/. Acesso em: 31 jan. 2024

INSTITUTO IGARAPÉ. *Nota estratégica 19* – a força de uma trajetória. O Brasil e as operações de paz da ONU (1948-2015). 2015. Disponível em: chrome-extension://efaidnbmnnnibpcajpcglclefindmkaj/https://igarape.org.br/wp-content/uploads/2015/09/NE-19_Brasil-e-opera%C3%A7%C3%B5es-de-paz-da-ONU--web.pdf. Acesso em: 31 jan. 2024

LEIRNER, Piero C. *O Brasil no espectro de uma guerra híbrida*: militares, operações psicológicas e política em uma perspectiva. São Paulo: Alameda, 2020.

LEVIN, Jamie; MACKAY, Joseph; JAMISON, Anne S.; NASIRZADEH, Abouzar; SEALEY, Anthony. A test of the democratic peacekeeping hypothesis: Coups, democracy, and foreign military deployments. *Journal of Peace Research*, v. 58, n. 3, 355-367, 2021. DOI: https://doi.org/10.1177/0022343320905626. Acesso em: 31 jan. 2024

LLANOS, Mariana; MARSTEINTREDET, Leiv (ed.). *Presidential Breakdowns in Latin America*. New York: Palgrave, 2010.

LUNDGREN, Magnus. Backdoor peacekeeping: Does participation in UN peacekeeping reduce coups at home? *Journal of Peace Research*, v. 55, n. 4, p. 508-523, 2018. DOI: https://doi.org/10.1177/0022343317747668. Acesso em: 31 jan. 2024

MARQUES, Adriana A. A conexão Porto Príncipe-Brasília: a participação em missões de paz e o envolvimento na política doméstica. *In:* MARTINS FILHO, João Roberto (org.). *Os militares e a crise brasileira*. São Paulo: Alameda, 2020.

MINISTÉRIO DO PLANEJAMENTO ORÇAMENTO E GESTÃO. *Ações Orçamentárias Integrantes da Lei Orçamentária para 2016*. Disponível em: www.orcamentofederal.gov.br/clientes/portalsof/portalsof/orcamentos-anuais/orcamento-2016/cadastro-de-acoes-1/0910.pdf. Acesso em: 31 jan. 2024

MOSKOS, Charles C. The Military. *Annual Review of Sociology*, v. 2, nº 55–77, 1976. Disponível em: http://www.jstor.org/stable/2946086. Acesso em: 31 jan. 2024

NASCIMENTO, Vinícius Damasceno do. *Construção do processo decisório de alocação orçamentária para operações de paz do Ministério de Defesa do Brasil*. Tese (Doutorado em Ciências Militares) – Escola de Comando e Estado-Maior do Exército, Rio de Janeiro, 2018.

PION-BERLIN, David; ARCENEAUX, Craig. Decision-Makers or Decision-Takers? Military Missions and Civilian Control in Democratic South America. *Armed Forces & Society*, v. 26, n. 3, p. 413-436, 2000. Disponível em: http://www.jstor.org/stable/45346381. Acesso em: 31 jan. 2024

PORTAL DA TRANSPARÊNCIA. *Contribuição à Organização das Nações Unidas*. 2023. Disponível em: https://portaldatransparencia.gov.br/programas-e-acoes/acao/0128-contribuicao-a-organizacao-das-nacoes-unidas---onu--mre--?ano=2023. Acesso em: 31 jan. 2024

SANTIAGO, Ana Elisa. *As forças de paz ou a paz à força*: etnografia de uma missão de paz da ONU no Haiti. 2022. 209f. Tese (Doutorado em Antropologia Social) – Universidade Federal de São Carlos, São Carlos, 2022.

SCHMIDT, Flávia de Holanda. Presença de militares em cargos e funções comissionados do Executivo Federal. *Nota Técnica n. 58* (Diest). Instituto de Pesquisa Econômica Aplicada (Ipea). Disponível em: http://repositorio.ipea.gov.br/handle/11058/11211. Acesso em:31 jan. 2024

SOTOMAYOR, Arturo. *The myth of the democratic peacekeeper*: civil-military relations and the United Nations. Baltimore: Johns Hopkins University Press, 2014.

SOTOMAYOR, Arturo. Why Some States Participate in UN Peace Missions While Others Do Not: An Analysis of Civil-Military Relations and Its Effects on Latin America's Contributions to Peacekeeping Operations. *Security Studies*, 19, p. 160-195, 2010.

UN COMMITTEE ON CONTRIBUTIONS. *Regular budget and working capital fund*. 2023. Disponível em: https://www.un.org/en/ga/contributions/budget.shtml. Acesso em: 31 jan. 2024

TSE. Portal de Dados Abertos do TSE. 2023. Disponível em: https://dadosabertos.tse.jus.br/. Acesso em: 31 jan. 2024

PARTE 2

POLÍTICAS ANTIDEMOCRÁTICAS E AGENDAS INTERNACIONAIS

A POLÍTICA EXTERNA DO GOVERNO BOLSONARO E A AGENDA DE DIREITOS LGBTI

Magno Klein
Henrique Rabello de Carvalho

Introdução

A ascensão da "nova direita" é uma tendência política observada em vários países nos últimos anos, inclusive em democracias consideradas consolidadas. O termo "nova direita", de uso não consensual entre acadêmicos e ainda pendente de maior precisão, refere-se aos movimentos políticos atuantes em países democráticos que combinam valores conservadores e ultraconservadores[43] com retórica e políticas ditas "populistas". Esses movimentos têm ganhado força, capitalizando a insatisfação pública com o *establishment*, prometendo enfrentar desafios econômicos e sociais, frequentemente adotando posturas nacionalistas e antiglobalistas, por vezes com propostas ultraliberais no campo econômico. Esse fenômeno está associado também a projetos políticos autoritários e ao crescente número de casos de colapso democráticos que vêm ocorrendo desde os anos 2000, que fazem com que se coloque em questão a existência de uma "crise das democracias" (Diamond, 2015). No geral, tais crises não estão associadas a ameaças tradicionais de golpes de Estado, que no passado recente quase sempre foram capitaneados por grupos militares, mas, em grande parte, têm sido resultado de processos erosivos dos direitos e procedimentos associados às instituições democráticas liberais.

Ao analisar os principais desafios enfrentados pelas democracias contemporâneas, Plattner (2019) identifica a fragilização da base de sustentação dos partidos de centro-esquerda e centro-direita, que historicamente dominaram o cenário político das democracias liberais. Esse declínio é uma das principais causas para a atual onda de movimentos políticos de extrema

---

[43] Neste trabalho designamos como ultraconservadores os grupos que "[...] caracterizam-se por se posicionarem abertamente contra a garantia de direitos constitucionais a minorias, em uma expressão específica e bastante extremada do conservadorismo político tal como definido por Bobbio" (Matos, 2018, p. 576), na medida em que, segundo o filósofo italiano, "[...] o conservadorismo político seria próprio de posições de direita, que defendem a ideia de "tradição" (em oposição às posições mais progressistas e pró-mudanças sociais, características de posições de esquerda) (Matos, 2018, p. 576).

direita e para a fragilização de democracias a tendências iliberais. Nesse contexto, os assim definidos "movimentos populistas" têm se proliferado ao redor do mundo, como o caso do partido alemão Alternativa para a Alemanha (AfD), que nas eleições de 2018 se tornou a terceira maior força política do seu país. Ou o movimento Cinco Estrelas e a Liga do Norte, que formaram uma coalizão em um cenário em que os partidos italianos tradicionais de centro-direita e centro-esquerda receberam menos de um quinto dos votos nas eleições de 2018. Ou também na Costa Rica, onde o Partido da Libertação Nacional e o Partido da Unidade Social Cristã sofreram uma queda significativa nas eleições de 2018, obtendo menos da metade das cadeiras na Assembleia Legislativa pela primeira vez.

Os exemplos apresentados por Plattner (2019) indicam como o enfraquecimento dos partidos de centro-esquerda e centro-direita abriu espaço para o surgimento de candidatos por ele classificados como populistas. Tal fenômeno representaria uma das principais razões para a debilitação das democracias liberais, já que esses candidatos frequentemente não endossam os princípios e instituições fundamentais da democracia liberal. De fato, há uma grande quantidade de pesquisas acadêmicas que interpretam o momento atual como uma nova fase de expansão do "populismo" pelo mundo, marcado pelo caráter antipolítico, antielitista e antidemocrático da nova onda de direita, que guardaria semelhanças com outros momentos da história política do séc. XX.

Os argumentos propostos por Plattner (2019) são uma contribuição relevante para a análise do crescimento dos movimentos iliberais pelo mundo. No entanto, defendemos que o conceito de "populismo" não é suficiente para uma compreensão abrangente do momento atual, especialmente quando se trata de questões relacionadas aos direitos LGBTI[44], importante agenda de discussão para muitos desses movimentos. Como defenderemos em detalhes mais adiante, a análise dos movimentos iliberais deve levar em conta particularidades regionais, assim como a dimensão ultraconservadora – diretamente relacionada com as questões LGBTI.

Para isso, colocamos em questão como a discussão da ascensão da nova direita pode ser relacionada à agenda da política externa do governo Jair Bolsonaro (2019-2022), muitas vezes considerado como um caso exemplar de "populismo" do século XXI. A campanha presidencial de Bolsonaro foi marcada

---

[44] A sigla LGBTI se refere diretamente aos grupos de gays, lésbicas, bissexuais, travestis, transexuais e intersexo, além de outras designações da diversidade sexual e de gênero. Optamos pela utilização desta sigla por sua utilização corrente em meios acadêmicos e políticos, mas sem ignorar ou excluir outras possíveis identidades, orientações e expressões.

por declarações controversas, agenda conservadora e a promessa de ações políticas *antiestablishment*. Sua candidatura conseguiu capitanear popularidade entre os brasileiros frustrados com a corrupção, os índices de criminalidade e os desafios econômicos enfrentados pelo país e que apoiavam ações autoritárias na agenda social e medidas neoliberais no âmbito econômico. A política externa do seu governo refletiu diversos aspectos da política doméstica em termos de polarização política e recrudescimento do discurso autoritário de direita, em um movimento que se fortaleceu ainda no período eleitoral de 2018 com a utilização de "espantalhos" morais, como as *fake news* sobre as cartilhas de combate à homofobia do Ministério da Educação (divulgadas como "kit gay") e sobre a possível distribuição de mamadeiras eróticas durante a administração Fernando Haddad (PT) à frente da prefeitura de São Paulo.

Para esta análise, voltamos nosso olhar para a posição diplomática brasileira em relação à agenda internacional de direitos LGBTI, buscando analisar a atuação de alguns dos principais grupos conservadores domésticos de apoio ao governo, como evangélicos e olavistas. Propomos que a política externa foi campo importante de atuação deste governo, tendo contribuído para fortalecer sua identidade perante grupos domésticos de apoio, assim como para estabelecer uma rede de solidariedade e legitimação transnacional para práticas domésticas de restrição aos direitos LGBTI. Em fóruns multilaterais internacionais e em coalizões com outros países conservadores, o governo adotou posturas públicas de enfrentamento às tentativas de ativistas e movimentos sociais pelo reconhecimento e promoção dos direitos da população LGBTI, como a posição oficial de negação da diferença entre gênero e sexo em negociações em fóruns multilaterais, como veremos em detalhes mais adiante.

A análise da política externa brasileira para a agenda de direitos LGBTI também pode ajudar a construir o perfil do discurso diplomático para a agenda de Direitos Humanos durante a gestão Bolsonaro, assim como ajudar a pensar sobre a relação entre pragmatismo e ideologia nesse período. Desse modo, o estudo dessa agenda em particular contribui para entender melhor o governo Bolsonaro, as dinâmicas próprias do processo decisório da política externa dos últimos anos, assim como a articulação brasileira junto a redes transnacionais ultraconservadoras.

Como defenderemos ao longo deste capítulo, o uso do termo "populismo" possui limitações teóricas relevantes para compreender a atual onda da nova direita pelo mundo. As contribuições teóricas sobre o populismo têm se voltado para reflexões sobre ideologia (Mudde, 2004; Rosanvallon,

2020), aspectos da teoria da democracia (Laclau, 2005; Mouffe, 2000; Rosanvallon, 2020; Pappas, 2019) e sua relação com as instituições democráticas. Muito embora os debates sobre o populismo sejam teoricamente relevantes, como acerca da mobilização de paixões e emoções e o uso das mídias sociais (Rosanvallon, 2020) e as próprias críticas sobre a categorização desse fenômeno social (Laclau, 2005; Mouffe, 2000), tais abordagens não são suficientes para analisar a agenda internacional de direitos LGBTI, suas intersecções com a política externa nem o surgimento de políticas conservadoras.

Este capítulo se propõe a contribuir nessa discussão a partir da agenda dos direitos LGBTI no caso brasileiro, tendo como um de seus objetivos específicos definir as características principais do processo decisório em política externa durante o período do governo Bolsonaro. Que grupos influenciaram a agenda internacional? Quais eram seus principais interesses e discursos e como se articulavam para incidir sobre a política externa? Essa preocupação também se refletiu na indagação a respeito da correlação entre os diferentes grupos ideológicos da base do governo. Qual seria o grau de convergência entre eles, pelo menos na agenda da diversidade sexual e de gênero? Com esta pesquisa, também se buscou compreender como um governo cujo líder era visto como antagônico à promoção dos Direitos Humanos abordou essa agenda nas suas relações internacionais. Por fim, questionamos quais as implicações deste estudo para pensar a agenda do ultraconservadorismo no período atual.

Para esta pesquisa, metodologicamente, focamos na atuação brasileira no sistema multilateral internacional, em particular na agenda de Direitos Humanos, que tem passado por transformações recentes em direção ao maior reconhecimento dos direitos da população LGBTI, em especial no Conselho de Direitos Humanos das Nações Unidas. Para analisar as posições brasileiras, acompanhamos, para além do trabalho diplomático oficial do Itamaraty sob a liderança de Ernesto Araújo e Carlos França, os discursos e ações de outros dois atores políticos particularmente relevantes para o período: o Ministério da Mulher, da Família e dos Direitos Humanos, sob a condução da pastora Damares Alves; e a atuação da Associação Nacional de Juristas Evangélicos (Anajure), grupo de interesse que defende a agenda evangélica em contextos jurídicos, como em disputas no STF.

Um dos espaços de maior atuação do governo Bolsonaro na agenda de direitos LGBTI foi o Conselho de Direitos Humanos das Nações Unidas (CDH), arena em que a diplomacia brasileira foi ativa tanto ante as acusações recebidas de violações no país quanto na promoção de normas internacionais de viés ultraconservador. Para essa análise, também levaremos em consideração as articulações junto a países em coalizões estabelecidas ao redor de agendas ultraconservadoras no campo dos costumes, como aquela conhecida como o Consenso de Genebra, em que se articularam defesas pela proteção da família dita "tradicional" e de valores "ocidentais". Esses atores foram escolhidos com base em suas posições públicas em questões que mobilizaram amplamente a opinião pública e que expuseram interesses e conflitos que, de outro modo, se dariam nos bastidores da política.

Para este estudo, seguimos uma metodologia de *process tracing*. De acordo com essa metodologia, a utilização dos estudos de caso permite analisar aspectos do fenômeno estudado a partir de eventos determinados e tem por objetivo desenvolver explicações para um determinado padrão que se desenvolve em um determinado período de tempo com um resultado específico (Vennesson, 2008). Como referencial metodológico também foi utilizada a análise de conteúdo de discurso das declarações públicas de atores políticos (Bardin, 2011).

Este capítulo está dividido em quatro partes. De início, resgatamos como a política externa brasileira dos últimos governos lidou com a agenda internacional de direitos LGBTI. Em seguida, após realizarmos um panorama da política externa do governo Bolsonaro, nos detemos nas principais ações e discursos da diplomacia brasileira do período nessa agenda. A seção subsequente oferece quatro reflexões resultantes deste estudo, seguidas pelas considerações finais do trabalho.

O Brasil e a Agenda Internacional dos Direitos LGBTI

O processo de consolidação do atual sistema internacional de Direitos Humanos a partir da segunda metade do século XX teve como um dos seus principais paradigmas evitar a repetição das atrocidades cometidas no contexto da ascensão do fascismo na Europa. A criação da Organização das Nações Unidas em 1945, organização internacional voltada para a estabilidade da ordem internacional e para promoção dos Direitos Humanos, fortemente influenciados por uma perspectiva liberal, marcou o fim da Segunda Guerra Mundial[45]. A consolidação do atual sistema internacional

---

[45] Os Direitos Humanos estão expressos já no preâmbulo da Carta da ONU, diretamente relacionados a dois de seus quatro principais objetivos: (1) "reafirmar a fé nos direitos fundamentais do homem, na dignidade e no valor do ser humano, na igualdade de direito dos homens e das mulheres, assim como das nações grandes e pequenas" e (2) "promover o progresso social e melhores condições de vida dentro de uma liberdade ampla". O mesmo documento, em seu Artigo 1.º, define como um de seus quatro propósitos "conseguir uma cooperação internacional para resolver os problemas internacionais de caráter econômico, social, cultural ou humanitário, e para promover e estimular o respeito aos Direitos Humanos e às liberdades fundamentais para todos, sem distinção de raça, sexo, língua ou religião".

de Direitos Humanos (composto por um conjunto de instrumentos legais, tratados, organizações e mecanismos criados para promover e proteger os Direitos Humanos em nível global) materializa a tentativa multilateral de construção de patamares comuns a serem compartilhados pelos atores internacionais para a garantia e promoção da dignidade humana. Se num primeiro momento observou-se a busca pela garantia de direitos num viés de universalização, ao longo das décadas seguintes os debates ampliaram-se para a garantia de direitos de grupos sociais específicos (Trindade, 1993; Trindade, 2006). Nesse contexto, no âmbito da ONU, foram elaboradas convenções específicas como a Convenção Internacional sobre a Eliminação de Todas as Formas de Discriminação Racial (1965) e a Convenção sobre Todas as Formas de Discriminação Contra a Mulher (1979).

A agenda internacional dos Direitos Humanos tampouco esteve livre de disputas políticas ou ideológicas e o período da Guerra Fria foi marcado por clivagens, em especial entre o Ocidente e países em desenvolvimento. Os Direitos Humanos tornaram-se objeto de disputa propagandística, tornando os consensos menos prováveis e aumentando o grau de politização e as recriminações mútuas. "A dimensão ideológica desse conflito possui interesse particular para o estudo do sistema internacional de direitos humanos, uma vez que era antes de tudo na esfera dos valores que o debate sobre a natureza e a implementação dos direitos se inseria" (Belli, 2009, p. 57). Nesse contexto é que apenas a partir dos anos 1990 inicia-se o debate no âmbito da ONU a respeito dos direitos sexuais e reprodutivos e também dos direitos LGBTI. Destaca-se a Conferência de Pequim sobre o Direito das Mulheres de 1995, em que a temática foi trazida por influência de ativistas e movimentos sociais. A Comissão de Direitos Humanos da ONU (posteriormente refundada como Conselho de Direitos Humanos) tornou-se um dos mais importantes palcos da luta pela dignidade LGBTI em âmbito transnacional (Corrêa, 2009).

A agenda de Direitos Humanos desde sua consolidação vem sendo marcada pela clivagem Norte-Sul, e isso não é diferente no que se refere aos direitos LGBTI. Ainda assim, ressalte-se que as diferenças de perspectivas e garantias de direitos não significa que países do Norte são referência na proteção de direitos, nem que os países do Sul são atores passivos ou algozes da diversidade de orientação e identidade sexual. Ao contrário, essa agenda também é marcada pelo protagonismo de potências democráticas do Sul, como têm sido os casos de Brasil, África do Sul (Carvalho, 2021b; Klein, 2021) e outros países da América Latina.

Nos últimos anos, a proteção e promoção dos direitos LGBTI têm sido minadas pelo crescimento de posições ultraconservadoras e antidemocráticas, em boa parte baseadas no discurso de promoção de um ideal de "família tradicional" e de ataque às questões de gênero e sexualidade, como é o caso dos governos da Hungria, da Polônia, e também dos Estados Unidos sob a administração Donald Trump. Após a eleição de Joe Biden para a presidência dos Estados Unidos, lideranças ultraconservadoras têm conseguido avançar em legislações subnacionais do país para restringir direitos LGBTI, em particular das pessoas travestis e transexuais (Caixeta, 2023).

No caso brasileiro, cabe destacar a relevante atuação do país na criação da ONU e, no período de redemocratização pós-ditadura militar nos anos 1980, o esforço na busca pela renovação das credenciais junto a organismos multilaterais de Direitos Humanos, como a ONU e a Organização dos Estados Americanos (OEA). A diplomacia brasileira tornou-se internacionalmente reconhecida pela tradição de multilateralismo e respeito ao direito internacional, com reconhecida atuação *inter pares*, particularmente a partir da década de 1990, como durante a Conferência de Viena de 1993 (Alves, 2001). Nesse sentido, a atuação do Ministério das Relações Exteriores (MRE) possuía uma clara linha de atuação no campo dos Direitos Humanos, e a atuação multilateral na agenda LGBTI é caudatária das ideias e práticas alinhadas com os Direitos Humanos (Nogueira, 2017).

Desde o governo Fernando Henrique Cardoso até o governo Dilma Rousseff diversas políticas públicas foram desenvolvidas com o objetivo de reconhecer a cidadania das pessoas LGBTI sob diversos aspectos, como a educação contra discriminação, combate à violência, reconhecimento da união entre pessoas do mesmo sexo e desenvolvimento de políticas específicas para a diminuição da discriminação social no Brasil (Carvalho, 2022). A partir da chegada ao poder de Michel Temer (2016) até o fim do governo de Jair Bolsonaro em 2022, porém, observou-se um recrudescimento de posições ultraconservadoras e antidemocráticas que, a exemplo do que acontece na Europa e nos Estados Unidos, têm como um de seus principais alvos a agenda de direitos LGBTI (Carvalho, 2021a). Cabe destacar também que no caso brasileiro boa parte do reconhecimento de direitos até aqui aconteceu pelo Poder Judiciário, enquanto desde o processo de redemocratização o Poder Legislativo permanece inerte na adequação do arcabouço jurídico normativo brasileiro em direção ao reconhecimento das pessoas LGBTI como sujeitos de direitos, a despeito de inúmeros projetos de lei já apresentados e arquivados posteriormente (Carvalho, 2022).

Ainda na perspectiva do Poder Executivo, cabe destacar a intensa atuação da diplomacia brasileira em conjunto com os movimentos sociais para o reconhecimento dos direitos LGBTI enquanto Direitos Humanos, tanto no âmbito regional na OEA quanto no âmbito global na ONU (Alves, 2001). O governo brasileiro teve atuação crescentemente progressista nessa agenda, tendo inclusive proposto em 2003 à antiga Comissão de Direitos Humanos uma resolução de combate à discriminação com base na orientação sexual, a primeira proposta já feita na temática. Em 2008, o país se juntou a outros Estados na criação do Grupo Central LGBTI, uma coalizão informal de países na ONU em prol da agenda. O período até o final do governo Dilma Rousseff é compreendido pelas pesquisas acadêmicas como de crescente comprometimento em prol dos direitos LGBTI na política externa, ainda que a identidade no âmbito internacional fosse mais progressista do que no nível doméstico.

Não obstante os progressos recentes, a realidade da população LGBTI ainda é marcada por graves violações à sua dignidade. As diversas formas de violências tornam-se ainda mais severas no caso das vítimas de múltiplas vulnerabilidades sociais, como pessoas transgêneras, mulheres cisgêneras e pessoas negras (Nogueira; Sayonara, 2021). Como veremos no próximo item, o governo Jair Bolsonaro se insere em um contexto de crescente polarização política tanto no Brasil quanto no exterior, com mobilização de atores da sociedade civil tanto na promoção de direitos (ativistas, ONGs e movimentos sociais) quanto pela sua negação, em especial grupos religiosos politicamente organizados.

Política externa do governo Bolsonaro na agenda de direitos LGBTI

Nesta seção, apresentaremos as principais ações e discursos da política externa do governo Jair Bolsonaro na agenda LGBTI. Para isso, iniciamos refletindo sobre as características gerais da diplomacia brasileira no período entre 2019 e 2022. Em seguida, analisaremos com mais atenção a política externa para os Direitos Humanos em geral, para, por fim, estabelecermos um panorama do que foi este período na agenda internacional de direitos sexuais e reprodutivos.

A política externa bolsonarista

As rupturas significativas na política externa implementadas pelo governo Jair Bolsonaro (2019-2022) representaram um grande desafio para os estudos acadêmicos (Veiga; Rios, 2020). Durante a campanha eleitoral, sua retórica sobre as relações internacionais se baseou na crítica à relação com a Venezuela e outros governos de esquerda na América Latina, na defesa do distanciamento em relação à China (o que foi materializado durante a campanha com uma visita a Taiwan, considerada uma província rebelde pelo governo chinês), na desconfiança em relação ao multilateralismo internacional e na aproximação junto aos governos de Estados Unidos e Israel (Casarões; Flemes, 2019).

No início do governo, o tom da política externa foi dado pelo chanceler Ernesto Araújo, que nas primeiras declarações públicas propunha uma aliança incondicional com o governo de Donald Trump nos Estados Unidos, visto como uma liderança para o Ocidente, região da qual o Brasil faria parte como uma nação cristã (Araújo, 2017). Os primeiros anos de governo foram marcados pelo rompimento com a tradição brasileira de pragmatismo[46] nas relações internacionais, comprometimento com o multilateralismo e com a busca por soluções pacíficas de controvérsias (Veiga; Rios, 2020). Em seus discursos públicos, Ernesto Araújo criticava o que percebia como tendências supranacionais e universalizantes do sistema internacional, que ameaçavam a soberania dos Estados. Caracterizou o conjunto desses valores nocivos como "marxismo cultural" ao que acusou de "promove[r] simultaneamente a diluição do gênero e do sentimento nacional" (2017, p. 339). Por isso, defendia que a política externa é também uma "luta cultural, civilizacional", inserindo a agenda da política externa nas guerras culturais domésticas travadas pelo governo internamente (Veiga; Rios, 2020).

As pesquisas iniciais sobre a política externa durante o período de Jair Bolsonaro têm apontado para uma combinação pouco homogênea entre interesses pragmáticos e ideológicos na condução das principais estratégias do governo. De acordo com Míriam Saraiva e Álvaro Costa Silva (2019), a orientação ideológica desse governo foi mais explícita durante a campanha eleitoral, quando se mencionavam temas como: a aproximação junto a Estados Unidos e Israel; o afastamento de países considerados de esquerda, como a China, e certas nações sul-americanas; e a rejeição ao multilateralismo. Por outro lado, grupos de apoio mais pragmáticos teriam se mobilizado para controlar as ações — e os impactos — da ala ideológica, freando medidas como o discurso agressivo em relação à China durante

---

[46] Nos referimos a uma postura pragmática em oposição a estratégias diplomáticas orientadas por valores ideológicos e pouco flexíveis diante da complexidade dos interesses brasileiros ou com a realidade do sistema internacional, em especial na escolha das alianças. Analistas tendem a apontar como exceções os momentos ideológicos, como foram os anos logo após a Segunda Guerra Mundial e o período imediatamente depois do Golpe de 1964 (Pinheiro, 2004).

a pandemia da Covid-19 e vetando a transferência da sede da embaixada brasileira em Israel de Tel Aviv para Jerusalém. Os atores pragmáticos mais influentes na política externa seriam as lideranças das Forças Armadas e os representantes do setor agropecuário. Por outro lado, os atores da ala ideológica seriam os chamados "olavistas", indivíduos influenciados pelo pensamento de Olavo de Carvalho, como o chanceler Ernesto Araújo e o deputado federal Eduardo Bolsonaro, além de grupos neopentecostais em menor medida (Saraiva; Costa Silva, 2019).

A identificação com grupos evangélicos conservadores foi importante durante a campanha presidencial de 2018 e também para a sustentação política durante o governo. A presença de setores religiosos influentes na política brasileira não é recente, mas a atuação específica de setores evangélicos tem crescido nas últimas décadas. Importantes lideranças evangélicas apoiaram os governos do PT (2003-2016), mas nos últimos anos setores importantes do movimento neopentecostal se aproximaram do governo Jair Bolsonaro, mobilizados em favor de uma agenda conservadora de costumes (visão tradicional da família, restrição ao direito ao aborto, combate à suposta sexualização da infância, controle da chamada "ideologia de gênero" etc.), de proteção à atividade religiosa (isenção de impostos, perdão de dívidas, apoio às comunidades terapêuticas etc.) e de uma noção difusa de meritocracia (às vezes referenciada pelos pesquisadores como Teologia da Prosperidade). Em relação à agenda de política externa, a influência dos setores evangélicos foi menos evidente, o que pode ser resultado da usual falta de transparência das políticas nesse âmbito. A pauta mais visível do grupo religioso na agenda internacional — a mudança da localização da embaixada brasileira em Israel — foi barrada pelo setor agropecuário. A proposta levaria o Estado brasileiro a assumir explicitamente um lado no conflito árabe-israelense, uma convergência entre judeus e evangélicos que também tem sido observada em setores ultraconservadores nos Estados Unidos[47].

Pesquisadores têm identificado mudanças na primazia dos grupos ideológicos durante o governo Bolsonaro. Até março de 2021, o Ministério das Relações Exteriores esteve sob o comando de Ernesto Araújo, cujas declarações públicas defendiam um viés isolacionista para o Brasil, desconfiado do multilateralismo internacional, a que ele definia como globalismo (Araújo,

---

[47] Nos Estados Unidos, o apoio ao governo de Israel por parte de cristãos evangélicos — definido como sionismo cristão — se dá ao redor de um discurso de fundo religioso, em que Deus permanentemente doou as terras de Israel e Jerusalém para o povo judeu e que o retorno de Jesus no fim do mundo depende da presença dos judeus em Israel. Por sua vez, o apoio dos grupos evangélicos brasileiros ao governo de Israel não foi suficientemente investigado, e pode ser uma mimetização do debate nos Estados Unidos (Bump, 2018; Bercito, 2019).

2017; Veiga; Rios, 2020). O chanceler apoiava suas ideologias políticas na obra do pensador Olavo de Carvalho e, em seus discursos, criticava o que entendia como tendências supranacionais e universalizantes que ameaçavam a soberania dos Estados. Em sua gestão, a política externa brasileira foi marcada por um viés messiânico de aproximação junto a governos não liberais de direita, como os Estados Unidos de Donald Trump e o Israel de Benjamin Netanyahu. Eixos da tradição diplomática brasileira de décadas, como a Cooperação Sul-Sul, passaram a ser entendidos como agendas "esquerdistas" do Partido dos Trabalhadores e combatidas.

Após este período, assumiu o posto de chanceler o diplomata Carlos França, o que para alguns analistas significou um retorno à normalidade, com o aumento da influência de setores pragmáticos sobre a política externa (Saraiva; Costa Silva, 2019; Lima; Albuquerque, 2022). França permaneceu no cargo até o fim do governo Bolsonaro. Pedro da Motta Veiga e Sandra Polónia Rios (2020) argumentam que as rupturas com a tradição tanto nas agendas econômica quanto política são marcas importantes da política externa do governo Jair Bolsonaro, mas que o pragmatismo acabou se impondo, em especial na agenda econômica, em que medidas como a abertura unilateral do comércio brasileiro ou o fim da Tarifa Comum do Mercosul não prosperaram.

Colocaremos em questão mais adiante esse ponto, quando analisarmos a trajetória da política externa na agenda LGBTI. Neste capítulo, analisamos qual a agenda da política externa brasileira diante da agenda de direitos da população LGBTI em um contexto de discriminação disseminada por amplos grupos conservadores de apoio ao governo, tanto por "olavistas" quanto por setores religiosos cristãos. A proposta de mudança da embaixada em Israel (que recebeu grande atenção por parte dos acadêmicos) permaneceu pouco tempo no debate público em comparação com a agenda de Direitos Humanos, que teve longa influência na construção da identidade religiosa-conservadora da política externa brasileira. Por isso, defendemos a centralidade da agenda de direitos LGBTI como um elemento definidor do perfil ultraconservador da política externa, capaz de unir diferentes grupos de apoio ao governo, e como um teste do grau de pragmatismo e continuidade que de fato ocorreu durante os quatro anos de governo. Como defenderemos mais adiante, a agenda internacional de Direitos Humanos ganhou grande importância no discurso diplomático brasileiro, em um contexto de um protagonismo incomum da pasta especializada na área, liderada pela advogada e pastora evangélica Damares Alves.

A Agenda LGBTI

É a partir desse panorama que o governo Jair Bolsonaro colocou a agenda internacional dos direitos sexuais e reprodutivos como uma de suas prioridades. A dita "luta pela família tradicional" ajudou a dar um senso de unidade entre os grupos que apoiaram seu governo e orientou ações importantes da agenda de política externa. Vejamos agora como se configurou a agenda mais ampla da política externa para o campo dos Direitos Humanos. Isso nos ajudará a estabelecer o perfil da atuação na agenda internacional LGBTI em seguida.

Em meio às dúvidas sobre como seria conduzida a agenda dos Direitos Humanos pelo governo recém-eleito, Jair Bolsonaro decidiu converter a antiga secretaria especial dedicada ao tema para um *status* ainda mais elevado, sob o nome de Ministério da Mulher, da Família e dos Direitos Humanos. Até março de 2022, essa pasta ficou sob o comando de Damares Alves, educadora, advogada e pastora evangélica com longa experiência na assessoria de parlamentares em temas ligados à pauta religiosa. Em palestras, Alves se define como jurista, sendo membro da Associação Nacional de Juristas Evangélicos (Anajure). Sua atuação à frente do Ministério se destacou pela afinidade com os interesses dos setores conservadores religiosos e pelo aberto discurso antiesquerda, o que fez dela um dos integrantes mais populares do governo (Cavalcanti, 2019).

Quando se afastou do Ministério, no início de 2022, analistas políticos especularam se tratar de uma estratégia para se candidatar a um cargo eletivo. Seu nome teria sido considerado inclusive para a vice-presidência na chapa de Bolsonaro. No mesmo período da resignação do cargo, filiou-se ao Republicanos, partido de direita com ligações com a Igreja Universal. Alves sugeriu publicamente a possibilidade de se candidatar como senadora e se tornar a primeira mulher presidente do Senado federal brasileiro pelo Distrito Federal. Apoiadora de primeira hora do governo Jair Bolsonaro, chegou a abrir mão temporariamente de sua candidatura para permitir arranjos dentro da coalizão de apoio ao presidente. Ao final, Alves foi eleita naquela eleição para um mandato de senadora representando o Distrito Federal. A atuação do Ministério de Direitos Humanos sob o comando de Damares foi marcada pelo apoio a políticas conservadoras, fortemente identificadas com o discurso de grupos evangélicos, como no apoio governamental às comunidades terapêuticas de acolhimento a usuários de drogas e em ações de restrição ao direito ao aborto (Teixeira; Barbosa, 2022).

A partir da análise da política externa do governo Bolsonaro para os Direitos Humanos, passamos a um panorama da agenda internacional para os direitos LGBTI. A política externa brasileira foi desde a redemocratização mais e mais comprometida com o regime internacional de Direitos Humanos, passando a ser percebida nos últimos anos como uma das mais progressistas também no reconhecimento dos direitos LGBTI, apesar do contexto doméstico tradicionalmente restritivo e conservador (Nogueira, 2017; Correa; Khanna, 2021; Rodrigues; Hernandez, 2020). A ascensão de um governo de agenda ultraconservadora colocou em questão o peso do fator inercial sobre a postura brasileira no campo dos Direitos Humanos, assim como a respeito da capacidade de ativistas e movimentos sociais em fazer pressão sobre esta agenda pública. São recentes as lutas pelo reconhecimento e proteção dos direitos da população LGBTI nos organismos multilaterais. A diplomacia do governo Bolsonaro, confirmando seu perfil conservador em outras pautas, foi atuante também na agenda internacional de direitos LGBTI no esforço de deslegitimar direitos e não reconhecer as múltiplas formas de violência a que essa parcela da população está exposta exclusivamente por sua orientação sexual, identidade ou expressão de gênero.

Nesse âmbito, teve destaque o ativismo do governo brasileiro em organismos multilaterais, em um contexto em que crescentemente redes de ativistas e movimentos sociais fazem uso de estratégias transnacionais para a promoção dos direitos LGBTI. A postura ativista na agenda de Direitos Humanos teve grande participação da pasta dos Direitos Humanos, que assumiu uma peculiar posição de liderança na postura internacional brasileira, em especial no Conselho de Direitos Humanos das Nações Unidas, o mais importante fórum internacional de debate e promoção dos Direitos Humanos em âmbito global. As reuniões no Conselho são conduzidas por diplomatas especificamente designados, porém a abertura dos trabalhos possui um momento para declarações de autoridades e, nos anos de 2019, 2020 e 2021, a delegação brasileira foi liderada pela ministra Damares Alves.

Em suas intervenções orais, ela abordou um amplo espectro de temas da agenda de Direitos Humanos, com destaque para a situação dos direitos civis em Cuba e Venezuela. Nas sessões de abertura dos trabalhos dos anos 2018 e 2019, a ministra Damares Alves representou a posição oficial brasileira e acompanhou os trabalhos de negociação. O tema dos direitos reprodutivos das mulheres, em particular na questão do aborto, também passou a ser parte importante na nova identidade internacional do país, como apresentaremos em detalhes a seguir. Nos discursos presidenciais, nas falas do ministro das Relações Exteriores e da ministra da Mulher, da Família e dos Direitos Humanos, os direitos das mulheres ao seu próprio corpo passaram a ser entendidos como graves ameaças aos direitos dos fetos.

Em seu discurso no dia 25 de fevereiro de 2019, Damares portava um crucifixo no pescoço. Afirmou que o Brasil seria laico, mas não "laicista", e que o país defende o direito à livre expressão religiosa. Falou da proteção à família, mas em temas menos polêmicos, como na redução da mortalidade infantil, promoção dos direitos dos povos indígenas e promoção da ética e da cidadania na educação. Durante os trabalhos regulares do Conselho, no dia 11 de julho de 2019, foi considerada a proposta A/HRC/41/L.6/Rev.1, a respeito do combate à discriminação contra meninas e mulheres. A medida foi explicada pela delegação do México sob o argumento de que a "liberdade sexual" é parte necessária para a aquisição da própria liberdade pelas mulheres. As mulheres teriam o direito de "controlar e escolher sua sexualidade" e que "nenhuma autonomia física deve ser limitada" (Chade, 2019a).

No momento da votação dessa resolução, Damares Alves já não estava na delegação. Ainda assim, os representantes brasileiros votaram contrariamente sob o argumento de que alguns conceitos do documento não estariam claramente definidos e por isso pediram sem sucesso pela sua remoção. Em declaração oral nas negociações, a representação brasileira afirmou: "Para o Brasil, o termo gênero é sinônimo de sexo, que deve ser compreendido como definido biologicamente como feminino e masculino". A visão restrita de sexo como sinônimo de gênero passaria a marcar o discurso dos representantes brasileiros. Além disso, os termos de "serviços de cuidados sexuais e reprodutivos" poderiam levar ao apoio inaceitável a políticas favoráveis ao aborto. "O governo brasileiro defende o direito à vida, desde a concepção". O governo reconhecia a importância das famílias na promoção e proteção de Direitos Humanos[48]. O jornalista Jamil Chade apurou que essa linha de argumentação havia sido inspirada no governo dos Estados Unidos, que pressionava o país desde março daquele ano a adotar posições ultraconservadoras em temas de direito sexual e reprodutivo (Chade, 2019b).

Em sessão do dia 12 de julho de 2019, o Brasil apoiou a extensão do mandato do relator independente para a proteção contra violência e discriminação baseada na orientação sexual e identidade de gênero. A postura progressista foi comemorada por ativistas e foi entendida por alguns

---

[48] O trecho do discurso citado na ocasião está disponível na plataforma de mídia das Nações Unidas por meio do site: https://media.un.org/en/asset/k19/k19un48t3t. Acesso em: 3 nov. 2023.

como um desvio da nova posição brasileira (Moazami, 2019). A postura foi um indício de resistência interna por parte da diplomacia brasileira – acostumada com a antiga tradição de promoção aos Direitos Humanos e ao multilateralismo – ante a força da guinada ultraconservadora exigida pela liderança do governo.

No dia 24 de fevereiro de 2020, no segmento dedicado à participação de autoridades, o Brasil foi representado mais uma vez pela ministra Damares Alves. Ela declarou que o país herdado pelo governo Bolsonaro estava cheio de corrupção e violência, "uma nação triste". Mas hoje, segundo ela, teríamos um "novo Brasil, uma nova nação", onde se preservava o direito à vida, o mais importante dos direitos: o país reduzira índices de homicídios e estupros e novas políticas buscavam proteger crianças, mulheres e indígenas. Dentro das atividades regulares das sessões, há o painel de alto nível para a consolidação dos Direitos Humanos (em inglês, *Annual high-level panel discussion on human rights mainstreaming*). Na edição de 2020, dedicada à celebração dos 30 anos da Convenção dos Direitos das Crianças, o Brasil também foi representado pela ministra Damares Alves, que apresentou um forte discurso em defesa do governo. Ao falar do enfrentamento à violência contra as crianças, a ministra reforçou que conhecia o tema por ter sido vítima de abuso e que por isso não falaria de uma posição teórica. Em sua agenda, a ministra também celebrou os 25 anos da Declaração de Pequim e da Plataforma de Ação, documentos históricos de proteção das mulheres. Segundo ela, o país estaria comprometido em proteger as mulheres, como expressado na consolidação da lei Maria da Penha e no combate ao feminicídio. A criação do Conselho da Amazônia foi citada como uma ferramenta de proteção dos direitos das mulheres daquela região, medida também citada como ação de proteção aos direitos dos indígenas.

Ao redor das reuniões nos organismos multilaterais, foram negociadas resoluções em prol dos direitos LGBTI ou então documentos de declaração conjunta (em que apenas os países interessados assumiam uma posição ante o tema). O novo governo brasileiro, revertendo posturas anteriores de engajamento favorável a essa estratégia, decidiu não apoiar mais documentos semelhantes. O país, por exemplo, decidiu por não aderir à declaração junto ao Conselho de Direitos Humanos da ONU com relação à autonomia corporal das pessoas intersexo. A declaração foi capitaneada pela Áustria, com apoio da França e de diversos países latino-americanos, como Argentina, Uruguai, Panamá, Chile, Costa Rica e México, em um total de 34 países (Chade, 2020). Este posicionamento por parte do Brasil alinhava-se com a proibição da utilização da categoria gênero em discussões diplomáticas e nos documentos institucionais do MRE. O jornalista Jamil Chade (2020) também destaca que na mesma semana em que o Brasil decidiu não aderir a essa declaração também decidiu não participar da iniciativa conjunta de cinquenta países com o objetivo de exercer pressão sobre o governo da Polônia em relação ao respeito aos direitos LGBTI naquele país.

Além da agenda multilateral, o país se tornou uma liderança em coalizões com outros países de governos ultraconservadores. O Brasil foi tratado como pária por grande parte dos países desenvolvidos, o que estimulou o governo Jair Bolsonaro a estabelecer alianças com lideranças que comungassem dos mesmos valores conservadores, como a Hungria de Viktor Orbán, a Polônia de Andrzej Duda e a Índia de Narendra Modi. Nos anos finais do governo, a aproximação também se deu junto a Alejandro Giammattei, presidente da Guatemala eleito com um discurso de uso da força contra a criminalidade e de promoção de valores cristãos. Essas alianças costumaram se dar ao redor da pauta ultraconservadora de costumes em temas como direitos sexuais e reprodutivos, promoção da liberdade de expressão etc.

Um exemplo significativo das alianças realizadas pelo Brasil na pauta dos costumes e que contou com a participação de Damares Alves foi a III Cúpula da Demografia em 2019, organizada por líderes políticos e religiosos em prol da visão tradicional de família e outros valores conservadores. No evento, a ministra afirmou que o Brasil "voltou a ser um país de família" e que os países deveriam se unir em uma aliança para promover esses valores. No ano seguinte, o governo brasileiro copatrocinou a Declaração do Consenso de Genebra junto com Estados Unidos, Egito, Hungria, Indonésia e Uganda, a qual foi acusada por ativistas de Direitos Humanos de ser "uma tentativa de erodir a estrutura global de direitos humanos", por reafirmar uma visão conservadora do papel das mulheres na família e pregar a proteção do direito à vida desde a concepção (Asano *et al.*, 2020).

O apoio de outros governos ultraconservadores foi importante, mas não fundamental para o posicionamento internacional brasileiro na agenda de direitos LGBTI. Afinal, a derrota de Donald Trump à eleição dos Estados Unidos não levou a mudanças significativas da posição brasileira nessa agenda (ainda que, como comentado anteriormente, tenha havido maior moderação em outras agendas, como na economia). O governo brasileiro continuou tentando assumir a liderança da agenda ultraconservadora global, em particular na promoção do que chamava de liberdade religiosa. O país se propôs a sediar o terceiro encontro da Aliança Internacional sobre Liberdade Religiosa, criada pelo governo norte-americano, e até o final do governo Bolsonaro, se organizou para receber refugiados vítimas de perseguição religiosa, com ênfase para cristãos.

A ministra Damares Alves foi frequente porta-voz oficial do governo brasileiro em eventos internacionais de caráter ultraconservador, promovendo valores cristãos e assumindo a liderança na agenda internacional brasileira após a saída do chanceler Ernesto Araújo, como no Congresso Iberoamericano Pela Vida e Pela Família, realizado em março de 2022[49]. Em seu discurso no evento, Damares Alves se apresentou como ministra, pastora pentescostal, educadora e mãe adotiva, além de antiga assessora jurídica de parlamentares, e atual representante de "um governo cristão e conservador" comprometido a falar com todos, "sem deixar ninguém para trás", incluindo pessoas com deficiência visual, para quem ela fez questão de fazer uma audiodescrição do evento. Bolsonaro seria, segundo ela, um presidente "pró-vida" e "pró-família" liderando um governo "perseguido e às vezes incompreendido" pelos veículos de comunicação, pelo Congresso Nacional e pela esquerda e que representa "um projeto de Deus para a nação [brasileira]".

Damares criticou em seu discurso o argumento de que a pauta dos Direitos Humanos seria da esquerda. Recusou as críticas de que seria "transfóbica, homofóbica e antimulheres". Para ela, com o resultado de três anos de trabalho, passou a ser a ministra "mais bonita, mais amada e mais popular do Brasil". Uma pauta conservadora pró-vida e pró-família não significava ser contra mulheres, LGBTs ou religiões, mas cuidar dos "cordeiros", como Jesus teria pedido a Pedro. O estupro de que foi vítima na infância a impediu de gerar filhos em seu corpo, mas "Deus lhe deu todas as crianças do Brasil [para cuidar]". Durante o discurso, citou "mais de trinta políticas" do governo Bolsonaro de proteção às mulheres, "sem radicalismos". Ao final, a ministra ainda afirmou que um governo cristão e conservador também é a favor da pauta LGBT: deu o exemplo das travestis (a quem se referiu no feminino), reconhecendo que sofriam na rua a pior das violências contra LGBTs, e que seu Ministério teria focado na formação e capacitação para que essas pessoas não precisassem recorrer à prostituição. Esse seria um recurso financeiro bem empregado, ao contrário daqueles destinados à "marcha gay" e à "pauta gay".

---

[49] A fala de Damares Alves no evento está disponível integralmente pelo *link*: https://www.youtube.com/watch?v=TjFoZ4vyRXY. Acesso em: 30 de out. 2023.

O tema da identidade e expressão de gênero foi outra agenda em disputa tanto domesticamente quanto no âmbito global. No início do governo, representantes diplomáticos se aproveitaram da falta de controle para avançar posturas oficiais brasileiras em fóruns multilaterais na promoção da agenda LGBTI, em particular na diferenciação entre sexo e gênero. Essa postura, que indicava resistência e divergência no corpo diplomático em relação às diretrizes do novo governo, sofreu um forte revés quando o Ministério proibiu por meio de atos administrativos a utilização da categoria gênero nas negociações internacionais, como comentamos anteriormente em relação à reunião do dia 12 de julho de 2019 no Conselho de Direitos Humanos. O MRE instruíra diretamente as representações em Genebra e em Washington para que, em negociações realizadas em foros multilaterais, o termo "gênero" fosse utilizado com o objetivo de se referir exclusivamente a sexo biológico (masculino ou feminino).

As determinações do governo foram divulgadas em reportagem do jornal *Folha de S. Paulo* (2019) e foram alvo de questionamentos tanto por parte de parlamentares de esquerda na Câmara dos Deputados quanto em ação (Reclamação RCL 37.231) junto ao Supremo Tribunal Federal ajuizada pela Associação Brasileira de Gays, Lésbicas e Transgêneros (ABGLT). Para a entidade, a orientação do MRE se opunha à decisão do STF na Ação Direta de Inconstitucionalidade 4.275, em que fora reconhecida às pessoas travestis e transexuais a possibilidade de alteração de nome e gênero no registro civil, sem necessidade da realização de procedimento cirúrgico de redesignação sexual. De acordo com a ABGLT, neste julgamento o STF reconheceu o gênero como um direito individual e pessoal, cabendo ao Estado apenas o seu reconhecimento. Atores da sociedade civil também atuaram em prol da medida do governo, como foi o caso da Anajure, que requereu ingresso como *amicus curiae* na Reclamação RCL 37.231. Em nota[50], a entidade afirmava:

> Em nosso pedido de ingresso como *Amicus Curiae*, demonstramos, mais uma vez, as lacunas e incongruências das teorias de gênero. Além disso, expusemos que a orientação atual do MRE não inovou ao tratar da temática de gênero, visto que, conforme identificado em Resenhas de Política Exterior do Brasil, o Itamaraty já se manifestava a respeito da matéria em governos anteriores. O que ocorreu foi uma mudança na abordagem da matéria, com a rejeição dos preceitos das

---

[50] Documento disponível em: https://anajure.org.br/anajure-informa-sobre-votacao-virtual-da-adpf-457-e-da-rcl-37231-relativas-a-tematica-de-genero-e-reafirma-sua-posicao/. Acesso em: 6 nov. 2023.

> teorias de gênero e a reafirmação do sentido que relaciona o gênero ao sexo biológico, feminino e masculino. Sustentamos, por fim, a preservação da autonomia do MRE para estabelecer suas diretrizes de atuação.

O relator da ação no Superior Tribunal Federal, ministro Gilmar Mendes, negou seguimento ao pedido de *amicus curiae* apresentado pela Anajure. A corte decidiu por não dar prosseguimento ao pleito da sociedade civil.

A partir do estudo dos atos e discursos da política externa durante o governo Jair Bolsonaro no campo dos direitos LGBTI, abordaremos na próxima sessão como esses eventos podem contribuir para nossa reflexão sobre a relação entre o processo decisório em política externa e a agenda ultraconservadora em Direitos Humanos.

Características específicas da Agenda Internacional LGBTI na PEB de Bolsonaro

A partir da análise descritiva da agenda de política externa brasileira para os direitos LGBTI durante o governo Bolsonaro, elencamos quatro reflexões sobre essa agenda que singularizam essa gestão perante os governos brasileiros anteriores.

Processo decisório em política externa

A política externa brasileira foi tradicionalmente marcada pela forte autonomia do MRE na formulação da agenda e definição de estratégias. Nas últimas décadas, porém, a primazia do Itamaraty passou a ser disputada por outros atores, tanto fora quanto dentro da burocracia. Estudos recentes vêm demonstrando o desafio que é a coordenação de agendas como educação ou Direitos Humanos na política externa do país, tanto para a definição dos interesses prioritários brasileiros quanto para a construção de consensos a respeito da identidade internacional do país (Pinheiro; Milani, 2012).

O estudo de como foi operada a agenda de política externa em direitos LGBTI nos permite entender como o período do governo Jair Bolsonaro se coloca diante desses processos de mais longo prazo. Percebemos que a política externa do período não esteve imune a arranjos burocráticos novos para a condução da diplomacia. Em uma estrutura centralizadora e verticalizada como a da pasta de Relações Exteriores, parte importante da agenda esteve sob a condução direta de Ernesto Araújo. Como destaca Miguel (2022), a indicação de Araújo para o cargo de ministro representou a influência do pensamento de Olavo de Carvalho na agenda de política externa. Isso estava expresso em discursos públicos do chanceler nas suas críticas a um pretenso "globalismo" e "climatismo". Globalismo e climatismo podem ser entendidos como posturas reacionárias que buscam ressignificar ou mesmo negar o papel das instituições multilaterais e, especificamente, pelo ataque a determinados temas, como a agenda de direitos sexuais e reprodutivos, LGBTI e mudanças climáticas, seja pela tentativa de ressignificação de conceitos e valores, seja por meio de posturas negacionistas e divulgação de *fake news*. Nesse cenário, a gestão de Araújo à frente do MRE representou uma convergência com importantes pautas da nova direita mundial, como a busca pela redefinição das discussões sobre mudanças climáticas, o papel de organizações internacionais como a ONU no sistema internacional, assim como uma reinterpretação conservadora da agenda dos Direitos Humanos, particularmente em temas ligados ao comportamento, como liberdade religiosa, sistema prisional e direitos LGBTI.

A primazia do MRE, porém, não foi integral, como se pode ver por meio da liderança na agenda internacional para os Direitos Humanos por parte da então ministra Damares Alves, a quem poderíamos definir como uma espécie de "segunda chanceler" do país, uma vez que ela vocalizava posições oficiais do Brasil em temas como Direitos Humanos e alianças transnacionais com países e entidades conservadoras. Sob sua liderança, o Ministério da Mulher, da Família e dos Direitos Humanos teve atuação engajada em encontros de organismos multilaterais de proteção aos Direitos Humanos, em particular em prol de pautas conservadoras de costumes, como a proteção da visão tradicional de família (constituída de homem, mulher e filhos) e da restrição aos direitos sexuais e reprodutivos das mulheres, em especial no que se refere ao aborto.

Na análise do período apresentada na seção anterior, a atuação de atores da sociedade civil também chama a atenção. No campo dos Direitos Humanos, é incomum observar a atuação de atores não estatais de perfil conservador (com a possível exceção da Igreja Católica e da Confederação Nacional dos Bispos do Brasil). Na agenda internacional de direitos LGBTI teve destaque não apenas a atuação de entidades progressistas (como já comentamos a decisão da ABGLT em interpelar o governo brasileiro judicialmente), mas também se destaca a iniciativa da Anajure em defender bandeiras ultraconservadoras. A entidade é um ator de destaque na construção da pauta conservadora evangélica, tendo influenciado a agenda de política externa do governo Bolsonaro.

A ideia de uma associação de juristas evangélicos surgiu em 2007 pelos advogados calvinistas Uziel Santana, Ênio Araújo e Valter Vandilson com o objetivo de subsidiar a bancada evangélica no Congresso Nacional. A Anajure foi fundada em 2012, em cerimônia na Câmara dos Deputados com a presença de parlamentares evangélicos, como Magno Malta (PR-ES) e Arolde de Oliveira (PSD-RJ). Na ocasião, a assessora jurídica da Frente Parlamentar Evangélica, Damares Alves, assumiu a diretoria de Assuntos Legislativos da associação (MAZZA, 2020). Desde então, a Anajure tem pautado sua atuação tanto na agenda doméstica quanto na política externa. No plano doméstico, participou no papel de *amicus curiae*[51] nas discussões no STF a respeito da Ação Direta de Inconstitucionalidade por Omissão n.º 26 ao redor da criminalização da homofobia[52]. Sua participação foi feita em prol dos entendimentos da Frente Parlamentar Mista da Família e Apoio à Vida e da Convenção Brasileira das Igrejas Evangélicas Irmãos Menonitas (Cobim) (Supremo Tribunal Federal, 2013, p. 9). No julgamento, o então Advogado Geral da União, André Mendonça, declaradamente evangélico, manifestou-se contrário à criminalização da homofobia e da transfobia. Logo depois, Mendonça foi indicado pelo presidente da República ao cargo de ministro do STF numa das vagas prometidas para alguém "terrivelmente evangélico", nas palavras de Bolsonaro (Furoni, 2021). O então advogado representante da Anajure enfatizou várias vezes em sua declaração o risco à liberdade religiosa[53] que a criminalização da homofobia ocasionava. No entanto, essa incidência não foi um ato pontual. Como observa Mazza (2020), em 2020 a entidade aguardava ainda para ser admitida como *amicus curiae* em pelo menos outras nove ações em temas como aborto, obrigatoriedade de Bíblia nas escolas etc. A Anajure já era mais ativa do que a Conferência Nacional dos Bispos do Brasil (CNBB), que até aquele momento somente havia sido admitida como *amicus curiae* em nove ações no STF.

A Anajure tem buscado atuar também em temas de política externa junto a organizações internacionais, como a Organização dos Estados Americanos (OEA) e a ONU. No âmbito das Nações Unidas, a Anajure solicitou

---

[51] De acordo com o direito brasileiro, é facultada a inclusão de algumas organizações e instituições em ações judiciais por meio da figura do *amicus curiae* "ou amigo da corte", na medida em que demonstrem interesse na ação em julgamento no âmbito do Poder Judiciário.

[52] Os documentos do processo estão disponíveis no site do tribunal por meio do *link*: https://portal.stf.jus.br/noticias/verNoticiaDetalhe.asp?idConteudo=423925#:~:text=O%20ministro%20Celso%20de%20Mello%2C%20relator%20da%20A%C3%A7%C3%A3o,que%20o%20Parlamento%20edite%20lei%20sobre%20a%20mat%C3%A9ria. Acesso em: 27 jul. 2023.

[53] A gravação da sustentação oral está disponível por meio do seguinte site: https://www.youtube.com/watch?v=YaTmJfSedLc. Acesso em: 26 jul. 2022.

status consultivo em 2017, mas ainda não teve o seu pedido deferido (Chade, 2021). O governo da Nicarágua questionou a estrutura das contas da entidade e o governo de Cuba solicitou esclarecimentos acerca das relações entre a entidade e o governo brasileiro, em particular junto ao MRE. A Anajure demonstrara apoio à política externa do então chanceler Ernesto Araújo (com destaque para a agenda de gênero, direitos reprodutivos e educação sexual), assim como apoio à então ministra Damares Alves, ela mesma um de seus membros. Como reportou o jornalista Jamil Chade:

> Neste ano, a Anajure ainda fechou um acordo com a pasta de Direitos Humanos de Damares Alves para lançar um "canal de denúncia para violações de direitos humanos na pandemia". A entidade também anunciou que iria acompanhar propostas legislativas que tramitam no Congresso Nacional. "Gostaria que a Anajure redobrasse a atenção nas pautas que estão sendo expostas lá. A oposição é inteligente e articulada", disse a ministra (Chade, 2021).

Convergências entre as alas ideológicas do governo

Ao longo do processo eleitoral para a Presidência da República, evidenciaram-se as diferenças ideológicas entre os projetos dos candidatos Jair Bolsonaro (então PSL) e Fernando Haddad (PT). Entre os principais tópicos de divergência na agenda de política externa por parte de Jair Bolsonaro estavam a visita a Taiwan e as promessas de transferir a embaixada brasileira em Israel de Tel Aviv para Jerusalém, com o intuito de agradar o eleitorado evangélico neopentecostal. Com o novo governo, houve uma tensão apontada por Saraiva e Silva (2019) entre pragmatismo e ideologia na condução da política externa.

Entre os atores vinculados à ala ideológica, estão os olavistas, nome dado a quem seguiria as ideias do pensador Olavo de Carvalho, caso do chanceler Ernesto Araújo, do deputado federal Eduardo Bolsonaro e Felipe Martins, assessor de Relações Internacionais da Presidência da República. Saraiva e Silva (2019) também identificam nesse grupo os atores evangélicos neopentecostais que compartilham afinidades com os demais membros ideológicos, como a defesa da transferência da representação diplomática brasileira da embaixada de Tel Aviv para Jerusalém.

Essa ala ideológica teve influência significativa na política externa, especialmente sob a atuação de Ernesto Araújo. Araújo pregou o alinhamento junto aos Estados Unidos do governo Trump, opondo-se ao que percebia como o avanço do globalismo. Felipe Martins, por sua vez, era um crítico fervoroso dos foros multilaterais, que estariam, segundo ele, em contraposição aos interesses nacionais. No âmbito burocrático, a ala ideológica também teria tido influência no Instituto Rio Branco, com a reorganização do currículo do curso preparatório do corpo diplomático (Saraiva; Silva, 2019).

Os mesmos pesquisadores destacam outros atores influentes no processo decisório da política externa brasileira. Parte deles podem ser identificados como membros da ala mais pragmática do governo, composta por membros das Forças Armadas, da Câmara dos Deputados e de atores ligados ao setor agropecuário, cujos interesses são diretamente impactados por ações impulsionadas pela ala ideológica. Um exemplo dessa dinâmica foi a questão da transferência da sede da embaixada brasileira de Tel Aviv para Jerusalém. A proposta gerou repercussões negativas entre países do Oriente Médio, como o cancelamento de uma visita de vinte empresários brasileiros ao Egito logo após declarações de Bolsonaro favoráveis a Israel. Para conter os danos, foi oferecido um jantar a embaixadores de países árabes pela ministra da Agricultura, Teresa Cristina, uma das lideranças da ala pragmática preocupadas com a manutenção do mercado do Oriente Médio para as exportações brasileiras de carne de frango.

Outra medida que reflete as ações da ala mais pragmática foi a posição do vice-presidente Hamilton Mourão em relação à autorização do grupo Huawei de oferecer tecnologia de comunicação 5G no Brasil, em contraste com a pressão norte-americana do governo Donald Trump, que pressionava por sua proibição. A ala pragmática também teria sido importante para conter a crise da Igreja Universal do Reino de Deus, que foi expulsa de Angola, por meio da visita do vice-presidente Mourão a Luanda (Portal UOL Online, 2021).

No contexto das tensões internas do governo Bolsonaro, os mesmos autores identificam momentos em que a ala pragmática conseguiu conter os impactos negativos das ações de setores ideológicos. Na questão da agenda de direitos LGBTI da política externa, notamos uma convergência entre diferentes grupos ideológicos, como olavistas e evangélicos neopentecostais. No caso específico do Brasil, a ausência de tensões públicas por parte do governo mostra que setores pragmáticos e ideológicos não tinham divergências de interesses profundos no que se refere à agenda internacional de direitos LGBTI.

Os Direitos Humanos como agenda ativa

Por seu perfil pouco democrático, era de se esperar que a política externa do governo Bolsonaro fosse adotar postura retraída e defensiva em relação ao sistema internacional de Direitos Humanos, uma vez que dali poderiam ser gerados constrangimentos e críticas. Foi o que adotou o governo brasileiro durante o regime instaurado pela ditadura em 1964, que, por meio da busca da autonomia pela distância (na famosa expressão cunhada por Gelson Fonseca), se afastou dos grandes debates multilaterais do período, como nos campos dos Direitos Humanos e meio ambiente (Fonseca Jr., 2004; Belli, 2009). Desde a redemocratização, porém, os sucessivos governos brasileiros vieram se aprofundando nas agendas multilaterais que passaram a ser crescentemente compreendidas como oportunidade para o aumento da margem de manobra internacional do país. Essa tendência também significou um esforço em transformar o país em um *rule maker* no sistema internacional, intenção que atingiu seu ápice nas duas primeiras administrações Lula da Silva (2003-2010). Isso aconteceu sem negar o caráter injusto da ordem internacional, crítica que seria um traço distintivo do discurso diplomático brasileiro das últimas décadas, ciente dos malefícios que a concentração desigual de poder no sistema internacional causa ao país (Parolas, 2007).

Com sua crítica ao multilateralismo onusiano durante o período eleitoral, havia dúvidas de como a diplomacia do novo governo iria atuar em agendas em que tradicionalmente o país conseguia voz e influência. Ao contrário de se afastar de tais fóruns, o novo governo brasileiro optou por adotar posições ativas no âmbito multilateral, buscando rebater críticas e promover agendas mais afinadas aos grupos sociais conservadores da sua base de apoio. Houve alteração em posturas tradicionais brasileiras na agenda, particularmente no campo dos direitos sexuais e reprodutivos (que englobam a luta pelo direito ao aborto, educação sexual, proteção a trabalhadores do sexo e reconhecimento dos direitos LGBTI). Esses novos entendimentos foram promovidos tanto por meio da atuação nos tradicionais organismos multilaterais quanto em coalizões junto a outros países de governo ultraconservador.

O novo governo Jair Bolsonaro, estabelecido em bases ultraconservadoras, optou por um entendimento a respeito do sistema internacional de Direitos Humanos que não significou a negação da sua existência ou relevância. Tampouco houve abandono das organizações internacionais nas quais o sistema internacional de Direitos Humanos opera. Ao contrário, houve a escolha por uma *política externa ativa* para essa agenda, promotora de uma liderança brasileira de valores conservadores no campo dos direitos das mulheres, da população LGBTI e da democracia em geral. A partir da análise dos discursos oficiais brasileiros no campo, observa-se a defesa de entendimentos ultraconservadores dos Direitos Humanos e do controle de iniciativas progressistas nos fóruns internacionais. Em termos retóricos, operadores da política externa chegaram ao extremo de afirmar que seria Jair Bolsonaro o verdadeiro defensor dos Direitos Humanos, como expresso por Damares Alves[54].

Em um contexto internacional de crise democrática e ascensão de governos autoritários de direita pelo mundo, a pauta LGBTI ganhou visibilidade nas disputas políticas tanto em âmbito doméstico quanto internacional. Se, no passado, parte das demandas por direitos da população LGBTI eram vocalizadas por meio dos canais disponíveis no sistema político doméstico, cada vez mais essa mobilização tem assumido um perfil transnacional com ativistas e movimentos sociais atuando por meio de redes globais, o que frequentemente é visível nas ações de constrangimento dos Estados em organismos multilaterais. Desde os anos 1990, alguns países passaram a se comportar como empreendedores normativos na agenda internacional LGBTI, alguns deles do Sul, como a África do Sul. Um dos espaços de discussão dessa temática foi o Conselho de Direitos Humanos das Nações Unidas, o mais importante fórum internacional de debate e promoção dos Direitos Humanos em âmbito global, cujos países-membros são eleitos para mandatos de três anos[55]. O governo Jair Bolsonaro decidiu concorrer a uma das vagas, sendo eleito para o período de 2020 a 2022.

A vaga conquistada serviu de plataforma para o governo brasileiro justificar medidas restritivas e barrar o avanço da pressão internacional em prol de direitos à população LGBTI. A partir desse novo entendimento, os diplomatas representantes brasileiros em organismos multilaterais passaram a repetir argumentos como a inexistência da diferença entre gênero e sexo, ou mais genericamente a garantir à opinião pública internacional as bases democráticas do governo Bolsonaro. Em alguns momentos, isso significou uma alteração significativa na identidade internacional do país

---

[54] Essa postura aproximou o Brasil de outros países vítimas da ascensão emergente da nova direita autoritária, assim como de países tradicionalmente conservadores no campo dos Direitos Humanos.

[55] Nossa pesquisa se focou na atuação no Conselho de Direitos Humanos das Nações Unidas, mas reconhecemos que novas pesquisas se beneficiarão ao incluir as articulações de âmbito regional, como na Corte Interamericana de Direitos Humanos, destacado fórum de disputas pelos direitos LGBTI.

e diplomatas experientes passaram a defender publicamente argumentos aos quais antes, ao representarem outros governos, haviam se posicionado contrariamente. A força desta inflexão ficou evidente no episódio em que o ex-deputado federal Jean Wyllys participou de um evento das Nações Unidas como representante da sociedade civil para pensar o estado da proteção dos Direitos Humanos no Brasil no contexto dos desastres de Brumadinho, do assassinato da vereadora Marielle Franco e de denúncias de graves violações dos Direitos Humanos dos povos indígenas. Willys decidiu abandonar o mandato parlamentar e se autoexilar como medida de proteção após receber ameaças de morte no contexto de ascensão do bolsonarismo. No evento, o ex-deputado acusou a ligação do governo Bolsonaro com o crime organizado e denunciou o crescimento do autoritarismo no Brasil. A embaixadora do Brasil na ONU em Genebra, Maria Nazareth Farani Azevedo, que esteve ausente no início da intervenção de Jean Wyllys e nas demais reuniões precedentes, teria entrado na sala durante os pronunciamentos e, pedindo a palavra, teria declarado, segundo relato do jornalista Jamil Chade, que

> "Bolsonaro não abandonou o Brasil, mesmo depois de ter levado uma tentativa real de tirar sua vida", disse. Segundo ela, Bolsonaro estaria "trabalhando duro". "Mas essa é a era de *fake news* e cabe a nós, pessoas sérias, esclarecer", afirmou. "[Bolsonaro] Não é um criminoso e seu governo não é uma organização criminosa", insistiu a embaixadora, que ainda esclareceu que Bolsonaro "não é racista, fascista ou autoritário". "Ele não cuspiu na cara da democracia", disse a embaixadora, numa referência aos incidentes no dia do impeachment de Dilma Rousseff e sem mencionar que Bolsonaro teria elogiado um torturador. "Ele escolheu os votos, a eleição e o diálogo" (Chade, 2019c).

Informações de bastidores apontam que a postura incisiva da embaixadora levou o presidente Bolsonaro a telefonar-lhe para agradecer pelo enfrentamento ao ex-deputado Jean Wyllys (Chade, 2019b). A medida de Bolsonaro, incomum na rotina diplomática brasileira, também tornou visível os desafios com que a burocracia lidou para operar uma nova agenda de política externa que declaradamente buscava superar a tradição até então prevalecente. Estudos ainda estão em curso para entender o grau de resistência por parte da burocracia do Itamaraty ante decisões da cúpula do governo Bolsonaro e mapear as situações em que o discurso de "apenas cumprir ordens superiores" foi levado à risca, mesmo em posturas questionáveis em termos democráticos (Lotta *et al.*, 2023).

Crise das democracias, neoliberalismo e avanço do ultraconservadorismo

Em seu estudo sobre a atual fase do conservadorismo, Wendy Brown (2019) fez uma contribuição original ao relacionar o neoliberalismo com o avanço do que define como neoconservadorismo numa perspectiva global. Brown aponta que os valores fundamentais do neoliberalismo, como a ideia de liberdade e livre mercado por meio da globalização, não são necessariamente incompatíveis ou contraditórios com uma ideia de moral tradicional fundamentada no cristianismo e no nacionalismo. A convergência entre o neoconservadorismo e o neoliberalismo teria como objetivo atacar diretamente as políticas e instituições associadas ao Estado de Bem-Estar Social. Assim, os valores neoliberais estão relacionados diretamente aos ataques à diversidade sexual e de gênero, à laicidade e ao campo político num contexto democrático. Portanto, na visão de Brown, o neoliberalismo transcende as perspectivas puramente econômicas e assume a forma de um sistema de valores que se enraíza no âmbito das democracias liberais. Essa interseção entre ideologia econômica e valores sociais desempenha um papel significativo na compreensão do avanço da nova direita em âmbito global, constituindo-se como um aspecto importante do estudo das dinâmicas políticas contemporâneas.

A compreensão de Brown é relevante para a compreensão da interação entre as crises das democracias, a intensificação do neoliberalismo e o surgimento de novas formas de conservadorismo na contemporaneidade. As considerações de Feliciano Guimarães e Irma Dutra (2021), ampliando o conceito de ultraconservadorismo, contribuem com a análise da política externa de Jair Bolsonaro. Esses autores defendem que a identidade conservadora do governo Bolsonaro foi estruturada em uma posição antiglobalista, no sentido de contestação das instituições internacionais, combinada com um posicionamento nacionalista que exacerbava a ideia de soberania, além da construção de narrativas de amigo e inimigo.

A partir dessas análises, compreendemos que deve ser ressaltada a importância de enfatizar o elemento da moralidade como característica essencial do ultraconservadorismo como fenômeno que transcende o contexto do liberalismo e do individualismo. O ultraconservadorismo, sob essa abordagem, entrelaçaria-se com o neoliberalismo não apenas no âmbito econômico, mas também nas esferas moral e dos direitos. O caráter antiglobalista, nacionalista e a criação de discursos de inimigo/amigo na esfera pública estão intrinsecamente relacionados à agenda de direitos LGBTI, desempenhando um papel fundamental na dinâmica política de países como o Brasil. Nesses contextos, a perseguição aos direitos LGBTI não é simplesmente um evento isolado, mas sim uma característica estrutural, o que a diferenciaria de outras experiências anteriores de conservadorismo. Dessa forma, a análise da relação entre as crises democráticas, o neoliberalismo e o ultraconservadorismo sob a perspectiva da agenda LGBTI nos possibilita uma compreensão mais profunda das dinâmicas políticas e sociais contemporâneas, assim como de suas implicações nas relações internacionais, do que a visão tradicional sobre o "populismo", que não enfatiza esse âmbito dos valores.

Considerações finais

Este estudo analisou a política externa do governo Bolsonaro em relação aos direitos LGBTI, contextualizando-a em um período de crise das democracias e ascensão da nova direita, um fenômeno transnacional também visível em outros países, como Polônia, Hungria e Estados Unidos. Essa investigação permitiu situar o governo Bolsonaro a partir da ruptura com a tradição da diplomacia brasileira de defesa dos Direitos Humanos, respeito ao direito internacional e fortalecimento do multilateralismo que marcou o período pós-redemocratização. Nos anos anteriores, o posicionamento do Brasil em relação à agenda de direitos LGBTI havia sido de convergência com uma visão progressista dos princípios estabelecidos pela Organização das Nações Unidas e pelo direito internacional dos Direitos Humanos, opondo-se a lideranças conservadoras como a Santa Sé e alguns países islâmicos. Nesse contexto, a política externa do governo Bolsonaro foi marcada pela influência de grupos ultraconservadores que tentaram operar por meio do Estado brasileiro para viabilizar ideias contrárias à pauta LGBTI na esfera internacional. Além disso, novos atores não estatais passaram a ter maior influência, como a Anajure, grupo de interesse conservador que tem disputado com organizações não governamentais e movimentos sociais progressistas por influência na agenda de política externa.

As questões abordadas indicam que o multilateralismo tornou-se um âmbito de disputa no campo da política externa, em particular quando relacionado à agenda LGBTI. A ordem do MRE de proibir a menção ao conceito de gênero em documentos oficiais evidenciou essa polarização. A influência de atores conservadores, de identidade religiosa ou não, foi visível na política externa brasileira. Esse fenômeno foi ainda mais evidente na atuação da ministra e pastora Damares Alves, com destacada liderança no âmbito internacional das políticas em Direitos Humanos.

Nesse estudo, demonstramos que mesmo sendo um governo de viés ultraconservador, a gestão de Jair Bolsonaro optou por uma política externa *ativa* para os Direitos Humanos, em particular os direitos LGBTI. Ainda que portando uma leitura autoritária e restritiva, não se negava a relevância do sistema internacional dos Direitos Humanos. Tal postura pode ser explicada também pelo objetivo de reunir, em torno de uma pauta em comum, os diferentes grupos conservadores de apoio ao governo.

Além disso, acreditamos que este estudo contribui para dois eixos importantes de pesquisa das relações internacionais contemporâneas. Em primeiro lugar, a partir do estudo de caso brasileiro, permite entender melhor a ascensão de governos iliberais de direita pelo mundo, suas estratégias de coalizão e a importância da agenda de costumes para sua identidade doméstica e internacional. Além disso, tal estudo permite analisar melhor as transformações recentes por que passa o processo decisório em política externa do Brasil, como no que se refere às novas interações entre atores estatais e não estatais, na capacidade de incidência de atores da sociedade civil e também na emergência de agendas até recentemente pouco influentes. Também contribui para entender as dinâmicas de ruptura por que passa uma política pública marcada pela identidade de "tradição" num contexto de desconfiança em relação ao sistema multilateral. Em um período de crise do multilateralismo, coalizões internacionais conservadoras no campo da diversidade sexual e de gênero são um novo desafio para a promoção dos direitos e da justiça social. Em perspectiva comparada, esses eventos evidenciam que os ataques aos direitos LGBTI não foram mera cortina de fumaça ou uma ação isolada da gestão de Jair Bolsonaro. Tais medidas fizeram parte de uma agenda com interesses e discursos bem definidos, podendo ser consideradas efetivamente como um dos temas principais da política externa deste governo, com capacidade de reunir grupos da base de apoio do governo, assim como permitir a aproximação junto a outros grupos da nova direita global.

O estudo da agenda da política externa brasileira para a população LGBTI nos ajuda a conhecer melhor o perfil da atual fase de expansão da nova direita global em contextos democráticos. Conceitos anteriormente relacionados ao estudo do extremismo ao longo do século XX precisam ser repensados para um contexto de maior politização dos direitos da população LGBTI. A ascensão de líderes de direita com apelo popular e com discurso referenciando noções de tradição e amor à pátria é um fenômeno novo que vem ocorrendo tanto em países considerados democracias consolidadas quanto em regimes há pouco tempo democráticos. O Brasil, durante o governo Jair Bolsonaro, fez parte desse cenário, com um governo defensor da "antipolítica" e viés autoritário e de algum modo nacionalista. Essa onda de novos governos de extrema direita tem se refletido em estudos acadêmicos, e conceitos como "ultraconservadorismo" e "populismo" têm sido mais frequentes na agenda de estudos políticos. Ao analisarmos o caso brasileiro e a primazia dos valores na recente inflexão autoritária, buscamos evidenciar a limitação que é definir o governo Bolsonaro como "populista".

Nesta pesquisa, fizemos um diálogo crítico com essa produção acadêmica, refletindo como a especificidade brasileira, em particular para a agenda de direitos LGBTI, pode contribuir para definir melhor as características do momento recente. Ao constatarmos que conceitos como ultraconservadorismo e populismo podem ser úteis para analisar a ascensão de governos de direita pelo mundo, reforçamos que ainda lhes faltam questões importantes para levar em consideração, em especial para pensar como o campo dos valores vem sendo mobilizado em discursos sobre tradição e moral sob uma nova perspectiva, que não mais nega a legitimidade do sistema internacional dos Direitos Humanos, mas que pretende *operar por dentro dele*. Conceitos que até então foram associados à direita autoritária precisam, por isso, ser repensados à luz da fase atual em que a população LGBTI alcançou relativa visibilidade pública e reconhecimento de direitos. Conceitos como "populismo" são incapazes de abarcar satisfatoriamente a realidade atual dos movimentos autoritários de direita, em especial porque tais grupos atuam a partir de um contexto internacional de primazia do neoliberalismo e maior consenso em relação aos organismos internacionais e ao regime de Direitos Humanos. Como apontamos, o apoio do Brasil para a extensão do mandato do relator independente para a proteção contra a violência e a discriminação baseada na orientação sexual e identidade de gênero, em julho de 2019, e a aliança em outras pautas anti-LGBTI revelam tensionamentos entre a institucionalização dos Direitos Humanos e a tentativa de sua ressignificação, sob um viés autoritário e ultraconservador, por meio destas próprias instituições.

Na agenda de Direitos Humanos, por exemplo, o governo Bolsonaro atuou ativamente nos debates internacionais, construindo alianças com outros países em prol de uma agenda de viés ultraconservador. Os temas relacionados à orientação sexual e à identidade e expressão de gênero, uma pequena parte da ampla agenda de Direitos Humanos, no geral pouco mobilizadores de atenção na política doméstica, ganharam surpreendente primazia na diplomacia brasileira, estando presentes no discurso de autoridades e na participação em fóruns e coalizões globais de caráter conservador.

Além disso, este estudo ajuda a entender melhor as diferentes fases da política externa durante o governo Bolsonaro e as correlações de força em busca de influência na diplomacia brasileira. Analistas da política externa brasileira costumam definir a saída de Ernesto Araújo do cargo de chanceler (em março de 2021) como um marco que trouxe pragmatismo e redução da influência da "ala ideológica" num contexto internacional em que não havia mais o apoio de Donald Trump na presidência dos Estados Unidos. Este estudo, porém, matiza essa ampliação do pragmatismo na política externa brasileira a partir da constatação de que, por meio da liderança da ministra Damares Alves, a agenda internacional brasileira na agenda de costumes manteve seu caráter ideológico e ultraconservador.

Referências

ALVES, José Augusto Lindgren. *Relações internacionais e temas sociais*: a década das conferências. São Paulo: Ibri, 2001.

BARDIN, Laurence. *Análise de conteúdo*. Lisboa: Edições 70, 2011.

BELLI, Benoni. *A politização dos direitos humanos*: o Conselho de Direitos Humanos das Nações Unidas e as resoluções sobre países. São Paulo: Perspectiva, 2009.

BENEVIDES, Bruna G.; NOGUEIRA, Sayonara Naider Bonfim. *Assassinatos e violência contra travestis e transexuais brasileiras em 2020*. São Paulo: Expressão Popular; ANTRA; IBTE, 2021.

BERCITO, Diogo. Por que evangélicos brasileiros se alinham com Israel? *Portal Folha de S. Paulo*, 1 abr. 2019. Disponível em: https://orientalissimo.blogfolha.uol.com.br/2019/04/01/por-que-evangelicos-brasileiros-se-alinham-com-israel/. Acesso em: 30 jul. 2022.

BIROLI, Flávia; VAGGIONE, Juan Marco; MACHADO, Maria das Dores Campos. *Gênero, neoconservadorismo e democracia*: disputas e retrocessos na América Latina. São Paulo: Boitempo Editorial, 2020.

BROWN, Wendy. *Nas ruínas do neoliberalismo*: a ascensão da política antidemocrática no Ocidente. São Paulo: Politéia, 2019.

BUMP, Philip. Half of evangelicals support Israel because they believe it is important for fulfilling end-times prophecy. *The Washington Post*. 14 maio 2018. Disponível em: https://www.washingtonpost.com/news/politics/wp/2018/05/14/half-of--evangelicals-support-israel-because-they-believe-it-is-important-for-fulfilling-end-times-prophecy/. Acesso em: 30 jul. 2022.

CASARÕES, Guilherme S. P.; FARIAS, Déborah B. L. "Brazilian foreign policy under Jair Bolsonaro: far-right populism and the rejection of the liberal international order". *Cambridge Review of International Affairs*, 2021.

CAIXETA, Izabella. "Nova lei nos EUA obriga trans a usar banheiro conforme gênero de nascimento". *Estado de Minas*, 27 mar. 2023. Disponível em: https://www.em.com.br/app/noticia/diversidade/2023/03/27/noticia-diversidade,1473972/nova-lei-nos-eua-obriga-trans-a-usar-banheiro-conforme-genero-de-nascimento.shtml. Acesso em: 31 jul. 2023.

CARVALHO, Henrique Rabello de. Entre golpes e pandemias: os direitos LGBTI+ e a ofensiva neoliberal no Brasil. *In:* AUGUSTO, Cristiane Brandão; DORNELLES, João Ricardo; SANTOS, Rogerio Dultra dos; RAMOS FILHO, Wilson (org.). *Novas direitas e genocídio no Brasil*. São Paulo: Tirant Lo Blanch, 2021a. v. II, p. 310-321.

CARVALHO, Henrique Rabello de. Perspectivas do Sul Global para os direitos LGBTI+: a política externa do Brasil e da África do Sul. *In:* 8º Encontro Nacional da ABRI, 2021b, on-line.

CARVALHO, Henrique Rabello de. Políticas Públicas em Direitos Humanos LGBTI+: subrepresentatividade e judicialização no Brasil pós-redemocratização. *In:* MAIO, Eliane Rose; VILLELA, Hebert de Paula Giesteira; GRIGOLETO NETTO, José Valdeci; MOSCHETA, Murilo dos Santos (org.). *Diversidade sexual e identidade de gênero:* direitos e disputas. Curitiba: CRV, 2022. v.1 p. 73-90.

CAVALCANTI, Leonardo (2019). Esqueça Moro e Guedes, o nome do ano na Esplanada foi Damares. *Portal Poder 360*. 13 dez. 2019. Disponível em: https://www.poder360.com.br/analise/esqueca-moro-e-guedes-o-nome-do-ano-na-esplanada-foi-damares/. Acesso em: 30 jul. 2022.

CHADE, Jamil. "Brasil se alia a islâmicos em temas de sexo e família na ONU". *Portal UOL*, 11 jul. 2019a. Disponível em: https://jamilchade.blogosfera.uol.com.

br/2019/07/11/brasil-se-alia-a-islamicos-em-temas-de-sexo-e-familia-na-onu/. Acesso em: 10 jul. 2021.

CHADE, Jamil. EUA acionam Brasil para implementar agenda ultraconservadora na ONU. *Portal UOL*, 12 out. 2019b. Disponível em: https://jamilchade.blogosfera.uol.com.br/2019/10/12/eua-acionam-brasil-para-implementar-agenda-ultraconservadora-na-onu/. Acesso em: 10 jul. 2021.

CHADE, Jamil. Embaixadora do Brasil na ONU promove bate-boca com Jean Wyllys. *Portal UOL*, 15 mar. 2019c. Disponível em: https://jamilchade.blogosfera.uol.com.br/2019/03/15/embaixadora-do-brasil-na-onu-promove-bate-boca-com-jean-wyllys/. Acesso em: 20 jul. 2023.

CHADE, Jamil. Diplomata que bateu boca com Wyllys recebeu agradecimento de Bolsonaro. *Portal UOL*, 21 mar. 2019d. Disponível em: https://jamilchade.blogosfera.uol.com.br/2019/03/21/depois-de-atacar-wyllys-embaixadora-recebeu-agradecimento-de-bolsonaro/. Acesso em: 20 jul. 2023.

CHADE, Jamil. Brasil não adere à declaração por proteção de pessoas intersexo na ONU. *Portal UOL*, 1 out. 2020. Disponível em:https://noticias.uol.com.br/colunas/jamil-chade/2020/10/01/brasil-nao-adere-a-declaracao-por-protecao-de-pessoas-intersexo-na-onu.htm. Acesso em: 20 jul. 2023.

CHADE, Jamil. Países barram entrada na ONU de evangélicos próximos a Damares. *Portal UOL*, 28 maio 2021. Disponível em:https://noticias.uol.com.br/colunas/jamil-chade/2021/05/28/paises-barram-na-onu-evangelicos-proximos-a-damares.htm. Acesso em: 10 jul. 2021.

CORRÊA, Sonia. O percurso global dos direitos sexuais: entre "margens" e "centros". *Revista Bagoas*, v. 3, n. 4, p. 17-42, 2009.

CYRIL-LYNCH, Christian Edward; PASCHOETO-CASSIMIRO, Paulo Henrique. O populismo reacionário no poder: uma radiografia ideológica da presidência Bolsonaro (2018-2021). *Aisthesis*, n. 70, p. 223-249, 2021.

DIAMOND, Larry. "Facing Up to the Democratic Recession" *In: Journal of Democracy*, 26(1), p. 141-55, 2015.

FOLHA DE S. PAULO. *Itamaraty orienta diplomatas a frisar que gênero é apenas sexo biológico*. 26 jun. 2019. Disponível em: https://www1.folha.uol.com.br/mundo/2019/06/itamaraty-orienta-diplomatas-a-frisar-que-genero-e-apenas-sexo-biologico.shtml. Acesso em: 3 nov. 2023.

FONSECA JR., Gelson. *A legitimidade e outras questões internacionais*: poder e ética entre as nações. São Paulo: Paz e Terra, 2004.

FURONI, Evandro. Bolsonaro cita "terrivelmente evangélico" e parabeniza Mendonça no STF. *Portal CNN Brasil*, 1 dez. 2021. Disponível em: https://www.cnnbrasil.com.br/politica/bolsonaro-cita-terrivelmente-evangelico-e-parabeniza-mendonca-no-stf/. Acesso em: 3 nov. 2023.

GUIMARÃES, Feliciano de Sá; SILVA, Irma D. de O. "Far-right populism and foreign policy identity: Jair Bolsonaro's ultra-conservatism and the new politics of alignment", *International Affairs*, v. 97, Issue 2, March 2021, p. 345–363.

KLEIN, Magno. Brazil, South Africa And The International Recognition Of Lgbt Rights: Proposals For A Comparative Research Agenda: Proposals for a comparative research agenda. *Cadernos de Gênero e Diversidade*, v. 7, n. 3, p. 56-83, 2021.

LAYTON, Matthew L.; SMITH, Amy Erica; MOSELEY, Mason W.; COHEN, Mollie J. "Demographic Polarization and the Rise of the Far Right: Brazil's 2018 Presidential Election." *Research & Politics*, (January 2021).

LOTTA, Gabriela. S.; LIMA, Iana A., FERNANDEZ, Michelle; SILVEIRA, Mariana C.; PEDOTE, José; GUARANHA, Olívia L. C. A resposta da burocracia ao contexto de retrocesso democrático: uma análise da atuação de servidores federais durante o Governo Bolsonaro. *Revista Brasileira de Ciência Política*, 40 (40), 2023.

LÖWY, Michael. Conservadorismo e extrema-direita na Europa no Brasil. *Serv. Soc. Soc.*, n. 124, p. 652-664, out./dez.2015

MARINGONI, Gilberto; SCHUTTE, Giorgio; BETTINGER, Tatiana (org.). *As bases da política externa bolsonarista*: relações internacionais em um mundo em transformação. Santo André, SP: Ed. UFABC, 2021.

MATOS, Amanda Pedrosa de. Discursos ultraconservadores e o truque da "ideologia de gênero": gênero e sexualidades em disputa na educação. *Revista Psicologia Política*, v. 18, n. 43, p. 573-586, 2018.

MCMANUS, Matthew. "Brexit, Donald Trump, and the Rise of Post-modern Conservatism Across the Globe" *In: The Rise of Post-Modern Conservatism. Palgrave Studies in Classical Liberalism*. Palgrave Macmillan, Cham, 2019.

MOAZAMI, Sahar. An Ode to Joy: the UN Expert on LGBTIQ Rights Stands. *Passblue*. 21 jul. 2019. Disponível em: https://www.passblue.com/2019/07/21/an-ode-to-joy- the-un-expert-on-lgbtiq-rights-stands/. Acesso em: 10 jul. 2021.

MOUFFE, Chantal. *The democratic paradox*. New York: Verso, 2000.

MUDDE, Cas. *The populist zeitgeist,"government and opposition"*, v. 39. DOI: https://doi. org/10.1111/j, p. 1477-7053.2004, 2004.

PAPPAS, Takis S. *Populism and liberal democracy*: A comparative and theoretical analysis. Oxford: Oxford University Press, 2019.

PAROLAS, Alexandre. *A ordem injusta*. Brasília: Fundação Alexandre de Gusmão, 2007.

PINHEIRO, Leticia Abreu. *Política externa brasileira*. Rio de Janeiro: Companhia das Letras, 2004.

PINHEIRO, Letícia; MILANI, Carlos R. S. *Política externa brasileira:* as práticas da política e a política das práticas. Rio de Janeiro: FGV, 2012.

PLATTNER, Marc F. "Illiberal Democracy and the Struggle on the Right" *In: Journal of Democracy*, v. 30 (1), p. 5-19, 2019.

PORTAL UOL ONLINE. *Bolsonaro pede a presidente de Angola proteção a membros da Universal.* 13 jul. 2021. Disponível em: https://noticias.uol.com.br/internacional/ultimas-noticias/2020/07/13/bolsonaro-pede-a-presidente-de-angola-protecao-a-membros-da-universal.htm?cmpid=copiaecola. Acesso em: 7 jun. 2022.

RANCIÈRE, Jacques. *O ódio à democracia*. São Paulo: Boitempo Editorial, 2015.

ROSANVALLON, Pierre. *Le Siècle du populisme.* Histoire, théorie, critique. Paris: Seuil, 2020.

SARAIVA, Miriam Gomes; COSTA, Álvaro Vicente Silva. Ideologia e pragmatismo na política externa de Jair Bolsonaro. *Relações Internacionais,* n. 64, 2019.

SETZLER, Mark. "Did Brazilians Vote for Jair Bolsonaro Because They Share his Most Controversial Views?" *Bras. Political Sci. Rev.*, 15(1):e0002, 2021.

THOMAZ, Lais Forti; VIGEVANI, Tullo; FERREIRA, Elisa Cascão. A política subordinada de Bolsonaro a Trump (2019-2020): Estudos de casos-Embraer, Alcântara, RDT&E e Vistos. *Sul Global*, v. 2, n. 2, 2021.

TEIXEIRA, Jacqueline Moraes; BARBOSA, Olivia Alves. A mulher e a família: agendas pentecostais na disputa pela gramática dos direitos humanos. *(Syn)thesis*, v. 15, n. 1, p. 89-105, 2022.

TRINDADE, Antônio Augusto Cançado. O processo preparatório da Conferência Mundial de Direitos Humanos: Viena, 1993. *Revista Brasileira de Política Internacional*, v. 36, n. 1, p. 1-45, 1993.

TRINDADE, Antônio Augusto Cançado. *A humanização do direito internacional.* Belo Horizonte: Del Rey, 2006.

VEIGA, Pedro da Motta; RIOS, Sandra R. *Brazil's Foreign Policy:* Bolsonaro's First Eighteen Months. Policy Center for the New South, Policy Brief, August 2020.

PÓS-FASCISMOS E ANTIDIREITOS DE GÊNERO: ANÁLISE DOS CASOS BRASILEIRO E INDIANO

Juliana Pinto
Bruna Soares

Introdução

A reflexão realizada ao longo das próximas páginas foi elaborada a partir do reconhecimento de que desde, pelo menos, o início do século XXI tem sido possível observar uma escalada de movimentos e governos de extrema direita em diferentes partes do mundo. Dessa maneira, entende-se que na década atual essa conjuntura não dá indícios de recuo, mas, ao contrário, esse espectro ideológico e político tem ganhado cada vez mais espaço e, consequentemente, despertado o interesse de diferentes especialistas e pessoas estudiosas sobre comportamento político, democracia contemporânea e sistemas internacionais.

No caso específico das Relações Internacionais, quando comparado a outras áreas das ciências humanas, as reflexões sobre os impactos da ascensão da extrema direita, em certa medida, ainda não chegaram a um consenso — ou denominador comum — em termos de conceitos e nomenclaturas para identificar tais fenômenos sociais. Pode-se encontrar estudos que fazem referência a termos como *"alt-right"*, "ultraconservadores", "extrema direita", "populistas", "nova direita", "ultradireita", entre outros, mas, costumeiramente, com o objetivo de identificar esses grupos, líderes e governos a partir de um coletivo de práticas e narrativas que são classificadas nos espectros racistas, misóginos, homofóbicos, entre outras visões radicais que menosprezam minorias políticas, o que, de certa maneira, impacta na estabilidade da democracia liberal como a conhecemos.

O fato de muitos desses grupos terem conseguido se organizar politicamente e serem eleitos em parlamentos de diversos países, ou até mesmo alçar um dos seus líderes ao maior cargo executivo de um Estado, aumenta a necessidade de se debater mais sobre o movimento ultraconservador. Mesmo em países onde a extrema direita ainda não conseguiu alcançar espaços de deliberação política e formulação de políticas públicas, seus discursos antidireitos e radicais chegaram a um ponto crucial da definição de agenda, e é inegável que será um desafio traçar estratégias para desconstruir tais narrativas e combater seus efeitos. Contudo, é importante sinalizar o processo de aprimoramento dessas articulações, no sentido de que as narrativas deixaram de estar restritas à limitação de direitos sociais específicos, figurando também na manipulação de tais direitos como forma de favorecer interesses para determinadas classes, e asfixiar outras[56].

Considerando tais aspectos da realidade, este capítulo está dedicado à análise desses movimentos ultraconservadores a partir das lentes de Direitos Humanos, e, mais especificamente, nas questões relativas a gênero. Isso porque se entende que a temática dos Direitos Humanos tem sido destaque nesses contextos, uma vez que são "a primeira vítima" em situações de distúrbios sociais e políticos (Alnajjar, 2001), seja por sua limitação seja pela manipulação de sua aplicabilidade.

A primeira parte deste estudo está dedicada à análise do pós-fascismo como um processo de caracterização do movimento antidireitos da história recente. Tal perspectiva teórica foi eleita por fornecer ferramentas necessárias para identificar os processos de controle, influência e domínio em relação à agenda dos Direitos Humanos por parte desses movimentos, tradicionalmente chamados de extrema direita ao longo da última década. A partir disso, é aprofundado, de maneira mais específica, como o pós-fascismo impacta o debate e as práticas políticas positivas aos direitos de gênero — seja pela construção de uma narrativa que rejeita as proposições de igualdade, seja pela instrumentalização dos mesmos como recurso de manipulação das massas. Por fim, essas reflexões serão aplicadas à análise específica de dois casos recentes, categorizados nesta pesquisa como exemplos de governos pós-fascistas: Brasil e Índia.

Pós-fascismo e Direitos Humanos: um movimento de manipulação dos direitos

Diante do fenômeno da emergência da extrema direita, foram feitas nos últimos anos inúmeras tentativas de nomear e caracterizar tais movimentos, e muitas dessas tentativas partiram de uma ideia de "populismo" (Mouffe, 2005; Pelinka, 2013). No entanto, é preciso problematizar a ideia de populismo e o modo como é mais amplamente utilizada hoje: como ferramenta

---

[56] Importante notar que esta relação, em muitos casos dúbia, a respeito da mobilização dos direitos humanos e sociais por parte do que se convenciona chamar de extrema direita – neste estudo – será debatida mais adiante.

política para criticar todo e qualquer movimento que se posicione contra o *establishment* neoliberal, muitas vezes ignorando diferenças ideológicas fundamentais entre tais atores políticos (D'Eramo, 2013).

Por isso, acredita-se que se deve encarar com novas lentes o desafio de nomear a emergência da extrema direita no mundo, pensando o fenômeno em seu próprio espaço político-social, mas, principalmente, sem ignorar suas raízes em manifestações ideológicas anteriores, que fertilizaram o terreno em que hoje florescem tais retóricas ultranacionalistas, negacionistas, ultraconservadoras e, frequentemente, neoliberais. Diante desse desafio, o conceito de pós-fascismo foi criado por Traverso (2019) para designar a escalada da extrema direita em nível global. A ideia defendida pelo autor ao chamar o fenômeno de pós-fascismo reforça também que este é um movimento político que ainda se encontra em transformação, e não está estabilizado, seja em sua forma ou retórica. Por contemplar o passado histórico, as características novas e o aspecto multifacetado do fenômeno em questão, o pós-fascismo será o conceito utilizado nesta análise para descrever os governos autoritários que serão os objetos de estudo.

A ideia de pós-fascismo vem da necessidade, primeiramente, de reconhecer elementos do fascismo europeu dos anos 1930-1940 no DNA dos movimentos atuais. Stoll (2021) afirma que as condições que o fascismo produziu não foram destruídas, e que muitos aspectos que faziam parte do contexto histórico da primeira metade do século XX ainda permanecem ou retornam com força na atual conjuntura. Isso resultaria em uma "prevalência do imaginário fascista" nas democracias liberais contemporâneas, que se faz presente tanto em disposições autoritárias quanto em representações simbólicas. Tal movimento, que dá ao fascismo um caráter trans-histórico, segundo Traverso (2019), é uma das principais razões para que o seu conteúdo ideológico tenha não apenas se difundido, mas também ganhado novas formas e nuances diante dos desafios e debates impostos pela atual conjuntura global.

Com base nesse princípio, Traverso (2019, p. 12) disserta sobre como "conceitos são indispensáveis para pensar a experiência histórica, mas também podem ser usados para apreender novas experiências, que se conectam ao passado por meio de uma teia de continuidade temporal". Esta é a conexão entre o fascismo e a ideia de pós-fascismo. Esse conceito, segundo o próprio autor, enfatiza a distinção entre os dois fenômenos de forma cronológica, mas os localiza em uma sequência histórica, que implica tanto continuidade quanto transformação.

Dito isso, o conceito de pós-fascismo também abarca os movimentos de extrema direita que, atualmente, embora dividam com o fascismo dos anos 1930-1940 características como ultranacionalismo, racismo e xenofobia, tendem a enfatizar de maneira mais incisiva certos elementos às suas retóricas, que não são insignificantes se há uma pretensão em analisar tais atores e movimentos de modo mais profundo. Por exemplo, apesar das diferenças distintas dos movimentos pós-fascistas em cada país, a noção de que eles são a principal força "antissistema" no cenário político local é bastante comum. Mesmo diante de candidatos que, historicamente, fazem parte das elites políticas e econômicas nos seus respectivos países, a retórica do líder pós-fascista que deve ascender ao poder para lutar contra o "sistema político corrupto" é bastante difundida. E, dentro da lógica do pós-fascismo, essa contradição supostamente faz sentido, inclusive por se tratar de uma proposta conceitual relativa a movimentos políticos em transformação. Traverso (2019, p. 14) afirma que o conteúdo ideológico da extrema direita atual é "errático, instável e muitas vezes contraditório".

Outro ponto em comum com a narrativa pós-fascista é a construção do medo. O medo é continuamente invocado e legitimado pelos movimentos pós-fascistas, segundo Wodak (2015). Os líderes ultraconservadores elaboram o medo com sucesso ao propor bodes expiatórios como os culpados para algumas preocupações comuns na sociedade em que estão operando. Wodak (2015, p. 23, tradução nossa[57]) também confirma que essa é uma marca que, de fato, perpassa os mais diversos movimentos da ultradireita, e que todos os partidos que se enquadram no movimento pós-fascista "instrumentalizam algum tipo de minoria étnica/religiosa/linguística/política como bode expiatório para a maioria, senão para todos os problemas atuais e, subsequentemente, interpretam o respectivo grupo como perigoso e uma ameaça".

E é justamente nesse contexto que a temática dos Direitos Humanos recebe um protagonismo. Por um lado, o pós-fascismo, em sua forma mais difundida atualmente, usa uma linguagem vaga sobre Direitos Humanos para formular suas posições radicais (Schneiker, 2018), por exemplo, ao reclamar para si a posição de guardiões do direito à liberdade. Ao mesmo tempo, Dudai (2017) afirma que a adoção de discursos de Direitos Humanos por grupos reacionários e ultraconservadores, na verdade, é um dos principais desafios que os defensores dos Direitos Humanos encontram atualmente.

---

[57] Trecho original: "[...] Instrumentalize some kind of ethnic/religious/linguistic/political minority as a scapegoat for most if not all current woes and subsequently construe the respective group as dangerous and a threat [...]" (Wodak, 2015, p. 23).

Isso acontece porque, apesar de a instrumentalização dos Direitos Humanos não ser uma novidade nas relações internacionais, o uso da sua retórica e dos seus símbolos por grupos que tradicionalmente não os utilizavam é um fenômeno pouco explorado. Assim, grupos que anteriormente não mobilizavam essa narrativa passaram a empregá-la, reconhecendo que ela fornece uma aura de dignidade moral, capital político e legitimidade (Shor, 2008).

Apesar disso, é importante lembrar que o conceito mais amplamente difundido de Direitos Humanos tem, primordialmente, a ideia de universalidade dos direitos. No entanto, como afirma Bobbio (1996), uma das principais diferenças entre direita e esquerda reside exatamente na atitude de cada lado do espectro político sobre a igualdade dos seres humanos. A direita é não igualitária em sua essência. Dessa maneira, essa lógica está, quase que automaticamente, transposta para o debate sobre a universalidade dos Direitos Humanos. Isso porque o reconhecimento da igualdade racial e de gênero, por exemplo, rompe com a narrativa que sustenta o tecido social da direita e, que, de maneira mais enfática, fundamenta os discursos da extrema direita em torno da dignificação de fazer parte de um grupo moralmente superior, e, consequentemente, merecedor de estabelecer a ordem social. Para Virchow (2017), esse processo de negação da igualdade a determinados indivíduos, somente por fazer parte de um determinado grupo social, é o que sustenta a instrumentalização da aplicabilidade dos Direitos Humanos em governos de extrema direita.

Isso quer dizer que, embora a linguagem dos Direitos Humanos seja apropriada e radicalmente reinterpretada, de certa forma, pelos grupos pós-fascistas, ela não é utilizada como uma narrativa pró-universalidade dos direitos. Ela é, assim, dissimulada e promovida de modo que exista um entendimento dos Direitos Humanos como válidos, mas apenas para um grupo específico de pessoas (Schneiker, 2018). Em resumo, há um crescente uso da linguagem dos Direitos Humanos por vários grupos que, de fato, desejam promover agendas mais particularistas, muitas vezes racistas, misóginas, xenofóbicas e homofóbicas. E é nesse contexto que se situa, de modo substantivo, o conceito de "antidireitos".

Aqui se defende que um movimento antidireitos é aquele no qual, por meio da manipulação e dissimulação dos símbolos e da linguagem dos Direitos Humanos, inclusive no âmbito de instituições multilaterais (a exemplo do Conselho de Direitos Humanos das Nações Unidas), se estabelece o negacionismo do ideal da universalidade. Ou seja, é antidireitos porque, na prática, nega uma das principais características do conceito de

Direitos Humanos mais amplamente difundido nas democracias liberais (e, consequentemente, utilizado nas instituições multilaterais e pelas grandes ONGs da área): o princípio da universalidade.

É importante reforçar que questionar a efetividade do princípio da universalidade não caracterizaria, em si, um movimento como antidireitos. Propor análises mais profundas sobre a aplicabilidade concreta do conceito de direitos humanos universais em sociedades capitalistas não implica uma negação do ideal de que todos os seres humanos deveriam ser tratados da mesma forma. Para que seja uma plataforma antidireitos, a narrativa e as ações utilizadas por um movimento político precisam implicar um incentivo ou promoção da aplicação seletiva dos Direitos Humanos para apenas alguns grupos, precisa demonstrar um entendimento fundamentalmente diferente do conceito *mainstream* de Direitos Humanos, desafiar "o caráter universal e inalienável dos direitos humanos como estão codificados na Declaração Universal dos Direitos Humanos" (Schneiker, 2018, p. 9). Nesse sentido, uma clara demonstração do conceito aqui proposto de um movimento antidireitos está na ideia de "direitos humanos para humanos direitos", que nega diretamente a universalidade desses ideais[58].

Na medida em que o pós-fascismo, mesmo em toda a sua diversidade, é composto por movimentos que, como afirma Schneiker (2018), mudam o enquadramento do discurso sobre Direitos Humanos, e constroem uma interpretação própria sobre o que seriam tais direitos, de acordo com seus próprios interesses, classificamos os movimentos pós-fascistas como antidireitos. Na próxima seção será analisado como o pós-fascismo e o movimento antidireitos impactaram o debate sobre questões de gênero nas agendas de política externa, em especial o direito das mulheres.

As incidências do pós-fascismo e dos movimentos antidireitos nas questões de gênero na política externa

De acordo com as autoras, o antagonismo em relação ao feminismo está no centro do sistema de valores da ultradireita, mesmo considerando as diferenças internas da nova onda de radicalismo, isso porque "o conser-

---

[58] Importante esclarecer que o conceito de universalidade mobilizado ao longo deste capítulo está relacionado àquele que é mobilizado pelas normas internacionais de Direitos Humanos. Compreende-se que, em muitos casos, tal domínio da palavra e do conceito pode e é limitado, principalmente quando se trata de eixos históricos e sociais distintos daqueles que estão no eixo ocidental. Mas como o objeto deste capítulo está centrado justamente na instrumentalização dos Direitos Humanos ocidentais por parte dos atuais movimentos de extrema direita, reserva-se à disponibilidade acadêmica de não se aprofundar no debate sobre as diferentes definições e lentes interpretativas sobre a ideia de universalidade.

vadorismo de gênero tornou-se nos últimos anos a língua franca de uma tendência global diversa" (Graff; Kapur; Walters, 2019, p. 541, tradução nossa[59]). De fato, é possível dizer que existe uma "obsessão" do pós-fascismo com gênero e sexualidade, e que esta é uma faceta que pode ser observada em quase todos os movimentos dessa corrente atualmente (Dietze; Roth, 2020). Mais do que isso, a narrativa antigênero também funciona como uma ferramenta (inclusive transnacional) de estratégia política, uma plataforma para organizar, gerar solidariedade e recrutar apoio.

Nesse sentido, a própria palavra "gênero" tornou-se um símbolo, visto que os movimentos pós-fascistas conseguiram capturar essa categoria e "redefinir seu significado e demonizá-la, fazendo com que a igualdade de gênero apareça como um inimigo" (Graff; Korolczuk, 2021, p. 4, tradução nossa[60]). E é nesse contexto que termos como "ideologia de gênero" entraram no vocabulário da disputa política em diversas partes do mundo, e levam as questões de gênero a um lugar de priorização de pauta em nível global. Gênero, nesse sentido, aparece como uma ideologia, que visa quebrar as normas tradicionais de uma sociedade e ameaça (principalmente) as crianças. Gênero é traduzido como um conceito a ser eliminado, uma reivindicação que precisa ser erradicada, o oposto dos "valores da família". No discurso antigênero, o objetivo é criar uma divisão entre eles/nós, um antagonismo, e por meio deste deslegitimar diferentes grupos na sociedade e na política (a ideia, novamente, do bode expiatório). Ou seja, o movimento pós-fascista se recusa a admitir o pluralismo de ideias (Kováts, 2017).

A resistência aos debates sobre gênero, é claro, não passa apenas por questões sobre direitos das mulheres, mas também por temas relevantes sobre direitos da população LGBTQIA+, educação sexual, direitos reprodutivos e saúde pública. Essa oposição é travada, principalmente, na ideia de propagação do medo. Não por acaso, esse tipo de retórica tem consequências prejudiciais diretas para a igualdade de gênero e para a luta sobre direitos sexuais.

Segundo Corredor (2019), a recente onda de grupos antidireitos que focam nas questões de gênero opera dentro de contramovimentos coordenados, cujo principal objetivo seria derrotar, efetivamente, qualquer política feminista e LGBTQIA+. A autora elabora:

---

[59] Trecho original: "Gender conservatism has in recent years become the lingua franca of an otherwise diverse global trend" (Graff; Kapur; Walters, 2019, p. 541).
[60] Trecho original: "[...] They have managed to capture the word "gender," to redefine its meaning and demonize it, making gender equality appear like an enemy" (Graff; Korolczuk, 2021, p. 4).

> [...] A adoção da retórica da ideologia de gênero é, antes de mais nada, uma resposta epistemológica a reivindicações emancipatórias sobre sexo, gênero e sexualidade, e, segundo, um mecanismo político usado para conter desenvolvimentos políticos associados a agendas feministas e *queer* (Corredor, 2019, p. 614, tradução nossa[61]).

Nessa realidade, apesar de ser um debate complexo e tumultuado por vários atores, é inegável a altíssima influência que os movimentos de extrema direita que têm cunho religioso vêm tendo nos espaços em que políticas públicas de gênero são formuladas. De fato, segundo Kováts (2017), as próprias origens do discurso antigênero e da construção da ideia de uma suposta "ideologia" podem ser encontradas em documentos do Vaticano que datam da década de 1990, nos quais o termo "ideologia de gênero" aparece representando os pensamentos que vão contra os ensinamentos da Igreja Católica Romana sobre homem e mulher, e com as autoridades católicas se posicionando contra a inclusão do termo "gênero" em documentos oficiais da ONU.

O que começou como um movimento que parecia exclusivamente religioso, expandiu-se para a arena política sem dificuldade. Isso se deu porque os grupos antigênero sempre tiveram um núcleo político, souberam mobilizar partidos e incidir nas políticas públicas. O principal argumento utilizado por tais grupos é que gênero não é um conceito socialmente construído, mas sim uma questão natural e biológica instituída por Deus. Tal argumento é reforçado por um tom altamente conspiracionista. Segundo Graff e Korolczuk (2021):

> O conspiracionismo [...] é centrado na intencionalidade e no conluio, enquanto rejeita todas as fontes oficiais de conhecimento. Tais teorias se propõem a explicar processos sociais complexos como tramas sinistras [...] O imaginário conspiratório demoniza o inimigo, impossibilitando assim qualquer possibilidade de compromisso. Sua lógica é irrefutável, pois as evidências que refutam são transformadas em mais uma prova de conspiração, enquanto a dúvida é descartada como distração ou pior – um sinal de conluio com conspiradores (p. 41, tradução nossa[62]).

---

[61] Trecho original: "[...] Adoption of gender ideology rhetoric is first and foremost an epistemological response to emancipatory claims about sex, gender, and sexuality, and second, a political mechanism used to contain policy developments associated with feminist and queer agendas" (Corredor, 2019, p. 614).

[62] Trecho original: "Conspiracism [...] is centered on intentionality and collusion, while rejecting all official sources of knowledge. Such theories set out to explain complex social processes as sinister plots [...] The conspiratorial imaginary demonizes the enemy, thus precluding any possibility of compromise. Its logic is irrefutable as disconfirming evidence is transformed into further proof of conspiracy, while doubt is dismissed as distraction or worse – a sign of collusion with conspirators" (Graff; Korolczuk, 2021, p. 41).

Considerando todos esses fatores, é inegável que, nas mais diferentes regiões do mundo, a retórica religiosa quase constantemente acompanha os discursos que se colocam contra os avanços em termos de direitos das mulheres e gênero. Neste capítulo ganha destaque particular o contexto latino-americano e o asiático, isso porque, no primeiro, o catolicismo somado ao movimento neopentecostal tem ganhado legitimidade ao longo das últimas décadas a partir da mobilização da retórica do medo à emancipação dos direitos das mulheres e do reconhecimento dos direitos da população LGBTQIA+ (Aguiar; Couto; Antunes, 2021). Já no segundo caso, a religião e a temática de gênero, em determinados países e contextos culturais, estão atreladas a um exercício de privilégio de determinadas classes sociais, religiosas e políticas.

Ao integrar ideais dessa "variedade" de vertentes religiosas, o movimento antigênero se tornou uma parte fundamental da narrativa pós-fascista, e se faz primordial reconhecer que na atualidade não se pode analisar os avanços da extrema direita sem considerar seus impactos, inclusive diretos, na formulação de políticas públicas. Isso porque, entre os mais variados objetivos desses grupos, pode-se reconhecer que todos convergem no *modus operandi* a partir do retrocesso da garantia dos Direitos Humanos de grupos socialmente minoritários, em nome de um discurso maior e sobrenatural da religiosidade e do fundamentalismo.

Outrossim, a ascensão de políticos que defendem a lógica da organização social pelos métodos patriarcais fortaleceu essa campanha para minar os Direitos Humanos, com as mulheres sendo um dos grupos mais afetados. Sanders e Jenkins (2022) identificam diversas estratégias utilizadas por esses grupos e indivíduos para tentar tanto bloquear novas políticas de impulsionamento dos direitos das mulheres quanto para corroer as já existentes (*norm-spoiling*[63]). Todas essas estratégias estão relacionadas, de alguma forma, no enquadramento da linguagem, como, por exemplo: alterar o significado dos direitos das mulheres, colocando-os como um ataque a outros direitos (como a liberdade religiosa); e excluir palavras fundamentais, como "gênero", de acordos internacionais. Como consequência, surgem casos em que alguns Estados retrocedem em compromissos anteriores sobre igualdade de gênero. Um exemplo de notório reconhecimento foi a retirada do termo "gênero" de documentos oficiais do governo brasileiro ao longo da legislatura de Jair Messias Bolsonaro, especificamente em tex-

---

[63] *Norm-spoiling*: o processo por meio do qual os atores desafiam diretamente as normas existentes com o objetivo de enfraquecer sua influência (Sanders; Jenkins, 2022).

tos do Itamaraty[64]. Outro exemplo importante nesse mesmo governo foi a retirada da população LGBT das diretrizes para a promoção de políticas de Direitos Humanos, por meio da Medida Provisória 870/19.

No caso de governos de extrema direita não se pode negar o poder da linguagem. Isso porque em contextos pós-fascistas os discursos oficiais mudam posições tradicionais favoráveis à igualdade de gênero, com o objetivo de desafiar de maneira aberta políticas anteriormente adotadas — principalmente aquelas adotadas pelas figuras de oposição (Roggeband; Krizsán, 2020). De modo a aprofundar a identificação dessas realidades na prática, a próxima seção será dedicada à análise de casos específicos, e recentes, do que se pode classificar como governos pós-fascistas antidireitos de gênero.

Política externa: as expressões do pós-facismo na agenda de gênero no Brasil e na Índia

Não se pode negar que o Brasil e a Índia são democracias de grande peso político e econômico no sistema mundial atual. Contudo, ao longo da última década os dois países têm apresentado relações conturbadas com a garantia da democracia, e, principalmente, da universalidade dos Direitos Humanos — tal como defendida pelo mundo ocidental e pela Carta dos Direitos Humanos das Nações Unidas. Além disso, se observados os movimentos políticos no xadrez internacional em governos recentes, pode-se identificar que os direitos relativos a gênero foram particularmente interseccionados pelas estratégias narrativas e de amedrontamento mobilizadas pelo pós-fascismo. Todavia, é importante sublinhar que, assim como descrito nas seções anteriores, o pós-fascismo pode ser compreendido como um processo com bases sólidas e semelhantes, mas que apresenta manifestações específicas de acordo com o contexto de cada Estado, sua formação histórica e trajetória sociopolítica.

A escolha por estabelecer uma análise comparativa entre o Brasil e a Índia, para ilustrar os diferentes aspectos pós-fascistas e como eles podem se manifestar na política externa de um país, se deu justamente por uma similitude que ambos os países têm apresentado nessa temática específica de política externa. Apesar de estarem inseridos em um contexto doméstico no qual os direitos das mulheres e da população LGBTQIA+ têm sido questionados, bem como de outras minorias raciais, étnicas e religiosas, há

---

[64] Para mais informações: https://noticias.uol.com.br/colunas/jamil-chade/2023/03/08/itamaraty-anuncia-representante-para-genero-e-enterra-visao-bolsonarista.htm. Acesso em: 25 de nov. 2023.

membros da elite diplomática desses países que manifestam a compreensão de que ambos os Estados se encontrariam em um momento oportuno para sustentar narrativas internacionais em torno da defesa dos direitos de gênero.

No caso específico do Brasil esse movimento pode ser definido em dois tempos: o primeiro no que consta o exercício livre e público do governo pós-fascista de Bolsonaro entre 2019 e 2022, e um segundo momento de (re)ascensão do governo de Luiz Inácio Lula da Silva em 2023 e a imediata necessidade de apagar as heranças pós-fascistas mediante o (re)lançamento da diplomacia brasileira em torno da defesa dos Direitos Humanos, e, inclusive, propensão de nomear ações de política externa como feministas. O problema desse segundo momento é o limitado intervalo de tempo para uma averiguação dos retrocessos e impactos causados pelo movimento antidireitos do pós-fascismo e o risco iminente de, ainda que com intenções diferentes, mobilizar a narrativa de direitos de gênero de forma estratégica sem considerar questões de estrutura que foram desmontadas e perdidas.

Por outro lado, no caso indiano o que se observa é a mobilização – ainda que muito tímida e limitada – da questão da ação exterior feminista como estratégia legitimadora de um governo no qual se identificam aspectos pós-fascistas antidireitos no sentido de reconhecer e validar o exercício da universalidade dos Direitos Humanos de forma seletiva, na qual a narrativa do medo se dá pela depreciação das normas morais de grupos miniritários, e o exercício — ainda que simbólico — dos Direitos Humanos universais pelo grupo da situação governista. Diferentemente do que se observa nos entrelaçamentos dos dois momentos políticos do Brasil, no caso indiano um mesmo governo defende os direitos universais de gênero — dentro de uma lógica interpretativa religiosa específica — para os "seus", enquanto implica os "outros" — de um determinado grupo religioso — como limitadores do exercício dos direitos das mulheres. E, assim, instrumentalizam — ainda que apenas no nível do debate — a perspectiva da ação exterior com lentes feministas como forma de desmistificar sua relação com correntes internacionais do pós-fascismo, ainda que as tenha.

Nesse sentido, os dois países reúnem a contradição de manifestar políticas antigênero em nível doméstico — que enfraquecem a natureza básica das respectivas democracias — e, por outro lado, considerar a possibilidade de promover um enquadramento de suas políticas externas a partir de um paradigma que reforça a imagem de universalização de direitos. Esta, então, é uma das premissas desta análise, a de que o pós-fascismo se apresenta em nuances e vai se enquadrando com as necessidades dos contextos domésticos e internacionais; e, em dados períodos, essas necessidades podem coincidir, em outros não, revelando a natureza desestabilizadora e desestruturante desta ideologia.

O discurso durante a campanha eleitoral

As eleições de 2014 na Índia foram baseadas em narrativas *antiestablishment*, ou seja, na necessidade de eleger um primeiro-ministro que fosse uma alternativa à política vigente. Naquele momento, o país estava permeado por casos de denúncia de corrupção e, por meio de um discurso ultranacionalista, o *hindu* Narendra Modi foi eleito. Naquela primeira oportunidade de governar o país, Modi se apresentou por meio de uma retórica de que era a única pessoa capaz de unificar a Índia, pondo, assim, um valor profundo na narrativa do poder nacional e na necessidade de proteger a democracia indiana. Em 2019, Modi se reelegeu primeiro-ministro indiano e revelou um caráter personalista da campanha eleitoral, tendo centrado o debate em si mesmo e nas características que lhe faziam a melhor pessoa para recuperar a Índia de 60 anos de governos ruins.

O interessante deste movimento é que Modi pode ter inaugurado uma vertente política na Índia que tem sido chamada de ultra-hinduísmo. Apesar de ser um país baseado na diversidade, a narrativa eleitoral de Modi e seus apoiadores fez com que o hinduísmo fosse posto como guia para governar o país, e contribuiu para a discriminação de minorias (demograficamente, em termos absolutos, muito relevantes), como os mulçumanos. Com esses aspectos, esperava-se que as duas campanhas do primeiro-ministro indiano fossem baseadas também em uma narrativa antigênero, contudo o político enfatizou a necessidade de empoderar as mulheres, e, principalmente, libertar as mulheres muçulmanas do patriarcado. Contudo, como Ashraf (2018) avaliou, esses "direitos das mulheres" foram promovidos apenas no nível narrativo e para as mulheres hindu, e não foram estendidos para as mulheres muçulmanas. O autor acrescenta ainda que, na prática, nenhuma das religiões foram abarcadas por ações pró-gênero, uma vez que o partido do primeiro-ministro foi um dos que se opuseram à lei que criminaliza o estupro marital, por exemplo.

Ou seja, no contexto indiano, a manifestação do pós-fascismo na questão específica dos direitos de gênero aconteceu pela via da libertação do "outro" povo do patriarcado, na personificação de um indivíduo como o salvador dessas mulheres, bem como de toda a Índia. Esta narrativa não se refletiu na realidade, ao contrário, para Shirivasta (2015), foi inaugurada uma nova masculinidade indiana, baseada na modernização da masculinidade promovida pelo modo de liderar de Narendra Modi.

> A modi-masculinidade está na encruzilhada do pós-nacionalismo e do consumo moral e, nisso, combina os imperativos contínuos de estruturas de poder de longa data e relações de deferência, com as novas economias políticas do neoliberalismo [...] O que é crucial em [...] é a natureza irredutível do poder masculino articulado por meio da "Modi-ness" que busca derrubar a "emasculação" histórica – a incapacidade social de lidar com questões internas e "ameaças" externas e a incapacidade econômica de ser vista como "global" por meio da privação de direitos do mundo do consumo – por meio de discursos de poder de gênero (Srivastava, 2015, p. 336, tradução nossa).

Essa identificação direta com Modi fez com o que o seu partido, o Bharatiya Janata Party (BJP), recebesse o maior número de votos femininos na eleição de 2019. Apesar do já mencionado posicionamento misógino do partido, as mulheres declararam haver votado no BJP em razão de Modi (Pandey, 2020).

> [...] o partido era amplamente visto como dominado por homens patriarcais e tinha pouco apelo para as mulheres [...] a grande mudança que aconteceu em 2019 em nível nacional [...] pode ser rastreada até 2007, quando Modi fez uma tentativa de reeleição como ministro-chefe do estado ocidental de Gujarat. Foi a primeira vez [...] que Modi "cortejou mulheres extensivamente" – ganhando o apelido de "símbolo sexual mais improvável da Índia" (Pandey, 2020).

Esse entrelaçamento entre o poder de gênero e a personificação da alternativa ao *modus operandi* da política "tradicional" não aconteceu no Brasil em 2018. Diferentemente da eleição de Fernando Collor na década de 1990, não houve uma interação com Bolsonaro pelo sentido de símbolo sexual, ao contrário, o então candidato à presidência buscou criar uma imagem de homem viril por meio de uma masculinidade tóxica, mas que não foi aderida pela opinião pública a seu favor, e se tornou tema de chacota por parte dos eleitores de seus adversários — principalmente nas redes sociais (Barros, 2022; Poder 360, 2023[65]).

---

[65] Os memes foram parte fundamental da narrativa e interlocução política durante o governo de Jair Messias Bolsonaro. Contudo, o chamado "Gabinete do ódio" comandado pela situação não foi a única fonte de depreciação de figuras políticas ao longo dos últimos cinco anos. No caso da oposição, em diferentes ocasiões, mesmo após o fim do governo, a temática da "suposta" virilidade de Bolsonaro — enaltecida por ele mesmo —, tornou-se tema de memes nas redes sociais. Exemplos podem ser encontrados nas seguintes reportagens: https://veja.abril.com.br/coluna/virou-viral/broxonaro-os-memes-que-viralizaram-no-7-de-setembro; https://www.poder360.com.br/brasil/derrota-de-bolsonaro-em-2022-vira-meme-nas-redes-sociais/. Acesso em: 23 de nov. 2023.

A eleição de Jair Bolsonaro em 2018 foi alcançada, entre outras pautas classificadas como pós-fascistas, devido a uma narrativa explicitamente antigênero, muito mais articulada à imagem de recuperação dos preceitos da família tradicional brasileira, que, de acordo com ele, haviam sido corrompidos pelos 12 anos de governos do Partido dos Trabalhadores. O episódio da facada durante a campanha eleitoral de 2018 foi chave para consolidar a ideia de mártir que estava sendo atacado, e se colocando em risco para lutar por um "Brasil melhor", o que significa, entre tantas lógicas, a restrição dos direitos das mulheres e a valorização de uma supremacia masculina branca na sociedade brasileira.

> [...] durante toda trajetória político-discursiva do atual governo [de Jair Bolsonaro], a disseminação de discursos de aversão e ódio às mulheres através de negativas aos direitos das mulheres, sendo, portanto, a misoginia centro de sua ideologia, que converte o machismo em ação política, incentiva a violência e defende a supremacia dos homens na sociedade. A cultura do desprezo, da desvalorização, da deslegitimidade às mulheres é naturalizada e banalizada por este governo; são dispositivos discursivos que contribuem para reforçar a exclusão das mulheres do poder e a manutenção da desigualdade de gênero (Carvalho; Freitas, 2022, p. 115).

Apesar de uma narrativa eleitoral, até então, diferente da habitual na democracia brasileira, Bolsonaro foi eleito e em seu governo atuou no mesmo sentido que Modi, na privação dos direitos das mulheres. Um marco foi o embargo à política de distribuição de absorventes gratuitos no combate à pobreza menstrual. Mas, no caso brasileiro, diferentemente da situação de Modi na Índia, Bolsonaro não conseguiu ser reeleito em 2022, tendo sido derrotado com uma pequena margem de diferença a favor de seu oponente, Lula. Mas a herança da narrativa bolsonarista e o retrocesso discursivo em torno da prevenção ao avanço dos direitos de gênero são marcas no Congresso Nacional brasileiro, e impactam diretamente as capacidades de atuação do atual governo, dado o crescimento do ultraconservadorismo na sociedade brasileira (Lemos Santos, 2023; Maia; Lemos Santos, 2023).

O que ambos os candidatos tiveram de semelhante foi o processo de personificação do candidato. No Brasil, Bolsonaro passou boa parte de seu mandato sem filiação partidária e mudou de partido para concorrer às eleições. Esta idealização de um líder capaz de romper com os tradicionalismos arcaicos das políticas dos países colonizados, marcados por corrupção, é uma marca importante do pós-fascismo. A adequação do enquadramento dado ao tema depende do terreno doméstico, e quão frutífero é assumir uma perspectiva antigênero anunciada nos discursos. No final, a agenda é alvo de uma instrumentalização estratégica, inerente à política eleitoral.

A presença da religião

Tradicionalmente a religião é mobilizada como ferramenta política e tende a gerar a restrição de direitos de minorias, bem como estabelecer e fortalecer uma hierarquia social em uma divisão entre o bem e o mal. Nos casos analisados, é importante considerar que há uma diferença fundante nessa perspectiva, que é o fato de que no Brasil o cristianismo foi a corrente estratégica de Bolsonaro e seus apoiadores, em uma interferência direta do poder do Estado em estruturas religiosas, e vice-versa. Enquanto na Índia o hinduísmo não é uma religião, mas na realidade um modo de viver. Mais da metade da população indiana é hindu, e o sistema de castas intersecciona essa realidade, fortalecendo os processos de diferenciação entre a população.

No Brasil, o cristianismo rompeu com a laicidade do Estado prevista na Constituição Federal, enquanto na Índia o nacionalismo hindu passou a fomentar um rompimento com a multiculturalidade prevista e reconhecida pelo direito indiano, fomentando uma controvérsia entre a população, que eclodiu em episódios de violência contra mulçumanos em 2020. Nos anos pré-eleição no Brasil também se pôde observar o crescimento de violência política, mas a rivalidade não foi estabelecida entre religiões, mas, sim, sobre posição política, estabelecendo a guerra do "nós" contra o "outro", que era materializado no oponente de Bolsonaro nas urnas.

O efeito das religiões no processo eleitoral brasileiro ficou evidente no pleito de 2018, quando, de acordo com o jornal *O Globo* (2018), 313 candidatos que gravaram campanha televisionada brasileira utilizavam título de pastor ou pastora. De acordo com Valério (2020), a bancada parlamentar evangélica cresceu 10% nas eleições de 2018. Fato importante é que, conforme a antropóloga Isabela Kalil, em entrevista ao portal Catarinas (Fonseca, 2021), a política brasileira, pelo menos desde o processo de redemocratização, vive um eterno ir e vir em relação a sua fragilidade laica.

> Tem uma série de disputas na Constituinte envolvendo questões religiosas, inclusive a própria laicidade do Estado. Tem a ver com direitos. Quando tratamos de fundamentalismo religioso, estamos falando de igrejas e de atores sociais que

> estão atuando no campo religioso, no Legislativo, agora no Executivo e no futuro que se desenha no Supremo Tribunal Federal (Fonseca, 2021, s/p).

De acordo com análise realizada pelo Catarinas (Fonseca, 2021) sobre o processo de fundamentalismo religioso e a teocracia no governo de Bolsonaro, pelo menos desde a década de 1980 os neopentecostais brasileiros têm estabelecido fortes relações com articulações de mesma corrente religiosa nos Estados Unidos, e atuado em um ciclo quase que padronizado na América Latina para acessar os espaços de poder. No Brasil, o ano de 2010 foi um marco para a ascensão de figuras religiosas em cargos políticos, a pesquisa destaca a presença da então pastora Flordelis e Marco Feliciano como figuras de destaque nas eleições.

> As narrativas bélicas ("guerra santa") e de culpa ("medo de ir para o inferno") foram apontadas nas entrevistas como as principais responsáveis pelo "exército de evangélicos na luta por votos" nas eleições de 2018. "São tecnologias importantes para manter os fiéis quietinhos dentro da igreja. Bolsonaro se apropriou dessas narrativas e se tornou o representante na terra que irá lutar contra a homossexualidade, as drogas, a ideologia de gênero. Ele soube conversar com o medo das pessoas" [...] as narrativas de medo estão associadas ao que o sociólogo Stanley Cohen chama de "pânico moral". Ao votar em Bolsonaro por medo, parte dos evangélicos estava defendendo o país do avanço das pautas progressistas dos últimos anos por direitos sociais e civis (Fonseca, 2021, s/p).

Contudo, para Isabela Kalil (Fonseca, 2021), um aspecto disruptivo do governo de Bolsonaro foi que, apesar de sustentar sua base de apoio na população evangélica (Kalil, 2018), o seu governo não refletiu a composição da população evangélica do país — de acordo com pesquisa do DataFolha, citada na matéria, 58% dessa via do cristianismo no país é composta por mulheres, entre as quais 43% se identificam como pardas e 16% como pretas (Fonseca, 2021). No entanto, conforme Jackson Augusto, integrante da coordenação nacional do Movimento Negro Evangélico, em entrevista ao Catarinas, em 2021 "[...] a foto dos pastores jovens que se reuniram para orar com Bolsonaro, são maioria brancos: dos 25 que tinham ali, apenas um era negro. Pretos e mulheres não estão no processo de decidir os caminhos políticos que a igreja pode tomar. Há um silenciamento a partir dessa supremacia" (Fonseca, 2021, s/p).

Nesse sentido, apesar de ter havido uma ação para mobilizar a religião como ferramenta unificadora de eleitores, principalmente protestantes, em torno do combate ao desmantelamento dos direitos da família que foi promovido, segundo a narrativa bolsonarista, aquele governo representava um projeto específico de liderança, muito mais atrelado, na avaliação de Augusto, a um "[...] pacto narcísico entre os homens brancos que controlam as estruturas de poder e isso se repete dentro do movimento conversador que sobressai da igreja [...] O bolsonarismo é um projeto identitário, ou seja, branco, hetero, cis [...] [que foi eleito] para cumprir uma agenda que prejudica seus fiéis" (Fonseca, 2021, s/p).

Então, apesar de advogar para uma frente religiosa composta, em sua base, majoritariamente por mulheres pardas e pretas, a narrativa religiosa antigênero do governo Bolsonaro atuou a partir dos interesses da casta que lidera o movimento protestante neopetencostal no Brasil, e assim foi mobilizada uma estratégia de amedrontamento em torno do conceito de ideologia de gênero, e reforço da necessidade de eleger um homem branco que representasse os valores cristãos – ainda que não representasse a realidade da população brasileira evangélica, que é majoritariamente feminina e preta. Ao contrário do caso indiano, Bolsonaro investiu em uma estratégia de comunicação capaz de mobilizar os aspectos mais conservadores da sociedade brasileira como caminho para alcançar a presidência.

Já em seu governo, as estratégias narrativas foram centradas na elaboração do conceito cristão de família (uma única família) e na incidência dessa simbologia e seus significados na elaboração de políticas e na forma dos representantes do Estado brasileiro se apresentarem. Uma notória expoente dessa estratégia foi a então ministra da Família, Mulher e Direitos Humanos, Damares Alves. Como articuladora política do bolsonarismo, pode-se dizer que ela foi quem mais soube estabelecer a relação entre a religião e ações antigênero, buscando sempre um reforço da concepção sexo biológico baseada nas tradições da família cristã.

Para além de Damares, o aparelhamento religioso do Estado brasileiro se deu pela presença de diversos atores ultraconservadores em distintas instâncias governamentais. Pode-se citar o caso do procurador-geral da República, Augusto Aras, que informou promover os valores cristãos no Poder Judiciário brasileiro, guiado pela carta da Associação Nacional de Juristas Evangélicos (Anajure).

A carta prevê, por exemplo, que "a instituição familiar deve ser heterossexual e monogâmica, as doutrinas religiosas não podem ser enquadradas como discurso de ódio e todo homossexual deve ter liberdade para tornar-se paciente em tratamento de reversão sexual". A Anajure, por sua vez, tem alçado vôos altos no âmbito de seu projeto de defesa incondicional dos valores cristãos, seja atuando internamente em órgãos do Poder Judiciário, realizando articulação política ou ocupando assentos em órgãos internacionais. A associação sabatinou, por exemplo, os três candidatos à chefia da Defensoria Pública da União e recomendou o segundo da lista tríplice, um candidato antiaborto que foi prontamente acatado por Bolsonaro. André Mendonça, o até então ministro da Justiça e da Segurança Pública, pastor presbiteriano, assumiu a chefia da Advocacia Geral da União também com apoio da associação (Evangelista; Reis, 2021).

Outro setor do governo brasileiro que foi impactado diretamente pela visão cristã dos valores da família e leitura específica dos Direitos Humanos foi a educação. Entre as lideranças do Ministério de Educação brasileiro ao longo do governo Bolsonaro, cabe destacar a figura de Milton Ribeiro, pastor prebisteriano, que argumentou abertamente que o "homossexualismo" é resultado da criação de crianças pelo que ele chamou de famílias desajustadas, e que a educação sexual nas escolas levaria a uma erotização das crianças (Evangelista; Reis, 2021).

Por outro lado, o aparelhamento institucional no caso indiano foi construído de uma forma bem diferente da estratégia de Bolsonaro no Brasil. O partido de Modi foi, historicamente, o que mais integrou mulheres na política, e, em discursos entre os anos de 2014 e 2019, o tema das mulheres estava no "top 5" de temas abordados pelo primeiro-ministro indiano (Pandey, 2020). Fato é que, nas eleições de 2019, foi o partido BJP que "[...] nomeou mais mulheres ministras do que qualquer um dos governos anteriores". Também reformulou a estrutura organizacional do partido, introduziu cotas para mulheres e expandiu sua base social para incluir mais mulheres de origem rural e mais pobres" (Pandey, 2020).

Essa realidade parece colocar Narendra Modi muito mais favorável aos direitos das mulheres do que Bolsonaro. Contudo, este governo é considerado de extrema direita, entre outros motivos, também porque passou a incluir no governo nacional indiano a perspectiva religiosa. A Índia é constitucionalmente secular, ou seja, o Estado não tem uma religião, e toda a multiculturalidade religiosa e étnica foi parte do movimento pela independência do país, contudo o BJP é um partido ultranacionalista, que tem sua história marcada pela integração da religião à política. Na década de 1990, o então líder do partido, Lal Advani, promoveu uma marcha sagrada que atravessou o país, e foi finalizada com episódios de violência (Giccaglia; Dussort, 2018).

Outro aspecto importante do contexto político e religioso indiano é que os hindus representam a maioria da população (79,8%), seguida dos muçulmanos (14,2%)[66]. A relação entre essas populações é conflitiva, e tem base, também, na geopolítica indiana e a relação principalmente com a fronteira com o Paquistão e a região da Caxemira. Ao longo da história indiana, foi fomentada uma concepção de que os muçulmanos haviam destruído um templo sagrado para os hindus, e esse extremismo foi sendo consolidado pela política (Giccaglia, Dussort, 2018). Uma organização que personifica este processo de supremacia hindu é a Rashtriya Swayamsevak Sangh (RSS), da qual o primeiro-ministro é parte e atua ativamente.

Os pontos que, atualmente, fomentam as controvérsias religiosas na Índia estão relacionados à necessidade da elite indiana de fomentar uma separação da classe trabalhadora em um contexto de austeridade econômica, fazendo com que haja uma divisão entre os trabalhadores hindus e os muçulmanos, mas também pelo que se convencionou chamar de Jihad do amor (Yasir; Schmal, 2021). Esse termo é utilizado para explicar o processo de conversão de mulheres hindus ao Islã para se casarem com homens muçulmanos. Na visão dos hindus conservadores, a conversão religiosa é um dos mais graves pecados que podem ser cometidos.

Essas questões têm levado a ondas de violência, que são marcadas pelo machismo e pela misoginia. Entre as práticas de violação realizadas por milícias hindus estão a "desmasculinização" dos homens muçulmanos, expondo-os à nudez pública em razão da prática de circuncisão do Islã, e a violência contra as mulheres na retirada forçada do *hijab* e na prática de violência sexual. Os críticos de Modi argumentam que o posicionamento do governo é, no mínimo, contraditório e instrumentaliza as questões de gênero como mais uma estratégia de criminalizar a religião islâmica (Ashraf, 2018).

> [...] ao longo de seu mandato como primeiro-ministro da Índia, Modi não fez nada para desafiar as práticas patriarcais que afetam as mulheres hindus (e outras). Seu partido se opôs, por exemplo, à criminalização do estupro conjugal,

---

[66] De acordo com dados de 2021, publicados pelo Pew Research Center, disponível em: https://www.pewresearch.org/religion/2021/09/21/population-growth-and-religious-composition/. Acesso em: 20 nov. 2023.

> que, segundo funcionários do BJP, "não pode ser aplicado adequadamente no contexto indiano". Modi ainda não se pronunciou em defesa das mulheres hindus arrastadas para o frenesi do "Love Jihad" em algumas comunidades hindus [...] o silêncio do primeiro-ministro Modi sobre o assunto, estão alimentando a paranóia sobre os muçulmanos na Índia. Essa paranoia também está ferindo, e até matando, mulheres hindus que os proponentes do mito do "Love Jihad" supostamente estão tentando proteger (Ashraf, 2018).

O BJP busca promover uma interpretação específica do *dharma*, muito a partir do que é proposto pela RSS. Nessa visão particular, existe um comportamento certo, uma economia certa e uma ordem social certa que deve ser praticada em todo o país. A partir dessas premissas, o governo de Narendra Modi é abertamente acusado de promover políticas excludentes baseadas nos preceitos fundamentalistas do hinduísmo. Entre as ações denunciadas estão as alterações das políticas migratórias e de concessão de cidadania, que facilitaram o cancelamento da cidadania de muçulmanos e, por outro lado, a atribuição de cidadania a refugiados hindus que saíram de Bangladesh. Há também implicações do partido de Modi na morte de juízes e policiais que são alinhados à Constituição indiana, e não adotam a perspectiva específica do *dharma* promovido pelo BJP e pela RSS.

> Os muçulmanos se tornaram as vítimas preferenciais do governo de Modi. Milícias hindus, como a Associação de Proteção à Vaca (APV) [...] intensificaram o linchamento e o assassinato de açougueiros, leiteiros e transportadores de gado muçulmanos, geralmente com a conivência das forças de segurança locais. [...] Somado a isso, os muçulmanos se tornaram o grupo mais assediado pelas forças policiais, compostas principalmente por hindus. Em 2018, 64% dos muçulmanos relataram que se sentem "altamente" ou "um tanto temerosos da polícia" [...] a violência perpetrada por essas organizações extremistas supostamente beneficiaria os objetivos do BJP de três formas: 1) uma constituição pluralista dificulta o cerceamento dos direitos de minorias por meio de medidas legislativas, então os linchamentos emergem como uma estratégia extralegal para minar esses direitos [...] 2) populistas de direita podem explorar politicamente casos de linchamentos de "transgressores" locais, retratando-os como a retomada do controle da nação pelo "povo" contra os "inimigos nacionais" [...] e 3) a cumplicidade estatal permite que linchamentos fiquem impunes [...] (Gabriel *et al.*, 2021, p. 9).

Pode-se dizer que, ao contrário de Jair Bolsonaro, que se colocou como representante dos valores cristãos para fomentar o argumento de que era o único capaz de unificar o Brasil e romper com a política corrupta dos governos anteriores, Narendra Modi se definiu como o elo direto com os deuses e as deusas do hinduísmo. Ele não se apresentou como a representação de determinados valores, mas como ele sendo o valor em si mesmo. O culto à personalidade de Modi foi levado ao extremo, para além da limitação da liberdade de expressão a seus opositores, também substituíram a imagem Mohandas Gandhi pela do primeiro-ministro nos calendários publicados pela comissão governamental, e se declarou como "o novo pai da nação". Além disso, foram produzidos filmes sobre a vida do primeiro-ministro, representando-o como uma escolha divina para promover a mudança na Índia.

É importante frisar que, no caso indiano, as políticas de promoção da igualdade de gênero por meio da personificação de Modi estão mais alinhadas à proteção dos direitos hindus. Há uma controversa relação entre avançar no empoderamento de mulheres e proteger os valores do hinduísmo. Ao mesmo tempo que aprovou pena de morte para casos de estupros, o governo de Modi também libertou 11 homens hindus em prisão perpétua pelo estupro coletivo de uma mulher muçulmana grávida durante protestos em 2022. Importante ressaltar que a trajetória de Modi é marcada por acusações de conivência às violências perpetradas contra muçulmanos nesse evento de 2022. Em 2018, relatório produzido pela Fundação Thomson Reuters indicou que a Índia era o país mais perigoso para ser mulher. Dados oficiais demonstram que, entre 2007 e 2016, os casos de estupro aumentaram em 87% na Índia, gerando a estimativa de quatro estupros por hora no país.

A diplomacia

A análise dos impactos do pós-fascismo na política externa dos países parte da perspectiva de que a política externa é uma política pública (Milani; Pinheiro, 2013), isso quer dizer que há uma relação de causalidade entre as políticas domésticas e a política internacional de um dado governo. O diferencial da política externa está em ser multisetorial (Salomón; Pinheiro, 2013), ou seja, não é restrita a uma única temática, como no caso das políticas públicas domésticas.

As variações de agendas de política externa permitem que governos apliquem diferentes abordagens de acordo com os interesses específicos de incidência de determinado campo político na esfera internacional. Ou seja, não há, necessariamente, uma unificação das estratégias de incidência como tende a ser no caso da política doméstica. Ademais, no tema aqui analisado, pode-se agregar o fator diferenciador do pós-fascismo que é a incoerência. Isso porque é possível identificar que as narrativas extremistas, quando transitam para as práticas políticas, podem sofrer alterações específicas, principalmente no contexto internacional, no viés de mascarar determinadas limitações de direitos que ocorrem em nível doméstico.

Dessa maneira, assim como nas análises dos fatores anteriores, Bolsonaro e Modi apresentaram mobilizações da política externa muito diferentes, mas no seguimento de um mesmo fim: a promoção de valores específicos de uma identidade nacional – no caso do Brasil o cristianismo; no caso da Índia o hinduísmo. Contudo, esses dois personagens da política apresentam similitudes como a má gestão da pandemia da Covid-19 e o fomento da descrença na ciência, o descrédito às mudanças climáticas e incentivo de modos de produção nocivos ao meio ambiente, vulnerabilização de minorias por meio de discursos polarizantes, tendo o Twitter como principal canal de comunicação com apoiadores. O que diferencia, em alguns casos, é a leitura sobre como um tema deve ser abordado dada a capilaridade eleitoral que pode promover. Mas ambos são faces inegáveis do pós-fascismo.

No que tange à diplomacia brasileira no período do governo de Jair Bolsonaro, foi evidente o afastamento do país em questões relativas à promoção dos Direitos Humanos com caráter universal, e a aproximação com a ideia da promulgação dos Direitos Humanos para os chamados humanos direitos. Em sua primeira fala nas Nações Unidas como presidente do Brasil, Bolsonaro apresentou seu governo como instruído pelos valores cristãos. No Conselho de Direitos Humanos da ONU, o Brasil passou a votar junto a países como Arábia Saudita contra os direitos sexuais e reprodutivos de meninas e mulheres. A diplomacia brasileira foi orientada por um *advocacy* ao moralismo religioso (Aguiar; Ferreira; Antunes, 2022).

Na atualidade é possível argumentar sobre a existência de um *lobby* transnacional religioso, que significa a articulação de diversas organizações, em nível global, no intuito de promover e proteger os valores cristãos (Amancio *et al.*, 2020). Este *lobby* mobiliza a ideia de perseguição aos valores cristãos como estratégia para mobilizar a promoção de políticas antidireitos. Assim, no caso brasileiro, as igrejas protestantes e conglomerados de comunicação evangélicos passaram também a fazer política externa. Dos principais expoentes desse movimento pode-se citar o bispo Edir Macedo, também proprietário da Rede Record, a quarta maior emissora do país, e fundador da Igreja Universal do Reino de Deus (IURD) – congregação que enfrenta inúmeras denúncias desde lavagem de dinheiro e evasão de divisas na Angola – e o Silas Malafaia, pastor neopentecostal e líder da Assembléia de Deus Vitória em Cristo, que apoia Bolsonaro e, foi, inclusive, parte da comitiva presidencial brasileira no velório da rainha Elizabeth em 2022.

Esse *lobby* também foi exercido no interior do Ministério de Relações Exteriores brasileiro. A institucionalização da diplomacia religiosa contribuiu não apenas para a pregação de valores cristãos, mas para fundamentar toda a base da política externa brasileira, promovendo alinhamento bilateral a países e governos de extrema direita, e um afastamento das relações Sul-Sul. Na Hungria, em 2019, o então secretário de Assuntos de Soberania Nacional e Cidadania, embaixador Fabio Mendes Marzano, afirmou que a religião guiaria a formulação de políticas públicas no Brasil.

Segundo pesquisa realizada por Aguiar, Ferreira e Antunes (2022), a principal narrativa de inserção da política externa brasileira no tema de Direitos Humanos aconteceu por meio da defesa da vida e criminalização do aborto. Sobre essa narrativa cristã da vida, o então governo brasileiro, mediante articulação de Damares Alves, promoveu esse discurso em espaços multilaterais e fomentou a perspectiva contra a chamada ideologia de gênero para se aproximar de países de extrema direita e estabelecer alianças, que não se mostraram sólidas, em torno da defesa de valores cristãos.

A imagem do Brasil como promotor dos Direitos Humanos em nível internacional foi sendo desconstruída gradativamente por cada ator doméstico que incidiu na esfera internacional pelo *lobby* transnacional religioso. Afastando-se de organizações que promovem e defendem os Direitos Humanos, bem como de governos que promovem a democracia liberal, o país foi perdendo investimento em determinadas agendas, como a proteção dos direitos das mulheres e a mitigação dos efeitos das mudanças climáticas. Pode-se argumentar que a estratégia da diplomacia brasileira nos quatro anos do governo Bolsonaro foi a de promover os Direitos Humanos a partir de uma interpretação religiosa dos documentos internacionais e da Constituição brasileira. A retomada de tabus, que até então pareciam haver sido superados pela sociedade brasileira, fortaleceu o entrelaçamento da religião com a política, que transcende a legislatura de Jair Bolsonaro (Aguiar; Ferreira; Antunes, 2022).

No espectro da diplomacia indiana, a estratégia de incidir sobre a precarização dos Direitos Humanos foi estabelecida desde o território doméstico. No âmbito externo, Narendra Modi tem buscado promover uma participação ativa da Índia com o objetivo de fortalecer a imagem de liderança regional, por meio do incremento de ações em torno de temas de segurança e integração econômica. Contudo, no espaço físico doméstico o governo de Modi atua em constante restrição das liberdades de expressão e religiosa de seus opositores e da população muçulmana, o que tem reverberado no trabalho de organizações internacionais no país.

Organizações como a Anistia Internacional e a Ford Foundation têm sido continuamente atacadas pelo governo do primeiro-ministro, mas em um processo simbólico de descontinuidade do trabalho em prol dos Direitos Humanos, principalmente da população muçulmana. O governo indiano acusou a Anistia Internacional de ferir as regras fiscais do país, e congelou as contas da instituição em território nacional. Dada a continuidade das incidências do governo de retração do trabalho produzido pela organização, a Anistia Internacional fechou o escritório em Nova Delhi. Por outro lado, a Ford Foundation, que está presente na Índia desde 1952, entrou para a lista de organizações vigiadas por incidir sobre a segurança nacional indiana. Acredita-se que o principal problema com essa organização está no fato de ter anunciado o financiamento de um projeto de Teesta Setalvad, advogada e ativista de Direitos Humanos, em um trabalho no qual representa vítimas muçulmanas do atentado de 2002 (Ganguly, 2020).

Essa estratégia incide diretamente sobre uma das ferramentas de exercício e promoção dos Direitos Humanos em democracias liberais. As organizações internacionais vêm se consolidando ao longo dos anos como caminhos alternativos na cooperação internacional para a prevenção de violações massivas de Direitos Humanos, bem como na proteção de minorias impactadas com base no Direito Internacional Humanitário. Ademais, ao mesmo tempo que tem judicializado o trabalho das instituições internacionais, tem havido uma facilitação de atuação de ONGs hindus em território indiano, que, em muitos casos, articulam seus projetos por meio da promoção fundamentalista de uma cultura certa e uma economia certa para a Índia.

Fato é que, apesar de estratégias diferentes, tanto Bolsonaro quanto Modi passaram a judicializar os Direitos Humanos, incidindo no enfraquecimento de ações de proteção às minorias políticas que suas ideologias de governo buscam marginalizar. No caso brasileiro, a via escolhida foi o ataque direto aos direitos de gênero, compondo um *lobby* transnacional religioso de combate aos direitos sexuais e reprodutivos. A judicialização pela via doméstica fomentou os discursos da diplomacia pró-vida, e reestruturou a interpretação dos Direitos Humanos, particularmente das mulheres, a partir de uma perspectiva sacra (Aguiar; Ferreira; Antunes, 2022).

No caso de Narendra Modi, pode-se vislumbrar um refinamento dessa estratégia. O predecessor de Bolsonaro na via do pós-fascismo articulou de maneira cuidadosa os enquadramentos políticos que daria a nível doméstico e internacional, no sentido de promover sua imagem como herói nacional e ser reconhecido de tal forma tanto pelos indianos quanto pela comunidade internacional. Diferentemente de Bolsonaro, Modi fomenta uma imagem de pós-colonial e promotor da modernização da Índia. A partir desse enquadramento específico, parece circular com certa facilidade nas articulações comerciais e de segurança em nível internacional, assinando acordos com diferentes governos, e não se tornando um pária internacional. Contudo, apesar de valorizar os Direitos Humanos como retórica em espaços multilaterais, Modi propaga um conservadorismo e um moralismo hindu em suas estratégias diplomáticas exercidas dentro do território indiano.

Ao que parece, as diferentes metodologias tiveram efeitos positivos apenas para um dos casos analisados. Visto que Bolsonaro, com o escracho constante e ataque direto aos Direitos Humanos perdeu as eleições, e posteriormente a essa derrota teve suas políticas de combate à Covid-19 e promoção ao garimpo sendo denunciadas como genocídio em Tribunais Internacionais. Enquanto, mesmo expulsando, indiretamente e sem uso da força, organizações promotoras de Direitos Humanos da Índia – coisa que Bolsonaro não fez no Brasil –, Modi foi reeleito, e não parece estar na mira dos Tribunais Internacionais por violação de Direitos Humanos, ainda que os muçulmanos sejam afetados diretamente, e o direito de gênero seja manipulado no sentido de oprimir determinados grupos sociais. Ao contrário, em janeiro de 2023 a Human Right Watch denunciou o que chamou de cinismo da comunidade internacional ante as violações de Direitos Humanos ocorridas em território indiano, e promovidas pelo governo (Paixão, 2023).

Conclusão

O objetivo deste capítulo foi tratar do tema da extrema direita desde uma perspectiva pós-fascista no sentido de sublinhar as diferentes estratégias de opressão e violação dos Direitos Humanos que podem ser perpetradas por governos autoritários. Todo o debate teórico mobilizado neste capítulo foi cuidadosamente selecionado para argumentar junto aos leitores que existe um refinamento e uma tentativa de "aperfeiçoamento" do *modus operandi* do extremismo religioso. Os casos selecionados para análise são de uma riqueza de conteúdo que permite de fato identificar claramente como enquadramentos distintos podem ser mobilizados para induzir objetivos semelhantes.

No caso brasileiro, pode-se argumentar que, em nível federal, a estratégia de Bolsonaro não funcionou para gerar um segundo mandato e, dessa forma, pode não ter sido tão eficaz quanto a de Narendra Modi, na Índia. Nesse sentido, um novo governo que ganha as eleições, no caso brasileiro, é visto como a "tábua de salvação" das minorias políticas vulnerabilizadas na legislatura bolsonarista. Entre as estratégias lançadas por apoiadores do atual governo do Partido dos Trabalhadores, e, por sua vez, críticos e, em muitos casos, vítimas do bolsonarismo, está mobilizar instrumentos para legitimar um governo pró-Direitos Humanos e retomar a diplomacia brasileira via proteção dos direitos de gênero e de outras minorias estigmatizadas anteriormente. Assim, a elite política do país apresenta diferentes possibilidades para consolidar essa nova imagem internacional do Brasil. Uma delas tem sido a crença na viabilidade do anúncio de uma política internacional com espectro feminista, mas que ainda se encontra longe de ser efetivada (Aguiar, 2023).

No caso asiático, assim como no Brasil, a ideia de avançar sob a perspectiva mais ao feminismo da política externa também vem de um anseio analítico pela mudança do espectro do país sobre as questões de gênero. Mas também é importante avaliar de forma crítica, na medida em que toda esta temática pode servir no sentido de, ao invés de impulsionar uma via crítica ao pós-fascismo e à instrumentalização dos direitos de gênero praticados pelo atual governo, consolidar uma imagem, entre os hindus e a comunidade internacional, de que a Índia, no governo do "novo salvador", é referência na promoção dos direitos das mulheres, e, consequentemente, dos Direitos Humanos. O feminismo poderia ser a coroação do enquadramento hinduísta de Modi, e sua validação perante a comunidade internacional.

Os dois casos debatidos ao longo deste capítulo, à luz do pós-fascismo de antidireitos, retratam um processo de "masculinidade sagrada". Como explicado na primeira seção deste capítulo, o fascismo europeu tem suas características fundantes, e algumas delas são emprestadas ao pós-fascismo. Pode-se dizer que a masculinidade é uma dessas características. O domínio masculino é perpetuado nos casos analisados: de um lado, uma masculinidade que busca resgatar os valores tradicionais cristãos em um processo de alinhamento de setores "especiais" da sociedade brasileira na luta do bem contra o mal; do outro, a promoção de uma masculinidade mais holística e disruptiva, ou seja, que busca romper justamente com os padrões tradicionais e patriarcais de dominação, por meio da elevação de um determinado grupo – ou casta – ao nível do sagrado, e se colocar como único sujeito capaz de findar com o patriarcado que oprime os "outros" grupos, sem rever/questionar as estruturas que representa.

Referências

AGUIAR, Bruna Soares; FERREIRA, Renee Couto Lara; ANTUNES, Amanda. A moralidade religiosa e os direitos das mulheres: um estudo a partir das mudanças na atual agenda brasileira no âmbito do judiciário doméstico e CDH-ONU In: GONÇALVES, Fernanda Nanci; LOUREIRO, Gustavo do Amaral; MELLO, Beatriz Bandeira de (org.). *Política externa no Governo Bolsonaro* [livro eletrônico]: temas, resultados e retrocessos. Belo Horizonte: Lemos Mídia, 2022

AGUIAR, Bruna Soares. Análise de Política Externa Feminista: uma contribuição metodológica para a verificação de congruência entre normas e práticas políticas. 2023. 293 f. Tese (Doutorado em Ciência Política) – Universidade do Estado do Rio de Janeiro, Rio de Janeiro, 2023.

ALNAJJAR, Ghanim. Human Rights in a Crisis Situation: The Case of Kuwait after Occupation. *Human Rights Quarterly*, v. 23, n. 1 (Feb. 2001), p. 188-209.

AMANCIO, Nelly Luna; VELÁSQUEZ, Kennia; ZIEGLER, Gloria; DIP, Andrea; CORREA, Mariama. Poderes impuros: o lobby trasnancional de religiosos e ultraconservadores durante a pandemia. *Operamundi*, 10 jun. 2020.

ASHAF, Ajaz. Narendra Modi: a false crusader for women's rights. *Aljazeera*, 25 Jan. 2018.

CARVALHO, Carla Severiano; FREITAS, Geisa Froés. A pandemia da Covid-19 e a misoginia no Brasil: discurso sobre a violação dos direitos das mulheres. *Primeira Escrita*, v. 9, n. 1, p. 113-125, 2022.

D'ERAMO, Marco. Populism and the new Oligarchy. *New Left Review*, 82, 2013, p. 5-28.

DUDAI, Ron. Entryism, Mimicry and Victimhood Work: The Adoption of Human Rights Discourse by Right-Wing Groups in Israel. *International Journal of Human Rights* 21 (7), 2017, p. 866-88.

EVANGELISTA, Ana Carolina; REIS, Lívia. Neoconservadorismo, família, moral e religião nos primeiros anos do governo Bolsonaro. *Heinrich Boll Stiftung*, 10 abr. 2021, Rio de Janeiro.

FONSECA, Inara. Deus acima de todos: o avanço do Estado teocrático no governo Bolsonaro. *Catarinas*, 2 jun. 2021. Disponível em: https://catarinas.info/deus-acima-de-todos-o-avanco-do-estado-teocratico-no-governo-bolsonaro/ Acesso em: 23 nov. 2023.

GABRIEL, João Paulo Nicolini; MANDELBAUM, Henoch Gabriel; CARVALHO, Carlos Eduardo; ARTIOLI, Marcel. Nacionalismo na Índia de Narendra Modi e do Braratya Janata Party(BJP). *Mural Internacional*, Rio de Janeiro, v. 12, 2021.

GIACCAGLIA, Clarisa; DUSSORT, María Noel. La política religiosa del gobierno de Narendra Modi. Pasado y presente del Bharatiya Janata Party en torno a los conflictos interreligiosos en India. *Revista Relaciones Internacionales*, Estrategia y Seguridad, Bogotá, v. 12, n. 2, 2018.

GRAFF, Agnieszka; KOROLCZUK, Elzbieta. *Anti-Gender Politics in the Populist Moment*. London: Routledge, 2021.

KALIL, Isabela. *Quem são e no que acreditam os eleitores de Jair Bolsonaro*. Fundação Escola de Sociologia e Política de São Paulo, out. 2018. Disponível em: https://www.fespsp.org.br/upload/usersfiles/2018/Relat%C3%B3rio%20para%20Site%20FESPSP.pdf. Acesso em: 21 nov. 2023.

KOVÁTS, Ester. The Emergence of Powerful Anti-Gender Movements in Europe and the Crisis of Liberal Democracy. *In:* KÖTTIG, Michaela; BITZAN, Renate; PETÖ, Andrea. *Gender and Far Right Politics in Europe*. London: Palgrave Macmillan, 2017. p. 175-189.

MAIA, Matheus Ferreira; LEMOS SANTOS, Naomi Prates. O bolsonarismo pós-Bolsonaro. *Revista PET Economia UFES*, v. 3, n. 2, 2023.

MOUFFE, Chantal. "The 'End of Politics' and the Challenge of Right-wing Populism". *In*: PANIZZA, Francisco. *Populism and the Mirror of Democracy*. London: Verso, 2005. p. 50-71.

PANDEY, Geeta. Why women vote for Indian PM Narendra Modi's BJP. *BBC News*, Nova Deli, 19 Apr. 2022.

PELINKA, Anton. Right-Wing Populism: Concept and Typology. *In:* WODAK, Ruth; KHOSRAVINIK, Majid; MRAL, Brigitte. *Right-Wing Populism in Europe*: Politics and Discourse. London: Bloomsbury Academic, 2013. p. 3-22.

ROGGEBAND, Comny; KRIZSÁN, Andrea. Democratic backsliding and the blacklash against women's rights: Understanding the current challenges for feminist politics. *UN Women*, [S. l.], n. 35, 2020.

SANDERS, Rebecca; JENKINS, Laura D. Control, alt, delete: Patriarchal populist attacks on international women's rights. *Global Constitutionalism*, [S. l.], v.11, n.3, p. 401-429, 2022.

SCHNEIKER, Andrea. The new defenders of human rights? How radical right-wing are using the human rights discourse to promote their ideas. *Global Society*, [S. l.], v. 33, n. 2, p. 149-162, 2019.

SHOR, Eran. Utilizing rights and wrongs: Right-wing, the "Right" language, and human rights in the Gaza disengagement. *Sociological Perspectives*, [S. l.], v. 51, n. 4, p. 803-826, 2008.

SRIVASTA, Sanjay. Modi-Masculinity: media, manhood, and "traditions" in a time of consumerism. *Television & New Media 2015*, v. 16, n. 4 p. 331-338, 2015.

STOLL, Katrin. Beyond conceptions of fascism and fascist conceptions: On the category of fascization. *Studia Litteraria et Historica*, [S. l.], n. 10, 2021, p. 1–32.

TRAVERSO, Enzo. *The New Faces of Fascism*. London: Verso, 2019.

VIRCHOW, Fabian. *Post-Fascist Right-Wing Social Movements*. The History of Social Movements in Global Perspective, [S. l.], p. 619-646, 2017.

WODAK, Ruth. *The Politics of Fear What Right-Wing Populist Discourses Mean*. London: SAGE Publications, 2015.

YASIR, Sameer; SCHMALL, Emily. Proibir casamento com Muçulmanos. *Estadão*, 27 jul. 2021. Disponível em: https://www.estadao.com.br/internacional/a-jihad-do-amor-partido-de-premie-da-india-tenta-proibir-casamentos-com-muculmanos/. Acesso em: 25 nov. 2023.

"A VERDADE ACIMA DE TUDO": OS FATORES ANTIDEMOCRÁTICOS E NEGACIONISTAS NA POLÍTICA EXTERNA CLIMÁTICA DO GOVERNO BOLSONARO

Danielle Costa da Silva
Maria Isabel Santos Lima
Beatriz Triani Cherem

Introdução

  Robert Dahl (1997), ao elaborar a teoria da poliarquia, um modelo ideal regulatório de democracia, assinala que não possuímos um conceito único de democracia, mas reconhecemos um sistema político democrático, na medida em que neles estão presentes ou afastadas características típicas de uma ordem despótica, principalmente com relação à existência da contestação pública e ao amplo direito de participação política. O modelo da democracia liberal possui diversas características, tais como: a competição pelo voto, os arranjos institucionais em nível nacional, a ampla participação popular, a garantia de direitos fundamentais, a separação entre os poderes e a exclusão dos poderes econômicos ou ideológicos na condução dos assuntos públicos mediante sua influência oculta sobre o sistema político (Castells, 2018; Pateman, 1992).

  Todavia, características antidemocráticas encontram-se presentes em regimes políticos como ditaduras, autocracias e até mesmo democracias. No momento atual, também denominado por Solano (2018) de nova onda neoconservadora, observa-se a reorganização de grupos de direita radicalizada e/ou conservadores de dimensão mundial que interferem direta ou indiretamente na relação entre democracia e capitalismo (Brown, 2019; Rancière, 2005; Solano, 2018) e contribuem para que as decisões democráticas sejam definidas pelo capital, e não pelo povo.

  Os casos de crise da democracia são múltiplos e diversos, impactando de diferentes formas as principais agendas internacionais e se fazendo presentes de múltiplas maneiras nas agendas políticas multilaterais, entre as quais se encontra a agenda das mudanças climáticas. Nessa agenda, temos o negacionismo climático como um fenômeno propagado por cientistas e políticos ultraconservadores, entendido como "a recusa em acreditar em algo, não importam as evidências" (Washington; Cook, 2013, p. 1, tradução nossa[67]), podendo resultar em cenários catastróficos.

Partindo disso, formula-se a seguinte questão: como uma gestão ultraconservadora, oriunda da crise da democracia, com uma perspectiva política estreitamente associada ao negacionismo climático impacta na política externa de um país do Sul Geopolítico, no caso deste capítulo, o Brasil, onde a democracia é recente e com um histórico de instabilidade?

A percepção de que o Brasil, que uma vez foi um líder sul-americano, esteve a ponto de se converter em um pária internacional (Milani, 2021) se confirma na pauta climática, graças ao projeto de política externa implementado por Jair Bolsonaro após as eleições de 2018. Observa-se que o negacionismo climático deixou de ser uma tática utilizada pelos ruralistas a fim de alcançarem seus objetivos de curto prazo (exploração econômica e obtenção de lucros), tornando-se parte do discurso e das políticas da presidência de Bolsonaro.

Apesar de ser reconhecido internacionalmente e operar como uma democracia, o Brasil, sob a gestão Bolsonaro, rompeu com os princípios normativos consagrados na Constituição Brasileira de 1988 e com o posterior pacto democrático (Milani, 2021). O vácuo causado pela ausência dos ideais democráticos no governo bolsonarista inaugurou um novo comportamento na política externa brasileira em matéria de mudanças climáticas. Considerando tais elementos, o objetivo deste capítulo é analisar as falas políticas de Bolsonaro, identificando de que forma os fatores antidemocráticos e negacionistas as fundamentaram, contrastando-as com as ações práticas da sua política externa climática. Objetiva-se identificar como elementos antidemocráticos, negacionistas e ideais ultraconservadores foram fatores relevantes na formulação e implementação da política externa climática brasileira.

A pesquisa se fundamenta na perspectiva teórica da inter-relação entre os níveis doméstico e internacional (Milner, 1997; Putnam, 2010), por meio da qual os fatores internos, como as ações dos tomadores de decisão, delineiam a formulação da política externa de um país, assim como variáveis estruturais externas também delineiam as ações domésticas, com os líderes políticos atuando simultaneamente nas duas arenas (doméstica e internacional), buscando objetivos e lidando com pressões oriundas de ambas. Também

---

[67] No original: "[...] it is a refusal to believe something no matter the evidence".

se aplica a compreensão de que as ideias dos atores encarregados da tomada de decisão da política externa geram o escopo interpretativo para analisar essa política (Goldstein; Keohane, 1993). Metodologicamente, a pesquisa é de natureza qualitativa, utilizando a pesquisa bibliográfica e a análise de conteúdo (Bardin, 2011; Costa da Silva; Granja, 2020) de discursos oficiais.

O presente capítulo é composto, portanto, por três seções e duas subseções, além da introdução e da conclusão: a primeira parte, intitulada de "Crise da democracia e sua relação com o negacionismo", trata do arcabouço teórico mobilizado para a realização da análise, dialogando com duas temáticas essenciais para a pesquisa que estão intrinsecamente ligadas – a crise da democracia e o negacionismo climático; o segundo tópico, por sua vez, é voltado a apresentar as principais características do governo Bolsonaro, no que tange não só às linhas gerais de sua política externa, mas a sua política climática, sendo esse segundo assunto explorado com mais detalhes na subseção nomeada de "A política externa climática de Bolsonaro"; a terceira e última seção, por fim, compreende a metodologia utilizada e a análise de conteúdo dos discursos do então presidente na arena internacional, com o intuito de identificar sua relação com fatores negacionistas climáticos e antidemocráticos, algo explorado na subseção "Analisando o conteúdo dos discursos de Bolsonaro".

Crise da democracia e sua relação com o negacionismo climático

Em 1989, o cientista político estadunidense Francis Fukuyama publicou o seu artigo mais conhecido, no qual declarava o fim da história, ou seja, "o ponto final da evolução ideológica da humanidade e a universalização da democracia liberal ocidental como a forma final de governo humano" (Fukuyama, 1989, p. 4, tradução nossa[68]). Esse momento, marcado não só pelo colapso da União Soviética, mas pela queda do muro de Berlim, era entendido como o início do período de triunfo da democracia liberal[69] sobre os demais regimes políticos e econômicos, uma fase que, segundo Fukuyama (1989), duraria por anos.

Mas, com a ascensão por via democrática e eleitoral de governos antidemocráticos, ultraliberais e ultraconservadores, o tema retornou ao debate internacional. Diferentemente de momentos anteriores, essa fase

---

[68] "[...] the end point of mankind's ideological evolution and the universalization of Western liberal democracy as the final form of human government".
[69] Em seu artigo, Fukuyama (1989) não apresenta uma definição evidente do que ele entende por democracia liberal, mas explica que um Estado é liberal na medida em que reconhece e protege, por meio de um sistema jurídico, o direito universal à liberdade, e é democrático por existir com a aprovação de seus governantes.

atual de instabilidade é resultante de características inerentes da democracia liberal: a acentuada concentração do poder, a transmissão da autoridade política de cima para baixo, a concentração na figura de um chefe com a personalização do poder e a transformação em lei da própria vontade do governante (Bobbio, 1998, p. 370-373). Soma-se a isso a rápida erosão de sistemas partidários tradicionais e a ascensão de atitudes xenofóbicas, racistas e nacionalistas e de partidos de extrema direita cujas características e ações políticas são compreendidas como sendo autoritárias (Przeworski, 2020). Tal instabilidade está fundamentada na relação entre democracia e capitalismo, uma vez que o processo democrático de decisão deixou de ser fruto da escolha do povo para refletir majoritariamente a escolha do capital (Brown, 2019; Rancière, 2005; Solano, 2018). Ou seja, a relação do modelo capitalista com o processo democrático, visto anteriormente por Fukuyama como algo que garantiria a perpetuidade da democracia liberal, também foi essencial para seu colapso (Brown, 2019; Stewart, 2020).

Considerado como um dos principais temas atuais, esse novo momento de crise tem como marco o ano de 2016, destacado na esfera internacional pelo triunfo de Donald Trump na eleição presidencial dos Estados Unidos, o referendo que confirmou o Brexit, a saída do Reino Unido da União Europeia e, no contexto nacional brasileiro, pelo golpe disfarçado de *impeachment* que retirou Dilma Rousseff da presidência do Brasil. Para alguns autores (Lacatus, 2021; Lacatus; Meibauer, 2022; Tamaki; Fuks, 2020), governos como os de Donald Trump, Jair Bolsonaro e Boris Johnson, por exemplo, ilustram esse momento de crise da democracia causado pela ascensão de governos populistas. No entanto, é necessário adotar uma visão crítica dessa caracterização devido à abrangência do termo "populismo", que, por vezes, se torna insuficiente para explicar alguns fenômenos em seus contextos políticos próprios.

Uma das definições mais utilizadas de populismo, que adotamos neste capítulo para fins analíticos, é a concebida por Laclau (2005)[70], que o conceitua como uma maneira de construir o político. Tem-se, assim, uma sociedade dividida, na qual o "povo" é definido como um grupo que não representa a totalidade, mas que almeja ser concebido como tal. E apesar desse estrato apresentar demandas populares heterogêneas, ele se unifica por seus integrantes compartilharem um alvo institucional em comum (Laclau, 2005). Na América Latina, por exemplo, o termo "populista" é

---

[70] O autor, na obra *On Populist Reason*, desenvolve uma noção de populismo que compreende diversas variações, passíveis de ser aplicadas a várias lógicas consideradas populistas.

utilizado para caracterizar lideranças personalistas em um amplo espectro político. Mas, ao examinar esse novo momento de crise da democracia, é possível observar que esse movimento não surgiu do trabalho de base nem de forma espontânea, mas é resultante da reorganização de uma rede transnacional formada por grupos de direita radicalizados e/ou conservadores, possuindo uma ideologia evidente (Solano, 2018; Stewart, 2020). Esses grupos são diretamente responsáveis pelo agravamento do autoritarismo no mundo, que ameaça a estabilidade democrática e os direitos fundamentais (Diamond, 2015). E apesar de apresentarem algumas distinções pontuais, se assemelham na defesa de ideias consideradas fundamentais, como xenofobia, racismo, conservadorismo cristão, autoritarismo e o negacionismo climático (Przeworski, 2020; Solano, 2018; Stewart, 2020).

Assim como a crise da democracia, o negacionismo climático não é um assunto recente, tendo suas origens na década de 1980 nos Estados Unidos. Esse período marca o momento em que as discussões sobre a realidade das mudanças climáticas furaram a bolha científica para adentrar, pela primeira vez, o debate público, sendo tema, inclusive, de audiência no senado estadunidense[71] (Oreskes; Conway, 2010). Além disso, tem-se, nesse contexto, a criação do Painel Intergovernamental sobre Mudanças Climáticas (IPCC), que ajudou a indicar a dimensão científica e a gravidade política do assunto, bem como a necessidade de ações conjuntas para conter seus rápidos avanços. No entanto, tais acontecimentos foram seguidos por uma campanha organizada com o intuito de negar a existência de uma emergência climática, envolvendo cientistas e políticos conservadores financiados por empresas de setores associados à economia fóssil que, apesar de estarem cientes do problema, optaram por semear dúvidas sobre o assunto devido à possibilidade de ações que pudessem reduzir suas margens de lucro (Oreskes; Conway, 2010).

Assim, abriu-se espaço primeiro para posições ancoradas no ceticismo e, posteriormente, no negacionismo. Esses dois termos, apesar de serem utilizados por Forchetner (2019) como sinônimos, apresentam diferenças importantes que devem ser ressaltadas. O "ceticismo" trata da busca pela verdade, é uma característica intrínseca do fazer científico, baseada na análise de hipóteses com o devido rigor a fim de chegar a uma conclusão que seja satisfatória

---

[71] Em 1988, o cientista climatológico e então diretor do Instituto Goddard de Estudos Espaciais da Nasa, James Hansen, participou de uma audiência no senado estadunidense na qual alertava sobre as possíveis consequências da alta emissão de gases de efeito estufa e do aquecimento global para a vida humana na Terra, gerando uma repercussão nacional sobre o tema.

(Dunlap, 2013; Jamieson, 2012; Washington; Cook, 2013). O negacionismo, por sua vez, é o ato de se recusar a acreditar em algo, independentemente da presença de evidências irrefutáveis (Washington; Cook, 2013).

Ao analisar essa distinção entre os termos, Washington e Cook (2013) concluem que eles são, de certo modo, opostos: enquanto o ceticismo possibilita novas descobertas científicas, o negacionismo é algo insustentável a longo prazo, já que viabiliza a materialização de cenários catastróficos, principalmente no que diz respeito à mudança climática ao dificultar a manutenção da vida na Terra e contribuir para o colapso de ecossistemas. Portanto, a utilização de ceticismo para caracterizar aqueles que organizam ou estão envolvidos em campanhas de negação às mudanças climáticas é equivocada, pois nenhuma evidência poderá convencê-los de seu erro (Dunlap, 2013).

Por essas razões, neste capítulo preferimos adotar o termo "negacionismo climático", que surge em um cenário em que o fenômeno das mudanças climáticas ainda era tratado como um assunto de caráter altamente científico, associado à intangibilidade e muitas incertezas. Esse fator, além de sua elevada complexidade, dificultou ainda mais o entendimento do problema por boa parte da população, bem como o processo de formulação e implementação de ações e políticas públicas voltadas à redução de impactos climáticos, ambientais e sociais, resultando na criação de uma "campanha de 'desinformação' organizada" (Dunlap, 2013, p. 692, tradução nossa)[72]. A fim de obstruir qualquer tentativa de enfrentamento às mudanças climáticas, essa campanha tem contado com uma coalizão formada pelo capital fóssil, cientistas e acadêmicos conservadores com o amparo de políticos e da mídia, além de atualmente contar com o apoio de influenciadores digitais (Dunlap, 2013; Jamieson, 2012; Oreskes; Conway, 2010).

Em um cenário explícito de crise da democracia e em um momento em que a tecnologia facilita a propagação de informações falsas, a máquina negacionista ganhou espaço ainda maior na sociedade. O tema, que até então era visto como uma questão extragovernamental, foi integrado ao discurso oficial de governantes ultraconservadores. Para Latour (2020), o encontro desses dois fenômenos origina o entendimento por parte das elites de que a história não levará todos a um lugar próspero compartilhado. Desse modo, opta-se por acatar a ideia de isolamento advinda do nacionalismo acentuado que caracteriza esses grupos. Ao assumir esse discurso negacionista como componente da agenda política, tais governos se posicionam, de forma intencional, em oposição a um

---

[72] "[...] organized 'desinformation' campaign [...]".

problema crescente na esfera doméstica e na cena internacional. Essa escolha racional, segundo Jylhä e Hellmer (2020), faz parte de um esforço para preservar práticas sociais de grande interesse econômico para as elites e potências internacionais, ainda que seus impactos sejam altamente prejudiciais.

Por meio da relação entre a extrema direita europeia e as mudanças climáticas, Forchetner (2019) constatou que o negacionismo se manifesta de diferentes formas: negação dos fatores antropogênicos das mudanças climáticas, das evidências, das causas, dos impactos, do processo e das respostas ao fenômeno. Portanto, faz-se necessária a ampliação do conceito de negacionismo, já que a definição de Washington e Cook (2013) trata de apenas uma das formas de negação apontadas por Cohen (2000), a negação literal da existência das mudanças climáticas, uma característica fundacional desse movimento.

Para tal, é importante, em um primeiro momento, olhar para a definição apresentada e defendida por Miguel (2022), que trata o negacionismo climático como uma combinação entre a "ação planejada e estrategicamente aplicada por determinados grupos políticos" e "a visão de mundo daqueles que não compartilham da mesma realidade dos sujeitos políticos que defendem causas ambientais" (Miguel, 2022, p. 312). Tal concepção, bem como as características encontradas na pesquisa de Forchetner (2019), nos oferece a possibilidade de olhar para as outras duas modalidades identificadas por Cohen (2000): o negacionismo interpretativo, que trata de assumir um novo sentido para os fatos publicados; e o negacionismo implicatório, que se refere à rejeição de possíveis implicações morais, psicológicas ou políticas, por meio da "racionalização" dos fatos. Assim, ao extrapolar a ideia inicial apresentada por Washington e Cook (2013), é possível adotar uma concepção que retrata melhor a sofisticação desses discursos nesse novo momento em que o negacionismo é entendido como uma característica quase inerente aos governos ultraconservadores.

Isso pode ser observado nitidamente no caso brasileiro, no qual a ascensão de discursos de negação à crise climática coincide com o processo de deterioração da democracia. Diferentemente dos Estados Unidos, que apresenta um longo histórico relacionado ao tema, a inserção do negacionismo no Brasil é algo recente. Segundo Miguel (2020), uma das primeiras aparições do assunto ocorreu em 2009, em uma audiência na Câmara dos Deputados Federais que debatia o novo Código Florestal. Nesse evento, Luiz Carlos Molion[73], a

---

[73] Luiz Carlos Molion é um meteorologista brasileiro, pesquisador e professor aposentado da Universidade Federal de Alagoas. É um dos principais representantes do negacionismo climático no Brasil, alegando que o homem e suas emissões de gases estufa na atmosfera são incapazes de causar um aquecimento global.

convite da bancada ruralista, afirmou que relacionar o desmatamento e as emissões de CO_2 era algo equivocado. No entanto, foi apenas no governo de Dilma Rousseff (2011-2016) que houve a apresentação oficial do tema para a sociedade brasileira. Isso ocorreu por meio da entrevista concedida em 2012 pelo professor Ricardo Felício[74], na qual afirmou que o aquecimento global era uma farsa (Miguel, 2020). Essa aparição em rede nacional também estava conectada ao Código Florestal, já que ocorreu perto do prazo final para o veto presidencial que perdoava os produtores rurais responsáveis por desmatar áreas de preservação e reservas legais até o ano 2008 (Miguel, 2020).

Ainda assim, foi somente a partir de 2019, com a ascensão do governo Bolsonaro, em um mandato representativo do que estamos aqui chamando de crise da democracia, que os discursos negacionistas ganharam um caráter oficial e se projetaram nacionalmente para a sociedade brasileira. Isso se deu, principalmente, devido às características presentes nesse período, que espelharam um dos momentos mais conturbados da política brasileira.

Governo Bolsonaro (2019-2022): antidemocrático e negacionista climático

A democracia brasileira é recente e com estações de instabilidade, sendo seu ponto mais preocupante a época da Ditadura Militar (1964-1985). Tal período, iniciado pela deposição do presidente João Goulart, foi motivado por diversos fatores, entre eles a defesa contra um alegado golpe da esquerda comunista, a situação de paralisação política do governo do presidente Goulart e a tentativa de melhorar a condição das instituições políticas do país (D'Araujo, 2010; Santos, 2003). Focando no pretenso objetivo de impedir a ascensão dos valores comunistas na sociedade e na política brasileira, e na defesa de valores como "Deus, pátria e família"[75], a radicalização do regime, contando com o apoio de vários setores civis, ganhou força ao ser guiada por um ideal de reconstrução do país a partir de novas bases. Tal "utopia autoritária" (D'Araujo; Soares; Castro, 1994, p.

---

[74] Ricardo Felício é um professor de Geografia, meteorologista e político brasileiro. Foi professor e pesquisador no Departamento de Geografia da Faculdade de Filosofia, Letras e Ciências Humanas da Universidade de São Paulo e reconhecido negacionista do aquecimento global no Brasil.

[75] Esse *slogan*, criado na década de 1930 pela Ação Integralista Brasileira (AIB), movimento fascista nacional fortemente influenciado pelo nazifascismo europeu, foi abraçado por Bolsonaro em sua campanha eleitoral para a presidência em 2018 e continuou sendo utilizado pelo mesmo durante toda a sua gestão. O *slogan* descreve o tripé de valores defendidos: "Deus", representando o cristianismo como a única religião possível; "Pátria", para retratar uma ideia de nacionalismo exacerbada; e "Família", simbolizando uma visão conservadora e restritiva, que não abarca os diferentes arranjos familiares.

9) estava fundamentada na ideia de que os militares seriam superiores aos civis em questões de patriotismo, conhecimento da realidade brasileira e decência moral, acarretando assim na implementação de medidas de restrição à participação ao jogo político e de direitos[76].

A campanha política de Bolsonaro, antes mesmo de o período eleitoral começar, se baseou nessas mesmas premissas, de modo a trazer novamente à tona antigos mantras silenciosamente enraizados principalmente naqueles que viram a Ditadura Militar como algo positivo para o país. Ao culpar os seguidos governos do Partido dos Trabalhadores (PT) pela crise política e econômica que se instaurou no país, Bolsonaro mobilizou um "populismo radical de direita", se apresentando ao povo como um herói antissistema (Lynch; Cassimiro, 2021), de modo a lutar contra "tudo isso que está aí"[77].

Lynch e Cassimiro afirmam que o populismo radical de direita "desafia o Estado de direito em nome de uma democracia iliberal, apresentada como encarnada exclusivamente na figura do líder carismático" (Lynch; Cassimiro, 2021, p. 226). Para Setzler, os principais fatores que levaram eleitores a apoiar Bolsonaro foram as afinidades ideológicas e partidárias, principalmente a hostilidade anti-PT (Setzler, 2021). Dessa maneira, uma vez que as limitações constitucionais à democracia tendem a perpetuar o *establishment* político, enquanto os interesses dessa elite são atendidos, Bolsonaro incitava seus apoiadores a lutarem contra as instituições que, sendo supostamente manipuladas por uma minoria, contrariavam os desejos do povo.

Ao vencer as eleições em 2018 com uma agenda ultraconservadora e neoliberal, Jair Bolsonaro mobilizou todas as esferas públicas a seu alcance para agradar sua base eleitoral e a coalizão que o apoiava, principalmente as bancadas da "bala, boi e bíblia" (De Jesus, 2022). As políticas públicas estabelecidas e fomentadas durante os governos de esquerda anteriores, chamadas de redistributivas e identitárias, se tornaram um grande alvo, juntamente com as práticas de corrupção associadas ao PT e a noção de um Estado forte que os governos Lula-Dilma haviam defendido (Casarões; Farias, 2022; Monteagudo, 2021).

A transformação não apenas da administração estatal, mas principalmente de seus ideais políticos norteadores, conduziu também a uma transformação no comportamento do Estado brasileiro, principalmente nas

---

[76] Tais medidas firmaram a doutrina de Segurança Nacional que justificou a realização de diversas arbitrariedades durante a Ditadura Militar, sendo o principal deles o Ato Institucional n.º 5, que deu ao presidente da República o poder de decretar o recesso do Congresso Nacional, das Assembleias Legislativas e das Câmaras de Vereadores e instituiu várias limitações às liberdades públicas, como a suspensão dos direitos políticos dos cidadãos.

[77] Fala propagada por Jair Bolsonaro durante a campanha presidencial em 2017.

arenas multilaterais. Isso porque o entrelaçamento entre os níveis doméstico e externo torna-os influenciados um pelo outro (Milner, 1997; Putnam, 2010). Nesse caso, a mudança do líder doméstico, com a ascensão de Jair Bolsonaro à presidência do Brasil em 2019, provocou uma forma radical de mudança na política externa: a mudança de orientação internacional, que pode ser observada quando há uma guinada no papel e nas atividades do ator internacional a partir de simultâneas alterações políticas (Hermann, 1990).

Dessa maneira, podemos afirmar que o *establishment* também foi desafiado por Bolsonaro ao selecionar Ernesto Araújo para ser ministro das Relações Exteriores, um jovem diplomata conhecido por seu alinhamento com os ideais de Olavo de Carvalho[78], como a relação estreita com os Estados Unidos, a defesa do nacionalismo e do cristianismo, a aversão ao marxismo e o negacionismo climático (Mello, 2022). Para Ernesto Araújo, promovido a embaixador meses antes de ser nomeado chanceler, o Itamaraty havia sido cooptado e precisava ser resgatado do "globalismo", que foi definido por Casarões e Farias (2022) como sendo:

> [...] uma grande teoria da conspiração através da qual os capitalistas financeiros entram em conluio com partidos de esquerda, meios de comunicação, universidades e burocratas internacionais para controlar o mundo. O seu objetivo final é aculturar as sociedades, minando valores tradicionais da família, da nação e de Deus através da imposição generalizada de visões de mundo progressistas e cosmopolitas. Nas palavras do ex-ministro das Relações Exteriores Araújo, "o globalismo é a globalização econômica que se tornou dirigida pelo marxismo cultural" (p. 12).

A partir dessa guinada impulsionada por transformações domésticas, a política externa brasileira foi disruptiva e ideológica, com forte rejeição às instituições multilaterais liberais e aos acordos internacionais, e a promoção de ideias neoconservadoras e uma agenda econômica ultraliberal, sem compromisso com o interesse nacional, seja ele qual for (Gonçalves; Teixeira, 2020; Maringoni *et al.*, 2021, p. 14). O país ameaçou deixar diversas organizações e tratados, como o Acordo de Paris e a Organização Mundial de Saúde (OMS) – o que não se concretizou –, além de efetivamente sair do Pacto Global das Nações Unidas para Migração (De Jesus, 2022). Nos casos em que não ameaçou nem saiu, tratou as instituições internacionais

---

[78] Olavo de Carvalho foi um ensaísta, polemista, influenciador digital e ideólogo brasileiro, que também atuou como jornalista e astrólogo. Era considerado um representante intelectual do conservadorismo no Brasil, com expressiva influência na extrema direita brasileira.

de que fazia parte com desinteresse e omissão, como a indiferença com que lidou com os BRICS, o desengajamento no Mercosul e o esvaziamento da Unasul (De Jesus, 2022). Em outros casos, buscou um engajamento em instâncias multilaterais para ressignificar bandeiras políticas clássicas e forjar novas coalizões internacionais, mudando radicalmente a trajetória anterior do padrão de compromissos brasileiros, como no caso do Conselho dos Direitos Humanos em Genebra.

Outra forte tendência de sua política externa durante o período, justamente devido a seu caráter ideológico baseado no antiglobalismo, foi o fortalecimento de determinadas relações bilaterais, como o alinhamento com os Estados Unidos da América e o estreitamento dos laços com outros países parecidos ideologicamente, como Hungria, Polônia e Israel. Tal alinhamento político e ideológico caracterizou-se pelo compartilhamento do pensamento ultraconservador e cristão fundamentalista de segmentos sociais e grupos políticos nos EUA e na Europa, ainda que isso não resultasse em vantagens comerciais ou de investimentos para o Brasil (Gonçalves; Teixeira, 2020; Santos; Pinheiro, 2023, p. 65). Nesta pauta ultraconservadora, destaca-se a agenda em defesa de Deus, da família e da Pátria, em oposição ao dito "globalismo" (Maringoni *et al.*, 2021, p. 2), em especial nos regimes multilaterais e acordos políticos, principalmente oriundos da ONU e nas agendas do meio ambiente e dos Direitos Humanos.

A política externa climática de Bolsonaro

Assim como ocorreu em outros âmbitos, a postura brasileira sofreu grandes impactos dentro do regime internacional de mudanças climáticas. Ao retornarmos historicamente ao período da Ditadura Militar, observamos características e discursos apropriados pelo governo Bolsonaro no que tange às questões ambientais. A preservação da natureza, vista em contrapartida do crescimento econômico, coloca a Amazônia como objeto de povoação e exploração, com forte uso do discurso soberanista[79] e desenvolvimentista. Apesar da imagem negativa que o país conquistou durante as décadas de 1970 e 1980 devido ao aumento do desmatamento, a partir dos anos 1990 e 2000 o Brasil passou a ser um dos principais atores e articuladores nas negociações do tema (Estevo; Ferreira, 2022).

---

[79] Por soberanista entendemos uma posição não necessariamente de defesa dos interesses nacionais, mas que compreende qualquer denúncia às insuficiências das políticas ambientais e climáticas como um ataque à soberania nacional.

No período pós-ditadura militar, o país promoveu esforços para melhorar sua imagem no sistema internacional. Ao sediar a Rio-92, Conferência das Nações Unidas sobre o Meio Ambiente e o Desenvolvimento, o Brasil demonstrou grande engajamento e compromisso com o assunto, mas sempre defendendo o direito ao desenvolvimento e o princípio das "responsabilidades comuns, porém diferenciadas" (Barros, 2017; Duarte, 2003).

Em 1998, o Brasil participou ativamente das discussões relativas ao Protocolo de Quioto[80], mesmo que o texto do documento não previsse metas obrigatórias para o Brasil, por ser considerado uma nação em desenvolvimento. O país ratificou o Protocolo em agosto de 2002, via Decreto Legislativo n.º 144 (Ministério do Meio Ambiente, 2023), comprometendo-se com a redução do desmatamento e redução de gases de efeito estufa.

Em 2009, a política externa brasileira assumiu compromissos ainda maiores com as mudanças climáticas. Retomando a utilização da variável doméstica como explicativa do comportamento internacional, observamos o Brasil, com Marina Silva como ministra do Meio Ambiente do governo Lula entre 2003 e 2008, adotar metas voluntárias de mitigação graças à redução do desmatamento que já havia ocorrido domesticamente (Estevo; Ferreira, 2022; Ferreira; Barbi, 2016; Hochsteller, 2017).

Verificando o grau de importância dado às mudanças climáticas em cada governo do período pós-redemocratização do país, podemos observar que os níveis de desmatamento se mantiveram constantes, mas começaram a ganhar força novamente a partir de 2014, na gestão do governo Dilma, que estava focado em uma agenda voltada para o desenvolvimento econômico (Estevo; Ferreira, 2022). A gestão interna não tratava as questões ambientais e climáticas com a devida importância, mas o país continuava presente e ativo nas negociações (Estevo; Ferreira, 2022).

Neste período, destaca-se a adesão pelo Brasil ao Acordo de Paris, ratificando-o em setembro de 2016. Com isso, o país assumiu NDCs (Contribuições Nacionalmente Determinadas) de redução das emissões de gases de efeito estufa, aumentar a participação de bioenergia sustentável na sua matriz energética, promover o reflorestamento, entre outros (Ministério do Meio Ambiente, 2023).

---

[80] O Protocolo de Quioto foi elaborado durante a 3.ª Conferência das Partes da Convenção das Nações Unidas sobre Mudanças Climáticas em 1997, sendo o primeiro tratado internacional para o controle da emissão de gases do efeito estufa.

Com a interrupção do governo de Dilma Rousseff após um golpe institucional e em um contexto de crise financeira e denúncias de corrupção, a ascensão de Michel Temer ao cargo foi recebida com otimismo pela bancada ruralista, principalmente no que diz respeito às políticas ambientais[81]. O apoio dos ruralistas, um grupo que foi essencial para a queda de Rousseff e que passou a compor a base governista de Temer[82], resultou na adoção de medidas governamentais contrárias aos compromissos assumidos com a ratificação do Acordo de Paris, causando a redução de áreas protegidas na Amazônia e a interrupção do processo de demarcação de terras indígenas (Azevedo; Angelo, 2018).

Em 2018, com a vitória de Jair Bolsonaro nas eleições presidenciais, o país assumiu uma nova postura negacionista e obstrucionista em relação à mudança do clima e à preservação do meio ambiente[83]. O negacionismo climático evoluiu de um instrumento mobilizado pelos ruralistas, a fim de modificar legislações e flexibilizar as regulações nacionais, para algo presente no discurso e nas políticas adotadas pela gestão de Bolsonaro. Com ele, ascenderam outras figuras importantes, como Olavo de Carvalho, considerado guru ideológico da presidência, ainda que não exercesse nenhum cargo oficial, que via o aquecimento global como uma criação do comunismo para causar alarmismo (Miguel, 2020).

Outra razão foi a importância que o governo Bolsonaro deu ao agronegócio, colocando-o como balizador da política externa econômica brasileira (Schutte, 2020).

> A defesa do meio ambiente foi vítima de um despudorado elogio à devastação em nome da mineração e do agronegócio; o combate à mudança do clima foi vítima de um negacionismo climático pré-iluminista; e a participação social foi vítima de desqualificações retóricas e fechamento de instâncias democráticas de diálogo com o poder público. Uma política aberta de extrativismo, negacionismo e autoritarismo são os traços marcantes da agenda ambiental-climática do governo

---

[81] Para mais informações: https://www.canalrural.com.br/programas/informacao/direto-ao-ponto/bancada-ruralista-governo-temer-com-otimismo-73993/. Acesso em: 13 maio 2022.

[82] De acordo com o levantamento feito por De Olho nos Ruralistas (Castilho, 2017), o observatório de agronegócio no Brasil, a frente parlamentar da agropecuária foi responsável por 50% dos votos favoráveis ao *impeachment* de Dilma. Para mais informações: https://deolhonosruralistas.com.br/2017/09/25/frente-parlamentar-da-agropecuaria-compos-50-dos-votos-do-impeachment-e-51-dos-votos-para-manter-temer/. Acesso em: 20 maio 2023.

[83] Vide "Bolsonaro diz que 'pode sair fora' do Acordo de Paris". *Agência Brasil*, 12 dez. 2018. Disponível em: https://agenciabrasil.ebc.com.br/politica/noticia/2018-12/bolsonaro-diz-que-pode-sair-fora-do-acordo-de-paris. Acesso em: 28 jun. 2023.

> Bolsonaro, remetendo o Brasil de volta a posicionamentos dos anos 1970, que vinham sendo parcial e progressivamente superados no período pós-redemocratização (Farias *et al.*, 2021, p. 75).

Com um governo focado no extrativismo e nos benefícios econômicos de curto prazo do agronegócio, foram realizados diversos desmontes domesticamente, que agravaram ainda mais o desmatamento e a exploração da Amazônia: segundo dados da plataforma MapBiomas (2023), entre 2019 e 2022, sob a gestão Bolsonaro, o Brasil contabilizou 6,6 milhões de hectares desmatados. Apesar de não ter realizado a promessa de acabar com o Ministério do Meio Ambiente, o governo Bolsonaro tomou diversas medidas para retirar sua importância. Além da ameaça de ser fundido com o Ministério da Agricultura, que defende objetivos e interesses diametralmente opostos aos seus, o Ministério do Meio Ambiente sofreu com a redução de sua importância em decisões e em seu financiamento, incluindo a exclusão de algumas de suas secretarias, como a de mudanças climáticas e de educação ambiental, além da transferência de outras atribuições, como a capacidade de delimitar e demarcar as terras indígenas e quilombolas, que foi incumbida ao Ministério da Agricultura (Araujo, 2020).

A escolha do ministro do Meio Ambiente de Bolsonaro também é emblemática. Ricardo Salles[84], alinhado à ideia de que a proteção ambiental atrapalha o desenvolvimento econômico, foi um dos principais promotores do enfraquecimento desse ministério, tendo sido escolhido para o cargo de ministro como forma de "agilizar os processos de licenciamento ambiental e tratar das questões ambientais 'sem viés ideológico'" (Miguel, 2020, p. 3). Envolvido em diversas polêmicas, Salles foi exonerado do cargo em junho de 2021, após divulgarem sua fala em uma reunião ministerial para aproveitar a pandemia do Covid-19 e "passar a boiada", além das duas investigações com relação ao comércio de madeira ilegal em que estava envolvido (Estevo; Ferreira, 2022).

Os impactos de um governo focado apenas nas dimensões econômicas da natureza foram sentidos também internacionalmente, tendo sido sua política externa mais uma vez moldada e influenciada por interesses de curto prazo e de certos segmentos que o apoiavam no plano domés-

---

[84] Atualmente, Salles é investigado por exportação ilegal de madeira. Para mais informações ver Alves (2021). Disponível em: https://g1.globo.com/df/distrito-federal/noticia/2021/06/23/ricardo-salles-entenda-operacao--contra-exportacao-ilegal-de-madeira-que-mira-ministro-do-meio-ambiente.ghtml. Acesso em: 13 maio 2023.

tico. Seu primeiro-ministro das Relações Exteriores, Ernesto Araújo, era responsável por definir a política externa brasileira em concordância com os pressupostos estabelecidos por Olavo de Carvalho e por *think tanks* conservadores estadunidenses que visavam à desregulamentação das leis ambientais (Miguel, 2020). O país se afastou das negociações ambientais multilaterais devido ao completo desinteresse pelo tema, chegando até mesmo a rejeitar a realização da COP-25 em seu território e a sofrer com a perda de investimentos externos no país (Hirst; Maciel, 2023). Tais ações revelam a mentalidade daqueles responsáveis pela gestão Bolsonaro, que, além de todos os retrocessos no Ministério do Meio Ambiente, também fecharam a secretaria que cuidava do tema de mudanças climáticas no Ministério das Relações Exteriores. Afinal, para Araújo, as mudanças climáticas eram apenas uma conspiração marxista com o objetivo de manter a regulação do Estado sobre a economia (Casarões; Flemes, 2019).

Além disso, as grandes queimadas nas regiões Norte e Centro-Oeste do país que foram fartamente veiculadas pela mídia internacional trouxeram impasses nas negociações de um acordo entre Mercosul e União Europeia. O Brasil foi grande alvo de críticas internacionais e, principalmente após a forma com que lidou com tais críticas, teve seu prestígio diminuído de maneira drástica, sendo posto cada vez mais como um pária internacional. Como emblema de sua imagem, Bolsonaro recebeu por dois anos seguidos (2019 e 2020) o Prêmio Fóssil do Ano, organizado pela Climate Action Network (CAN), dado àqueles que representam comportamentos negativos dentro do regime climático (Estevo; Ferreira, 2022).

Em síntese, a política externa de Bolsonaro foi construída de modo a ir contra as tradicionais posturas diplomáticas brasileiras, principalmente no que tange aos regimes ambientais. O posicionamento de Bolsonaro pode ser caracterizado como sendo oriundo de uma visão soberanista, contrária às ameaças do "globalismo" (Farias *et al.*, 2021) e economicista na gestão e exploração dos recursos naturais brasileiros, recebimento de ajuda externa e nos parâmetros para o desenvolvimento sustentável (Costa da Silva, 2021), refletindo o posicionamento político doméstico do seu governo autoidentificado como nacionalista e patriótico. Faz-se necessário então identificar a presença e a relação do negacionismo climático e dos fatores antidemocráticos na política externa climática de Bolsonaro, a partir dos seus discursos.

Os discursos de Bolsonaro na arena multilateral: identificando a relação entre negacionismo climático e fatores antidemocráticos

Declarações e posicionamentos apresentados por meio de discursos dentro de arenas políticas internacionais são passíveis de servir como objeto de análise, uma vez que é por meio de discursos que os atores expõem suas ideias, seus objetivos e interesses. Mediante a análise de tais falas é possível identificar e averiguar os objetivos e posicionamentos de um ator, como o Presidente de uma nação, relativos à elaboração e efetivação de uma política pública, como a política externa, uma vez que os líderes políticos atuam simultaneamente nas arenas doméstica e internacional, buscando vários objetivos e enfrentando pressões em ambas as arenas (Milner, 1997, p. 4).

Isso posto, compreendemos na presente análise que a fala discursiva é socialmente construída, moldada pelos processos da prática social, o que nos possibilita utilizá-la também como ferramenta de análise sobre como os objetivos dos governos (Hermann, 1990) impactam na política externa em geral, e, principalmente, sobre como as ideias geram o escopo interpretativo para as ações dos atores encarregados da tomada de decisão (chefes de Estado e de governo), desvelando suas "crenças com princípios" (Goldstein; Keohane, 1993). As ideias e os interesses, então, exercem um papel importante na formulação da política externa, sendo possível analisá-las empiricamente por meio da análise de conteúdo. Considerando a ascensão mundial de ideias e políticas ultraconservadoras, negacionistas e autoritárias e como suas ideias, percepções e crenças (tanto de natureza religiosa quanto negacionistas de fatos científicos) respaldam o processo decisório da política externa, o modelo analítico ideacional contribui para compreendermos e identificarmos como os fatores antidemocráticos e negacionistas fundamentaram as falas e ações da política externa climática brasileira do governo Bolsonaro.

Nossa análise de conteúdo aqui apresentada segue o modelo elaborado por Laurence Bardin (2011, p. 48), que concebe tal ferramenta metodológica como

> [...] um conjunto de técnicas de análise das comunicações visando obter, por procedimentos sistemáticos e objetivos de descrição do conteúdo das mensagens, indicadores (quantitativos ou não) que permitam a inferência de conhecimentos relativos às condições de produção/recepção dessas mensagens.

Caracterizada por sua heterogeneidade teórico-epistêmica[85] (Rocha; Carlomagno, 2016), ao modelo de Bardin adicionamos a consideração de que a análise do conteúdo de pronunciamentos de atores burocraticamente encarregados da política externa auxilia na produção de material empírico quantitativo e qualitativo, argumentando que as ideias dos atores encarregados da tomada de decisão impactam na definição e/ou mudança dos objetivos governamentais (Costa da Silva; Granja, 2020). Com isso, ao analisarmos o conteúdo de discursos de indivíduos políticos burocraticamente encarregados da política externa brasileira, podemos identificar tais ideias e interesses que orientam seu posicionamento político perante algum tema específico. Para a presente análise, o objetivo foi identificar como no governo Bolsonaro ocorre a correlação entre o negacionismo climático e as ideias e políticas da direita ultraconservadora, analisando como a negação à ciência e aos fatos, também associados a elementos antidemocráticos, foram incorporados e apresentados no discurso e na política externa brasileira climática.

Os materiais textuais utilizados foram oito discursos de Bolsonaro em arenas multilaterais em que a questão ambiental foi tratada. Os discursos[86] são: os quatro discursos de Bolsonaro na abertura da Assembleia Geral das Nações Unidas dos anos de 2019 a 2022; o discurso na 2.ª Cúpula Presidencial do Pacto de Letícia (11 de agosto de 2020); o discurso na Cúpula da Biodiversidade da ONU (em 30 de setembro de 2020); o discurso na 61.ª Assembleia de Governadores do Banco Interamericano de Desenvolvimento (BID) (18 de março de 2021); e o discurso na Cúpula de Líderes sobre o Clima (em 22 de abril de 2021).

Para a análise, foram criadas, de forma dedutiva e indutiva[87], seis categorias analíticas relacionando as pautas climáticas com questões relativas ao posicionamento antidemocrático da gestão Bolsonaro. As categorias são: "Agronegócio"; "Amazônia"; "Construção de narrativa"; "Oposição a críticas"; "Soberania"; e "Políticas ambientais e climáticas", que abrange as quatro subcategorias "Acordos internacionais", "Críticas", "Legislação doméstica" e "Políticas indigenistas".

---

[85] A análise de conteúdo fornece uma diversidade de formas de aplicação que, é importante ressaltar, depende do enfoque teórico proposto, dos objetivos da pesquisa e das diferentes técnicas aplicadas à análise.

[86] Os discursos foram obtidos *on-line*, na página oficial da Presidência da República e fazem parte do acervo de discursos do Projeto Análise de Conteúdo de Pronunciamentos Oficiais da Política Externa Brasileira, do Laboratório de Análise Política Mundial (LABMUNDO).

[87] A dedução é feita a partir dos fundamentos teóricos estabelecidos previamente à realização da análise, que contribuem para a delimitação inicial das categorias; já a indução é feita simultaneamente à leitura dos materiais textuais, objetos da análise, por meio da observação dos dados e de *insights* do pesquisador (Costa da Silva; Hernández, 2020, p. 13).

Nas respectivas categorias e subcategorias foram codificados os parágrafos que correspondem ao referido tema de cada uma delas. Assim, adotaram-se os parágrafos selecionados como elemento básico de análise, de modo que cada parágrafo correspondesse a um item quantificado. Realizou-se então a análise categorial do conteúdo dos discursos, identificando-se a frequência da presença de tais categorias nos discursos selecionados e a organização do conteúdo textual para a análise qualitativa. Para executar tais ações, o software NVivo 12 foi utilizado como ferramenta para quantificar e organizar o material textual, armazenando as referências textuais de cada uma das categorias, contribuindo para a análise qualitativa.

Analisando o conteúdo dos discursos de Bolsonaro

De início, apresentamos a análise quantitativa que demonstra a presença e quantidade total de menções identificadas em cada categoria de acordo com cada um dos discursos analisados, que pode ser observada na Tabela 1. Cabe assinalar que o total de codificações da categoria "Políticas ambientais e climáticas" consiste no somatório de todas as codificações de suas quatro subcategorias e que um mesmo parágrafo pode ser codificado em mais de uma categoria.

Tabela 1 – Quantificação da presença das categorias de acordo com cada discurso analisado

Categorias	AGUN 24/9/2019	2.ª Cúpula Pacto de Letícia 11/8/2020	AGUN 22/9/2020	Cúpula da Diversidade ONU 30/9/2020	61.ª Assembleia BID 18/3/2021	Cúpula de Líderes sobre o Clima 22/4/2021	AGUN 21/9/2021	AGUN 20/9/2022	Total
Agronegócio	1	2	4	2	0	2	2	1	14
Amazônia	6	9	4	2	4	1	2	1	29
Construção de narrativa	3	4	3	7	6	5	0	2	30
Oposição a críticas	7	4	3	2	0	0	0	1	17
Políticas ambientais e climáticas	17	10	7	16	9	9	10	4	82
Ações domésticas	2	3	4	9	4	3	7	2	34
Acordos internacionais	0	4	2	6	5	5	2	1	25
Críticas	5	1	1	1	0	0	0	0	8
Políticas indigenistas	10	2	0	0	0	1	1	1	15
Soberania	3	1	0	4	1	0	0	0	9

Fonte: elaboração própria a partir da base de discursos do LABMUNDO (2024)

Após a realização da codificação dos discursos e de uma análise quantitativa, é possível observar que existem algumas categorias que se mantêm constantes ao longo de todo o governo. Essas características se mantiveram independentemente dos eventos ocorridos, e podemos considerá-las ideias basilares da política externa de todo o governo Bolsonaro. Um desses exemplos é a categoria "Agronegócio", que é mencionada com uma média de 1,75 vez em todos os discursos. Dessa maneira, podemos afirmar que a defesa dos interesses do agronegócio é uma prioridade da política externa brasileira neste período. Por outro lado, algumas categorias apresentam uma abordagem oscilante, sendo abordadas em alto grau em determinados discursos e, ao mesmo tempo, não sendo abordadas em outros, a exemplo da categoria "Oposição a críticas", com uma queda na presença, chegando a completa ausência em três discursos, e da subcategoria "Políticas indigenistas", que inicia com uma forte presença, porém se encontra ausente ou com uma única menção ao longo dos discursos analisados. Essa oscilação reflete tanto as características da política externa bolsonarista para o meio ambiente e o clima quanto reações a determinados contextos, falas e ações de outros atores políticos, como a ascensão de Joe Biden à presidência dos Estados Unidos, substituindo Donald Trump, cujas ideias e políticas Bolsonaro apoiava.

A categoria "Agronegócio" agrega menções feitas por Bolsonaro a este ator da elite econômica e política neoliberal do Brasil, notório em ações de depredação ambiental e apoiador de políticas econômicas neoliberais, estando presente em quase todos os discursos analisados. O conteúdo abordado por Bolsonaro é similar: exaltação da produção agropecuária brasileira, indicando a contribuição do Brasil para "alimentar o mundo" e a dependência do mundo com relação ao Brasil (Bolsonaro, 2019, 2020b, 2020c, 2022); e posicionamentos de defesa do agronegócio brasileiro como sendo respeitador da legislação ambiental, preservador do patrimônio ambiental e sustentável, setor de orgulho nacional e vítima de ataques de críticos opositores (Bolsonaro, 2020b, 2020c, 2022).

> O Brasil desponta como o maior produtor mundial de alimentos. E, por isso, há tanto interesse em propagar desinformações sobre o nosso meio ambiente. Estamos abertos para o mundo naquilo que melhor temos para oferecer, nossos produtos do campo. Nunca exportamos tanto. O mundo cada vez mais depende do Brasil para se alimentar (Bolsonaro, 2020b).

> Como afirmou a diretora-geral da Organização Mundial do Comércio, em recente visita que nos fez, se não fosse o agronegócio brasileiro, o planeta passaria fome, pois alimentamos mais de 1 bilhão de pessoas ao redor do mundo. O nosso agronegócio é orgulho nacional (Bolsonaro, 2022).

Identifica-se na fala de Bolsonaro sua ambição em explorar riquezas que estão sob a proteção ambiental, principalmente em terras indígenas demarcadas, e a sua efusiva defesa do setor agropecuário, conhecido violador de regras ambientais, mesmo no contexto das críticas recebidas devido às queimadas na Amazônia e no Pantanal. Observamos elementos de negação intencional dos problemas relacionados ao agronegócio, uma reinterpretação das ações desse ator (de predador para "respeitador") e a defesa dos interesses da elite do agronegócio, com o capital sendo parte do elemento decisório da política democrática.

A categoria "Amazônia" aglomera a perspectiva governista sobre a proteção e exploração da Amazônia, tópico essencial da agenda climática, estando presente em todos os discursos. Aqui temos Bolsonaro exaltando a extensão territorial amazônica (em território brasileiro), com várias afirmações sobre a "nossa Amazônia" (Bolsonaro, 2019, 2021c), manifestando seu caráter soberanista na tratativa das questões da Floresta Amazônica e sendo avesso à ideia de a Amazônia ser patrimônio da humanidade. Ao mencionar o caso das queimadas na Amazônia, Bolsonaro (2019) nega a sua ocorrência, afirmando a existência de interesses coloniais na sua exploração, endossados por ações de imprensas e governos estrangeiros. Identificamos aqui o perfil negacionista interpretativo do discurso de Bolsonaro, expondo um cenário oposto aos fatos empíricos e amplamente conhecidos sobre as queimadas, também se configurando em uma oposição intencional e racional delas, visto que o objetivo era desmerecer as narrativas nacionais e internacionais a respeito da Amazônia e dos eventos reais.

Posteriormente, suavizando seu posicionamento, Bolsonaro apresenta no discurso na Cúpula da Diversidade, em 2020, medidas realizadas contra o desmatamento, exemplificadas pela Operação Verde Brasil 2[88], porém no mesmo discurso ele retoma o posicionamento crítico ao que ele designa

---

[88] As Operações Verde Brasil 1 e 2 foram parte de uma iniciativa coordenada pelo Ministério da Defesa e cumprida no âmbito do Conselho Nacional da Amazônia Legal (CNAL), liderada pelo então vice-presidente Hamilton Mourão. Consistia em uma ação deflagrada na região da Amazônia Legal que visou à implementação de ações preventivas e repressivas contra delitos ambientais, direcionada ao desmatamento ilegal e ao combate a focos de incêndio, sendo encerrada em abril de 2021. Todavia, os dados e informações sobre as ações realizadas, entre elas os tipos e quantias das multas aplicadas, não foram totalmente explicados publicamente (Santoli, 2021).

como disseminação de notícias falsas sobre a situação na Amazônia. Bolsonaro (2021b) assinala também a existência de um paradoxo amazônico: a riqueza dos recursos naturais na região amazônica e seus baixos índices de desenvolvimento, algo que ele usa para indicar a necessidade do desenvolvimento sustentável da região, voltado para a sua exploração econômica.

> Aos poucos estamos mostrando ao mundo a realidade da Amazônia. E essa realidade é bem diferente daquela que a imprensa e até alguns governos estrangeiros apresentam (Bolsonaro, 2020a).

> A Amazônia brasileira é sabidamente riquíssima. Isso explica o apoio de instituições internacionais a essa campanha escorada em interesses escusos que se unem a associações brasileiras, aproveitadoras e impatrióticas, com o objetivo de prejudicar o governo e o próprio Brasil (Bolsonaro, 2020b).

A presente categoria é mencionada com maior número de vezes nos dois primeiros discursos que foram analisados temporalmente, na Assembleia Geral da ONU em 2019 (Bolsonaro, 2019) e na Segunda Cúpula do Pacto de Letícia em agosto de 2020 (Bolsonaro, 2020a). É possível explicarmos a importância dada ao tema nesses dois discursos graças à grande pressão internacional que foi feita devido às crescentes queimadas que estavam ocorrendo na Amazônia no período, se opondo às críticas e pressões internacionais e contestando publicamente os fatos apresentados por outros atores estatais e não estatais. Como maneira de responder à pressão, o governo aumentou em 118% o orçamento (Oliveira, 2021) para combater as queimadas ilegais na região, explicando a diminuição do tema nos discursos posteriores. Apesar da atitude, desmontes nas legislações e orçamentos dos órgãos responsáveis continuavam ocorrendo domesticamente. É importante ressaltar que, em todas as menções, Jair Bolsonaro nega a ocorrência das queimadas e retrata um cenário diferente da realidade, o que nos leva à próxima categoria.

A categoria "Construção de narrativa", desenvolvida a partir das falas de Bolsonaro com informações ou dados usados para fundamentar a perspectiva e posicionamentos do governo, é mais mencionada nos discursos na Cúpula da Diversidade da ONU, em setembro de 2020, e na 61.ª Assembleia do BID, em março de 2021, estando ausente somente no discurso de Abertura da AGNU de 2021. Os dois discursos são próximos temporalmente, o que indica que algum evento, ou conjunto de eventos, motivou o interesse de construir uma imagem do Brasil internacionalmente: de acordo com o estudo divulgado pelo Instituto Lowy, o governo Bolsonaro teve o pior desempenho do mundo no combate à pandemia de Covid-19 (Chaves, 2021); esse evento, somado à continuidade das queimadas e à quebra de recordes dos níveis de desmatamento na Amazônia (Costa, 2022; Dantas; Manzano, 2021), contribuiu para que, internacionalmente, a reputação brasileira se deteriorasse ainda mais. Por isso, é possível observar como Bolsonaro objetivou apresentar seu governo como um pseudopromotor de medidas climáticas e ambientais, embora se mostrasse um negacionista de ações reais, como as queimadas nas regiões da Amazônia e do Pantanal, amplamente noticiadas e comprovadas. Esse fato explana o planejamento de uma "verdade" defensiva contrária à realidade enquanto Bolsonaro se posicionava como o líder promotor dessa "verdade". Como parte da sua alegoria política, Bolsonaro chega a usar a religião cristã e uma carta de um movimento indígena apoiador de seu governo para endossar seu discurso (Bolsonaro, 2019), inserindo a perspectiva ultraconservadora em sua narrativa e uma representação estratificada de "povo". Somam-se os esforços em apresentar dados e informações, predominantemente sem fontes, a fim de endossar uma perspectiva específica, com dados de queda no desmatamento, investimentos alegadamente aplicados e anúncio de ações, especialmente para a região amazônica (Bolsonaro, 2021a), omitindo as ações e omissões concretas realizadas pelo seu governo, configurando um negacionismo interpretativo, construindo uma retórica por meio de outras fontes.

Em sua narrativa, Bolsonaro faz indicações de que as afirmações oriundas de órgãos internacionais e da imprensa brasileira e internacional eram falácias para imposição de regras ao Brasil, de críticas partidárias e que determinadas ações eram oriundas de ações criminosas deliberadas de ONGs e de atores externos (Bolsonaro, 2020c), o que pode ser considerado um negacionismo implicatório ao rejeitar as implicações políticas da sua retórica, como a perda de apoio internacional e financiamentos, e uma tentativa de contestação de ações e falas dos atores do regime internacional climático.

> Nas questões do clima, da democracia, dos direitos humanos, da igualdade de direitos e deveres entre homens e mulheres, e em tantas outras, tudo o que precisamos é isto: contemplar a verdade, seguindo João 8:32: – "E conhecereis a verdade, e a verdade vos libertará" (Bolsonaro, 2019).

> Vocês lá não acharão, eles não acharão, nenhum foco de incêndio, nem ¼ de hectare desmatado. Porque essa floresta é preservada por si só. Até mesmo pela sua pujança, bem

> como por ser floresta única, como em grande parte é a dos senhores, não pega fogo. Então essa história de que a Amazônia arde em fogo é uma mentira e nós devemos combater isso com números verdadeiros. É o que estamos fazendo aqui no Brasil (Bolsonaro, 2020a).

A retórica de construção de um governo soberano preocupado com a questão climática e ambiental, promotor de uma dita "verdade" defensiva das críticas recebidas e de fatos empíricos – como as queimadas na Amazônia e no Pantanal –, foi sendo substituída por uma retórica embasada em dados, contribuições históricas e anúncios de políticas climáticas e ambientais logo após a saída de Donald Trump do governo dos Estados Unidos e o início do governo de Joe Biden. Outro fator de grande influência nessa mudança foi a troca de comando no Ministério das Relações Exteriores com a substituição de Ernesto Araújo, e o fim de uma política externa fortemente disruptiva, por Carlos França, que adotou um perfil mais moderado em comparação ao seu antecessor. Isso é observável no uso de dados históricos para construção de uma imagem do Brasil como um país de energia limpa e de um governo preocupado com a preservação ambiental e o desenvolvimento sustentável, apresentando medidas de redução de emissões de CO_2 (Bolsonaro, 2021b, 2022), enquanto realizava ações internas como um grande corte orçamentário na pasta do Meio Ambiente e desmonte das estruturas institucionais de proteção ambiental.

Na categoria "Oposição a críticas", já que a presença de contestação pública é uma das principais características do regime democrático, podemos observar a reação de Bolsonaro às críticas feitas por outros governos, mídia e organizações interestatais e não governamentais, na tentativa de endossar sua construção de narrativa, inviabilizando o debate político-democrático com seções da sociedade nacional e internacional e atores governamentais e não governamentais. As reações a tais críticas fundamentam-se no ideal soberanista, na retórica de desconstrução das críticas como falácias e na promoção da narrativa construída por seu governo (Bolsonaro, 2019; 2020a), afirmando que tais julgamentos se originam de atores impatrióticos, contrários à produtividade agrícola brasileira ou que cobiçam os recursos naturais do Brasil.

> Problemas qualquer país os têm. Contudo, os ataques sensacionalistas que sofremos por grande parte da mídia internacional devido aos focos de incêndio na Amazônia, despertaram nosso sentimento patriótico. É uma falácia dizer que a Amazônia é patrimônio da humanidade e um equívoco, como atestam os cientistas, afirmar que a Amazônia, a nossa floresta, é o pulmão do mundo (Bolsonaro, 2019).

> Nosso agronegócio continua pujante e, acima de tudo, possuindo e respeitando a melhor legislação ambiental do planeta. Mesmo assim, somos vítimas de uma das mais brutais campanhas de desinformação sobre a Amazônia e o Pantanal (Bolsonaro, 2020b).

As reações discursivas de Bolsonaro às críticas diminuíram de intensidade ao longo dos discursos, deixando de ser observadas em três deles em 2021 e retornando com uma rápida crítica à imprensa brasileira e internacional a respeito da proteção da Amazônia em 2022, em clara oposição à contestação pública.

A categoria "Políticas ambientais e climáticas" agrega diversas afirmações de Bolsonaro sobre ações (e inações) de seu governo nas agendas ambiental e climática. Para explanar melhor a respeito e em prol da identificação de elementos antidemocráticos e negacionistas, esta categoria é composta de quatro subcategorias: "Ações domésticas"; "Acordos internacionais"; "Críticas"; e "Políticas indigenistas".

Em "Ações domésticas", presente em todos os discursos analisados, temos as falas de Bolsonaro a respeito da legislação ambiental e climática brasileira, juntamente com anúncios e compromissos assumidos retoricamente, nas quais é possível traçar a diferença entre os discursos e as ações do governo Bolsonaro. Apoiando-se no histórico de ações do Brasil em energia limpa, de baixa emissão de carbono, na quantidade preservada de vegetação nativa e na credibilidade brasileira no desenvolvimento sustentável, Bolsonaro procura apresentar uma imagem de continuidade de tais políticas em seu governo e de uma política de tolerância zero aos crimes ambientais, ao desmatamento e no combate às queimadas, mencionando a Operação Verde Brasil (Bolsonaro, 2019, 2020a, 2020b, 2022). É possível também identificar uma dicotomia nessas falas: ao mesmo tempo que afirma a importância de um desenvolvimento sustentável, endossa as práticas do agronegócio "de baixo carbono" e a imagem do Brasil como "potência agroambiental", e da ampliação da exploração dos recursos naturais presentes em áreas protegidas (Bolsonaro, 2020c, 2021b, 2021c), que foi um dos objetivos econômicos e da perspectiva personalista do governo Bolsonaro: a exploração soberana (e desenfreada) dos recursos naturais. Afirmações relativas a medidas de fortalecimento dos órgãos nacionais de proteção ambiental, o uso de dados sem fontes sobre a diminuição de desmatamento e a exaltação do Código Florestal brasileiro (Bolsonaro, 2021b, 2021c) também foram utilizados como artifícios na tentativa de ilustrar uma dita promoção de políticas ambientais e climáticas.

A subcategoria "Acordos internacionais" compreende menções realizadas às normativas e aos acordos internacionais na área de proteção ambiental e climática. Bolsonaro aborda o lançamento do Fundo para Bioeconomia e Desenvolvimento Sustentável da Amazônia, com o apoio do Banco Interamericano de Desenvolvimento (BID), e dos benefícios da Organização do Tratado de Cooperação da Amazônia, assim como a atuação brasileira na COP25 para regulamentar artigos do Acordo de Paris sobre o mercado de carbono, a importância da COP26 e a negociação do Marco Global da Biodiversidade Pós-2020 da Convenção de Diversidade Biológica (Bolsonaro, 2020a, 2020b, 2021a). Destacam-se o viés econômico dado às discussões da Cúpula da Biodiversidade e à ratificação do Protocolo de Nagoia à Convenção de Diversidade Biológica, assim como a defesa do direito soberano dos Estados na exploração de seus recursos naturais pela Convenção sobre Diversidade Biológica (Bolsonaro, 2020c; 2021a), sendo ambas características típicas do governo bolsonarista. Alguns compromissos afirmados retoricamente foram a NDC de redução de emissões de CO_2 de 37% para 2025 e de 43% até 2030, a antecipação para 2050 do alcance da neutralidade climática do Brasil e a eliminação do desmatamento ilegal até 2030 (Bolsonaro, 2021b; 2021c), mas sem indicações sobre quais ações seriam de fato realizadas para alcançar tais metas. Nessa categoria também observamos a oposição entre as falas de Bolsonaro nas arenas multilaterais e as ações de política externa do seu governo, como a rejeição de sediar a COP25 no Brasil e o desinteresse em participar da COP27, realizada no Egito, posteriormente à sua derrota na eleição presidencial de 2022, além da retórica de Bolsonaro em sua ameaça de sair do Acordo de Paris após a vitória nas eleições, em clara rejeição às implicações políticas que tais ações trariam ao Brasil dentro do regime climático.

Já em "Críticas", observamos a retórica de resistência de Bolsonaro às pressões domésticas e internacionais sobre as políticas governistas na agenda climática e ambiental. Com poucas menções específicas às críticas recebidas por suas políticas ambientais e climáticas e com sua presença estando concentrada nos dois primeiros anos de governo, Bolsonaro limitou-se a criticar as ações que "questionariam" a soberania do país, um elemento ultraconservador, como o aumento da quantidade de terras indígenas demarcadas, assim como "tentativas de instrumentalizar" a questão ambiental ou indigenista (Bolsonaro, 2019); e nas críticas recebidas devido às queimadas e ao desmatamento no território brasileiro, as quais Bolsonaro indicou serem oriundas de ameaças contra a potência do agronegócio do país e das ações de seu governo em prol da Amazônia brasileira (Bolsonaro, 2020a, 2020b, 2020c), objetivando a preservação do interesse econômico desse ator econômico-político e do próprio governo.

Por fim, a subcategoria "Políticas indigenistas" destaca como esta política, de substancial importância nas agendas climática e democrática, foi retoricamente tratada por Bolsonaro. Com conteúdo codificado concentrado no discurso da Abertura da AGUN em 2019, é possível observar o entendimento de Bolsonaro dos indígenas como seres humanos que "merecem usufruir dos mesmos direitos de que todos nós" (Bolsonaro, 2019), ficando ambígua a sua compreensão sobre quais seriam tais direitos a que se refere. O que fica ainda mais dúbio quando ele indica que não irá expandir as áreas indígenas demarcadas — uma medida que colaboraria com a preservação ambiental —, e ao associar a figura do indígena a de um latifundiário que não explora as riquezas das próprias terras, entrando em consonância com a sua própria perspectiva de exploração econômica de tais riquezas existentes em áreas protegidas. A isso o presidente adicionou o conteúdo de uma carta de um movimento indígena, citando nominalmente sua líder, endossando um posicionamento desenvolvimentista indígena autônomo (Bolsonaro, 2019), instrumentalizando tal fala com o objetivo de apresentá-lo como um representante máximo dos indígenas. Nos discursos consecutivos, temos menções mais tímidas e menos eloquentes com relação ao atendimento dos interesses indígenas e de comunidades tradicionais na governança da terra e de possíveis impactos positivos a eles no desenvolvimento de projetos de uso sustentável dos ecossistemas.

A categoria "Soberania", quando presente nos discursos de Bolsonaro, assinala que a exaltação da soberania do país remete à gestão e à proteção soberana dos recursos naturais brasileiros, ou seja, que tais medidas sejam realizadas considerando somente os interesses dos encarregados de gerenciar burocraticamente o país, com Bolsonaro sendo a figura de liderança antissistema. É frequente no seu discurso a exaltação dos princípios soberanos ao abordar questões relativas à Amazônia (Bolsonaro, 2020a, 2020c), indicando a existência de uma cobiça internacional e de pretensões colonialistas por países "interessados" em explorar os recursos naturais brasileiros, em clara oposição à contestação internacional, ao mesmo tempo que exaltava o apoio do governo Trump ao ideal soberanista (Bolsonaro, 2019).

Uma vez que a exploração econômica dos recursos naturais e minerais da Amazônia era um dos principais interesses da agenda ambiental e econômica de Bolsonaro, então, ele usava o argumento da soberania para blindar seu governo de críticas recebidas por países e organizações internacionais, chegando a afirmar o condicionamento do recebimento de ajuda à preservação da Amazônia ao respeito à soberania brasileira (Bolsonaro, 2019, 2021a), um posicionamento de soberanismo patriótico exacerbado. Observa-se que por detrás dessa exaltação à condução soberana dos recursos naturais encontra-se uma possível justificativa para realizar modificações em leis de proteção para facilitar ações exploratórias predatórias, refletindo a perspectiva de manutenção dos interesses de exploração econômica das riquezas minerais e naturais do Brasil.

> Valendo-se dessas falácias, um ou outro país, em vez de ajudar, embarcou nas mentiras da mídia e se portou de forma desrespeitosa e com espírito colonialista. Questionaram aquilo que nos é mais sagrado: a nossa soberania. Um deles por ocasião do encontro do G7 ousou sugerir aplicar sanções ao Brasil, sem sequer nos ouvir (Bolsonaro, 2019).

> [...] recordo que a Convenção sobre Diversidade Biológica consagra o direito soberano dos Estados de explorar seus recursos naturais, em conformidade com suas políticas ambientais, e é exatamente isso o que pretendemos fazer com a enorme riqueza que existe no território brasileiro (Bolsonaro, 2020c).

Destacamos a diminuição da ênfase soberanista antissistêmica nos discursos proferidos por Bolsonaro após a derrota de Donald Trump para Joe Biden nas eleições dos EUA. Sendo Trump uma figura de liderança do movimento antidemocrático, ultraconservador e negacionista, com a sua saída do governo dos EUA, Bolsonaro perdeu seu referencial de liderança global, tendo que adequar alguns elementos da sua política externa para a nova estrutura global climática, liderada por Biden.

De forma geral, na análise qualitativa dos conteúdos, observa-se, portanto, que o negacionismo climático se faz presente em alguns dos discursos analisados, ainda que a estratégia adotada seja diferente de figuras como Felicio, Molion e Salles, em que se sobressai o negacionismo literal, ou seja, a inexistência das mudanças climáticas, característica central da definição cunhada por Washington e Cook (2003). No caso de Bolsonaro, pode-se constatar a presença dos dois aspectos descritos por Cohen (2000), o negacionismo interpretativo e o implicatório, mostrando uma sofisticação na forma de negar a emergência climática.

Isso é constatado, principalmente, na interface entre "Amazônia" e "Construção de narrativa" por meio da utilização de dados e de afirmações que deturpam a realidade. Os dados aparecem em dois momentos distintos, mas com o mesmo objetivo: construir uma narrativa de alarmismo por parte dos críticos à forma que o governo Bolsonaro encara as questões ambientais. Por exemplo, durante a Cúpula do Pacto de Letícia foi dito que houve "uma diminuição de 28% de desmatamento ou queimadas na região" (Bolsonaro, 2020a) entre julho de 2019 e julho de 2020. No entanto, segundo o relatório elaborado pela Human Rights Watch[89], divulgado em agosto de 2020, foi registrado nesse período um aumento de 28% nos focos de calor. Ademais, no decorrer desse mesmo ano, foram registrados altos níveis de desmatamento, com junho sendo consagrado o pior mês desde junho de 2015 mesmo com a presença das Forças Armadas[90] na Floresta Amazônica.

Essa mesma argumentação foi repetida no ano seguinte, durante a Assembleia do BID (2021a), quando Bolsonaro disse que no período de outubro de 2020 a março de 2021 "houve uma queda de 20% nos alertas de desmatamento em comparação com o mesmo período do ano anterior". Apesar de realmente ter ocorrido essa diminuição, deve-se levar em conta que, conforme discutido anteriormente, no ano de 2020 foram registrados índices recordes e que logo no mês seguinte, em abril de 2021, a taxa de desmatamento aumentou significativamente, com registro de recorde no mês de agosto de 2022, com uma área agregada de 1.661,02 km²[91].

Outro exemplo de criação dessa narrativa está presente no discurso na Cúpula de Líderes sobre o Clima, de 2021. Nesta fala, Bolsonaro associa diretamente a questão das mudanças climáticas à queima de combustíveis fósseis, como forma de colocar o país como baixo emissor de gases de efeito estufa. No entanto, ao reduzir a emergência climática a apenas um fator, negligencia a principal fonte de emissões do país: o agronegócio, ator político e econômico de quem Bolsonaro é grande defensor em seus discursos.

Outro tema de destaque que perpassa categorias como "Agronegócio", "Amazônia" e "Políticas indigenistas" é o caráter econômico atribuído a esses assuntos, associado principalmente à defesa de um "desenvolvimento sustentável". Em diversos momentos, é possível observar, por exemplo, nessa relação entre a Amazônia e a concepção da gestão Bolsonaro desse modelo de desenvolvimento, características como a defesa da exploração dos recursos naturais, o rechaço à ampliação da demarcação territorial como forma de manter viável a economia nacional com o agronegócio e a agricultura baseada na biotecnologia. Isso mostra uma certa oposição entre preservação e desenvolvimento, dois processos entendidos como incompatíveis, ainda que o desenvolvimento seja acompanhado pela "sustentabilidade".

---

[89] O relatório, que trata dos efeitos do desmatamento na saúde da população brasileira, está disponível na íntegra no site do organismo internacional: https://www.hrw.org/pt/report/2020/08/26/376135. Acesso em: 11 jun. 2023.

[90] A ação militar na região faz parte de uma medida adotada pelo Ministério da Defesa em maio de 2020, denominada de "Operação Verde Brasil 2", com o intuito de evitar as queimadas e conter o ritmo de desmatamento na região (Ministério da Defesa, 2021).

[91] Dado retirado do portal *Terra Brasilis*, plataforma desenvolvida pelo Instituto Nacional de Pesquisas Espaciais voltada para o monitoramento ambiental. Para acessar os dados na íntegra: http://terrabrasilis.dpi.inpe.br/app/dashboard/alerts/legal/amazon/aggregated/. Acesso em: 16 jun. 2023.

A população indígena também é incluída nessa relação entre economia e meio ambiente. Isso ocorre por meio de duas visões presentes nesses discursos: (i) um grupo que necessita de novas políticas indigenistas que visem à exploração de áreas preservadas como forma de garantir sua autonomia econômica, sendo esse o mais proeminente; e (ii) interlocutores dos interesses internacionais no território nacional.

Realizando uma contagem de frequência de palavras entre as categorias "Agronegócio", "Amazônia" e "Políticas indigenistas", é possível observarmos a presença de: 29 menções à "Amazônia" (mais 8 menções à "amazônica"); 22 menções a "indígenas" (mais 8 menções a "indígena", mas com apenas 5 menções a "reservas"; 17 menções à "floresta" e só 8 menções à "preservação"; 12 menções a "desenvolvimento"; "agronegócio" com 8 menções, "agricultura" com 7 menções e "terras" com 12 menções; entre outros conforme apresentado na nuvem de palavras da Figura 1. Esses dados denotam a relação entre as três temáticas, dentro da perspectiva econômico-exploradora dos recursos naturais da gestão Bolsonaro.

Figura 1 – Árvore de palavras intersecção das categorias Agronegócio, Amazônia e Políticas Indigenistas – 100 palavras mais frequentes, com no mínimo cinco letras

Fonte: elaboração própria a partir da base de discursos do LABMUNDO (2024)

Essa postura soberanista deturpa o sentido de uma soberania associada à responsabilidade, deixando crer que é permitido desmatar, descuidar de sua população e do meio ambiental nacional pelo fato de ser "soberano"; enquanto a postura economicista é marcada pelo foco restrito à dimensão econômica, à defesa dos interesses financeiros e à manutenção da estabilidade macroeconômica, em detrimento das dimensões social, ambiental e cultural do desenvolvimento, refletindo os fundamentos econômicos aplicados à sua política econômica doméstica.

A partir da análise realizada, podemos afirmar que, ao optar por defender os interesses econômicos do agronegócio, o ex-presidente mobilizou todo um aparato ideológico nacionalista, antidemocrático e negacionista que o aproximava desse setor. Sua defesa de uma perspectiva economicista de curto prazo e suas escolhas institucionais baseadas nos jogos de interesses domésticos repercutiram fortemente em suas ações e discursos nas instâncias externas, demonstrando um Brasil que apresentava uma mudança de orientação no sistema internacional.

Com relação aos elementos antidemocráticos, é notória a presença da defesa dos interesses econômicos elitistas da base política apoiadora de Bolsonaro, com os interesses do capital se "transformando" no interesse nacional da população brasileira. As críticas de Bolsonaro à contestação pública nacional e internacional e à participação de setores da sociedade civil — como as ONGs —, somadas à iniciativa de se autopromover como o líder antissistema, promotor do interesse nacional soberanista, representante patriótico e defensor da sua "verdade", também evidenciam o caráter antidemocrático e reacionário da gestão Bolsonaro à frente da política externa climática brasileira.

As questões citadas podem ser exemplificadas no trecho a seguir, resultante da interseção de conteúdo das categorias[92] "Agronegócio", "Amazônia", "Construção de narrativas", "Oposição a críticas" e "Políticas ambientais e climáticas" (em especial "Políticas indigenistas"). Neste trecho, nota-se o posicionamento político sobre como ampliar os territórios demarcados é entendido como algo que inviabilizaria a economia nacional, principalmente devido à importância do agronegócio, assim como a oposição às políticas e críticas favoráveis à proteção climática e a identificação de Bolsonaro como a "voz da verdade":

---

[92] A intersecção foi identificada por meio da função de consulta de codificação no NVivo 12, pesquisando o conteúdo baseado em como ele foi codificado nos nós/categorias.

> Quando estive na ONU o ano passado, fiz um discurso. Não foi um discurso duro, foi um discurso verdadeiro e objetivo. Só no Brasil nós já temos demarcados como terras indígenas, mais de 14% do nosso território nacional. O mundo esse, que nos quer ver sem a Amazônia, pretendia no meu governo chegar a 20%. Isso inviabilizaria toda a nossa economia, em grande parte, advindo do agronegócio. Talvez problemas semelhantes os senhores enfrentem em seus países. Devemos resistir. Mostrar a verdade acima de tudo e, obviamente, continuarmos fazendo o possível e o impossível pela preservação da região (Bolsonaro, 2020a).

A análise de conteúdo dos discursos de Bolsonaro dialoga com diversos referenciais teóricos sobre a crise democrática e o negacionismo climático que orientaram nossa pesquisa. Para a análise dos elementos não democráticos, consideramos as contribuições: de Laclau (2005) sobre como o "populismo" produz uma sociedade dividida, em que um estrato social se define como "povo" almejando representar a sua totalidade, mesmo não o fazendo; de Solano (2018) e Stewart (2020) sobre como o movimento da crise da democracia é resultado da reorganização de uma rede transnacional formada por grupos radicalizados e/ou conservadores; de Diamond (2015) sobre como tal organização transnacional resultou no agravamento do autoritarismo, na ameaça à estabilidade democrática e aos direitos fundamentais; de Bobbio (1998) sobre como a fase de instabilidade democrática é resultante de características inerentes da democracia liberal, como a acentuada concentração do poder, a concentração na figura de um chefe com a personalização do poder, e a transformação em lei da própria vontade do governante; como a instabilidade democrática está fundamentada na relação entre democracia e capitalismo, com a definição das políticas sendo definidas pelo capital, conforme assinalado por Brown (2019), Rancière (2005) e Solano (2018); de Dahl (1997) a respeito de como é possível reconhecer um sistema político democrático a partir da presença ou afastamento de características de ordem despótica, em especial com relação à contestação pública e participação política; e de Lynch e Cassimiro (2021) sobre como a democracia iliberal é encarnada na figura do líder/herói antissistema.

Para a análise dos elementos do negacionismo climático, nossa análise se apoia nas contribuições: da definição conceitual apresentada por Miguel (2022), a partir das contribuições de Cohen (2000) com os conceitos de negacionismo implicatório e negacionismo interpretativo (conforme detalhado no tópico 2), com o negacionismo climático compreendendo a ação planejada e estrategicamente aplicada por grupos políticos, a partir de uma visão de mundo diferente da realidade dos defensores de causas ambientais; e de Jylhä e Hellmer (2020) sobre como o negacionismo, dentro da agenda política de grupos ultraconservadores, resulta em ações intencionais para preservar práticas sociais de grande interesse econômico para as elites e potências internacionais.

O Quadro 1 sintetiza o diálogo teórico sobre negacionismo climático e a crise da democracia com a empiria qualitativa da análise de conteúdo. Cabe assinalar que os respectivos elementos negacionistas e/ou antidemocráticos de cada uma das categorias (construídas de forma dedutiva e indutiva, conforme explicitado anteriormente) foram identificados a partir dos conteúdos dos discursos de Bolsonaro, codificados em cada uma das respectivas categorias: o conteúdo textual, oriundo das falas de Bolsonaro, foi relacionado com os citados elementos teóricos sobre a crise da democracia e do negacionismo climático que fundamentam a nossa análise, evidenciando-os empiricamente.

É possível observar que em cada categoria analítica identificamos mais de um fator negacionista climático e mais de um elemento antidemocrático. Essa pluralidade de referenciais teóricos para a interpretação da análise de conteúdo denota a insuficiência de um marco conceitual único que, sozinho, logre compreender a complexidade dos fenômenos da crise democrática e do negacionismo climático, assim como a correlação entre ambos.

Quadro 1 – Identificação dos parâmetros negacionistas e dos elementos antidemocráticos a partir do conteúdo dos discursos de Bolsonaro (2019-2022), em diálogo com as referências teóricas

Categoria	Negacionismo climático	Elementos antidemocráticos
Agronegócio	– Negação intencional de um problema: violação de regras ambientais pelo agronegócio. – Preservação de práticas sociais de interesse econômico: agronegócio como ator basilar do governo, "alimentar o mundo". – Negacionismo interpretativo: agronegócio "respeitador" das leis e patrimônios ambientais.	– Defesa do agronegócio, ator da elite econômica e política neoliberal no Brasil: neoliberal e conservador. – Elitismo: ênfase nos interesses da elite política e econômica; o capital como elemento decisório da política democrática.

Categoria	Negacionismo climático	Elementos antidemocráticos
Amazônia	– Oposição intencional e racional a um problema: queimadas e desmatamento. – Negacionismo interpretativo: apresenta um cenário diferente da realidade sobre as queimadas.	– Oposição às instituições políticas democráticas: crítica à pressão internacional. – Crítica à contestação pública e à participação política: imprensa, governos estrangeiros, ONGs e instituições internacionais.
Construção de narrativa	– Ação planejada oposta aos fatos: explanação de uma "verdade" defensiva contrária aos fatos da realidade sobre a preservação ambiental. – Negacionismo interpretativo: uso de dados sem fontes para endossar sua perspectiva. – Negacionismo implicatório: rejeição das implicações políticas da sua retórica – perda de financiamento e apoio internacional.	– Perspectiva ultraconservadora: fundamentação religiosa na sua narrativa de defesa. – "Povo" sendo representado por um estrato social: carta de liderança indígena apoiadora do governo falando em nome de "todos" os indígenas. – Oposição à contestação pública: demérito das informações da imprensa e de órgãos internacionais. – Concentração na figura do chefe: Bolsonaro como promotor da "verdade" e líder antissistema.
Oposição a críticas	– Negacionismo interpretativo: tentativa de endossar a narrativa construída como "verdade" defensiva, desconstruindo as críticas e contrária aos fatos publicados. – Negacionismo implicatório: retórica soberanista de rejeição das implicações políticas, afirmando-as como "cobiça internacional".	– Oposição à contestação pública: mídias, governos de outros países, organizações interestatais e não governamentais. – Tentativa de inviabilizar o debate político-democrático com a sociedade nacional e internacional: elemento soberanista, desconstrução de críticas e promoção da sua narrativa/perspectiva.

Categoria	Negacionismo climático	Elementos antidemocráticos
Políticas ambientais e climáticas Ações domésticas Acordos internacionais Críticas Políticas indigenistas	– Negacionismo interpretativo: diferença entre as falas e as ações domésticas do governo; dicotomia entre as falas sobre exploração dos recursos naturais e a retórica de desenvolvimento sustentável. – Negacionismo implicatório: contraste entre falas de apoio às ações internacionais e as ações de desinteresse em atuar efetivamente na arena internacional (COPs). – Preservação racional do interesse econômico: críticas interpretadas como sendo ameaças contra a "potência do agronegócio". – Negacionismo interpretativo: figura do "índio latifundiário" e contrário à expansão das áreas indígenas demarcadas.	– Personalização do poder e promoção da vontade do governante: ampliação da exploração dos recursos naturais do país. – Ultraconservadorismo: soberania sendo aplicada contra críticas internacionais às ações domésticas do governo. – "Povo" sendo representado por um estrato social: liderança indígena bolsonarista falando em nome de "todos" os indígenas.
Soberania	– Negacionismo interpretativo: existência de uma cobiça "colonial" dos recursos brasileiros. – Preservação de práticas sociais de interesses econômicos: discurso soberanista usado para a defesa das práticas exploratórias dos recursos naturais.	– Discurso soberanista: personalismo da liderança de Bolsonaro e sua figura de líder antissistema. – Patriotismo exacerbado – característica ultraconservadora. – Oposição à contestação pública internacional: exaltação soberanista contra ações e medidas internacionais "coloniais" e nacionais "antipatrióticas". – Decisões democráticas definidas pelo capital: apoio às práticas expansivas e exploratórias dos recursos naturais.

Fonte: elaboração própria

Conclusão

A análise aqui apresentada com o objetivo de identificar e correlacionar o negacionismo climático e os elementos antidemocráticos na administração de Jair Bolsonaro destaca a complexidade de ambas as temáticas e como elas podem se inter-relacionar de diversas maneiras. A análise de conteúdo dos discursos oficiais de Bolsonaro pronunciados em arenas multilaterais em que a agenda climática é debatida nos possibilitou evidenciar não apenas os parâmetros norteadores da sua política externa climática, assim como elucidar sua fundamentação no negacionismo e seu escopo antidemocrático.

Constatou-se que o posicionamento de Bolsonaro em relação à sua política externa climática orbitou entre o negacionismo interpretativo e o implicatório (Cohen, 2000), com a prática de distorção ou criação de novos sentidos e narrativas aos fatos climáticos juntamente com a rejeição das suas consequências morais, psicológicas ou políticas ao Brasil. Também evidenciamos que, apesar das complexidades conceituais e teóricas, entre os principais elementos antidemocráticos presentes na política externa climática brasileira de Bolsonaro, se sobressaem: a defesa dos interesses econômicos da elite política apoiadora do governo, no caso o agronegócio, com os interesses dessa elite sendo trabalhados como se fossem o interesse nacional da população brasileira, mobilizando todo um aparato ideológico nacionalista e negacionista em prol desses interesses; assim como o aparato narrativo voltado para amenizar críticas e denúncias contra o governo, oriundas de atores não estatais e internacionais, e legitimar tal narrativa perante, principalmente, seus apoiadores. Em síntese, os jogos de interesse domésticos do Brasil no período do governo Bolsonaro — o aparato ideológico, os interesses da elite econômica e da sua base política aliada, a hostilidade contra oposições ao governo e a falta de diálogo com os demais grupos sociais brasileiros — repercutiram fortemente nas ações e falas do ex-presidente nas instâncias externas, conforme demonstrado pelos dados quantitativos e qualitativos obtidos com a análise de conteúdo aqui realizada.

Tais conclusões não pressupõem o esgotamento do assunto e da pesquisa. É possível ampliar a quantidade de discursos a serem analisados, por exemplo, adicionando discursos da arena doméstica para corroborar a importância dos interesses e de atores domésticos no processo de formulação e tomada de decisão da política externa climática do governo Bolsonaro. Da mesma forma, cada uma das temáticas identificadas na análise categorial pode ser aprofundada, recortando o objeto de análise para tópicos específicos da agenda climática, como a preservação da Floresta Amazônica, ou para atores específicos, como o agronegócio e o grau de incidência dos seus interesses no processo decisório da referida política. Em relação à atuação do próprio Bolsonaro ante essa agenda, é também possível examinar como os fatores ideacionais, do indivíduo e/ou do grupo à frente da liderança política do seu governo afetaram a tomada de decisão em prol das posturas negacionista com relação ao clima e antidemocrática, por exemplo, em relação à participação de atores não estatais e às críticas oriundas destes.

Referências

AGÊNCIA BRASIL. *Bolsonaro diz que "pode sair fora" do Acordo de Paris*. 12 dez. 2018. Disponível em: https://agenciabrasil.ebc.com.br/politica/noticia/2018-12/bolsonaro-diz-que-pode-sair-fora-do-acordo-de-paris. Acesso em: 28 jun. 2023.

ALVES, Pedro. *Ricardo Salles é investigado por esquema de exportação ilegal de madeira*. 23 jun. 2021. Disponível em: https://g1.globo.com/df/distrito-federal/noticia/2021/06/23/ricardo-salles-entenda-operacao-contra-exportacao-ilegal-de-madeira-que-mira-ministro-do-meio-ambiente.ghtml. Acesso em: 13 maio 2023.

ARAUJO, Suely M. V. G. "Environmental Policy in the Bolsonaro Government: The Response of Environ- mentalists in the Legislative Arena". *Brazilian Political Science Review*, v. 14, n. 2, p. 1-20, 2020. DOI: https://doi.org/10.1590/1981-3821202000020005.

AZEVEDO, Tasso; ANGELO, Claudio. *Emissões de GEE no Brasil e suas implicações para políticas públicas e a contribuição brasileira para o Acordo de Paris*. Brasília: SEEG, 2018.

BARDIN, Laurence. *Análise de conteúdo*. São Paulo: Edições 70, 2011.

BARROS, Antonio T. "Brazil's Discourse on the Environment in the International Arena, 1972–1992". *Contexto Internacional*, v. 39, n. 2, p. 421-442, 2017. DOI: https://doi.org/10.1590/S0102-8529.2017390200011.

BOBBIO, Norberto; MATTEUCCI, Nicola; PASQUINO, Gianfranco. *Dicionário de Política I*. Brasília: Editora Universidade de Brasília, 1998.

BOLSONARO, Jair. "Discurso durante Abertura do Debate Geral da 74ª Sessão da Assembleia Geral das Nações Unidas". *LABMUNDO*. Base de dados de Discursos Presidenciais, IESP-UERJ. Nova York: 24 set. 2019.

BOLSONARO, Jair. "Discurso durante a 2.ª Cúpula Presidencial do Pacto de Letícia". *LABMUNDO*. Base de dados de Discursos Presidenciais, IESP-UERJ. Videoconferência: 11 ago. 2020a.

BOLSONARO, Jair. "Discurso durante Abertura do Debate Geral da 75.ª Sessão da Assembleia Geral das Nações Unidas". *LABMUNDO*. Base de dados de Discursos Presidenciais, IESP-UERJ. Videoconferência: 22 set. 2020b.

BOLSONARO, Jair. "Discurso na Cúpula da Biodiversidade da Organização das Nações Unidas". *LABMUNDO*. Base de dados de Discursos Presidenciais, IESP-UERJ. Videoconferência: 30 set. 2020c.

BOLSONARO, Jair. "Discurso no lançamento da Iniciativa Amazônia, durante a 61.ª Assembleia de Governadores do BID". *LABMUNDO*, Base de dados de Discursos Presidenciais, IESP-UERJ. Videoconferência: 18 mar. 2021a.

BOLSONARO, Jair. "Discurso na Cúpula de Líderes sobre o Clima". *LABMUNDO*. Base de dados de Discursos Presidenciais, IESP-UERJ. Videoconferência: 22 abr. 2021b.

BOLSONARO, Jair. "Discurso durante Abertura do Debate Geral da 76.ª Sessão da Assembleia Geral das Nações Unidas". *LABMUNDO*. Base de dados de Discursos Presidenciais, IESP-UERJ. Nova York: 21 set. 2021c.

BOLSONARO, Jair. "Discurso durante Abertura do Debate Geral da 77.ª Sessão da Assembleia Geral das Nações Unidas". *LABMUNDO*. Base de dados de Discursos Presidenciais, IESP-UERJ. Nova York: 20 set. 2022.

BROWN, Wendy (2019). *Nas ruínas do neoliberalismo*. São Paulo: Politeia, 2019.

CANAL RURAL. *Bancada ruralista vê governo Temer com otimismo*. 4 set. 2016. Disponível em: https://www.canalrural.com.br/programas/informacao/direto-ao-ponto/bancada-ruralista-governo-temer-com-otimismo-73993/. Acesso em: 13 maio 2022.

CASARÕES, Guilherme S. P.; FARIAS, Déborah B. L. "Brazilian foreign policy under Jair Bolsonaro: far-right populism and the rejection of the liberal international order". *Cambridge Review of International Affairs*, v. 35, n. 5, p. 741-761, 2022. DOI: https://doi.org/10.1080/09557571.2021.1981248.

CASARÕES, Guilherme; FLEMES, Daniel. "Brazil First, Climate Last: Bolsonaro's Foreign Policy". *Giga Focus: Latin America*, n. 5, p. 1-13, 2019.

CASTELLS, Manuel. *Ruptura*: a crise da democracia liberal. Rio de Janeiro: Zahar, 2018.

CASTILHO, Alceu Luís. "Frente Parlamentar da Agropecuária compôs 50% dos votos do impeachment e 51% dos votos para manter Temer". *De Olho nos Ruralistas*, 25 set. 2017. Disponível em: https://deolhonosruralistas.com.br/2017/09/25/frente-parlamentar-da-agropecuaria-compos-50-dos-votos-do-impeachment-e-51-dos-votos-para-manter-temer/. Acesso em: 20 maio 2023.

CHAVES, Léo Ramos. "Desempenho péssimo". *Pesquisa Fapesp*, Edição 301, março 2021. Disponível em: https://revistapesquisa.fapesp.br/desempenho-pessimo/. Acesso em: 16 jun. 2023.

COHEN, Stanley. *States of Denial:* Knowing about Atrocities and Suffering. Cambridge: Polity Press, 2000.

COSTA, Anna Gabriela. "Desmatamento na Amazônia em 2021 é o maior dos últimos dez anos". *CNN*, 17 jan. 2022. Disponível em: https://www.cnnbrasil.com.br/nacional/desmatamento-na-amazonia-em-2021-e-o-maior-dos-ultimos-10-anos/. Acesso em: 16 jun. 2023.

COSTA DA SILVA, Danielle; HERNÁNDEZ, Lorena Granja. "Aplicação metodológica da análise de conteúdo em pesquisas de análise de política externa". *Revista Brasileira de Ciência Política*, n. 33, p. 1-48, 2020. DOI: https://doi.org/10.1590/0103-3352.2020.33.218584.

COSTA DA SILVA, Danielle. "A questão climática e ambiental nos discursos de Bolsonaro em arenas multilaterais: uma breve análise de conteúdo". *OIMC*, 10 maio 2021. Disponível em: https://obsinterclima.eco.br/resultados-incidencia/. Acesso em:

DAHL, Robert A. *Poliarquia:* participação e oposição. São Paulo: EDUSP, 1997.

D'ARAUJO, Maria Celina. *Militares, democracia e desenvolvimento:* Brasil e América do Sul. Rio de Janeiro: Editora FGV, 2010.

D'ARAUJO, Maria Celina; SOARES, Gláucio A. D.; CASTRO, Celso (org.). *Visões do golpe*: a memória militar sobre 1964. Rio de Janeiro: Relume Dumará, 1994.

DE JESUS, Diego S. V. "The Strategy of Chaos: Brazilian Foreign Policy under Jair Bolsonaro (2019-2022)". *International Journal of Social Science Studies*, v. 10, n. 6, p. 1-14, 2022. DOI: https://doi.org/10.11114/ijsss.v10i6.5686.

DANTAS, Carolina; MANZANO, Fábio. "Desmatamento na Amazônia passa de 13 mil km² entre agosto de 2020 e julho de 2021, apontam dados do Prodes". G1, 18 nov. 2021. Disponível em: https://g1.globo.com/meio-ambiente/noticia/2021/11/18/

desmatamento-na-amazonia-passa-de- 13-mil-km-entre-agosto-de-2020-e-julho-de-2021-apontam-dados-do-prodes.ghtml. Acesso em: 16 jun. 2023.

DIAMOND, Larry. "Facing Up to the Democratic Recession". *Journal of Democracy*, v. 26, n. 1, p. 141-155, 2015.

DUARTE, Lílian C. B. *Política externa e meio ambiente*. Rio de Janeiro: Jorge Zahar Ed., 2003.

DUNLAP, Riley E. "Climate Change Skepticism and Denial: An Introduction". *American Behavioral Scientist*, v. 57, n. 6, p. 691-698, 2013. DOI: https://doi.org/10.1177/0002764213477097.

ESTEVO, Jefferson dos S. "O Brasil e a China no âmbito das mudanças climáticas". *Ideias*, v. 10, p. 1-34, 2019. DOI: https://doi.org/10.20396/ideias.v10i1.8655888.

ESTEVO, Jefferson; FERREIRA, Leila (2022). "A política externa do governo Jair Bolsonaro para as mudanças climáticas: rupturas negativas e riscos". *In:* GONÇALVES, Fernanda N.; LOUREIRO, Gustavo A.; MELLO, Beatriz B. (org.). *Política externa do governo Bolsonaro:* temas, resultados e retrocessos. Belo Horizonte: Lemos Mídia Editora, 2022. (e-book). Disponível em: https://lemosmidia.com.br/produto/politica-externa-no-governo-bolsonaro-temas-resultados-e-retrocessos/. Acesso em:

FARIAS, Everton *et al.* "De referência a pária: a tragédia da diplomacia ambiental no governo Bolsonaro". *In:* MARINGONI, Gilberto *et al.* (org.), *As bases da política externa bolsonarista:* relações internacionais em um mundo em transformação. Santo André: EdUFABC, 2021. p. 75-86.

FERREIRA, Leila; BARBI, Fabiana. "The Challenge of Global Environmental Change in the Anthropocene: An Analysis of Brazil and China". *Chinese Political Science Review*, v. 1, p. 1-13, 2016. DOI: https://link.springer.com/article/10.1007/s41111-016-0028-9.

FORCHTNER, Bernhard. "Climate change and the far right". *WIREs Climate Change*, v. 10, n. 5, 2019. DOI: https://doi.org/10.1002/wcc.604 /.

FUKUYAMA, Francis. "The End of History?" *The National Interest*, v. 16, p. 3-18, 1989.

GOLDSTEIN, Judith; KEOHANE, Robert O. "Ideas and Foreign Policy: An Analytical Framework". *In:* KEOHANE, Robert O.; GOLDSTEIN, Judith (ed.). *Ideas and*

Foreign Policy. Beliefs, Institutions, and Political Change. New York: Cornell University Press, 1993. p. 3-30.

GONÇALVES, Williams; TEIXEIRA, Tatiana. "Considerações sobre a política externa brasileira no governo Bolsonaro e as relações EUA-Brasil". *Sul Global*, v. 1, n. 1, p. 192-211, 2020.

HERMANN, Charles F. "Changing Course: When Governments Choose to Redirect Foreign Policy". *International Studies Quarterly*, v. 34, n. 1, p. 3-21, 1990.

HIRST, Monica; MACIEL, Tadeu. "A política externa do Brasil nos tempos do governo Bolsonaro". Preprint, *SciELO Preprints*, 2022. DOI: https://doi.org/10.1590/SciELOPreprints.4771.

HOCHSTETLER, Kathryn. "Tracking presidents and policies: environmental politics from Lula to Dilma". *Policy Studies*, v. 38, n. 3, p. 262-276, 2017. DOI: https://www.tandfonline.com/doi/full/10.1080/01442872.2017.1290229.

HUMAN RIGHTS WATCH. *"O ar é insuportável"*: Os impactos das queimadas associadas ao desmatamento da Amazônia brasileira na saúde. 26 ago. 2020. Disponível: https://www.hrw.org/pt/report/2020/08/26/376135. Acesso em: 11 jun. 2023.

JAMIESON, Dale. "The Nature of the Problem". *In*: DRYZEK, John S.; NORGAARD, Richard B.; SCHLOSBERG, David (ed.). *The Oxford handbook of climate change and society*. Oxford: Oxford University Press, 2012. p. 38-54. DOI: https://doi.org/10.1093/oxfordhb/9780199566600.003.0003.

JYLHÄ, Kirsti M.; HELLMER, Kahl. "Right-Wing Populism and Climate Change Denial: The Roles of Exclusionary and Anti-Egalitarian Preferences, Conservative Ideology, and Antiestablishment Attitudes". *Analyses of Social Issues and Public Policy*, v. 20, n. 1, p. 315-335, 2020. Disponível em: https://spssi.onlinelibrary.wiley.com/doi/10.1111/asap. 12203. Acesso em:

LACATUS, Corina. "Populism and President Trump's approach to foreign policy: An analysis of tweets and rally speeches". *Politics*, v. 41, n. 1, p. 31-47, 2021. DOI: https://doi.org/10.1177/0263395720935380.

LACATUS, Corina; MEIBAUER, Gustav. "'Saying it like it is': Right-wing populism, international politics, and the performance of authenticity". *The British Journal of Politics and International Relations*, v. 24, n. 3, p. 437-457, 2022. DOI: https://doi.org/10.1177/13691481221089137.

LACLAU, Ernesto. *On populist reason*. London: Verso, 2005.

LATOUR, Bruno. *Onde aterrar? Como se orientar politicamente no Antropoceno*. Rio de Janeiro: Bazar do Tempo, 2020.

LYNCH, Christian; CASSIMIRO, Paulo Henrique P. "O populismo reacionário no poder: uma radiografia ideológica da presidência Bolsonaro (2018-2021)". *Aisthesis*, Santiago, n. 70, p. 223-249, 2021. DOI: http://dx.doi.org/10.7764/aisth.70.10.

MAPBIOMAS. *Relatório Anual de Desmatamento 2022*: São Paulo: Mapbiomas, 2023. Disponível em: http://alerta.mapbiomas.org/. Acesso em:

MARINGONI, Gilberto et al. *As bases da política externa bolsonarista:* relações internacionais em um mundo em transformação. Santo André: EdUFABC, 2021.

MELLO, Beatriz B. "A política externa do governo Jair Bolsonaro para as mudanças climáticas: rupturas negativas e riscos". *In:* GONÇALVES, Fernanda N.; LOUREIRO, Gustavo A.; MELLO, Beatriz B. (org.). *Política externa do governo Bolsonaro:* temas, resultados e retrocessos. Belo Horizonte: Lemos Mídia Editora, 2022. (e-book). Disponível em: https://lemosmidia.com.br/produto/politica-externa-no-governo-bolsonaro-temas-resultados-e-retrocessos/. Acesso em:

MIGUEL, Jean. "Negacionismo climático no Brasil". *Revista Coletiva*, n. 27, 2020.

MIGUEL, Jean C. H. "A 'meada' do negacionismo climático e o impedimento da governamentalização ambiental no Brasil". *Sociedade e Estado*, v. 37, n. 1, p. 293-315, 2022. DOI: https://doi.org/10.1590/s0102-6992-202237010013.

MILANI, Carlos R. S. "¿De BRICS a TRICS? Brasil y Turquía: entre la política doméstica y la geopolítica mundial". *Nueva Sociedad*, n. 291, enero-febrero, 2021.

MILNER, Helen V. *Interests, Institutions and Information, Domestic Politics and International Relations*. Princeton: Princeton University Press, 1997.

MINISTÉRIO DA DEFESA. "Operação Verde Brasil 2 encerra com queda no desmatamento". *Gov.br*. 30 abr. 2021. Disponível em: https://www.gov.br/defesa/pt-br/centrais-de-conteudo/noticias/operacao-verde-brasil-2-encerra-com-queda-no-desmatamento. Acesso em: 11 jun. 2023.

MINISTÉRIO DO MEIO AMBIENTE. 2023. Disponível em: https://antigo.mma.gov.br/. Acesso em: 11 jul. 2023.

MONTEAGUDO, Rafael S. (2021). "Antiglobalismo e colonialidade: uma abordagem decolonial sobre a política externa brasileira no governo Bolsonaro". *Revista*

Neiba, Cadernos Argentina Brasil, v. 10, n. 1, p. 1-22. DOI: https://doi.org/10.12957/neiba.2021.58901.

ORESKES, Naomi; CONWAY, Erik. M. *Merchant of Doubt. Merchants of Doubt:* How a Handful of Scientists Obscured the Truth on Issues from Tobacco Smoke to Global Warming. Bloomsbury Publishing, 2010.

OLIVEIRA, Eliane. "Sob pressão internacional, governo aumenta em 118% orçamento para combater desmatamento ilegal na Amazônia". *O Globo*. 20 ago. 2021. Disponível em: https://oglobo.globo.com/brasil/sob-pressao-internacional-governo-aumenta-em-118-orcamento-para-combater-desmatamento-ilegal-na-amazonia-25164236. Acesso em: 16 jun. 2023.

PATEMAN, Carole. *Participação e teoria democrática*. Rio de Janeiro: Paz e Terra, 1992.

PRZEWORSKI, Adam. *Crises da Democracia*. Rio de Janeiro: Zahar, 2020.

PUTNAM, Robert D. "Diplomacia e política doméstica: a lógica dos jogos de dois níveis". *Revista de Sociologia Política*, v. 18, n. 36, p. 147-174, 2010.

RANCIÈRE, Jacques. *Ódio à democracia*. São Paulo: Boitempo, 2005.

ROCHA, Leonardo Caetano da; CARLOMAGNO, Márcio C. "Como criar e classificar categorias para fazer análise de conteúdo: uma questão metodológica". *Revista Eletrônica de Ciência Política*, v. 7, p. 173-188, 2016. DOI: http://dx.doi.org/10.5380/recp.v7i1.45771.

SANTOLI, Mariana. "Conselho da Amazônia não explica valor arrecadado pela Operação Verde Brasil 2, em 2020". *Transparência Brasil*, 27 jul. 2021. Disponível em: https://blog.transparencia.org.br/conselho-da-amazonia-nao-explica-valor-arrecadado-pela-operacao-verde-brasil-2-em-2020/. Acesso em: 28 jun. 2023.

SANTOS, Wandeley Guilherme dos. *O cálculo do conflito – Estabilidade e Crise na política brasileira*. Belo Horizonte: Editora UFMG; Rio de Janeiro: IUPERJ, 2003.

SANTOS, Leandro Wolpert; PINHEIRO, Leticia. "A reconfiguração do processo decisório da política externa brasileira, seus estudos e novas agendas de pesquisa". *In*: PINHEIRO, Leticia; GONÇALVES, Fernanda Nanci (org.). *Análise de política externa no Sul Geopolítico:* interpretações e perspectivas. Curitiba: Appris, 2023. p. 51-92.

SCHUTTE, Giorgio Romano. "Incoerência define a política externa do governo Bolsonaro". *Carta Capital*, 30 dez. 2020. Disponível em: https://www.cartacapital.

com.br/opiniao/incoerencia-define-a-politica-externa-do-governo-bolsonaro/. Acesso em: 28 de jul. 2023.

SOLANO, Esther. "Crise da Democracia e extremismos de direita". *Friedrich Ebert Stiftung*, v. 42, p. 1-29, 2018.

STEWART, Blake. "The Rise of Far-Right Civilizationism". *Critical Sociology*, v. 46, n. 7-8, p. 1207-1220, 2020. DOI: https://doi.org/10.1177/0896920519894051.

STEZLER, Mark. "Did brazillians vote for Jair Bolsonaro because they share his most controversial view?". *Brazillian Political Science Review*, v. 15, n. 1, p. 1-16, 2021. DOI: https://doi.org/10.1590/1981-3821202100010006.

TAMAKI, Eduardo R.; FUKS, Mario. "Populism in Brazil's 2018 general elections: an analysis of Bolsonaro's Campaign Speeches". *Lua Nova: Revista de Cultura e Política*, n. 109, p. 103–127, 2020. DOI: https://doi.org/10.1590/0102-103127/109.

TERRA BRASILIS. Disponível em: http://terrabrasilis.dpi.inpe.br/app/dashboard/alerts/legal/amazon/aggregated/. Acesso em: 16 jun. 2023.

WASHINGTON, Haydn; COOK, John. *Climate change denial:* Heads in the sand. London: Routledge, 2013.

AS RELAÇÕES ENTRE AUTORITARISMO, DESENVOLVIMENTO PREDATÓRIO E OBSTRUÇÃO CLIMÁTICA NO BRASIL: UMA ANÁLISE DO GOVERNO BOLSONARO

Carlos R. S. Milani
Janaína Pinto
Arthur Facini

Introdução

Nacional e internacionalmente, atores políticos, sociais e econômicos constroem e impõem importantes obstáculos ao avanço da agenda climática no Brasil. As estratégias políticas de obstrução incluem diferentes tipos de motivações e *modus operandi*, do negacionismo literal ao negacionismo interpretativo, da minoração da intensidade dos efeitos das mudanças climáticas à manutenção de modelos de desenvolvimento que perpetuam jogos de soma zero entre economia e natureza.

Tais estratégias deste campo político, que aqui chamamos de "obstrução climática" (do inglês, *climate obstruction*), relacionam-se estreitamente com outras pautas ultraconservadoras e reacionárias da extrema direita tupiniquim, aqui definida como um campo político-ideológico que reúne atores políticos, econômicos, sociais e culturais fundamentalistas cristãos, anticomunistas e adeptos de teorias conspiracionistas, muito ativos nas redes sociais na construção e difusão de mentiras e boatos que visam, em última instância, minar ainda mais as bases da confiança na ciência, nas instituições e na democracia, já abaladas por décadas de neoliberalismo, por práticas arrogantes de uma ciência dissociada da política, visões lineares da tensa relação ciência-política e por repetidas violações dos Direitos Humanos, em particular os direitos das minorias (mulheres, negros, indígenas e comunidade LGBTQIA+). O tom apocalíptico de verdades reveladas, a linguagem agressiva contra a modernidade e o progresso associam-se à busca de uma tradição perdida a ser reinstaurada a qualquer preço (Borges, 2023; Lynch; Cassimiro, 2022). A defesa intolerante do crescimento econômico reprodutor de desigualdades estruturais em detrimento do meio ambiente e a crença prometeica na tecnologia como saída para os males do desenvolvimento capitalista também são elementos articulados pela extrema direita no Brasil.

A obstrução climática é um conceito em construção, sendo o debate acadêmico fortemente dominado por pesquisas acerca da realidade de países centrais, a exemplo dos EUA, do Reino Unido e, em menor grau, Austrália e alguns países da Europa ocidental. No caso brasileiro, é inegável que a conjuntura do governo Bolsonaro intensificou posturas e políticas antidemocráticas, abrindo caminho para o fortalecimento e a ampliação de comportamentos econômicos e decisões governamentais prejudiciais ao avanço da agenda climática. No entanto, nossas pesquisas indicam que o solo nacional já era socialmente fértil para a expansão de práticas de obstrução climática, mas igualmente para a construção de políticas e visões contrárias à ciência, à vacinação (principalmente no caso das vacinas contra a Covid-19), aos Direitos Humanos em geral (e aos direitos de determinados grupos em particular) e à regulação pelo Estado dos conflitos cada vez mais frequentes sobre os limites impostos pelo fenômeno das mudanças climáticas a um projeto viável, prudente e justo de transformação social, ambiental e econômica.

Diante disso, estudos mais aprofundados sobre a obstrução climática no Brasil, que integram as agendas de pesquisa do Observatório Interdisciplinar das Mudanças Climáticas (OIMC), devem se debruçar tanto sobre a literatura internacional a respeito de estratégias acionadas por atores desse campo político quanto sobre as pesquisas acadêmicas e os informes produzidos pela sociedade civil que revelem singularidades do contexto brasileiro. Neste capítulo, argumentamos que o fortalecimento da obstrução climática no Brasil, sob o governo de Jair Bolsonaro (2019-2022), fez parte de um conjunto mais amplo de políticas antidemocráticas e ultraconservadoras, mas também evidenciou concepções de um modelo de desenvolvimento fundadas em um jogo de soma zero entre economia e natureza, como se o direito ao desenvolvimento implicasse necessariamente um comportamento predatório em relação ao meio ambiente por parte dos operadores econômicos. Estes só puderam agir respaldados pela leniência das instituições governamentais que deveriam, ao contrário, controlar, monitorar e punir as ilegalidades e os excessos cometidos por agentes econômicos, políticos e atores religiosos.

Visando sistematizar e introduzir o campo de estudos sobre a obstrução climática ao público brasileiro, o capítulo apresenta análises iniciais sobre como comportamentos obstrucionistas se expressam na política governamental, nas corporações, na diplomacia, nas mídias, na sociedade civil e na academia brasileira. Metodologicamente, o capítulo parte de uma revisão ampla da literatura especializada sobre o tema e apresenta resultados preliminares da pesquisa conduzida no âmbito do projeto comparativo sobre a obstrução climática no Brasil e na Argentina, financiado pelo Climate Social Science Network, da Brown University[93]. A pesquisa em curso incluiu uma série de entrevistas conduzidas em 2021 e 2022 com agentes do campo ambiental e climático brasileiro, bem como a revisão de documentos virtuais e impressos de organizações e lideranças do campo obstrucionista brasileiro. Neste capítulo nos limitamos a apresentar uma breve revisão da literatura internacional e nacional sobre o tema. O capítulo está organizado em duas seções, antes de seu fechamento, no qual apresentamos considerações finais em torno de uma agenda de pesquisas sobre obstrução climática: (i) a primeira seção apresenta uma revisão sistemática do negacionismo e da obstrução climática nos países do Norte Geopolítico; (ii) a segunda apresenta o campo de estudos no Brasil, em diversas interfaces com disciplinas das ciências sociais e das humanidades.

Obstrução climática e negacionismo no mundo: a organização do campo no Norte Geopolítico

As bases científicas que permitiram a compreensão do fenômeno das mudanças climáticas antropogênicas remontam à transição entre os séculos XIX e XX, com as descobertas de John Tyndall, Svante Arrhenius, Guy Stewart Callendar e outros cientistas do clima (Washington; Cook, 2011). No entanto, apenas a partir da década de 1980 formou-se um consenso científico sobre o crescimento da concentração atmosférica de dióxido de carbono (CO_2) causar um aumento das temperaturas médias globais (Armitage, 2005; Oreskes; Conway, 2011; Washington; Cook, 2011; Latour, 2020). Mais especificamente, no ano de 1988, houve uma convergência entre mídia, ciência e política em torno da publicização do assunto nos países centrais. Reportagens sobre eventos climáticos extremos em diversas partes do mundo; a criação do Painel Intergovernamental sobre Mudanças Climáticas (IPCC, na sigla em inglês); e o testemunho dado por James Hansen[94] ao Congresso dos EUA são alguns episódios desse ano (Boykoff; Rajan,

---

[93] O projeto, intitulado "Clashes in paradise: development models and climate obstruction in Argentina and Brazil", está brevemente descrito em https://cssn.org/grants/grantees/ (ano 2021). Mais informações podem ser obtidas com os autores deste capítulo.

[94] À época cientista climático chefe do Instituto Goddard para Estudos Espaciais da Nasa.

2007). Em depoimento, Hansen argumentou vigorosamente em defesa das evidências do aquecimento global ocasionado pela queima de combustíveis fósseis. A contundência da fala do pesquisador chamou atenção, em contraposição a sua reputação de prudência e ceticismo científico. Na esteira desses fatos, as mudanças climáticas se tornaram, progressivamente, um tema fundamental da agenda política em várias sociedades do Ocidente, conquistando as primeiras páginas de jornais dos EUA e do Reino Unido, além de destaque nas falas de estadistas como Margaret Thatcher e George H. W. Bush. O mandatário estadunidense, por exemplo, prometia combater a intensificação do efeito estufa com o "efeito Casa Branca" (Agrawala; Andresen, 2001).

No entanto, ao mesmo tempo que as mudanças climáticas ganhavam o espaço público e proeminência política no Ocidente, movimentos negacionistas climáticos e redes de obstrução a políticas de mitigação das emissões de gases de efeito estufa (GEE) se formavam. Ainda em 1989, foram criados a Global Climate Coalition — uma "parceria entre empresas de combustíveis fósseis e automobilísticas para fazer *lobby* e propaganda contra a aprovação de legislação climática" — e o George C. Marshall Institute — um *think tank* ultraconservador (TTU) com objetivos semelhantes (Armitage, 2005, p. 422). Essa atuação teve efeitos imediatos no primeiro relatório do IPCC. Antes de lançar o documento, em 1990, o Painel mudou o tom de suas afirmações e declarou, com uma linguagem cautelosa e burocrática, que o planeta estava em processo de aquecimento, mas que a ciência definitiva sobre o assunto ainda estava por vir. Acredita-se que intensas pressões do *big oil*[95] e de nações com altas taxas de exportação petrolífera foram decisivas para o teor parcimonioso e reticente do relatório (Armitage, 2005, p. 421). Além disso, o presidente Bush reverteu o discurso de campanha a favor de políticas climáticas mais assertivas, rejeitando as conclusões do primeiro relatório, ao alegar, no que se tornaria parte da retórica comum do negacionismo climático, que mais pesquisas eram necessárias.

Já o segundo relatório do IPCC, divulgado em 1995, afirmou haver uma influência humana "discernível" no clima global (IPCC, 1995, p. 5), pautando as discussões acerca do Protocolo de Quioto, assinado em 1997. Nesses debates, o tema das "responsabilidades comuns, porém historicamente diferenciadas" entre países industrializados e em desenvolvimento levou à rejeição unânime pelo Senado estadunidense de qualquer tratado que não exigisse redução das emissões de GEE para países em desenvolvimento

---

[95] Ou seja, do conglomerado corporativo transnacional de energia fóssil.

(Armitage, 2005, p. 423). Essa ausência, daquela que ainda era, em 2006, a economia que mais emitia GEE no mundo, enfraqueceu consideravelmente os resultados do Protocolo de Quioto, bem como a ação coletiva em torno da necessidade de mitigação das emissões.

FIGURA 1: DESINFORMAÇÃO SOBRE MUDANÇAS CLIMÁTICAS
Categorias de argumentos equivocados, em quantidade e de acordo com a frequência online*, nos Estados Unidos, em 2021

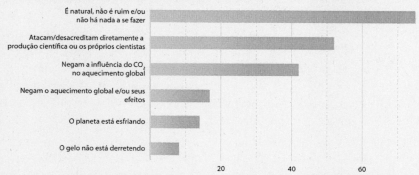

*Foram considerados periódicos científicos, artigos de jornais e revistas, blogs e outras publicações em plataformas digitais, majoritariamente em inglês.
Fonte: Skeptical Science, 2021.

Essa breve contextualização histórica da realidade dos EUA, onde se formaram as primeiras contribuições intelectuais sobre a obstrução climática, evidencia a quase concomitância entre a construção do consenso científico sobre a dimensão antropogênica das mudanças climáticas, o grau de atenção pública recebida pelo tema e as disputas políticas que resultaram no surgimento de um movimento contrário à ciência e aos cenários divulgados pelo IPCC. Como ilustra a Figura 1, argumentos passaram a ser mobilizados em torno da inevitabilidade das mudanças climáticas, da impotência da sociedade diante de um problema de tamanha envergadura, dos aspectos positivos do aquecimento global e das incertezas associadas aos modelos científicos. Muito embora a imagem sistematize os discursos mais ressaltados da realidade do negacionismo nos EUA — onde é central o papel da indústria fóssil e de TTUs —, posicionamentos contrários à ciência e seus modos de produção do conhecimento são frequentemente retomados em outros contextos de países do Norte e do Sul Geopolítico (Bloomfield; Tillery, 2018; Chakrabarty, 2015; Latour, 2020; Oreskes; Conway, 2011; Rosner, 2016; Washington, 2011).

Ao mesmo tempo, à medida que o consenso científico sobre a existência e a gravidade dos efeitos das mudanças climáticas avançava, o que se refletiu na linguagem cada vez mais incisiva do IPCC, pesquisadores das ciências sociais e humanas (historiadores, sociólogos, psicólogos, cientistas políticos, internacionalistas etc.), principalmente em países do Norte, passaram a investigar razões para o descompasso entre a magnitude do problema climático e a reação e percepção do público sobre ele (Dunlap, 1998; Lorenzoni; Pidgeon, 2006; Leiserowitz *et al.*, 2013; Pew Research Center, 2016).

Para Latour (2020), as mudanças climáticas e o negacionismo climático constituem elementos-chave para compreender os fenômenos políticos, sociais e econômicos das últimas décadas. Em uma de suas derradeiras obras[96], o filósofo francês se utiliza de uma "ficção política" para relacionar os processos de desregulação social e econômica, o crescimento vertiginoso das desigualdades sociais e o surgimento do negacionismo climático, entendidos como elementos conjunturais essenciais para compreender o momento planetário atual (Latour, 2020, p. 21).

Em meados dos anos 1980, as elites teriam se dado conta dos alertas científicos sobre a emergência climática. Com a evidência da impossibilidade de prometer a todos o padrão de vida e de consumo desfrutados pelas classes dirigentes — o *American Way of Life* globalizado —, estas teriam decidido não compartilhar os ônus sociais advindos dessas transformações. Seriam resultados desta constatação o desmantelamento do Estado de Bem-Estar Social ao redor do mundo, a concentração cada vez maior de riqueza no topo da pirâmide, a busca dos ricos por refúgios em mundos à parte ("comunidades muradas"), e a negação ativa da gravidade da situação, mediante esforços para manter o público na ignorância, com o objetivo de lucrar com a deturpação ou o desconhecimento do fenômeno (Latour, 2020, p. 24).

Nas sociedades industrializadas do Norte, afirma o intelectual francês, tudo isso teria provocado uma desorientação geral, já que o paraíso que fora prometido pela globalização, a confiança nas elites e as antigas noções de identidade teriam sucumbido. Diante desse cenário, as reações mais comuns incluiriam, por um lado, o desejo de retorno a um contexto local frequentemente mistificado, em que os indivíduos seriam protegidos por fronteiras, soberania, identidade étnica e histórica. Por outro lado, reivindicações e narrativas de que nada teria mudado e de que os indivíduos continuariam a marchar em direção à prosperidade prometida pela globalização também ganharam adesão. Em ambos os polos, na visão de Latour (2020), os sujeitos estariam focados na direção errada: os primeiros estariam equivocados por não perceberem que as fronteiras não são mais

---

[96] Bruno Latour faleceu em 2022.

capazes de evitar as ameaças (poluição, eventos extremos e pandemias, por exemplo); os últimos, porque ainda não haviam notado que as limitações materiais do planeta não mais comportam o atual padrão de vida ocidental e o modelo de desenvolvimento capitalista.

Ainda em uma perspectiva filosófica, o historiador Dipesh Chakrabarty, em suas *Tanner Lectures* (2015), embora não analise diretamente o negacionismo climático, traz reflexões que podem auxiliar na compreensão do problema. O autor lembra que as grandes desigualdades e iniquidades trazidas com o desenvolvimento do capitalismo e da globalização, incluindo o aumento na concentração atmosférica de GEE, levaram ao debate sobre "responsabilidades comuns, porém diferenciadas", trazido pela primeira vez durante a Eco-92, no Rio de Janeiro. A discussão aborda questões sobre justiça climática que, apesar de muito necessárias, adiam a chegada de uma solução, além de possuírem caráter fortemente antropocêntrico. Nesse sentido, enquanto se discute sobre como a "capacidade absortiva" (Chakrabarty, 2015, p. 167) da atmosfera deve ser dividida igualmente entre os habitantes das diferentes nações e seus imperativos de desenvolvimento, não se abordam os direitos das formas de vida não humanas a um ecossistema equilibrado. Com efeito, o sucesso da agenda climática não assegura justiça climática e o "calendário de ação" daquela provavelmente não se harmonizará com aquele tido como necessário pelo IPCC (Chakrabarty, 2015, p. 173). Faz-se, portanto, essencial que medidas de mitigação sejam postas em prática o quanto antes, mesmo com as divisões políticas do *homos* ainda não resolvidas, já que, como afirma Lovelock (2010 *apud* Chakrabarty, 2015, p. 167), a saúde da Terra deve ser prioridade, sendo fundamental para a sobrevivência humana.

Outro desafio sinalizado por Chakrabarty (2015, p. 179) é a dificuldade de apreensão do fenômeno climático. Para motivar a ação, seria preciso primeiro tornar acessível à experiência humana uma miríade de eventos que se desenvolvem em escalas distintas, humanas e não humanas. O tempo da história — aquele de acordo com o qual se contam as narrativas de indivíduos e instituições — colide com a escala de tempo da climatologia, da geologia e da evolução da vida no planeta. Essas forças, antes estáveis e tomadas apenas como pano de fundo para a ação humana (Chakrabarty, 2015, p. 179; Latour, 2020, p. 43), agora demandam ser reconhecidas como alteridades com dimensões espaciais e temporais próprias, o que produz um choque de reconhecimento, ocasionando diferentes respostas humanas, afetivas e políticas, entre as quais o negacionismo (Chakrabarty, 2015, p. 183).

Outra seara de conhecimento ocupada em perscrutar o negacionismo climático é a psicologia social. Pesquisadores descrevem os caminhos pelos quais esquemas cognitivos como o viés de confirmação (Halford; Sheehan, 1991 *apud* Norgaard, 2011, p. 65) e a utilização de outros "modelos mentais" para lidar com as mudanças climáticas causam equívocos e dificultam a ação política. Nessa perspectiva, alguns estudiosos procuram compreender como parte do público confunde o aquecimento global com o problema dos "buracos" na camada de ozônio (Bell, 1994; Bostrom; Morgan; Fischoff *et al.*, 1994; Read; Bostrom; Morgan *et al.*,1994 *apud* Norgaard, 2011, p. 1) e como o entendimento sobre o problema demanda o conhecimento científico de muitos campos.

Estudos demonstram, por exemplo, que pessoas mais bem informadas sobre o aquecimento global se sentem menos responsáveis pela questão (Kellstedt; Zahran; Vedlitz, 2008 *apud* Norgaard, p. 2), o que estaria de acordo com a teoria da dissonância cognitiva (Festinger, 1957). Para evitar o sentimento de baixa autoeficácia, esses indivíduos tenderão a negar sua responsabilidade em relação ao problema, pois a preocupação se torna uma cognição conflitante diante da incapacidade de agir. Similarmente, Krosnick (2006 *apud* Norgaard, p. 2) revela que as pessoas param de prestar atenção nas mudanças climáticas quando percebem que não há solução fácil para enfrentá-las, julgando como relevantes apenas tópicos nos quais sentem que há possibilidade de agência. Muitos autores atribuem a esses vieses psicológicos as causas do sucesso de muitas redes negacionistas nas sociedades dos países centrais.

Quanto aos estudos mais sociológicos a respeito da pouca resposta do público ao problema da emergência climática, a maioria tem como base o "modelo de déficit de informação" (*information deficit model*), cujo pressuposto central é atrelar inação e negacionismo à ignorância dos fatos científicos. Há a noção de que "se as pessoas soubessem", agiriam de modo diverso, adotariam estilos de vida mais conscientes e pressionariam governos. Muitos pesquisadores questionam essa premissa, a ser empiricamente verificada nos distintos contextos de emergência do negacionismo e da obstrução climática (Norgaard, 2011).

Outro corpo de pesquisa que dialoga com este último se volta para as relações entre a economia política e a percepção pública (Norgaard, 2011, p. 66), ao identificar: a influência exercida por companhias de combustíveis fósseis sobre as políticas governamentais, sobretudo nos EUA (Armitage, 2005; Oreskes; Conway, 2011); as táticas de campanha de negacionistas climáticos (Mccright; Dunlap, 2000, 2003; Jacques, 2006; Jacques; Dunlap; Freeman, 2008; Jacques 2009 *apud* Norgaard, p. 66*);* além dos efeitos do controle corporativo da mídia sobre as informações disponíveis e a tendência a sempre buscar apresentar dois lados de um assunto, como se todas as perspectivas se equivalessem e pudessem ser abordadas de maneira binária (Boykoff; Boykoff, 2004, 2007). Sendo assim, essa escola também se baseia na ideia de que um bom entendimento da ciência e a clara distinção entre a última e a desinformação são os principais modos de aumentar o engajamento com o problema do aquecimento global (Oreskes; Conway, 2011, p. 66). Nesse sentido, a abordagem guarda semelhanças com o modelo de déficit informacional, ao conferir centralidade à informação e ao conhecimento.

Dentro dessa perspectiva, uma das pesquisas mais influentes e completas sobre o movimento negacionista dos EUA é apresentada no livro *Os mercadores da dúvida* (2011), escrito por Naomi Oreskes em parceria com Erik Conway. Nele, os autores demonstram os esforços de mais de meio século por parte das indústrias do tabaco e, posteriormente, dos combustíveis fósseis, além de cientistas e TTUs, para "semear dúvidas" sobre o consenso científico de temas tão diversos quanto os malefícios do fumo passivo, a Iniciativa Estratégica de Defesa (SDI, na sigla em inglês) do governo estadunidense de Ronald Reagan (1981-1989), os buracos na camada de ozônio, as chuvas ácidas e o aquecimento global.

Entre as estratégias acionadas, estava o financiamento feito por companhias de tabaco e petróleo, os *think tanks* que, mantendo a aparência de neutralidade, tinham como objetivo a cooptação de cientistas e a promoção de conferências cujos artigos resultantes servissem a seus interesses econômicos (Oreskes; Conway, 2011, p. 244). Havia também o esforço realizado por TTUs, que eram igualmente financiados para orquestrar ataques pessoais a cientistas proeminentes e desqualificar suas descobertas (Oreskes; Conway, 2011, p. 246). Além disso, um pequeno grupo de cientistas com credenciais e conexões políticas de destaque, obtidos principalmente durante os esforços de construção da bomba atômica na Guerra Fria, deliberadamente trabalhou para distorcer o debate público e negar evidências científicas bastante consolidadas, atuando por vezes por conta própria e em outras a serviço do governo ou de TTUs (Oreskes; Conway, 2011, p. 241).

Argumentos e táticas utilizados por esses negacionistas incluem: a difusão de teorias da conspiração, ao alegarem que os resultados obtidos pelos cientistas não são confiáveis, sendo fruto de interesses escusos, como a implementação do socialismo ou a obtenção de financiamentos para as próprias pesquisas; a utilização de falsos especialistas, que frequentemente não possuem formação na área em questão e cujas opiniões contradizem o conhecimento estabelecido pelos pesquisadores do campo; *cherry-picking*, ou seleção de artigos isolados que contrariam o consenso, em detrimento de uma produção científica mais extensa e confiável; a criação de expectativas impossíveis sobre a ciência, ao se exigir que modelos científicos ofereçam certezas, no lugar de probabilidades; e a utilização de falácias lógicas, como a do fato de o clima ter mudado no passado significar que as mudanças atuais têm caráter natural (Washington; Cook, 2011, p. 12, 43-58).

Outro fator apontado pelos autores como muito prejudicial para o estabelecimento de um conhecimento público confiável sobre as mudanças climáticas é a demanda, legal (como expressa pela *Fairness Doctrine*[97]) ou tácita, de que o jornalismo seja "balanceado", atribuindo a mesma quantidade de tempo e legitimidade para todos os lados envolvidos em uma dada disputa (Boykoff; Boykoff, 2004; Boykoff; Boykoff, 2007; Oreskes; Conway, 2011, p. 240). Esse princípio, que no geral é bastante útil para uma democracia bipartidária como a estadunidense, não se aplica bem quando se trata de ciência. Quando, de um lado, há um consenso científico estabelecido e, do outro, visões minoritárias e não embasadas em estudos revisados por pares, o "balanceamento" se torna apenas um viés que equaliza conhecimento e opinião. Nesses contextos, a mídia se torna útil aos propósitos negacionistas, ao transmitir a ideia errônea de que permanece um alto grau de divisão no seio da comunidade científica sobre determinado tópico.

A respeito da finalidade que une atores tão diversos quanto cientistas, TTUs e a indústria no ataque à ciência estabelecida, Oreskes e Conway (2011) argumentam que é a defesa do livre mercado e o combate a distintas formas de regulação estatal, em nome da ideia de "liberdade individual" (Oreskes; Conway, 2011, p. 248). Companhias de petróleo e tabaco, bem como TTUs, possuem interesses potencialmente afetados pela regulação econômica resultante de determinadas descobertas científicas. Corroborando o argumento de Latour (2017, p. 25), a carga prescritiva dos fatos científicos consolidados sobre as mudanças climáticas é tão poderosa que são estes que devem ser atacados primeiro. No caso dos poucos cientistas que se envolveram nesse contramovimento ambiental (*countermovement*), suas trajetórias, consolidadas em um tempo de intensa polarização política,

---

[97] Trata-se de uma política de comunicação estadunidense (1949-1987) que exigia que meios de rádio e televisão garantissem uma cobertura justa e balanceada para temas de interesse da comunidade.

levaram-nos a desenvolver uma forte repulsa pelo comunismo e qualquer tipo de interferência do Estado nas liberdades, fossem individuais ou econômicas (Oreskes; Conway, 2011, p. 248). Assim, quando o conflito com a União Soviética se encerrou, esses homens encontraram no movimento ambientalista uma nova ameaça, que aponta riscos ambientais como externalidades negativas de um mercado que necessita de regulação.

A eficácia da dúvida como método de "embarreiramento" da agenda climática corrobora as ideias advindas dos estudos da Teoria da Decisão, que demonstram que, quando o conhecimento é incerto, a melhor opção é não fazer nada. Nesses casos, não há confiança de que os custos da ação — temporais, financeiros, de oportunidade — serão compensados. Além do mais, o agir preventivo geralmente implica a perda de vantagens. Desse modo, a incerteza tende a favorecer o *status quo*, o que explica que aqueles que mais se beneficiam do *business as usual* continuem a enfatizar controvérsias inexistentes. Ademais, o sucesso do método deve-se em parte a uma concepção social errônea da ciência como fonte de certezas, quando ela, na verdade, oferece um consenso provisório de especialistas, baseado no conhecimento acumulado e no teste empírico, mas sempre sujeito a alterações que podem emergir de novas evidências (Oreskes; Conway, 2011, p. 267).

De modo geral, os estudos da psicologia individual, o modelo de déficit informacional, e a ênfase nos movimentos negacionistas lidam bem com o negacionismo literal – que nega a existência do fenômeno – e o interpretativo – que nega sua relevância. No entanto, não são bem equipados para entender o negacionismo das implicações, para o qual o fenômeno e sua gravidade são reconhecidos, mas não são entendidos como psicologicamente perturbadores ou como carregando um imperativo moral de ação (Cohen, 2001, p. 8).

Para tentar responder a esse aparente paradoxo, Norgaard (2011) muda o foco do modelo do déficit de informação para destacar a importância de emoções, contexto social, economia política e interação social no processo de construção da relação das pessoas com o problema do aquecimento global, utilizando construtos teóricos diversos. Nesse sentido, a sociologia das emoções destaca como estas desempenham um papel central no negacionismo. As mudanças climáticas trazem à tona sentimentos negativos que os sujeitos preferem evitar, como: a culpa (Norgaard, 2011, p. 86), sentida principalmente nos países mais afluentes, cujo estilo de vida contribui mais fortemente para o aquecimento global; a impotência (Norgaard, 2011, p. 84), diante da grandeza do problema; e a ameaça à segurança ontológica (Norgaard, 2011, p. 88), ou seja, ao sentido de continuidade da própria identidade e do ambiente social e material ao redor, assim como ao senso de que as pessoas são boas, enquanto indivíduos e como comunidade.

Já a sociologia da cultura aponta que as emoções, apesar de parecerem restritas ao âmbito individual, têm conexão estreita com o contexto social. Zerubavel (1997) afirma que o negacionismo é socialmente organizado de modo a distanciar informações indesejadas da realidade cotidiana, em vez de encará-las como um problema político local. Por meio da participação em normas culturais de atenção, emoção e conversação — internalizadas e aplicadas mediante o processo de socialização —, definem-se os eventos e as emoções dignos de ser notados, sentidos, expressos e conversados em uma dada situação de sociabilidade (Norgaard, 2011, p. 207). Dessa forma, toda vez que há uma inadequação social dos sentimentos, ocorre um processo — na maioria das vezes inconsciente — de gerenciamento das emoções, pela utilização de humor, limitação à exposição de informações e mudança de foco (Norgaard, 2011, p. 123). Ou seja, as emoções são controladas para se encaixarem nas expectativas sociais. Para ilustrar, em seu estudo em uma pequena cidade norueguesa, Norgaard (2011, p. 98) aponta que as mudanças climáticas não são um tema considerado apropriado em quase nenhuma situação social — seja em espaços educacionais, íntimos, políticos e até mesmo em conversas cotidianas. Nesses casos, o desconforto nos interlocutores conduz ao término da interação ou à mudança de assunto.

O ambiente de "silenciamento político" contribui muito para a inação sobre o tema, argumenta Eliasoph (1998). As conversas, no entendimento do autor, são uma forma de produzir ou diminuir a esfera pública, por meio da qual as pessoas determinam que tipos de questão merecem ser discutidas (Eliasoph, 1998, p. 17-18 *apud* Norgaard, 2011, p. 56). Ainda dentro desse corpo de estudos, Swidler (1986) entende a cultura como uma "caixa de ferramentas": "ferramentas de ordem" (*tools of order*) afirmam como as coisas são no mundo; "ferramentas de inocência" (*tools of innocence*) distanciam o sujeito de determinadas responsabilidades e classificam moralmente as ações; e narrativas culturais auxiliam na criação do senso de realidade cotidiana. Um exemplo dessas "ferramentas" em funcionamento são os discursos nacionalistas, que, ao criar uma imagem "mitificada" da nação, realizam uma declaração sobre "como as coisas são" que confere estabilidade ontológica e obscurece os modos pelos quais os estilos de vida, a economia e a política de uma dada sociedade contribuem para o aquecimento global. Isso auxilia os nacionais a legitimarem suas ações e seu senso de lugar no mundo e a reinstalar uma ordem moral ameaçada (Norgaard, 2011, p. 146).

O contexto social molda também a percepção de tempo e espaço, contribuindo para a construção do que é considerado "próximo" e, portanto, mais digno de atenção, e do que é entendido como distante. Nesse sentido, Nilsen (1999, p. 176 *apud* Norgaard, 2011, p. 76) enfatiza a temporalidade ocidental, voltada ao presente imediato e ao futuro próximo, como obstáculo para a apreensão de um problema como as mudanças climáticas, que envolve uma perspectiva de longo prazo. Aqui há um paralelo com a ideia de Chakrabarty (2015): o choque psicológico gerado pela colisão das temporalidades humanas com aquelas evolutivas e geológicas da terra dificulta a compreensão da gravidade da emergência climática.

Também importantes são os estudos que abordam as relações entre o discurso dominante e as relações materiais (Norgaard, 2011, p. 11). Essas pesquisas trabalham os conceitos de ideologia e hegemonia, baseando-se sobretudo no trabalho de Gramsci (1971 *apud* Norgaard, p. 11) e outros materialistas históricos. Elas demonstram como o controle nas sociedades modernas se dá não apenas pela coerção social, como também pela produção de consensos pelas elites. O negacionismo climático contribui, nesse sentido, para a manutenção de determinados privilégios políticos e econômicos, que aprofundam as desigualdades sociais e os problemas ambientais. Como exemplo disso, o estudo de Sandvik (2008 *apud* Norgaard, 2011, p. 12) revelou que a propensão de uma nação a reduzir emissões de GEE é inversamente proporcional tanto ao nível corrente de suas emissões quanto à sua riqueza nacional. Assim, em sociedades afluentes, nas quais a prosperidade econômica e o estilo de vida estão intimamente conectados à produção de petróleo e ao acesso à energia barata, a ideia de que as pessoas não agem em relação ao tema porque o ignoram apenas ajuda a reforçar o senso de inocência em relação às atividades econômicas, mantendo a invisibilidade das relações de poder (Norgaard, 2011, p. 71).

Quanto às tendências mais recentes dos estudos de negacionismo climático, essas se concentram sobretudo no entendimento das relações entre ideologia política e visões sobre as mudanças climáticas, demonstrando que, pelo menos na Europa e nos Estados Unidos (Mccright; Dunlap; Marquart-Pyatt, 2015; Gregersen, T. *et al.*, 2020), pessoas mais à esquerda do espectro político tendem a demonstrar maior conhecimento e preocupação com as mudanças climáticas. Outra linha de destaque – estimulada por eventos como o Brexit (2016), a eleição de Donald Trump (2016), o bom desempenho dos partidos populistas de direita como o "Alternativa para a Alemanha" (AfD) e a "Frente Nacional" francesa, em 2017, bem como a chegada ao poder de líderes desse perfil no Leste Europeu (Polônia e Hungria, por exemplo) – tem sido a análise das conexões entre o populismo (Huber; Greussing; Eberl, 2021), especialmente de direita (Lockwood, 2018; Selk; Kemmerzell, 2021; Fiorino, 2022), e as visões sobre a emergência climática.

De maneira geral, o discurso extremista de direita estabelece uma relação de oposição entre um "povo verdadeiro" e uma "elite corrupta", demonstra pouca confiança nas instituições políticas e na ciência e com frequência possui um caráter nacionalista (Kulin; Sevä; Dunlap; 2021). Essas pesquisas apontam forte correlação entre essas ideias e o negacionismo climático. Além disso, a investigação da circulação dos discursos de "céticos" climáticos na internet (Bloomfield; Tillery, 2018; Harvey, J. A. *et al.*, 2018) em seus diferentes meios (*blogs*, redes sociais, Wikipédia, entre outros) tem se mostrado importante, para que se compreenda como os instrumentos proporcionados por esse novo ambiente discursivo (*hyperlinks,* repostagem) moldam a retórica relacionada ao meio ambiente.

Por fim, é preciso ressaltar que a maioria desses estudos sobre obstrução climática se localiza em países do Norte, sobretudo no mundo de língua inglesa (Brulle; Dunlap, 2021; Lamb, 2022). Apesar da importância desses esforços, realizados nas nações que mais contribuíram para o aquecimento global, nota-se uma lacuna de pesquisas sobre o negacionismo climático e as redes de obstrução em países do Sul Geopolítico (Edwards *et al.*, 2023). Esse espaço merece ser preenchido, não apenas pela condição especialmente vulnerável dessas nações perante a emergência climática, como também porque, em processo de desenvolvimento, têm experimentado rápido crescimento de emissões de GEE. Ademais, percebe-se que o campo das Relações Internacionais ainda pouco se apropriou da temática, sendo necessários esforços de pesquisa sobre as interfaces entre obstrução climática e política externa, como os atores da economia política internacional financiam e mobilizam esforços no sentido da obstrução, ou ainda as tensões entre obstrução climática e cooperação internacional.

Negacionismo, políticas de atraso e obstrução climática no Brasil: uma agenda de pesquisas em emergência

A literatura sobre o negacionismo climático e as políticas de atraso e obstrução à agenda do clima no Brasil é recente, mas cresce a cada dia. É especialmente evidente o volume gradativo de publicações interessadas em identificar e investigar atores, narrativas, estratégias e motivações do negacionismo climático no país. Seja de maneira tangencial, seja como foco prioritário, pesquisas acerca da negação da emergência climática se multiplicam e conformam um conjunto interdisciplinar de artigos e livros. Principalmente a partir do governo Bolsonaro, o interesse pelo tema se intensificou, na universidade assim como no debate público, graças ao aumento da influência política e da participação social do novo ultraconservadorismo brasileiro (Lacerda, 2019). Em paralelo, observou-se a consequente profusão de discursos promovidos por atores da extrema direita brasileira que negam não apenas a emergência climática, mas também a eficiência da vacinação contra a Covid-19, a gravidade do desmatamento na Amazônia e até o holocausto judeu (Dalcolmo; Pasternak, 2021; Danowski, 2018; Ferraz, 2022; Szwako, 2020).

Isso se dá em consonância com o cenário internacional e a ascensão de forças da extrema direita em democracias liberais de todo o mundo (Brown, 2019). A estreita ligação entre essas forças e os discursos antissemita, antivacina, antiambientalista e negacionista climático é um fenômeno social amplamente conhecido e investigado (Braun, 2019; Guhl; Davey, 2020; Hornsay *et al.*, 2018; Washington, 2011). Diante desse panorama, a reação da academia brasileira tem-se orientado no sentido de promover e estimular a produção de conhecimentos e o debate a respeito dos negacionismos como um todo.

Incorporada ao Vocabulário Ortográfico da Academia Brasileira de Letras (ABL) em 2021, a palavra "negacionismo" apresenta hoje forte presença em conversas cotidianas, muitas vezes sendo utilizada para se referir a pessoas que apresentam opiniões discordantes, sem que essas opiniões configurem negacionismo *per se*. O termo "negacionismo" nasceu em meados dos anos 1980, para nomear pesquisadores contestadores da existência do Holocausto judeu (Pasternak; Orsi, 2021; Orsi, 2022). E, na contemporaneidade brasileira, é empregado para aludir à "atitude de negar, para si mesmo e para o mundo, um fato bem estabelecido ou um consenso científico, na ausência de evidências contundentes" (Pasternak; Orsi, 2021, p.

5). Dessa forma, não obstante o desgaste da palavra, pelo uso indiscriminado e recorrente nos diálogos interpessoais, trata-se de um conceito-chave para compreender as disputas políticas encampadas nos dias de hoje.

No campo das discussões em torno da emergência climática, destacam-se os estudos acerca das manifestações públicas de negação dos fatos e da ciência empreendidos pela eminente pesquisadora brasileira do colapso ecológico, a filósofa Débora Danowski, os quais são anteriores ao mandato bolsonarista no executivo nacional. Durante o cenário mundial de crise econômica, desencadeada em 2008 a partir do mercado imobiliário estadunidense, a professora já refletia sobre as motivações envolvidas no ato de negar a existência, a gravidade e as consequências iminentes das mudanças do clima (Danowski, 2012). Em palestra realizada no II Encontro de Estudantes de Filosofia da Cidade de Goiás, em 2010, Danowski ressalta como a natureza complexa do fenômeno climático desafia o senso comum a uma quebra de paradigma, sendo necessário considerar a Terra como sujeito de ação capaz de responder sistemicamente ao acúmulo de ações humanas predatórias ao longo da história (Danowski, 2012). Diante da "intrusão de Gaia" (Stengers, 2009), Danowski considera negacionismo climático o fenômeno social de refutar, das mais variadas maneiras, a necessidade de interromper as práticas que movem a civilização capitalista industrial globalizada desde, sobretudo, meados do século passado, como única forma de prevenir o fim da vida humana na Terra.

Portanto, até onde se sabe, a primeira definição brasileira do que seja o negacionismo climático é bastante ampla. Contempla a negação da teoria das mudanças climáticas, a negação da responsabilidade humana sobre a emergência do clima e vai além. O que a definição de Danowski reforça é que, se o modelo industrial predatório é a causa e o motor do aquecimento global, todo comportamento e narrativa que procure proteger esse modelo em face à emergência do clima é negacionista. A partir dessa concepção, é possível derivar uma série de problemas de pesquisa que ultrapassam o campo discursivo do negacionismo e indagam a respeito da natureza dos atores, como se conectam entre si, quais estratégias utilizam.

Danowski (2012, 2018), Stengers (2009) e Latour (2020) refletem sobre o contramovimento climático de maneira ampla e em escala planetária, reivindicando a centralidade do tema da emergência climática e do negacionismo climático, em toda sua amplitude de impactos materiais e corolários teóricos, para a política contemporânea. Escrito logo após a eleição presidencial de 2018, o texto da brasileira aponta como razão principal para a inércia social diante da emergência climática:

> [...] o enorme esforço (político e financeiro) que vem sendo despendido pelas grandes companhias de combustíveis fósseis, de agronegócio e de mineração para semear a "dúvida", ou melhor, a percepção pública de que ainda há dúvida e controvérsia entre os cientistas a respeito da realidade, causa ou gravidade das mudanças climáticas (Danowski, 2018, p. 8).

Ao encontro do destaque dado à responsabilidade de grandes emissores de GEE sobre o negacionismo climático e o contramovimento do clima de maneira geral feito por Danowski (2018), Riquito (2021) aponta os principais responsáveis pela situação atual do planeta como os mais envolvidos na obstrução e negação da ação climática. A pesquisadora portuguesa, ao analisar discursos negacionistas climáticos de lideranças masculinas da extrema direita (inclusive Jair Bolsonaro), estabelece um paralelo entre narrativas misóginas e argumentos negacionistas da emergência do clima. De acordo com Riquito, e em conformidade com o pensamento ecofeminista e os estudos a respeito de masculinidades climáticas (Pulé; Hultman, 2019), a crise ecológica ameaça o sistema social, político e econômico do modelo civilizatório atual, baseado na exploração dos recursos naturais e do trabalho reprodutivo. Por isso, perturba diretamente quem historicamente mais se beneficia desse modelo: os detentores dos meios de produção, executivos dessas indústrias e gestores financeiros — em maioria, homens brancos ocidentais.

Em consonância com o apontamento de Riquito, estudos focados em compreender as motivações negacionistas analisam aspectos psicológicos envolvidos na negação protagonizada por determinados grupos sociais diante de consenso científico ou fato percebido como adverso à continuidade do modo de vida ou lugar social desses grupos (Pasternak; Orsi, 2021; Orsi, 2022). Por meio da aplicação de questionários, Jylha, Kantal, Akrami e Milfont evidenciam, no Brasil e na Suécia, a predominância de homens com perspectiva política conservadora entre negacionistas climáticos devido ao desejo de proteger a estrutura social vigente (Jylha *et al.*, 2016; Jylha; Akrami, 2015; Mccright; Dunlap, 2011).

A partir de análise abrangendo manifestações negacionistas na história ocidental e na contemporaneidade, Pasternak e Orsi (2021) afirmam que usualmente o negacionismo se levanta contra fatos ou consensos científicos cujas consequências ameaçam os interesses de grupos poderosos ou as bases filosóficas de comunidades com forte senso de identidade. Já Orsi (2022) investiga o aspecto patológico do processo de negação coletiva, ao localizar o negacionismo como uma fuga do impacto emocional ou das responsabilidades ocasionadas por um determinado fato ou consenso científico, sendo comum entre elites financeiras, como uma tentativa de se isentar do compromisso com as consequências da emergência ecológica.

Tendo como pano de fundo principal a pandemia do coronavírus, Szwako (2020) também investiga as motivações psicológicas do negacionismo, mas foca em uma motivação inconsciente. O autor ressalta a relação entre os discursos negacionistas e o bolsonarismo na propagação de enunciados que encontram "gozo" na "pulsão de morte". Ou seja, as narrativas negacionistas anunciam a proximidade do fim dos tempos que inconscientemente desejam. Por essa razão, os argumentos lógicos seriam "recalcados" pelos negacionistas, como é o exemplo do dilema pandêmico entre salvar vidas ou garantir o número de empregos do País (Szwako, 2020).

A abordagem da psicologia sobre a relação entre teorias conspiratórias e negacionismo climático também aparece na bibliografia sobre o Brasil (Hornsay *et al.*, 2018; Pasternak; Orsi, 2021). Hornsay, Harris e Fielding (2018) constatam a centralidade de teorias conspiratórias conservadoras para a construção de discursos negacionistas climáticos especialmente nos Estados Unidos, mas também em outros países do mundo, inclusive no Brasil. Ao observar manifestações do negacionismo científico na historiografia mundial, Pasternak e Orsi (2021) identificam semelhanças entre expressões minoritárias do fenômeno e teorias conspiratórias, assim como grupos políticos e religiosos mais radicais. Ou seja, quando grupos negacionistas são a minoria na sociedade eles se organizam a partir do controle da narrativa: qualquer prova de que estejam errados é, na verdade, uma prova de que estão certos (Pasternak; Orsi, 2021).

Em contrapartida, Oliveira (2020) situa o negacionismo científico olavista como um fenômeno social contemporâneo que nasce da relativização do "observador cartesiano corpóreo", iniciada no século XVIII e influente em uma série de fenômenos sociais até os dias de hoje. O objetivo do autor é evitar a psicologização absoluta do negacionismo, o que, segundo ele, pode impedir diálogos menos politicamente polarizados. A preocupação de Oliveira em estimular o diálogo entre divergentes aparece em um cenário político nacional e internacional com altos índices de polarização política. A questão climática, por sua vez, apresenta especificidades políticas que se sobrepõem ao panorama geral, dando matizes próprias a esses "polos".

A primeira pesquisa empírica a identificar a atuação do negacionismo climático em instâncias decisórias nacionais apontou a relação entre argumentos negacionistas climáticos e os interesses econômicos do maior emissor de GEE do Brasil: o agronegócio (Hochsprung Miguel, 2013; SEEG, 2021). Durante as audiências públicas realizadas pelo Congresso Nacional, no período de 2009 a 2012, sobre a reformulação do Código Florestal Brasileiro, um determinado grupo de participantes negava a relação entre desmatamento e aquecimento global. Esse argumento negacionista embasou o posicionamento de membros da Frente Parlamentar Ruralista, e foi reforçado por pessoas convidadas como especialistas, cujos discursos negavam também a teoria da mudança climática antropogênica: os professores Luiz Carlos Baldicero Molion, da Universidade Federal de Alagoas (UFAL), e o falecido José Carlos de Almeida Azevedo, ex-reitor da Universidade de Brasília (UnB). Por sua vez, o deputado federal Aldo Rebelo, relator da comissão, também fez uso do argumento, convocando a sociedade a renunciar ao "colonialismo ambiental" (Hochsprung Miguel, 2013). A propósito, a aprovação do Novo Código Florestal é apontada como um marco na guinada socioambiental conservadora atual (Cardoso, 2017; Fearnside, 2019; Franchini *et al.*, 2020; Vilhena, 2021).

Mais adiante, o próprio Hochsprung Miguel (2022) analisa mais a fundo as condições específicas do negacionismo climático no Brasil. Utilizando-se da definição de "dispositivo", propõe um conceito abrangente de negacionismo climático, baseado em constructos teóricos de Foucault e Deleuze. Dessa forma, apresenta o fenômeno como uma rede formada por um conjunto heterogêneo de elementos, a qual conforma "uma arquitetura de poder e saber complexa, formada por diferentes linhas de enunciação, força e subjetivação" (Hochsprung Miguel, 2022, p. 295). O autor também articula o negacionismo climático com o "impedimento da governamentalização ambiental no Brasil", estabelecendo relações do fenômeno com um amplo espectro do exercício de poder da direita conservadora, e alertando para a necessidade de observar as aparições do negacionismo climático ao longo do tempo como forma de compreender como se comporta e quais papéis sociais cumpre (Hochsprung Miguel, 2022).

Em estudo focado em obras brasileiras negacionistas da questão climática, Garcez (2021) identifica o negacionismo como estratégia discursiva presente em discursos militares, ruralistas e monarquistas, segundo a qual o "ambientalismo" é uma arma geopolítica contra a soberania nacional. O autor participa da percepção de Latour (2020), para quem considerável parcela das elites — à qual parece interessar a preservação de fortunas e do modo de vida ocidental a todo custo — compreende os efeitos graves da emergência climática, mas considera possível transferir os custos para outras pessoas. Dessa forma, o negacionismo climático é uma atitude deliberada, não ingênua, de disseminação de inverdades.

A mirada da comunicação reforça essa percepção. Estudo desenvolvido por Costa (2014), posteriormente utilizado para embasar caso de estudo em parceria com Cuckierman (Costa; Cuckierman, 2019), introduz a controvérsia das mudanças climáticas ao mapear os principais protagonistas e argumentos acionados, em especial no Brasil, organizando uma cronologia de aparições dos "ceticistas climáticos" no debate público. Observe-se que o autor — ao ponderar as nomenclaturas utilizadas no debate acadêmico internacional para se referir a atores que negam a teoria da mudança climática antropogênica e a relevância da agenda climática — opta pelo termo "céticos" e não "negacionistas". Ao cogitar como nomear e como classificar as vozes que negam o consenso científico sobre as mudanças climáticas, Costa dialoga com autores de língua inglesa do campo da comunicação e das políticas climáticas – Mann (2012), Painter e Ashe (2012) –, contribuindo para uma perspectiva brasileira sobre o debate. No entanto, as considerações sobre nomenclatura e classificação são breves e não contemplam estudos sobre a natureza e a motivação desses atores sociais. Dessa forma, o levantamento de nomenclaturas e classificações usuais não se contrapõe a uma investigação mais apurada das especificidades das dinâmicas sociais, políticas e econômicas brasileiras.

Isso transparece na cronologia da aparição de discursos "céticos" no debate público. O autor elenca essencialmente um grupo reduzido de acadêmicos os quais vocalizam descrenças quanto à teoria das mudanças climáticas antropogênicas e à agenda do clima por meio de artigos de opinião, entrevistas a revistas, apresentações em eventos acadêmicos pequenos e cartas públicas ao executivo nacional. O foco sobre esses atores demonstra-se uma tendência na literatura brasileira, embora outros textos os nomeiem negacionistas climáticos (Cunha, 2013).

Ainda no campo da comunicação, estudos atentos a manifestações negacionistas climáticas nas redes sociais encontraram pouca relevância nesses discursos. Andrade, Barreto e Henriques (2020), ao observar, no Twitter (atual X), reações às chuvas de abril de 2019 no Rio de Janeiro, encontraram baixa presença de conteúdo negacionista climático. Por outro lado, a pesquisa aponta a predominância (49% de todo o conteúdo encontrado sobre o evento climático extremo na mostra analisada) de críticas feitas pelos usuários ao setor público por comportamentos negacionistas em relação às mudanças climáticas (Andrade *et al.*, 2020).

Contribuições do campo da filosofia também atestam a produção de argumentos contrários ao IPCC como um processo de construção consciente da ignorância. Leite (2015) argumenta que a controvérsia é inerente à climatologia atual, uma vez que os achados científicos implicam debates políticos pivotais para todos os países, e a controvérsia é inerente à política. No entanto, as controvérsias midiáticas sobre o assunto não partem de argumentos cientificamente válidos, mas de disputas políticas contrárias à agenda climática. Como forma de ilustrar os tipos de "controvérsias midiáticas", Leite detalha três casos estadunidenses: o de Benjamin Santer, 1995 (Leite, 2015, p. 661); o do taco de hóquei, 2001 (Leite, 2015, p. 661-663); e o Climategate, 2009 (Leite, 2015, p. 663-664). Pelos exemplos utilizados, é possível perceber que o autor observa os fenômenos do negacionismo e do ceticismo climático a partir de determinada concentração geográfica. Isso se confirma mais adiante no texto quando Leite identifica uma "enorme pressão exercida sobre a climatologia e o IPCC por grupos de interesse ultraconservadores nos Estados Unidos e Inglaterra" (Leite, 2015, p. 664). E, finalmente, arremata:

> [...] o chamado ceticismo e o negacionismo quanto à existência do aquecimento global antropogênico são fenômenos essencialmente anglo-saxões, onde ecoam grupos de pressão patrocinados por indústrias solidamente instaladas no poder e respaldadas por partidos políticos conservadores. É a partir desse núcleo que se irradiam pelo mundo afora a partir dos fluxos globalizados de poder, dinheiro e ideias (Leite, 2015, p. 664).

Ainda de acordo com Leite, o ceticismo e o negacionismo climáticos se inserem em uma tendência global que se iniciou nas últimas décadas do século XX, a partir da qual "a ciência tornou-se política ou foi repolitizada [...], e suas tematizações colocadas como objetos de disputa na esfera pública [...]" (Leite, 2015, p. 664). Nesse sentido, a primeira teoria questionada no final do século XX teria sido a evolucionista, em oposição ao mito da criação divina do mundo, encontrado na Bíblia.

Observa-se a direta contraposição entre o pensamento de Leite e Danowski, embora um não mencione o outro. Leite restringe o conceito de "ceticismo" e negacionismo climáticos aos fenômenos de língua inglesa, nos moldes como ocorreram nos países do Norte Geopolítico, negando a existência de um fenômeno semelhante no Brasil. Por outro lado, Danowski amplia o conceito de negacionismo climático, para que abranja todo comportamento que negue a necessidade de interromper as práticas humanas que conduziram o planeta à emergência climática.

Discordamos dessa abordagem que utiliza o conceito de ceticismo a fim de referir-se ao fenômeno que aqui nos ocupa. Negacionismo e ceticismo não se confundem, mas são dois conceitos distintos: o negacionista se recusa a acreditar em algo apesar das provas acumuladas de sua existência, ao passo que o cético busca entender o fenômeno sem negar suas evidências. O ceticismo é uma postura filosófica que faz bem à ciência e à sociedade, o negacionismo não. O ceticismo é criativo, impulsiona por meio da dúvida o caminho da produção do conhecimento, enquanto o negacionismo silencia ou busca silenciar (Milani, 2022). Veremos mais adiante por que a agenda de pesquisa sobre as políticas de atraso e obstrução à agenda do clima e o negacionismo climático no Brasil amplia o ecossistema político, econômico e social a ser analisado, ao mesmo tempo que aprofunda a compreensão sobre a natureza e a motivação da diversidade de autores envolvidos nos fenômenos estudados – aproximando-se mais das percepções de Danowski (2012, 2018), Riquito (2021) e Hochsprung Miguel (2022).

De maneira geral, a bibliografia brasileira sobre o negacionismo climático e as políticas de atraso e obstrução à agenda do clima no Brasil inicia-se nos anos 2010 com a localização do fenômeno do negacionismo climático no estudo do tema mais abrangente da emergência climática. Não há consenso sobre a amplitude do conceito de negacionismo climático: para alguns autores, ele engloba toda e qualquer negação à necessidade de ação climática e de reformulação do modelo de vida industrial ocidental (Danowski, 2012; 2018; Riquito, 2021); outras pesquisas se referem ao fenômeno como estrito a países de língua inglesa (Leite, 2014; 2015); finalmente, há obras que sustentam que o negacionismo climático configura um fenômeno coletivo de negação do consenso científico das mudanças climáticas antropogênicas, ou seja, seria apenas de um exemplo de negacionismo científico (Costa, 2014; 2019; Pasternak; Orsi, 2021; Orsi, 2022).

Quanto à relação entre negacionismo climático e as políticas de atraso e obstrução à agenda do clima no Brasil, a conexão começa a aparecer na bibliografia apenas recentemente (Franchini *et al.*, 2020; Miguel, 2022) e representa o maior campo de investigação adiante. Para além das motivações e classificações do negacionismo climático e das políticas de atraso e obstrução da agenda do clima, interessa compreender as arquiteturas sociais, políticas e econômicas desses fenômenos, do nacional ao global, buscando analisar como se relacionam, qual a natureza dos atores envolvidos, quais estratégias acionam, se estabelecem conexões com agentes e arquiteturas internacionais, e como historicamente combinaram esforços — de maneira deliberada ou espontânea — para negar, atrasar e obstruir a agenda climática no Brasil.

Considerações finais: a obstrução climática como agenda de pesquisas em Ciência Política e Relações Internacionais no Brasil

O conceito de obstrução climática parte de uma premissa fundamental, qual seja, a de que já estamos vivenciando as múltiplas crises do Antropoceno, aqui definido como a nova época sociogeológica em que a humanidade, considerando suas diferenças e desigualdades quanto às responsabilidades causais e às capacidades de implementação de soluções, afeta estrutural e sistemicamente o funcionamento do planeta e seus ecossistemas (Milani, 2022). Bem antes do debate nas ciências sociais e humanas sobre o Antropoceno, ainda nos anos 1990, Edgar Morin havia introduzido a noção de crises entrelaçadas e sobrepostas que já estariam afetando a humanidade. Ele argumentava que o mundo passaria a se confrontar não mais com uma ameaça única, mas com um complexo de problemas, crises e antagonismos interdependentes e solidários entre si, um fenômeno naquele momento chamado de policrise (Morin, 1990; Morin; Kern, 1993). Anos mais tarde, adotando o mesmo conceito, o sociólogo e teórico da transição sustentável Mark Swilling (2013) definiu-o como um conjunto de fatores socioeconômicos, ecológicos, culturais e institucionais globalmente interativos que impedem reduzir o complexo resultado que produzem a uma única causa. Desde então, o pesquisador sul-africano tem inspirado a utilização do conceito de policrise como um rótulo abrangente para as múltiplas crises profundamente interconectadas no seio da economia política mundial, a exemplo das mudanças climáticas, do aumento das desigualdades socioeconômicas, da perda acelerada da biodiversidade e das crises financeiras (Lawrence *et al.*, 2023)[98].

---

[98] A esse respeito, conferir o website do Centre for Sustainability Transitions, da Universidade de Stellenbosch: http://www0.sun.ac.za/cst/. Mark Swilling é um dos diretores desse centro. Conferir, ademais, o *website* do Cascade Institute, https://cascadeinstitute.org/, no qual Thomas Homer-Dixon dirige um conjunto de pesquisas sobre a policrise e seus efeitos.

Nesse contexto, uma das tarefas centrais para as ciências sociais e humanas diz respeito à necessidade de repensar os corolários teóricos do Antropoceno e suas policrises em seus distintos campos do conhecimento. Por exemplo, dimensões e conceitos tais como tempo (e temporalidade), espaço (e espacialidade), responsabilidade, liberdade, desenvolvimento, transição, entre outros, têm seus contornos epistemológicos e políticos significativamente transformados pelas policrises do Antropoceno. Antes desta nova era, desenvolver-se livremente não implicava pensar na finitude dos recursos, na dialética entre natureza e sociedade ou ainda nos efeitos nefastos das atividades econômicas dentro e fora das fronteiras nacionais. Ao contrário, costumava-se pensar a responsabilidade exclusivamente em termos de política nacional, restrita ao espaço do soberano, sob a ótica temporal do curto prazo das eleições, porém hoje se tornou imprescindível ampliar os horizontes políticos da responsabilidade e desafiar os sentidos clássicos da soberania e da temporalidade na democracia.

Ocorre que, no plano da produção de conhecimentos, da formulação de estratégias de mercado e da concepção e implementação de políticas públicas, atualmente vicejam as percepções ultraconservadoras que advogam, aberta ou veladamente, pela manutenção do *status quo*. São inúmeros os comportamentos recalcitrantes e contrários a transformações na hierarquia e na assimetria de poder (de representação, de decisão e de transformação), consideradas nos âmbitos local, nacional, regional e global. No caso específico da emergência climática, trata-se de visões de mundo e comportamentos hegemônicos que buscam obstaculizar estratégias de adaptação (no sentido de transições ecológicas, sociais e energéticas), de mitigação das emissões de GEE (no sentido da superação gradual da economia fóssil), ou ainda de compensação e reparação dos danos causados (no sentido do reconhecimento de um direito à reparação e à compensação dos mais vulneráveis ou, como preferimos dizer neste capítulo, dos "vulnerabilizados"). É exatamente nesses múltiplos sentidos das relações de poder, do local ao global, que a agenda de pesquisas sobre obstrução climática ganha importância no Brasil e nos mais diversos países do Sul.

Pensando no campo da Ciência Política e das Relações Internacionais, ressaltamos aqui dois entre os principais desafios postos pela agenda de pesquisas sobre obstrução climática. Em primeiro lugar, obviamente, o desafio de realizar investigações empíricas sobre a realidade brasileira e, com base nessa realidade, pensar como as definições forjadas em países do

Norte podem ser enriquecidas à luz das contradições políticas e das tensões público-privado que marcaram (e ainda marcam) os distintos processos de formação social e histórica dos Estados, das economias e das sociedades do Sul. Conhecer os contornos da obstrução climática em contextos particulares e distintos tem o potencial de produzir caminhos conceituais inovadores. E isso vale tanto para a realidade brasileira quanto para a realidade de outros países do Sul, em particular na América Latina, onde a herança do desenvolvimentismo e o perfil socioeconômico pouco progressista das elites consubstanciaram as diferentes trajetórias nacionais. Ademais, pesquisas sobre obstrução climática no contexto latino-americano e em outros países do Sul podem resultar em evidências importantes acerca dos vínculos entre a agenda climática, a expansão da extrema direita e as vicissitudes do desenvolvimento da democracia na região.

O segundo desafio diz respeito à compreensão crítica e aprofundada das interfaces entre obstrução climática e as agendas internacionais na perspectiva do Sul Geopolítico. Como atores da obstrução climática participam de negociações multilaterais e financiam *think tanks* e *bloggers* em redes sociais a fim de descredibilizar as constatações e as evidências empíricas produzidas pelas redes científicas nacionais e internacionais? Como atores da obstrução climática adentram espaços institucionais e integram governos, à direita e à esquerda do espectro político-ideológico, a fim de promover estratégias e modelos de desenvolvimento ancorados em jogos de soma zero entre ganhos econômicos e justiça socioambiental? Como produzem inflexões nos posicionamentos em matéria de política externa e de cooperação? Essas seriam algumas das muitas questões possíveis a serem investigadas no caso do Brasil e, comparativamente, em relação a outros países do Sul, uma agenda de pesquisas que integra as prioridades do Laboratório de Análise Política Mundial (LABMUNDO) e do Observatório Interdisciplinar das Mudanças Climáticas (OIMC).

Referências

AGRAWALA, Shardul; ANDRESEN, Steinar. US Climate Policy: Evolution and Future Prospects. *Energy & Environment*, v. 12, n. 2/3, p. 117-137, 2001.

ANDRADE, Francisca. M. R.; BARRETO, Tarssio B.; HENRIQUES, Alen B. Rio de Janeiro e crise climática: governança, interatividade e construção discursiva no Twitter. *Ambiente & Sociedade*, v. 23, 2020.

ARMITAGE, Kevin C. State of denial: The United States and the politics of global warming. *Globalizations*, v. 2, n. 3, p. 417-427, 2005.

BELL, Allan. Climate of Opinion: Public and Media Discourse on the Global Environment. *Discourse & Society*, v. 5, n. 1, p. 33-64, 1994.

BLOOMFIELD, Emma F.; TILLERY, Denise. The Circulation of Climate Change Denial Online: Rhetorical and Networking Strategies on Facebook. *Environmental Communication*, v. 13, n. 1, p. 23-34, 2018.

BORGES, Tomás Paixão. Às avessas da marcha progressista: a crise brasileira na obra de Olavo de Carvalho. *Insight Inteligência*, Rio de Janeiro, ano XXV, n. 101, p. 140-153, 2023.

BOSTROM, Ann et al. What Do People Know About Global Climate Change? Mental Models. *Risk Analysis*, v. 14, n. 6, p. 959–970, dec. 1994.

BOYKOFF, Maxwell T.; BOYKOFF, Jules M. Balance as bias: global warming and the US prestige press. *Global Environmental Change*, v. 14, n. 2, p. 125-136, 2004.

BOYKOFF, Maxwell T.; BOYKOFF, Jules M. Climate change and journalistic norms: A case-study of US mass-media coverage. *Geoforum*, v. 38, n. 6, p. 1190–1204, 2007.

BOYKOFF, Maxwell T.; RAJAN, S. Ravi Signals and noise. Mass-media coverage of climate change in the USA and the UK. *EMBO Reports*, v. 8, n. 3, p. 207–211, 2007.

BRAUN, Kathrin. Unpacking post-truth. *Critical Policy Studies*, v. 13, n. 4, p. 432-436, 29 set. 2019.

BROWN, Wendy. *In the ruins of neoliberalism:* The rise of antidemocratic politics in the West. New York: Columbia University Press, 2019.

BRULLE, Roberto J. & DUNLAP, Riley E. A Sociological View of the Effort to Obstruct Action on Climate Change. *Footnotes, American Sociological Association Magazine*, 2021. Available from: https://www.asanet.org/sociological-view-effort-obstruct-action-climate-change.

CARDOSO, Alessandra. Desmonte da legislação ambiental e do Estado: dois lados de uma mesma moeda. *In: Dossiê*: Flexibilização da legislação socioambiental brasileira. Rio de Janeiro: Heirich Boll Stiftung, 2017. Disponível em: https://br.boell.org/pt-br/2017/11/01/desmonte-da-legislacao-ambiental-e-do-estado-dois-lados-de-uma-mesma-moeda. Acesso em: 21 jul. 2022.

CHAKRABARTY, Dipesh. *The human condition in the Anthropocene*. The Tanner Lectures in Human Values, Yale University, February 18-19. Disponível em: https://tannerlectures.utah.edu/Chakrabarty%20manuscript.pdf

COHEN, Stanley. *States of denial*: knowing about atrocities and suffering. London: Polity, 2001.

COSTA, Bernardo E. G. *As controvérsias da ciência na Wikipédia em português*: o caso do aquecimento global. 2014. 356f. Tese (Doutorado em História das Ciências e das Técnicas e Epistemologia) – Universidade Federal do Rio de Janeiro, Rio de Janeiro, 2014. Disponível em: https://is.cos.ufrj.br/wp-content/uploads/2015/11/BernardoEsteves-Tese-2014.pdf. Acesso em: 21 set. 2021.

COSTA, Bernardo E. G.; CUKIERMAN, Henrique L. How anthropogenic climate change prevailed: A case study of controversies around global warming on Portuguese Wikipedia. *New Media & Society*, v. 21, n. 10, p. 2261-2282, 2019.

CUNHA, Daniel de D. As sutilezas metafísicas do negacionismo climático: como a esquerda tradicional adere à ideologia negacionista. *Sinal de Menos*, n. 9, p. 134-154, 2013. Disponível em: https://sinaldemenos.net/2013/01/21/sinal-de-menos-9/. Acesso em: 20 jan. 2021.

DALCOLMO, Margareth; PASTERNAK, Natalia. Cinco negacionismos do governo que se tornaram a marca da pandemia no Brasil. *O Globo*, Rio de Janeiro, 27 mar. 2021. Disponível em: https://blogs.oglobo.globo.com/a-hora-da-ciencia/post/cinco-negacionismos-do-governo-que-se-tornaram-marca-da-pandemia-no-brasil.html. Acesso em: 21 set. 2022.

DANOWSKI, Deborah. *Negacionismos*. [S. l.]: N-1 Edições, 2018. Disponível em: https://issuu.com/n-1publications/docs/cordel_negacionismos. Acesso em: 17 set. 2021.

DANOWSKI, Deborah. O hiperrealismo das mudanças climáticas e as várias faces do negacionismo. *Sopro*, 70, p. 1-11, abr. 2012. Disponível em: http://culturaebarbarie.org/sopro/outros/hiperrealismo.html#.YRUwP9NKhQJ. Acesso em: 17 set. 2021.

DUNLAP, Riley. Lay Perceptions of Global Risk: Public Views of Global Warming in Cross National Context. *International Sociology* 13 (4):473–498, 1998.

EDWARDS, Guy; GELLERT, Paul K.; FARUQUE, Omar; McKIE, Ruth; MILANI, Carlos R. S. *et al.* (2023) Climate obstruction in the Global South: Future research trajectories. *PLOS Clim* 2(7): e0000241. DOI: https://doi.org/10.1371/journal.pclm.0000241.

ELIASOPH, Nina. *Avoiding politics*: how Americans produce apathy in everyday life. Cambridge: Cambridge University Press, 1998.

FEARNSIDE, Philip. Desmonte da legislação ambiental brasileira. *In:* WEISS, Joseph S. *Momentos socioambientais*: Lutas - Conquistas - Avanços - Retrocessos - Esperanças. Formosa, Goiás: Xapuri Socioambiental, 2019.

FERRAZ, Lucas. Entrevista: "negação do holocausto é raiz do negacionismo pandêmico", diz filósofa perseguida por neonazistas. *Intercept Brasil*, 7 mar. 2022. Disponível em: https://www.intercept.com.br/2022/03/07/entrevista-negacao-do-holocausto-e-raiz-do-negacionismo-pandemico/. Acesso em: 22 set. 2023.

FESTINGER, Leon. *A theory of cognitive dissonance*. Stanford: Stanford University Press, 1957.

FIORINO, Daniel J. Climate change and right-wing populism in the United States. *Environmental Politics*, p. 1-19, 12 jan. 2022.

FRANCHINI, Matias; MAUAD, Ana C.; VIOLA, Eduardo. De Lula a Bolsonaro: una década de degradación de la gobernanza climática en Brasil. *Análisis político*, n. 99, p. 81-100, mayo-agosto 2020.

GARCEZ, João P. *O negacionismo climático no antropoceno brasileiro*: as políticas do tempo em A farsa Ianomami (1995), A máfia verde (2001) e Psicose ambientalista (2012). IV Seminário Internacional História do Tempo Presente, Florianópolis, Santa Catarina, 2021.

GRAMSCI, Antonio. *Cadernos do cárcere*. 14. ed. Rio de Janeiro: Civilização Brasileira, 2022.

GREGERSEN, Thea *et al*. Political Orientation Moderates the Relationship Between Climate Change Beliefs and Worry About Climate Change. *Frontiers in Psychology*, v. 11, 16 jul. 2020.

GUHL, Jacob; DAVEY, Jacob. Hosting the 'Holohoax': a snapshot of Holocaust denial across social media. *The Institute for Strategic Dialog*, Londres, 10 ago. 2020. Disponível em: https://www.isdglobal.org/wp-content/uploads/2020/08/Hosting-the-Holohoax.pdf. Acesso em: 21 set. 2022.

HALFORD, Graeme S.; SHEEHAN, Peter. W. Human Response to Environmental Changes. *International Journal of Psychology*, v. 26, n. 5, p. 599–611, jan. 1991.

HARVEY, Jeffrey A. *et al.* Internet Blogs, Polar Bears, and Climate-Change Denial by Proxy. *BioScience*, v. 68, n. 4, p. 281-287, 2018.

HOCHSPRUNG MIGUEL, Jean C. A "meada" do negacionismo climático e o impedimento da governamentalização ambiental no Brasil. *Soc. Estado*, v. 37, n. 1, jan.-abr. 2022.

HOCHSPRUNG MIGUEL, Jen C. *Da fronteira florestal aos limites da ciência*: um estudo sobre a participação de especialistas nas audiências públicas para a elaboração do Novo Código Florestal brasileiro. Dissertação (Mestrado em Política Científica e Tecnológica) – Universidade Estadual de Campinas, Campinas, 2013. Disponível em: http://repositorio.unicamp.br/jspui/bitstream/REPOSIP/286899/1/Miguel_JeanCarlosHochsprung_M.pdf. Acesso em: 17 set. 2021.

HOCHSPRUNG MIGUEL, Jean C. Negacionismo climático no Brasil. *Coletiva*, Dossiê 27, [s.p.], jan-abr. 2020. Disponível em: https://www.researchgate.net/publication/341522386_Negacionismo_climatico_no_Brasil. Acesso: 15 set. 2021.

HOGGAN, James. *Climate Cover Up*: The Crusade to Deny Global Warming. Vancouver, Canada: Greystone Books, 2009.

HORNSEY, Mattew J., HARRIS, Emily A.; FIELDING, Kelly S. Relationships among conspiratorial beliefs, conservatism and climate scepticism across nations. *Nature Climate Change*, v. 8, n. 7, p. 614-620, 2018. Disponível em: https://www.nature.com/articles/s41558-018-0157-2. Acesso em: 17 fev. 2022.

HUBER, Robert A.; GREUSSING, Esther; EBERL, Jakob-Moritz. From populism to climate scepticism: the role of institutional trust and attitudes towards science. *Environmental Politics*, p. 1-24, 24 set. 2021.

IPCC. *Second Assessment*, 1995. Disponível em: https://archive.ipcc.ch/pdf/climate-changes-1995/ipcc-2nd-assessment/2nd-assessment-en.pdf. Acesso em: 20 jan. 2022.

JACQUES, Peter. The Rearguard of Modernity: Environmental Skepticism as a Struggle of Citizenship. *Global Environmental Politics*, v. 6, n. 1, p. 76–101, fev. 2006.

JACQUES, Peter; DUNLAP, Riley; FREEMAN, Mark. The organization of denial: Conservative think tanks and environmental scepticism. *Environmental Politics*, v. 17, n. 3, Jun. 2008. DOI:10.1080/09644010802055576.

JACQUES, Peter J. *Environmental Skepticism:* Ecology, Power, and Public Life. Burlington, VT: Ashgate, 2009.

JYLHA, Kirsti M.; AKRAMI, Nazar. Social dominance orientation and climate change denial: The role of dominance and system justification. *Personality and Individual Differences*, v. 86, p. 108–111, 2015.

JYLHA, Kirsti M.; CANTAL, Clara; AKRAMI, Nazar, MILFONT, Taciano L. Denial of anthropogenic climate change: Social dominance orientation helps explain the conservative male effect in Brazil and Sweden. *Personality and Individual differences*, v. 98, n. 1, p. 184–187, ago. 2016.

KELLSTEDT, Paul M.; ZAHRAN, Sammy; VEDLITZ, Arnold. Personal Efficacy, the Information Environment, and Attitudes Toward Global Warming and Climate Change in the United States. *Risk Analysis*, v. 28, n. 1, p. 113–126, fev. 2008.

KING, Jennie; JANULEWICZ, Lucasz; ARCOSTANZO, Francesca. *Deny, deceive, delay.* Documenting and responding to climate disinformation at COP 2026 and beyond. Institute for Strategic Dialogue, 2022. Disponível em: https://policycommons.net/artifacts/2470903/summative-report-cop26/3492909/. Acesso em: 16 jun. 2022.

KROSNICK, Jon A. *et al.* The Origins and Consequences of democratic citizens' Policy Agendas: A Study of Popular Concern about Global Warming. *Climatic Change*, v. 77, n. 1-2, p. 7–43, 20 jul. 2006.

KULIN, Joakim; JOHANSSON SEVÄ, Ingemar; DUNLAP, Riley E. Nationalist ideology, rightwing populism, and public views about climate change in Europe. *Environmental Politics*, p. 1–24, 23 mar. 2021.

LACERDA, Marina B. *O novo conservadorismo brasileiro:* de Reagan a Bolsonaro. Porto Alegre: Zouk, 2019.

LAMB William F. *et al. Discourses of climate delay.* Global Sustainability. Cambridge: Cambridge University Press: 2022. 3;e17.

LATOUR, Bruno. *Facing Gaia.* [S. l.] Polity Press, 2017.

LATOUR, Bruno. *Onde aterrar? Como se orientar politicamente no antropoceno.* Rio de Janeiro: Bazar do Tempo, 2020.

LAWRENCE, Michael; HOMER-DIXON, Thomas *et al.* Global Polycrisis: The causal mechanisms of crisis entanglement. Version 1.0. Pre-print. *Cascade Institute*,

2023. Disponível em: https://cascadeinstitute.org/technical-paper/global-poly-crisis-the-causal-mechanisms-of-crisis-entanglement/. Acesso em: 20 jan. 2022.

LEISEROWITZ, Anthony et al. *Climate Change in the American Mind:* Americans' Global Warming Beliefs and Attitudes in April 2013. Disponível em: https://papers.ssrn.com/sol3/papers.cfm?abstract_id=2298705. Acesso em: 20 jan. 2022.

LEITE, J. C. Controvérsias científicas ou negação da ciência? A agnotologia e a ciência do clima. *Scientiae Studia*, São Paulo, v. 12, p. 179-189, 2014.

LEITE, José C. Controvérsias na climatologia: o IPCC e o aquecimento global antropogênico. *Scientiæ Studia*, São Paulo, v. 13, n. 3, p. 643-677, jul-set. 2015.

LEWANDOWSKY, Stephan. Climate change, disinformation and how to combat it. *Annual Review of Public Health*, v. 42, p. 1–23, 2021.

LOCKWOOD, Matthew. Right-wing populism and the climate change agenda: exploring the linkages. *Environmental Politics*, v. 27, n. 4, p. 712–732, 3 abr. 2018.

LORENZONI, Irene; PIDGEON, Nick F. Public Views on Climate Change: European and USA Perspectives. *Climatic Change*, v. 77, n. 1–2, p. 73-95, 2006.

LOVELOCK, James. *The vanishing face of Gaia*: a final warning. London: Penguin, 2010.

LYNAS, Mark; HOULTON, Benjamin Z.; PERRY, Simon. Greater than 99% consensus on human caused climate change in the peer-review scientific literature. *Environmental Research Letters*, v. 16, n. 11, Oct. 2021. Disponível em: https://iopscience.iop.org/article/10.1088/1748-9326/ac2966. Acesso em: 22 set. 2022.

LYNCH, Christian; CASSIMIRO, Paulo H. *O populismo reacionário*: ascensão e legado do bolsonarismo. São Paulo: Contracorrente, 2022.

MANN, Michael E. *The Hockey Stick and the Climate Wars:* Dispatches from the Front Lines. New York: Columbia University Press, 2012. 395 p.

MCCRIGHT, Aaron. M.; DUNLAP, Riley E. Challenging Global Warming as a Social Problem: An Analysis of the Conservative Movement's Counter-Claims. *Social Problems*, v. 47, n. 4, p. 499–522, nov. 2000.

MCCRIGHT, Aaron. M.; DUNLAP, Riley E. Defeating Kyoto: The Conservative Movement's Impact on U.S. Climate Change Policy. *Social Problems*, v. 50, n. 3, p. 348–373, ago. 2003.

MCCRIGHT, Aaron. M.; DUNLAP, Riley E. Cool dudes: The denial of climate change among conservative white males in the United States. *Global Environmental Change*, v. 21, p. 1163–1172, 2011.

MCCRIGHT, Aaron. M.; DUNLAP, Riley E.; MARQUART-PYATT, Sandra T. Political ideology and views about climate change in the European Union. *Environmental Politics*, v. 25, n. 2, p. 338–358, 24 set. 2015.

MILANI, Carlos R. S. Negacionismo climático. *In:* SZWAKO, José; RATTON, José Luiz. (org.). *Dicionário dos negacionismos no Brasil*. Recife: Cepe, 2022. p. 205-207.

MONBIOT, George; KINGSNORTH, Paul. Should we seek to save industrial civilisation? *George Monbiot Website*, 18 ago. 2009. Disponível em: http://www.monbiot.com/2009/08/18/should-we-seek-to-save-industrial-civilisation. Acesso em: 17 set 2021.

MORIN, Edgar. *Introduction à la pensée complexe*. Paris: ESF, 1990.

MORIN, Edgar; KERN, Anne-Brigitte. *Terre Patrie*. Paris: Seuil, 1993.

NILSEN, Ann. Where is the future? Time and space as categories in analyses of young people's images of the future. *Innovation:* The European Journal of Social Science Research, v. 12, n. 2, p. 175–194, jun. 1999.

NORGAARD, Kari M. *Living in Denial:* Climate Change, Emotions, and Everyday Life. [*S. l.*] The MIT Press, 2011.

OLIVEIRA, Rodrigo P. O negacionismo científico olavista: a radicalização de um certo regime epistemológico. *In:* KLEM, Bruna S.; PEREIRA, Mateus; ARAÚJO, Valdei (org.). *Do fake ao fato:* (Des)atualizando Bolsonaro. Vitória: Milfontes, 2020, p. 81-100.

ORESKES, Naomi; CONWAY, Erik M. *Merchants of doubt:* How a handful of scientists obscured the truth on issues from tobacco smoke to global warming. Bloomsbury Publishing USA, 2011.

ORSI, Carlos. *Negacionismo & desafios da ciência*. São Paulo: Editora de Cultura, 2022.

PAINTER, James; ASHE, Teresa. Cross-national comparison of the presence of climate scepticism in the print media in six countries, 2007-10. *Environmental Research Letters*. v. 7, n. 4, 2012. Disponível em: https://iopscience.iop.org/article/10.1088/1748-9326/7/4/044005/pdf. Acesso em: 24 out. 2021.

PASTERNAK, Natalia; ORSI, Carlos. *Contra a realidade:* a negação da ciência, suas causas e consequências. Campinas: Papirus 7 Mares, 2021.

PEW RESEARCH CENTER. *Public views on climate change and climate scientists.* Disponível em: https://www.pewresearch.org/science/2016/10/04/public-views-on-climate-change-and-climate-scientists/. Acesso em: 20 fev. 2022.

PULÉ, Paul; HULTMAN, Martin. Industrial/Breadwinner Masculinities and Climate 4 Change: Understanding the 'White Male Effect' of Climate Change Denial. *In:* RYDSTROM, Helle; KINNVALL, Catarina. *Climate Hazards, Disasters, and Gender Ramifications.* Abingdon: Routledge, 2019. p. 86-100.

RIQUITO, Mariana. Antropoceno patriarcal, petro-masculinidades e masculinidades industriais: diálogos feministas sobre a crise climática. *Ex aequo*, n. 43, p. 15-29, jun. 2021. Disponível em: https://estudogeral.uc.pt/bitstream/10316/96437/1/Antropoceno%20patriarcal.pdf. Acesso em: 25 out. 2021.

ROSNER, David. Webs of denial: Climate change and the challenge to public health. *The Milbank Quarterly*, v. 94, n. 4, p. 733–735, 2016.

SANDVIK, Hanno. Public concern over global warming correlates negatively with national wealth. *Climatic Change*, v. 90, n. 3, p. 333–341, 19 jun. 2008.

SEEG. *Análise das emissões brasileiras de gases de efeito estufa e suas implicações para as metas climáticas do Brasil 1970-2020.* 2021. Disponível em: https://seeg-br.s3.amazonaws.com/Documentos%20Analiticos/SEEG_9/OC_03_relatorio_2021_FINAL.pdf. Acesso em: 17 jun. 2022.

SELK, Veith.; KEMMERZELL, Jörg. Retrogradism in context. Varieties of right-wing populist climate politics. *Environmental Politics*, p. 1–22, 22 nov. 2021.

STENGERS, Isabelle. *Au temps des catastrophes:* résister à la barbarie qui vient. Paris: Les Empêcheurs de penser en rond, 2009.

SWIDLER, Ann. Culture in Action: Symbols and Strategies. *American Sociological Review*, v. 51, n. 2, p. 273–286, 1986.

SWILLING, Mark. Economic Crisis, Long Waves and the Sustainability Transition: An African Perspective. *Environmental Innovation and Societal Transitions*, v. 6 (March), p. 96-115, 2013.

SZWAKO, José E. L. O que nega o negacionismo? *Cadernos de Subjetividade*, v. 1, n. 21, p. 71-78, 2020.

VILHENA, Andréa. *Nova lei de licenciamento ambiental* – flexibilização, retrocessos e riscos à saúde. Centro de Estudos Estratégicos da Fiocruz Antônio Ivo de Carvalho. 30 jun. 2021. Disponível em: https://cee.fiocruz.br/?q=nova-lei-de-licenciamento-ambiental-flexibilizacao-retrocessos-e-riscos-a-saude. Acesso em: 21 jul. 2022.

WASHINGTON, Haydn; COOK, John. *Climate change denial*: Heads in the sand. New York: Routledge, 2011.

ZERUBAVEL, Eviatar. *Social MindsCAPES:* An Invitation to Cognitive Sociology. Cambridge, MA: Harvard University Press, 1997.

IMPACTO DA COOPERAÇÃO INTERNACIONAL SOBRE A DEMOCRACIA EM ÁFRICA: UMA ANÁLISE COMPARATIVA SOBRE A INFLUÊNCIA DA COOPERAÇÃO NORTE-SUL E SUL-SUL NO PROCESSO DA DEMOCRATIZAÇÃO EM MOÇAMBIQUE

Francisco Carlos da Conceição
Pedro Guiliche
Bénet Justina Machava

Introdução

As experiências dos processos de democratização em África, principalmente na região subsaariana, caracterizadas sobretudo pela introdução de novas institucionalidades (tais como constituições pluralistas e multipartidárias, eleições e órgãos representativos) são, em termos temporais, bastante recentes. "Muitos dos países desta região estão na fase de consolidação democrática, tendo realizado apenas cinco ou seis eleições democráticas e multipartidárias, numa periodicidade de quatro ou cinco anos de intervalo entre os pleitos eleitorais" (Matsimbe, 2018, p. 121).

No caso particular de Moçambique, país africano de língua oficial portuguesa situado na África austral, as mudanças são ainda mais recentes. Para efeito, os anos de 1990 configuram-se, em termos de periodização, o marco histórico assinalável, uma vez que foi a partir daí que o país introduziu transformações profundas na sua organização política, aprovou uma nova Constituição da República e instaurou o sistema multipartidário. Ademais, vale lembrar que, no período imediatamente a seguir à Proclamação da Independência nacional, mais particularmente em 1977, Moçambique havia adoptado o sistema monopartidário, inspirado na ideologia marxista-leninista, em que as evidências e factos relatados indicavam o predomínio de partido único que actuava como Partido/Estado (Nuvunga, 2006; Conceição, 2015; Brito, 2019; Guiliche, 2021; Monjane; Conrado, 2022).

Mais ainda, é de capital importância ressalvar que, com o advento da independência em 1975, menos de dois anos depois, Moçambique viu-se mergulhado numa guerra civil devastadora que produziu consequências sem precedentes em todo o tecido político, econômico e social. A situação de Moçambique era extremamente difícil, com milhares de pessoas mortas e mais de um milhão e oitocentos cidadãos deslocados para os países vizinhos, com mais de 80% de infraestruturas de saúde e educação destruídas, incluídas estradas e pontes (Diogo, 2013; Darch, 2018).

Buscando fazer face à enorme destruição econômica e social ocorrida, o país recorreu a fontes externas de financiamento, por meio das instituições financeiras multilaterais, nomeadamente, o Fundo Monetário Internacional (FMI) e o Banco Mundial (BM), assim como agências e organizações multilaterais. Em outros termos, devido à dilaceração da guerra civil bárbara, bem como às secas e cheias cíclicas, que perfizeram uma verdadeira conjuntura crítica, Moçambique estava em forte necessidade do apoio econômico do Ocidente (Abrahamsson, 2001).

Como corolário da presença das instituições de *Bretton Woods*, trazidas ao país por razões da política externa dos Estados Unidos da América (EUA), Moçambique iniciou um processo que culminou com um conjunto de reformas econômicas e políticas, especificamente, a implementação da economia aberta e liberalizada e da democracia pluralista no estilo ocidental, consideradas como uma condicionalidade para garantir a ajuda financeira (Abrahamsson, 2001; Hanlon, 2017), cujos resultados são hoje avaliados como insatisfatórios nos vários sectores da actividade (De Renzio; Hanlon, 2007; Cunguara; Hanlon, 2021; Guiliche, 2022).

Assim, a abertura à democracia nos padrões ocidentais e a adesão aos organismos de *Bretton Woods*, e mais ainda, o sucesso dos Acordos Gerais de Paz (AGP), abriram portas ao aprofundamento da Cooperação Internacional para o Desenvolvimento (CID) na sua vertente mais tradicional, a Cooperação Norte-Sul (CNS). Nesse contexto, um conjunto de doadores internacionais do Norte aderiu de modo maciço a um movimento que se propunha ao apoio à reconstrução e ao desenvolvimento de Moçambique.

Vale notar que, pela simpatia que cedo ganhou da comunidade internacional, sobretudo com o sucesso do AGP, Moçambique acabou se transformando em espaço fértil dos experimentos da CNS, chegando a ser em escala global um dos países com maior presença de doadores internacionais em seu território, assim como um dos maiores receptores da ajuda dos EUA na África Subsaariana, por isso mesmo chamado "menino bonito das agências financeiras internacionais". Em decorrência desses factos, resultaram condicionalidades políticas que marcaram profundamente toda a sociedade moçambicana, a exemplo das noções de boa governação, democracia pluralista, transparência, prestação de contas, entre outros princípios (Abrahamsson, 2001; Macamo, 2003; Diogo, 2013).

Aliás, no decurso das grandes transformações sob pressão das instituições multilaterais e dos parceiros internacionais do Norte, principalmente dos EUA, em menos de uma década, o país fez uma viragem política e econômica de grande magnitude. Tendo implementado, quase em simultâneo, quatro grandes mudanças: (i) a execução do Programa de Reabilitação Econômica (PRE) em 1987, complementado com medidas para reverter o impacto social negativo do ajustamento econômico; (ii) em 1990, dois anos mais tarde, a Constituição da República foi revista; (iii) em 1992, após intensivas negociações, o governo da Frelimo assinou o acordo de paz com a Renamo; (iv) mais ainda, em outubro de 1994, realizaram-se as primeiras eleições presidenciais e parlamentares.

De lá para cá, Moçambique tem recebido ajuda internacional de diversos actores – bilaterais e multilaterais, do Norte Geopolítico e do Sul Geopolítico. Aliás, no período que se estende desde o início dos anos 2000 até os dias atuais, o campo da CID em Moçambique tem evoluído de modo considerável, isso, por um lado, devido à ascensão e à participação das potências emergentes, com destaque para a África do Sul, Brasil, China, Índia e Turquia (Milani, 2012; Conceição, 2015; Guiliche, 2022). Portanto, o protagonismo desses países, na qualidade de parceiros, como gostam de se apresentar, a outros países também em desenvolvimento (comumente designado por Cooperação Sul-Sul – CSS), sob égide da solidariedade e não ingerência nos assuntos internos dos países parceiros, catapultou as práticas de ajuda internacional em África.

Ora, não obstante os princípios anteriormente aludidos e os espaços que a CSS tem granjeado no sistema internacional, principalmente nos países africanos, por muitas vezes representar uma abordagem de cooperação contra-hegemônica entre os Estados-nação e uma alternativa na geopolítica de ajuda internacional, a CSS também tem sido acompanhada de muitas críticas e questionamentos, devido a sua abordagem não muito transparente no estabelecimento da CID.

Estudos e evidências empíricas revelam que as práticas e as lógicas que regem o auxílio ao desenvolvimento dos países do Sul divergem claramente dos padrões da CNS, sobretudo, em aspectos referentes às normas de transparência e às condicionalidades políticas relacionadas à democracia e aos Direitos Humanos, na medida em que grande parte das iniciativas da CSS não é condicionada por quaisquer requisitos sobre a governação, transparência e desempenho macroeconômico (Roque; Alden, 2010; Di Ciommo, 2014; Conceição 2015; Cabral; Levidow; Schmitt, 2021).

Portanto, em contraponto às lógicas da CNS que impõem a adopção das condicionalidades relativas à liberalização política e econômica dos países recipientes, à sua observância dos Direitos Humanos e à funcionalidade de suas instituições, os operadores da CSS opõem-se às condicionalidades, conforme ilustra André de Mello e Souza:

> [...] rejeitam a definição, os padrões e os procedimentos adoptados pelo CAD/OCDE, defendendo uma concepção mais ampla e pragmática da CID, que inclui relações econômicas geradoras de benefícios mútuos, se opõe a condicionalidades de boa **governação**, observância dos direitos humanos e preservação ambiental, assim como enfatiza sua horizontalidade, parceria e benefícios mútuos (Souza, 2014, p. 27, nosso grifo).

É no quadro dessas lógicas e natureza de actuação da CNS e da CSS que o presente capítulo pretende aferir, em uma perspectiva comparada, o impacto da CNS e da CSS sobre o processo da democratização em África, particularmente em Moçambique. Na verdade, o nosso texto repousa numa tentativa analítica de explicar em que medida a CNS e a CSS contribuem na construção e no fortalecimento das instituições democráticas em Moçambique, vis-a-vis as implicações do avanço da onda autoritária e ultraconservadora sobre a CID em África

Com efeito, o capítulo está organizado em seis secções, para além desta introdução. A segunda secção fornece um breve enquadramento metodológico, incluindo a relevância de pesquisar o impacto da cooperação internacional sobre a democracia. A terceira secção aborda os factores que explicam a democratização no continente africano, especificamente na região subsaariana. A quarta secção debruça-se sobre o impacto da CNS na democratização em África. A quinta secção trata do contributo da CSS no processo de consolidação da democratização em África. A sexta secção apresenta as principais implicações do avanço da extrema-direita sobre a CID em África. A sétima secção enuncia as considerações finais.

Enquadramento metodológico

Pesquisar e reflectir acerca do impacto da CID sobre a democracia constituem, ao nosso ver, um exercício de extrema importância, pois a literatura especializada pouco analisa a relação entre a CID e o seu impacto na democratização em África. A vasta maioria de estudos que se dedicam aos impactos da CID versa, exclusivamente, sobre os impactos da CID no desenvolvimento e pouco sobre as implicações políticas da CID na democracia. Desse modo, com vista a ilustrar, comparativamente, a contribuição da CNS e da CSS na democratização em África, o presente texto concentrar-se-á em trazer evidências da actuação dos EUA e do Brasil em Moçambique, sem, no entanto, descurar outras evidências mais amplas da CNS e da CSS em África. Ademais, importa salientar que a escolha dos EUA e do Brasil justifica-se pelo facto de o Sistema de Cooperação Internacional para o Desenvolvimento (SCID) ser composto "por um grande número de actores e organizações de natureza muito diferente e diversa" (Ayllón, 2006. p. 8), que seria complexo considerar em sua totalidade. Adicionalmente, em virtude das ameaças à democracia com o avanço da extrema-direita nos EUA e no Brasil, pretendemos desenvolver uma incursão analítica sobre as implicações da onda autoritária e ultraconservadora, expressada por dois governos importantes (Donald Trump e Jair Bolsonaro) na cooperação internacional.

Para o alcance dos objectivos supramencionados, adoptou-se uma metodologia de investigação que privilegiou a revisão bibliográfica extensa sobre a dinâmica da CID, incluindo a sua relação com os processos de democratização e consolidação da democracia em África. Como instrumento de análise da informação recolhida, o estudo adoptou o método de análise de conteúdo, uma ferramenta que tem ocupado um lugar cada vez maior na investigação social, pois incide sobre mensagens tão variadas como obras literárias, artigos de jornais, documentos oficiais, programas audiovisuais, declarações políticas e outras fontes (Quivy; Campenhoudt, 2008).

O nosso argumento central é de que a CNS, estabelecida historicamente em associação aos interesses geopolíticos dos EUA e aos de seus aliados, acompanhada por um conjunto de condicionalidades e ingerências, influenciou e possibilitou a criação de uma série de instituições democráticas em Moçambique, que foram decisivas no processo da democratização do país. Não obstante essa contribuição, a CNS não conseguiu imprimir qualidade nas instituições ora criadas, por simplesmente vinculá-las às condicionalidades e como um instrumento de regência de relações entre os países africanos e países doadores. Por sua vez, a CSS, em particular entre Brasil e Moçambique, embora alicerçada, ao longo de décadas, na solidariedade, no respeito à soberania, é realizada mediante demanda oficial, sem quaisquer tipos de condicionalidades, tem suscitado dúvidas quanto a sua contribuição no fortalecimento das instituições democráticas em Moçambique. Todavia, apesar das incertezas em relação à contribuição que a CSS brasileira presta ao processo de consolidação democrática em Moçambique, observa-se que as iniciativas mais micro, envolvendo actores subnacionais, têm tido um papel preponderante e promissor na construção e no fortalecimento das instituições democráticas em Moçambique.

Experiências de democratização em África: que factores explicam os processos de democratização na África Subsaariana?

Nas últimas décadas, o mundo tem experimentado uma aceleração acentuada dos processos de democratização nos moldes ocidentais. Em termos retrospectivos, estudos revelam que, em 1974, apenas 39 países, correspondente a 25% das nações independentes no mundo, eram democráticos (Schwartzman, 1998; Pasquino, 2002; Levitsky; Ziblatt, 2018; Matsimbe, 2018). Entretanto, em 1966, volvidas duas décadas, 66% de nações já tinham adoptado as eleições para escolher seus principais líderes, transitando de regimes autoritários para democráticos (Schwartzman, 1998)[99]. De lá para cá, a quantidade de países democráticos não parou de aumentar. É assim que se explica que, se em 1985 havia 42 democracias, onde habitava 20% da população mundial, em 2015, o número cresceu para 103, com 56% da população mundial (Levitsky; Ziblatt, 2018). Também deve ser levado em consideração que o processo de descolonização aumentou a quantidade nominal de Estados independentes, o que elevou a contagem em relação aos regimes adotados.

Quanto ao continente africano, não obstante a existência de alguns países com regimes autocráticos, as práticas democráticas passaram gradualmente a ser uma realidade. Ademais, em termos de enquadramento, importa frisar que, na África Subsaariana, as experiências de transição para democracias começaram a fluir com o fim da Guerra Fria, no contexto da transição política de larga escala que ficou conhecida como "terceira onda da democratização", tendo dado origem ao mais elevado número de Estados democráticos de todos os tempos (Matsimbe, 2018; Pasquino, 2002, p. 325).

---

[99] Texto original: "In the last several decades, the world has experienced a democratic revival. In 1974, only 39 countries (25% of the world's independent nations) were democratic. By 1996, 66% were using elections to choose their top leaders" (Schwartzman, 1998, p. 159).

A terceira onda de democratização foi antecedida por duas primeiras vagas, conforme a sistematização de Samuel P. Huntington (Pasquino, 2002). Historicamente, a primeira onda de democratização teve suas origens na Revolução Francesa e na independência dos Estados Unidos. Sendo que "no final da primeira vaga de democratização (1828-1926) existiam 29 Estados democráticos, mas depois da primeira vaga de refluxo (1922-1942) o número de democracias limitava-se a 12" (Pasquino, 2002, p. 325). A segunda onda de democratização iniciou-se com a Segunda Guerra Mundial, mas teve breve duração, quando comparada à primeira onda democratizadora. Essa vaga de democratização (1943-1962) aumentou para 36 o número de Estados democráticos, mas a vaga de refluxo que se lhe seguiu (1958-1975) fez cair seis deles (Pasquino, 2002, p. 325).

A terceira onda da democratização, iniciada em 1974, além de ter dado origem ao mais elevado número de Estados democráticos de todos os tempos (Matsimbe, 2018, p. 121-122; Pasquino, 2002, p. 325), contrapôs algumas abordagens teóricas subjacentes à relação existente entre desenvolvimento e democracia, na medida em que, em contraste com o pensamento que vinha sendo difundido desde o início do período do pós-guerra, de que os países em desenvolvimento não podiam se dar ao luxo de sustentar as "caríssimas" instituições democráticas (Chang, 2004, p. 127), as eleições multipartidárias e periódicas passaram a ser uma realidade nessas regiões (Matsimbe, 2018). Apesar de algumas análises desfavoráveis que tratam da impossibilidade da institucionalização da democracia nos países pobres, com destaque para África Subsaariana, em virtude das limitações sociopolíticas, econômicas e culturais para o estabelecimento da democracia, a terceira onda de democratização deu origem a regimes democráticos em zonas geográficas e em ambientes culturais até há pouco tempo considerados poucos receptivos, se não hostis, à democracia (Joseph, 1997; Pasquino, 2002, p. 316).

Retomando esse debate bastante antigo (Bresser-Pereira, 2011), a questão premente face a essas transformações políticas é a seguinte: que factores explicam a institucionalização da democracia no continente africano? Essa questão segue sendo premente, na medida em que, segundo Bresser-Pereira (2011, p. 16), nos primeiros países que se tornaram democráticos, a transição para a democracia e sua consolidação foi produto de quatro factos históricos: i) a revolução capitalista; ii) o aumento da capacidade de organização dos trabalhadores; iii) a perda gradual do medo dos capitalistas de serem expropriados por um governo socialista; iv) o surgimento de amplas classes médias entre os trabalhadores e os ricos.

No continente africano, mais particularmente na região subsaariana, sem descurar a importância dos factores e contexto político interno, argumentamos que a transição para regimes democráticos e multipartidários foi resultado de três dinâmicas complementares que convergiram no final dos anos 1980, nomeadamente: i) o fim da Guerra Fria; ii) o enfraquecimento da maioria dos Estados africanos por uma crise fiscal prolongada; iii) as exigências dos organismos de cooperação bilateral e multilateral condicionando a ajuda pública ao desenvolvimento e a concessão de crédito à boa governação (Joseph, 1989; Furtado, 1997/1998; Brito, 2019).

Portanto, entre vários factores que influenciaram os processos de democratização na África Subsaariana, especificamente em Moçambique, neste capítulo argumentamos que a democratização em Moçambique resulta, em grande medida, das condicionalidades dos organismos bilaterais e multilaterais no âmbito da ajuda internacional, na sua vertente Norte-Sul. Ou melhor, conforme assevera Joseph (1989), a necessidade de ajuda internacional forçou as elites africanas a aderir aos programas das instituições de Bretton Woods que impunham reformas econômicas, administrativas e políticas que incluíam a questão da democratização[100]. No contexto das reformas econômicas, os doadores usaram essa oportunidade para promover a liberalização política e a descentralização em países com regimes classificados como autoritários (Reaud, 2012, p. 24 *apud* Nylen, 2014). No entanto, as reformas não foram capazes, em si, de lograr a construção da democracia no continente africano, à revelia dos atores e processos políticos endógenos a cada contexto particular. Veremos a seguir que muitas dificuldades se impuseram nesse caminho, em especial no caso moçambicano.

Impacto da cooperação Norte-Sul no processo da democratização em África

De acordo com a literatura especializada, a CNS envolve países considerados como desenvolvidos, segundo os critérios adotados pela Organização de Cooperação e de Desenvolvimento Económico (OCDE), que financiam diferentes modalidades de cooperação para o desenvolvimento (Corrêa, 2010). Não obstante a sua recente institucionalização, é importante frisar que as iniciativas de cooperação internacional para o

---

[100] "However, in Zambia and elsewhere the stabilization and structural adjustment programs that African authoritarian governments were forced to implement as conditions for loans from multinational agencies steadily eroded their popular support." (Joseph, 1997 p. 370).

desenvolvimento, nos moldes como são conhecidas hoje, surgiram bem antes de 1945 (Corrêa, 2010; Milani, 2014). Ademais, ainda que não exista um único arquitecto responsável pela fundação, manutenção e evolução, é consensual o pressuposto de que a CNS tem suas origens nas iniciativas de Washington, logo após a Segunda Grande Guerra, em 1945. Aliás, o contexto pós-guerra foi um ambiente político favorável ao florescimento de iniciativas da CNS, mesmo em face de contradições entre motivações solidárias e interesses econômicos e geopolíticos (Corrêa, 2010).

Uma das evidências da confluência entre solidariedade e interesses geopolíticos, no âmbito das relações Norte-Sul, pode ser visualizada por meio da ajuda alimentar dos EUA a Moçambique, nos idos dos anos de 1990, na medida em que a ajuda alimentar feita pelos EUA, apesar de ter sido designada de humanitária, não tinha motivações solidárias, conforme ilustra o excerto a seguir: "Nós deixamos claro ao governo de Moçambique que a nossa ajuda alimentar é política. [...]. Para ter melhores relações conosco, Moçambique tinha que demostrar uma vontade de mudar suas políticas econômicas" (Abrahamsson, 2001, p. 204).[101]

Além das condicionalidades relativas à liberalização econômica e política dos países recipiendários, bem como à sua observância aos Direitos Humanos e à qualidade de sua governança e funcionalidade de suas instituições (Souza, 2014), a CNS é caracterizada, frequentemente, por ser verticalizada, visto que os países desenvolvidos se reservam a "prerrogativa" de determinar os temas que são, ou não, abordados nas ações de CNS (Corrêa, 2010).

Em termos de trajetória, desde a segunda metade do século XX, marcada pelo contexto da Guerra Fria, no âmbito da disputa bipolar, a CID tem apresentado modificações em suas acções e impacto. Se, no começo de seu processo de institucionalização, nos anos de 1945, a CID dava ênfase a diálogos técnicos sobre capital financeiro, tecnologia e organização das infraestruturas, nos anos 1990, as agendas abrangeram políticas sociais, instituições e governos, envolvendo uma multiplicidade de actores, a saber: Estados, Organizações Internacionais, Organizações Não Governamentais, Sector Privado etc. (Milani, 2012).

No entanto, apesar do seu avanço, ao longo da sua maturação, bem como recentemente, a CNS tem sido objecto de questionamentos sobre seu impacto real na promoção do desenvolvimento. Segundo Milani (2014, p.

---

[101] Funcionários dos EUA citados por Hanlon, 1991, confirmado em diversas entrevistas com pessoas conduzidas pelo autor 1994-1995 (Abrahamsson, 2001).

37), as interrogações também se dão sobre as motivações, interesses envolvidos, bem como sobre seus mecanismos e a própria natureza dos modelos de desenvolvimento por ela difundidos. Por conta disso, alguns estudos situados em países em desenvolvimento e nos países doadores defendem a tese de que a cooperação internacional não tem tido impacto real nos países em desenvolvimento (Milando, 2013; Corrêa, 2010; Conceição, *2015;* Cabral, Levidow; Schmitt, 2021; Guiliche, 2022). Existe uma ampla literatura sobre o impacto da CID no desenvolvimento, sua natureza e suas motivações. No entanto, *são* menos numerosos os estudos que versam sobre o impacto da cooperação internacional na promoção da democracia. É nesse contexto que o presente capítulo pretende mostrar a contribuição da cooperação estabelecida com os EUA na configuração das instituições democráticas em Moçambique.

As evidências históricas e contextuais sobre os fluxos da CID em Moçambique indicam que, apesar das motivações e interesses dos EUA na agenda internacional no pós-guerra, a ajuda ao desenvolvimento dos EUA em Moçambique, a partir dos anos 1990, por meio da USAID e outras instituições multilaterais sob sua influência (Fundo Monetário Internacional e Banco Mundial), configurou-se como pedra angular na criação de instituições democráticas em Moçambique. Importa referir que, não se pretende debater sobre a sustentabilidade dessas instituições, muito menos afirmar que as instituições democráticas criadas e influenciadas pela pressão internacional são viáveis, mas, sim, evidenciar o contributo da ajuda internacional condicionada na institucionalização das práticas democráticas em África.

Olhando especificamente para a trajetória histórica de Moçambique, no período a seguir à independência, percebe-se que o país enveredou pela democracia devido a pressões internacionais consideráveis. Ou seja, Moçambique foi forçado, no âmbito do auxílio emergencial de cariz alimentar, a começar a preparar um conjunto de reformas políticas e econômicas, que incluía a introdução de uma economia de mercado, assim como um sistema multipartidário (Abrahamsson; Nilsson, 1998, p. 10). É interessante observar que mesmo a alteração da Constituição da República foi em virtude das pressões internacionais, conforme ilustra o excerto a seguir:

> Em 1987, Moçambique começou a implementar um Programa de Reabilitação Econômica (PRE), de acordo com os padrões para a estabilização econômica e ajustamento estrutural desenvolvidos pelo FMI e pelo Banco Mundial. Dois anos

mais tarde, a constituição foi rescrita para comportar as exigências da economia de mercado que deveria emergir (Abrahamsson, 2001, p. 204).

Para além dessa realidade, a incursão analítica feita no presente capítulo também nos mostra que "as exigências duma nova constituição, baseada num sistema multipartidário e com eleições, foram, em certa medida, uma consequência das condições necessárias para levar a Renamo às negociações em Roma" (Abrahamsson; Nilsson, 1998, p. 23). No entanto, apesar do papel activo desempenhado pela Renamo no processo de transição democrática em Moçambique, a "paz e a subsequente implementação de estruturas democráticas com vista às eleições multipartidárias realizadas em outubro de 1994, caracterizaram-se, essencialmente, por pressões exercidas pela comunidade internacional" (Lalá; Ostheimer, 2003, p. 7).

A política de uso de condicionalidades inerentes à democracia e à economia de mercado, como requisito para receber Ajuda Oficial ao Desenvolvimento (*Official Development Assistance* – ODA) dos países doadores, não foi apenas um fenômeno verificado em Moçambique, pois abrangeu quase todos os países da África Subsaariana. Segundo Milani (2014), a abordagem de condicionalidades na concessão da ajuda ao desenvolvimento começou a ter lugar no âmbito da nova agenda da CID, nos anos de 1980, conforme o trecho a seguir:

> Nos anos 1980, as agendas da CID passaram a integrar os programas de ajuste estrutural, definidos como o modo de enfrentamento das crises de endividamento nos países do Sul. Com o agravamento das desigualdades entre países ricos e pobres, a cooperação abandonou seus discursos relacionados à transformação nas estruturas das relações Norte-Sul e passou a defender o uso de "condicionalidades": para que os países em desenvolvimento pudessem receber ODA dos países doadores, teriam de se submeter a pacotes de austeridade fiscal, financeira e econômica que seguiam a receita ideológica e teórica do Estado mínimo, bem como os parâmetros políticos do Consenso de Washington (Milani, 2014, p. 42).

As condicionalidades do FMI e do Banco Mundial, organizações criadas sob influência dos EUA (Pereira, 2009), tendem a ser a pedra angular no processo da institucionalização democrática em Moçambique, tal como em vários outros países africanos. A título de exemplo, no Benin, como corolário dos empréstimos condicionados do FMI e do BM, o autoproclamado regime marxista tornou-se um dos primeiros países a permitir eleições multipartidárias.[102] O outro país que enveredou pela democracia por impulso dos actores externos foi a Zâmbia. Onde, devido à crise que assolava o país, o então presidente Kaunda, por não dispor de recursos para manter seu sistema político monopolista, entre 1972 e 1991, acabou por enveredar por eleições (Joseph, 1997)[103]. Na actualidade, segundo *Freedom House*, alguns desses países apresentam eleições multipartidárias regulares. No entanto, os partidos da oposição e outros actores enfrentam obstáculos de vária ordem. Moçambique, à semelhança de muitos outros países africanos, apresenta eleições multipartidárias regulares, contudo, a incumbência ininterrupta do partido no poder (Frelimo) antes e desde a introdução das eleições multipartidárias em 1994 permitiu-lhe estabelecer um controlo significativo sobre as instituições do Estado.[104]

Com esse cenário, fica patente que a consolidação da democracia em vários países africanos ainda continua a deparar-se com grandes desafios. Em termos de sustentabilidade das instituições democráticas no continente africano, estudos apontam que a África Subsaariana é a região do mundo mais questionada em matéria da viabilidade do processo democrático (Pereira, 2018). A inviabilidade dos regimes democráticos, sobretudo do modelo liberal, pode estar associada aos processos amplos da transição, pois, segundo Mutharika (1995, p. 18), o processo de mudança dos antigos regimes ditatoriais e repressivos para democracia, no contexto das condicionalidades e pressões da comunidade doadora, para além de ter sido uma tarefa assustadora e desafiadora[105], não foi um fim em si mesmo. Daí que, segundo Matsimbe (2018, p. 121-122), em quase todo o continente africano as democracias tendem a ser híbridas, isso é, "não são nem totalmente autoritários, nem completamente democráticos".

---

[102] "The self-styled Marxist regime in Benin became one of the first to permit multiparty elections, in which a former World Bank official, Nicephore Soglo ousted the incumbent. Richard Westebbe has shown how Benin became a classic case of fiscal collapse and could no longer resist demands for comprehensive reforms by the external agencies" (Joseph, 1997, p. 369)

[103] "Despite the great fanfare with which Kaunda, the Zambian leader, twice abandoned agreements with the IMF, he also had nowhere else to go to obtain the resources to maintain his monopolistic political system. Not having to face an organized opposition for seventeen years, he assumed that the people would support his party because of its populist and economic nationalist policies. However, in Zambia and elsewhere the stabilization and structural adjustment programs that African authoritarian governments were forced to implement as conditions for loans from multinational agencies steadily eroded their popular support" (Joseph, 1997, p. 370).

[104] Essa informação pode ser encontrada e aprofundada no sítio web da Freedom House: www.freedomhouse.org

[105] This is because the transition from the old dictatorial and repressive regimes to multiparty democracies is a daunting and challenging task. The establishment of new political culture that is tolerant, understanding and allows for human rights to prevail is a noble objective. But these are not an end in themselves.

Fazendo uma leitura do contexto nacional, passados 30 anos da aprovação da primeira constituição multipartidária da história do país, sob impulso dos doadores do Norte, Moçambique ainda continua a enfrentar grandes desafios no processo de construção democrática. Ademais, "nos últimos índices de democracia, Moçambique tem registado recuos significativos na sua pontuação. Depois de ter passado de regime híbrido para regime autoritário [...], o País passou da posição 116, em 2018, para a posição 120, em 2019" (The Economist, 2020 *apud* Forquilha, 2020, p. 12).

Interessante ainda é observar que, ao longo dos 30 anos de democracia multipartidária, o país introduziu várias reformas políticas, como também nas leis eleitorais, com o pressuposto de que as sucessivas reformas consolidariam a democracia moçambicana. Todavia, apesar de todas as reformas, tanto pela vontade dos doadores como por iniciativa própria, o processo da democratização em curso, em Moçambique, ainda enfrenta grandes desafios e limitações. As eleições multipartidárias (apesar de serem regulares) continuam a ser uma fonte de conflitos em Moçambique (Tollenaere, 2018), ou melhor, desde o ano de 1994, os processos eleitorais no país têm suscitado questionamentos (Brito, 2017), devido a vários factores, como é o caso da fraude, da falta de transparência, da credibilidade e da confiança no processo.

Por esses e mais motivos, os autores deste capítulo argumentam que a CNS, apesar de ter criado bases cruciais para a democratização por meio das políticas de condicionalidades, tendo obrigado diversos países a enveredarem pela democracia, não conseguiu imprimir a qualidade às instituições democráticas criadas. Portanto, quase todas instituições que resultaram das reformas têm fragilidades no seu funcionamento. E isso apesar das reformas implementadas no âmbito da nova Constituição a fim de acomodar as exigências dos doadores da CNS (Forquilha, 2020).

Como modo de reverter essa situação, os parceiros do Norte têm desenvolvido várias acções para imprimir qualidade e consolidar a democracia em África, por meio da observação eleitoral, como forma de garantir que as eleições em África sejam livres, justas e participativas. Aliás, os EUA, com base na sua estratégia de assistência a Moçambique, colocaram como objectivo prioritário "fortalecer a governação democrática em Moçambique", bem como dar maior impulso, pois, no passado, foi a área que recebeu menos fundos da assistência externa do governo dos Estados Unidos (Estratégia de Assistência do Governo dos Estados Unidos a Moçambique 2009-2014).

A outra estratégia que tem sido adoptada pelos doadores do Norte, no sentido de consolidar a democracia em Moçambique, tem sido o apoio ao processo de descentralização e às Organizações da Sociedade Civil (OSC), para fortalecer o pluralismo, visto que o crescente domínio político do partido no poder tende a criar condições que prejudiquem o tipo de pluralismo que uma democracia vibrante requer.[106] No entanto, apesar da comunidade internacional de doadores em Moçambique ter estabelecido, conjuntamente com o governo, desde 1995, as áreas prioritárias para a consolidação do processo da democratização no país (Lalá; Ostheimer, 2003), volvidos 30 anos, o processo da construção democrática, ao nível nacional, denota-se ainda uma certa fragilidade e consequente necessidade de assistência. No entanto, isso não quer dizer que não haja avanços nos processos de democratização, pois Moçambique, apesar de apresentar o problema da eficiência e qualidade da democracia, nos últimos anos atingiu progressos assinaláveis na área da democracia e governação política. Em 2018, o país introduziu mudanças profundas à Constituição, resultantes do acordo de paz entre o governo e a Renamo, o maior partido da oposição. A revisão pontual da Constituição, além de ter introduzido reformas profundas na política de descentralização em Moçambique, criou condições para a eleição em 2019, pela primeira vez no país, para o cargo de governador de província (Marp, 2020).[107]

Em nossa análise sobre a dinâmica da recente história do processo da construção democrática em Moçambique, ficou claro que um dos factores que limitou ou limita o fortalecimento das instituições democráticas no país, principalmente, aquelas criadas no âmbito das condicionalidades para concessão da ajuda internacional, está relacionado ao facto de se ter restringido a democracia como um mero instrumento de condicionar a ajuda externa, conforme nos esclarece Mutharika (1995, p. 60, *tradução nossa*), "nos últimos anos, além da democracia se limitar à boa governação e ao desenvolvimento, tem sido usada, pelo Norte, como um aspecto que rege as relações entre os países africanos e a comunidade doadora"[108].

Subsidiando-se no Mutharika (1995), argumentamos que o enfraquecimento das instituições democráticas em África subjaz, em grande medida, do *modus operandi* dos doadores que, de modo limitado, encaram e

---

[106] Estratégia de Assistência do Governo dos Estados Unidos a Moçambique 2009-2014

[107] Relatório de Progresso sobre a Implementação do Programa Nacional de Acção do Mecanismo Africano de Revisão de Pares (2020).

[108] No original: "In recent years, democracy in Africa has emerged at an important aspect governing relations between African countries and donor communities".

equiparam a democracia à boa governança e usam-na cada vez mais como condicionante para ajuda externa. Negligenciando a essência e o significado da própria democracia, entendida, etimologicamente, como "governo do povo, pelo povo e para o povo". Portanto, a construção de instituições fortes, estáveis e respeitadas pelas próprias sociedades africanas passa, em certa medida, por desvincular a democracia como um instrumento para responder às políticas e aos interesses dos países desenvolvidos, bem como deixar as sociedades africanas serem pilotos ou copilotos no processo de configuração das suas instituições. Ou seja, "os líderes do Norte devem compreender que o desenvolvimento dos países africanos terá de ser concebido e implementado pelo próprio africano"[109] (Mutharika, 1995, p. 19, *tradução nossa*).

No contexto actual, apesar da ideia de apropriação ser um princípio defendido pelos doadores e fundamental na Declaração de Paris sobre a Eficácia da Ajuda, "o princípio acaba assim por funcionar mais como um legitimador do discurso sobre um novo relacionamento entre doadores e parceiros, sobretudo quando confrontado pelas políticas de outros doadores emergentes que na prática conferem muito mais autonomia para os países parceiros gerirem os financiamentos" (Plataforma das ONGD, 2011, p. 52).

Portanto, é urgente que o princípio da apropriação não seja apenas para legitimar a narrativa, é indispensável ainda que se estabeleça um novo modo de relacionamento entre os países africanos e a comunidade doadora, para garantir que países africanos compreendam e apoiem totalmente o processo de democratização, visto que, devido às intensas pressões da comunidade doadora, as políticas e as instituições africanas têm sido até agora configuradas para responder às condicionalidades da comunidade doadora (Mutharika, 1995). Para além disso, foi possível compreender que as condicionalidades da comunidade doadora contribuem na deterioração da democracia, pois as elites políticas moçambicanas tendem a se preocupar mais em prestar contas aos doadores (que financiam suas actividades) do que propriamente aos cidadãos que os elegem.

Uma outra ilação derivada da interpretação e bibliografia consultada é de que as condicionalidades, principalmente no âmbito dos ajustamentos estruturais desenvolvidos pelo FMI e Banco Mundial, que influenciaram a reedição das Constituições democráticas para comportar as exigências dos doadores, ao invés de terem contribuído no fortalecimento e consolidação

---

[109] No original: "Leaders from the North must understand that the development of African countries will have to be designed and implemented by the African people themselves. No donor agency will develop Africa for them".

das instituições democráticas, intensificaram, por outro lado, o autoritarismo em vários países africanos, na medida em que, segundo Bangura e Gibbon (1992), os doadores, no âmbito das suas condicionalidades, impõem medidas que facilmente criam ampla oposição, e os Estados africanos recorrem cada vez mais a restrições para contornar a oposição.

Olhando para Moçambique, à semelhança de vários países, o ajustamento estrutural e as condicionalidades políticas, para além de terem configurado várias instituições, criaram conflitos sociais no país, minando a produção agrícola local e enfraquecendo a estrutura industrial existente na altura (Abrahamsson, 2001). Para finalizar, conforme nos sugere Macamo (2003), não obstante a apreciação crítica e invariavelmente negativa que se tem das políticas de ajustamento estrutural em Moçambique, promovidas pelo FMI e BM[110], essas instituições tiveram um papel crucial na constituição da realidade social, econômica e política e/ou democrática de Moçambique.

Impacto da cooperação Sul-Sul no processo da democratização em Moçambique

Os discursos oficiais dos Estados afirmam que a CSS não tem condicionalidades – sejam elas sociais, ambientais, políticas ou relativas à observância de Direitos Humanos), bem como defendem que ela é orientada pela própria demanda dos países parceiros (Souza, 2014). A expressão "Cooperação Sul-Sul" foi, em certa medida, concebida para facilitar uma distinção das relações mantidas entres os países em desenvolvimento e a cooperação tradicional "Norte-Sul" provida por países doadores (Corrêa, 2010).

Apesar de essas iniciativas serem consideradas relativamente recentes no sistema internacional, desde o início do século XXI o mundo observa uma tendência de dinamização e aprofundamento da cooperação entre países em desenvolvimento (Pino, 2014). Em seu início, ainda nos anos de 1950-1960, a cooperação entre países em desenvolvimento era mais um discurso político do que uma prática, em função da ausência de condições financeiras, técnicas e logísticas suficientes para sua materialização (Corrêa, 2010).

Todavia, embora a cooperação entre os países em desenvolvimento tenha sofrido algumas restrições, os actores dessa modalidade, desde a Conferência de Bandung, nunca se esqueceram de mencionar a necessidade

---

[110] O FMI e BM são parte das instituições "trazidas a Moçambique por razões da política dos EUA, acima de tudo para facilitar a implementação da economia aberta e liberalizada e da democracia no estilo ocidental". (ABRAHAMSSON, 2001, p. 211).

de promover a cooperação econômica e técnica entre eles (Leite, 2012). Por isso, o discurso e o pensamento das relações Sul-Sul não permaneceram na retórica, na medida em que, nas décadas seguintes, os avanços econômicos, tecnológicos e institucionais em grupos seleccionados de países em desenvolvimento permitiram, enfim, que, a partir da década de 1980, a cooperação Sul-Sul migrasse de um cenário de acções pontuais para iniciativas resultantes de planeamento, conduzidos em bases regulares e com maior envergadura (Corrêa, 2010). Embora seja difícil encontrar os dados quantificados sobre a contribuição da CSS, estimativas indicam que os fluxos da CSS, em 2006, foram entre US$ 9,5 bilhões e US$ 12,1 bilhões (Ecosoc, 2008, p. 11 *apud* Burges, 2012, p. 238). Em 2011, a contribuição das potências emergentes atingiu US$ 16,8 bilhões (Di Ciommo, 2014, p. 10).

Vale notar que a crescente importância da CSS no sistema internacional tem a ver também com uma visão crítica em relação ao discurso e às práticas da CNS. Na medida em que os operadores de cooperação entre países em desenvolvimento são enfáticos, quando indicam a solidariedade como seu elemento motivador e desvinculado de interesses que não seja a promoção do desenvolvimento (Corrêa, 2010). Perante essa narrativa, a CSS tem vindo a ganhar seu espaço no contexto africano. Primeiro, a prática de apoio "sem condicionalidades" acaba se adequando e surge, portanto, como preferência ideal para o governo de Moçambique, pois abre margem para que o governo adote suas políticas sem entraves políticos ou de ortodoxia fiscal. Segundo, para as elites políticas moçambicanas, a oferta de concessão de empréstimos e taxa de juros mais baixos (ou mesmo sem algum acréscimo percentual) tornam-se um factor atractivo considerável, uma vez que é suposto que crie maior margem de manobra aos governantes para exercerem sua independência. Em terceiro lugar, a CSS acaba sendo uma alternativa face às condicionalidades da CNS, visto que, se uma agência multilateral ou bilateral que pratique a norma de condicionalidade política relativa a Direitos Humanos ou democracia se recusar a aprovar um dado empréstimo, o governo de Moçambique tem agora a possibilidade de negociar com os outros parceiros da CSS (Conceição, 2015).

É em virtude dessas manobras que o presente capítulo questiona em que medida os *modus operandi* da CSS contribuem na construção e no fortalecimento das instituições democráticas em Moçambique, incluindo as implicações a CSS apresentam no processo de democratização em curso no país? Devido à multiplicidade de actores que compõem a CSS, para os desígnios do presente capítulo, a avaliação do impacto da CSS na construção e no fortalecimento das instituições democráticas será feita tendo em conta a actuação do Brasil em Moçambique.

Assim, olhando para a trajectória histórica do intercâmbio entre o continente africano e Brasil, é de capital importância frisar que, deveras, as relações entre Brasil e África não são recentes. Vêm desde o início do século XVI no contexto da colonização portuguesa (Conceição, 2015). No entanto, após o período de colonização, o Brasil expandiu as suas relações com os países africanos com maior prioridade para os lusófonos e com os países africanos localizados no litoral do Atlântico Sul (Marcondes, 2019, p. 379). Ademais, é necessário salientar que "a aproximação do Brasil com os países africanos, inclusive Moçambique, faz parte de um amplo projeto que visava inserir o Brasil no mundo e destacar a sua autonomia em relação às tradicionais potências ocidentais" (Fingermann, 2019, p. 355). Em termos de volume das relações, dados indicam que "entre 2002 e 2012, o comércio entre o Brasil e o continente africano aumentou seis vezes, passando de US$ 4,9 para US$ 26,5 biliões" (BNDES, 2013 *apud* Garcia; Kato, 2016, p. 69).

Ao tratar das relações Brasil-Moçambique, no âmbito da CSS, identifica-se como primeiro acto diplomático a assinatura do Acordo-Marco de Cooperação, em 1981, e a sua ratificação em 1984 (Milani; Conceição; M'Bunde, 2016). Nos anos seguintes, durante o governo Sarney (1985-1989), houve um aprofundamento das iniciativas de cooperação técnica, com a consolidação de cinco acordos nas áreas da agricultura, comunicação, cultura e educação, conforme ilustra a tabela a seguir:

Tabela 1 – Actos Internacionais entre o Brasil e Moçambique

Áreas de Cooperação	Sarney (1985-1989)	Fernando H. Cardoso (1995-2002)	Lula 2003-2010	Rousfseff 2011-2016	Temer 2016-2018
Agricultura/ Agropecuária	1		4		1
Alimentação			1	1	
Biocombustíveis			1	1	
Capacitação profissional / científica e tecnológica	1		4	1	
Combate a entorpecentes e a transacções fraudulentas			1		
Comunicação Social	1		1		

Áreas de Cooperação	Sarney (1985-1989)	Fernando H. Cardoso (1995-2002)	Lula 2003-2010	Rousfseff 2011-2016	Temer 2016-2018
Cooperação académica	1		1		
Cultural	1		6	1	
Desenvolvimento urbano			3		
Educação e alimentação			2		
Educação		3	1		
Desporto			3		
Florestas			1		
Fortalecimento institucional			3		
Mineração		1	1		
Negócios e investimento				3	
Obras públicas			1		
Saúde		1	11	1	
Segurança pública		1	2		
Terras e mapeamento			1		
Turismo			1		
Total	5	6	49	8	1

Fonte: Fingermann (2019, p. 360)

Como se pode observar na tabela 1, a CSS do Brasil com Moçambique tem crescido rapidamente nas últimas décadas, principalmente no governo Lula, no período que compreende os anos de 2003 – 2010. Ademais, a tabela em alusão, além de ilustrar a intensificação e a diversificação da CSS do Brasil em Moçambique, principalmente no governo Lula (2003-2010), também demostra a existência de um campo muito pouco explorado na CSS brasileira em Moçambique, que lida mais directamente com a democracia. Em quase todos documentos e literatura, por nós revista, a questão democracia e/ou consolidação democrática não é referenciada, directamente, nos actos internacionais entre Brasil e Moçambique.

Ora, se comparada à CSS do Brasil com a CNS dos EUA em Moçambique, perceber-se-á que a cooperação estabelecida com os EUA tende a ser mais diversificada, com maior destaque para o campo político. Aliás, de acordo com a Estratégia de Assistência do Governo dos Estados Unidos a Moçambique (2009-2014), o objectivo prioritário da ajuda dos EUA consiste em fortalecer a governação democrática em Moçambique. A ausência do debate e promoção da democracia e Direitos Humanos na CSS brasileira não se notabiliza apenas em actos internacionais com Moçambique, mas parece ser a natureza e a lógica da actuação da CSS brasileira com o restante dos países.

Com base no gráfico abaixo (Gráfico 1), sobre a classificação e enfoque da CSS brasileira, por segmento, com vários países no mundo, não se mostra clara a contribuição da CID brasileira em matérias de democracia e/ou consolidação democrática em nível internacional. Dos vários segmentos/áreas de cooperação empreendidas pelo Brasil com o mundo, entre o período de 2000 a 2014 (período em que a CID brasileira foi mais efectiva no mundo), não se visualiza facilmente questões atinentes à democracia.

Gráfico 1 – Classificação da Cooperação Sul-Sul por segmento (2000-2014)

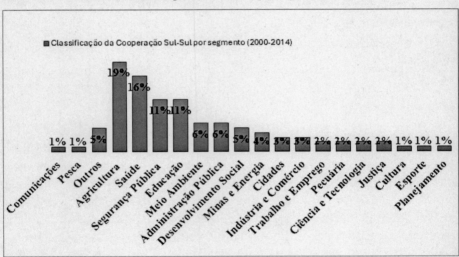

Fonte: adaptado a partir de Rodrigues e Maciel (2018, p. 157)

Ademais dos dados aludidos, que demonstram o foco e as áreas que a CSS brasileira tem privilegiado ao longo dos 14 anos, o gráfico 1 aponta a pouca relevância que é dada à questão da democracia e outros temas afins. Das 20 áreas citadas no gráfico 1, a cooperação estabelecida pelo Brasil não deu nenhum enfoque específico aos temas relacionados com a democracia e Direitos Humanos.

Nesse âmbito, não obstante Rodrigues e Macial (2018) defenderem a ideia de que os diferentes projectos ofertados pelo Brasil (em áreas como agricultura etc.) concorrem e contribuem, indirectamente, para a criação de condições de ampliação dos Direitos Humanos, de modo democrático e contextual, os autores do presente capítulo argumentam que, mesmo assim, ainda não há clareza da contribuição da CSS brasileira sobre democracia em África e, em particular, em Moçambique. Apesar dessa limitação e incerteza, o Brasil tem vindo a promover em outros países do Sul Geopolítico práticas que poderão fortalecer os princípios da democracia multipartidária e eleitorais. Segundo Abdenur e Neto (2013) e Rodrigues e Macial (2018), devido às acções do Tribunal Superior Eleitoral do Brasil (TSE), o Brasil tem vindo a promover em África o sistema de votação eletrônica como forma de ampliar a participação na votação de eleitores com deficiência e analfabetos. Em 2011, no primeiro mandato da presidente Dilma Rousseff, as autoridades dos tribunais eleitorais do Brasil, Angola, Moçambique, Cabo Verde, São Tomé e Príncipe, Timor Leste e Portugal rubricaram a *Carta de Brasília*, que entre vários objectivos, os países se comprometiam a melhorar a gestão e a administração de seus sistemas eleitorais para o fortalecimento das instituições democráticas legalmente instituídas (Abdenur; Neto, 2013).

Com essas acções, para além do Brasil explorar um nicho pouco executado na CID brasileira que lida mais directamente com a democracia, o Brasil ajudou a estimular discussões sobre aspectos processuais da democracia eleitoral. No entanto, no contexto africano, e em particular Moçambique, o impacto exacto dessas trocas de experiências sobre o sistema de votação electrónica ainda é difícil de mensurar, uma vez que a tecnologia que é promovida nem sempre é adoptada (Abdenur; Neto, 2013; Rodrigues; Macial, 2018).

Ademais, ao se analisar o impacto da CID brasileira sobre o processo de democratização em Moçambique ou na consolidação e fortalecimento das instituições democráticas, não se deve negligenciar as actuações dos entes subnacionais do Brasil no espaço moçambicano, por meio da cooperação internacional descentralizada, que tende a ser considerada um dos instrumentos mais eficazes e impactantes no alcance do desenvolvimento e democratização das sociedades africanas a partir das cidades. Em termos práticos, as cidades ou municípios do Brasil, desde 2013, intensificaram encontros de trocas de experiências com as suas congêneres moçambicanas, com vista a contribuir no fortalecimento das estruturas políticas e administrativas das instituições autárquicas em Moçambique.[111]

Mais recentemente, no âmbito da necessidade de democratizar e da ampliação da participação cidadã nos governos subnacionais, foi concebido o Projeto de Melhorias das Autarquias Locais de Brasil e Moçambique, sob o lema "cooperação descentralizada para democratizar a cidade". Em nossa análise, essas iniciativas entre as entidades subnacionais, para além de incentivar a adopção de mecanismos modernos de gestão urbana e de planeamento territorial, conseguiram, de certo modo, incentivar os actores políticos de Moçambique a conduzir processos inovadores e participativos, nas suas respectivas cidades, como é o caso dos Orçamentos Participativos (OP) e outros mecanismos participativos para a definição de prioridades ao nível dos governos locais em Moçambique (CGLU, 2015).

Entretanto, apesar da cooperação internacional descentralizada ser conceituada como um elemento complementar à cooperação em nível estatal[112], a sua prática, no contexto moçambicano, pode ser um instrumento propício no alcance das metas de consolidação da Democracia e Governação Política (DGP), sublinhadas no relatório de progresso sobre a implementação do Programa Nacional de Acção do Mecanismo Africano de Revisão de Pares (MARP) (2020).

Ora, não obstante o potencial que os intercâmbios das entidades subnacionais dos dois países têm na promoção e fortalecimento da democracia, da análise desenvolvida, foi possível aferir que, no contexto nacional, historicamente, privilegia-se a cooperação tradicional por oposição à cooperação descentralizada, em parte devido aos receios de fragilização ou perda de controle do Estado, assim como a desconfiança do governo central face a mais uma proposta (ou tentativa de imposição) dos dadores por meio dessa nova forma de cooperação internacional (Faria; Chichava, 1999).

Ademais, apesar de a cooperação descentralizada ser alvo de desconfiança por parte do governo central moçambicano, no contexto do ciclone Idai, em março de 2019, um ciclone que levou à devastação da segunda maior cidade de Moçambique, a participação do Brasil na assistência humanitária

---

[111] Encontro de troca de experiência entre técnicos dos municípios do Brasil e de Moçambique. O encontro contou com sete municípios de Moçambique: Lichinga, Inhambane, Dondo, Maputo, Matola, Manhiça e Nampula, e cinco do lado brasileiro: Belo Horizonte, Vitória, Guarulhos, Canoas e Maringá (UCLG, 2013).

[112] A Cooperação Descentralizada para Democratizar. Projeto de melhoria das capacidades de autoridades locais de Brasil e Moçambique como actores da Cooperação Descentralizada.

foi impulsionada principalmente por um organismo subnacional brasileiro, após um o silêncio de uma semana do presidente Jair Messias Bolsonaro (Figerman, 2019)[113].

Aliás, o crescimento da cooperação internacional descentralizada entre Brasil e Moçambique corresponde, de certo modo, a uma tentativa compensatória da ausência do fluxo da cooperação tradicional (entre nações). Daí que, segundo Cabral, Levidowe Schmitt (2021, p. 22), a despeito da descontinuidade na política externa brasileira, algumas dinâmicas da CSS continuaram, principalmente por meio de acções de organizações da sociedade civil, redes e movimentos sociais, no caso, da esfera agroalimentar. Portanto, o silêncio de uma semana do presidente Bolsonaro, o envio tardio da assistência humanitária e a doação irrisória de um montante de cem mil euros mostram as mudanças na política externa brasileira para o continente africano, principalmente, no âmbito da CSS (Fingerman, 2019, p. 353), conforme veremos a seguir.

Implicações do avanço da extrema-direita e o pulsar da cooperação internacional

Antes de entrar propriamente na discussão sobre o impacto da onda de extrema-direita e reaccionária na política externa brasileira e dos EUA, cumpre-se mencionar que o avanço da extrema-direita não foi um facto isolado ao Brasil e aos EUA, nos governos conservadores de Jair Bolsonaro e Donald Trump, respectivamente. Na verdade, o mundo tem vindo a ser palco de diversos fenómenos e movimentos que ameaçam as instituições democráticas e liberais.

De modo mais incisivo, pode se dizer que o sentimento e/ou fenómeno antiliberal (contra a Ordem Internacional Liberal), teorizado como sendo "populismo", "extrema-direita" e "ultraconservadorismo" (Guimarães; Silva, 2021; Almeida, 2019; Casarões; Farias, 2021), tem-se generalizado em vários países, inclusive na Europa. "Deste 2017, ano de grandes reveses para grupos progressistas em eleições de vários países, a Europa assiste a um aumento significativo do apoio a movimentos e partidos de extrema-direita."[114] Ora, entre vários casos simbólicos da manifestação da extrema-direita no mundo,

---

[113] "O Escritório Regional do Ministério das Relações Exteriores de Minas Gerais, chefiado pela embaixadora Maria Auxiliadora Figueiredo, pressiona as instâncias internas do Governo Federal e logra, via o Governo de Minas Gerais, organizar uma missão humanitária a Moçambique" (Fingerman, 2019, p. 353).

[114] Disponível em: https://www.poder360.com.br/internacional/esquerda-e-conservadores-tentam-conter--avanco-da-extrema-direita-na-europa Acesso em: 5 maio 2024.

destaca-se: a saída do Reino Unido da União Europeia, o crescimento do *Rassemblement National* (RN) na França, o crescimento do *Alternative für Deutschland* (AfD) na Alemanha, que entrou no parlamento pela primeira vez com uma plataforma antieuro e anti-imigração[115]).

De salientar que, em alguns países, como é o caso do Brasil, o desenvolvimento do movimento ultraconservador tem encontrado forte apoio no fortalecimento político das igrejas neopentecostais, que a cada ano abrem no país 14 mil novas igrejas neopentecostais[116]. No entanto, embora possa existir diferenças de grau de sua manifestação em diferentes países, os movimentos da extrema-direita também designados de movimentos populistas compartilham algumas características, que são: *antiestablishment*, autoritarismo e nativismo (Inglehart; Norris, 2016)[117]. Embora todos os governos partilhem as características observadas anteriormente, Abrahamsson e colegas, e De Orellana e Michelsen, mostram que os populistas de extrema-direita pertencem a um movimento global interligado, no qual os principais pensadores têm, ao longo de várias décadas, teorizado e mobilizado estrategicamente a cultura de ressentimentos (Guimarães; Silva, 2021).[118] Assim, uma das abordagens que ameaçam a continuidade do Sistema Internacional de Cooperação ao Desenvolvimento é o nativismo: uma ideologia segundo a qual os Estados deveriam ser habitados exclusivamente por membros do grupo nativo (a nação), visto que, para esses, os elementos não nativos estão a ameaçar a homogeneidade do Estado-nação (Guimarães; Silva, 2021, p. 349).[119]

Ora, de forma antecipada, da análise desenvolvida neste capítulo sobre os impactos da extrema-direita (nos EUA – Donald Trump e no Brasil – Jair Bolsonaro) nos fluxos da cooperação internacional, não obstante as similaridades existentes entre Trump e Bolsonaro, em termos discursivos

---

[115] Disponível em: https://www.poder360.com.br/internacional/esquerda-e-conservadores-tentam-conter-avanco-da-extrema-direita-na-europa Acesso em: 5 maio 2024.

[116] Disponível em: https://www.dw.com/pt-br/opini%C3%A3o-igrejas-neopentecostais-amea%C3%A7am-democracia-na-am%C3%A9rica-latina/a-42511616 Acesso em: 5 maio 2024.

[117] "[...] populist philosophy is a loose set of ideas that share three core features: anti-establishment, authoritarianism, and nativism" (Inglehart; Norris, 2016, p. 6).

[118] No original: "It is important to emphasize that far-right populism is a specific form of populism. Although all populist governments share the characteristics noted above, Abrahamsen and colleagues, and De Orellana and Michelsen, show that far-right populists belong to an interconnected global movement in which key thinkers have, over several decades, theorized and strategically mobilized cultural resentments, and developed a coherent sociological critique of globalization".

[119] No original: The raison d'être of far-right populists is to defend nativism: an ideology according to which states should be inhabited exclusively by members of the native group (the nation), and non-native elements are threatening the nation-state's homogeneity".

e convenções, em termos de impacto na cooperação com a África, em particular Moçambique, houve uma diferença substancial na política externa de Trump e do Bolsonaro. Isso é, em termos práticos, as visões ultraconservadoras de Trump não conseguiram paralisar ou reduzir a contribuição dos EUA em Moçambique, diferente do governo ultraconservador de Jair Bolsonaro que reduziu substancialmente os seus níveis de cooperação com Moçambique, conforme se pode ver a seguir.

Indo adentro sobre as implicações da ascensão do governo conservador de Jair Bolsonaro, nas eleições de 2018, com forte apoio das igrejas neopentecostais no Brasil, a política externa brasileira em África teve uma nova roupagem, caracterizada pelo encerramento de algumas embaixadas e redução orçamentária. Aliás, dados mais recentes indicam que, nos últimos anos, as relações Brasil-África e mais particularmente Brasil-Moçambique têm registado níveis de retrocessos alarmantes, o fluxo dos actos internacionais entre os dois países tem reduzido substancialmente.

Segundo Cabral, Levidow e Schmitt (2021), a ruptura significativa no *modus operandi* da diplomacia brasileira não pode ser desassociada às recentes e profundas perturbações no sistema político brasileiro, com fortes ameaças ao regime democrático vigente. Portanto, parafraseando os autores anteriormente referidos, as "perturbações no sistema político, com ameaças ao regime democrático. A controversa impugnação da presidente Dilma Rousseff, substituída em 2016 pelo vice-presidente Michel Temer, [...]" e posterior ascensão do presidente Bolsonaro também constituem factores importantes que influenciaram directamente na redução substancial do engajamento e envolvimento do Brasil no continente africano, em particular Moçambique (Cabral; Levidow; Schmitt, 2021 p. 276).

Vale lembrar que, ao nível do Sistema Internacional da Cooperação para o Desenvolvimento, o Brasil não foi a única nação que teve uma visão isolacionista no mundo, um posicionamento crítico e de desvalorização ao multilateralismo. De par com ela, destacaram-se os EUA, sob administração Trump. Ademais, conforme mencionado anteriormente, o sentimento antiliberal tem-se generalizado em vários países, inclusive na Europa.

De facto, a entrada de Trump na Casa Branca, na qualidade do 45º presidente dos Estados Unidos de América, ameaçou e instabilizou as instituições de cooperação ao desenvolvimento. Em seu mandato, além de ter ameaçado as instituições democráticas, "a partir de pautas contrárias ao cânone que configurou o desenvolvimento da democracia" e da cooperação internacional (Barreiros; Miaguti; Poty, 2021, p. 300), conseguiu alterar alguns aspectos em áreas como comércio, ambiente/alterações climáticas e Direitos Humanos, bem como a deslocação da embaixada dos EUA, em Israel de Tel Aviv a Jerusalém (Lima, 2022, p. 11).[120] Assim, embora Trump tenha conseguindo cumprir com as suas políticas de valorização do unilateralismo, em alguns sectores, quando se analise, de modo particular, as acções e os orçamentos de assistência ao desenvolvimento, levadas a cabo pelas agências norte-americanas, percebe-se que não houve grandes alterações. Em nossa análise, isso deveu-se a dois pressupostos, por um lado, devido ao maior grau de institucionalização da cooperação norte-americana, isto é, dentro dos EUA havia uma contraestratégia colectiva bem-sucedida para conter as iniciativas de Trump que minavam o multilateralismo. Por outro lado, devido a um certo grau de autonomia das instituições responsáveis pela cooperação internacional (Lima, 2022; Hill, 2022; Regilme Jr., 2023). Factos que podem ser observados na citação a seguir:

> A administração Trump foi abertamente hostil à ajuda e tentou em diversas ocasiões cortar o orçamento de desenvolvimento. No entanto, estas tentativas foram, na sua maior parte, combatidas com sucesso por alguns dos próprios membros do gabinete de Trump e por republicanos "internacionalistas" do congresso. Bem como a própria USAID (Hill, 2022, p. 1).[121]

Portanto, comparando as abordagens dos dois regimes (Trump e Bolsonaro), constata-se algumas similaridades e alinhamentos no que tange às mudanças climáticas, às críticas ao multilateralismo e à controversa posição antiglobalista, bem como a crescente influência de grupos conservadores e religiosos na definição da agenda internacional relacionada com os Direitos Humanos e as questões de gênero (Cabral, Levidow; Schmitt, 2021). No entanto, conforme mencionado anteriormente, a actuação desses dois países (EUA e Brasil) sob liderança ultraconserva-

---

[120] No original: "Therefore, these actions will be contextualized in broader themes, which are trade, environment/climate change and human rights. There is one extra subject that do not fit precisely in any of the previous mentioned categories so it will be analyzed separately. It regards the relocation of the U.S. embassy in Israel from Tel Aviv to Jerusalem".

[121] The Trump Administration was openly hostile to aid and attempted on multiple occasions to cut the development budget. These attempts were, for the most part, successfully countered by some of Trump's own (short-lived) cabinet members and "internationalist" congressional Republicans. As noted in mid-2020, in the context of rising competition with China and the Covid-19 crisis, "both the foreign aid budget – thanks to the US Congress – and USAID itself have emerged broadly intact as four years of the Trump administration draw to a close".

dora e autoritária na arena internacional (em especial na África) teve, tendencialmente, resultados e impactos diferentes ao Sul do sistema internacional, especificamente em Moçambique.

No caso da CID brasileira em Moçambique, devido ao programa conservador do governo, as relações entre os dois países reduziram significativamente (Fingermann, 2019; Cabral; Levidow; Schmitt, 2021). No entanto, é de capital importância salientar que os recuos na CSS Brasil-Moçambique não são exclusivos ao período actual, uma vez que, depois da saída de Lula (em 2010), a CSS brasileira com Moçambique tem vindo a registar recuos significativos, saindo de 49 actos internacionais (governo Lula – 2003-2014) para 8 actos internacionais (governo Rousseff 2011-2016), por exemplo (Fingermann, 2019).

De acordo com o relatório do Gabinete de Transição Governamental (2022), a visão isolacionista e a postura negacionista, além do desmonte das políticas públicas, em nível interno, no nível externo, afectaram a imagem do país e prejudicaram a capacidade brasileira de influir sobre temas da agenda global:

> A dívida com organizações internacionais representa grave prejuízo à imagem do país e à sua capacidade de atuação e compromete severamente sua política externa. O Brasil deve actualmente cerca de R$ 5,5 bilhões de reais. Se um valor mínimo dessa dívida não for pago ainda no atual exercício, haverá perda de voto em organizações como a ONU, a Organização das Nações Unidas para Alimentação e Agricultura (FAO) e a Organização Internacional do Trabalho (OIT), entre outras (Gabinete de Transição Governamental, 2022, p. 51).

Em termos de imagem e credibilidade do compromisso dos EUA com a ajuda externa e com o multilateralismo, a imagem do país também ficou prejudicada durante os quatro anos de Trump. No entanto, os fluxos da cooperação, no ano de 2020, demonstram um envolvimento efectivo do governo dos EUA em áreas-chave da governação global. Tendo enviado cerca de 2,6 mil milhões de dólares ao Programa Alimentar Mundial e 2,6 mil milhões de dólares ao Fundo Global de Luta contra a SIDA (USAID, 2021 apud Regilme Jr., 2023, p. 46).[122]

Relativamente à CID dos EUA com Moçambique, se comparada com a do Brasil, constata-se que ela não apresentou recuos significativos em termos práticos. Por exemplo: no âmbito do ciclone Idai e Kennet, em 2019,

---
[122] Ver: "In 2020, the US government provided 2.6 billion USD to the World Food Program and 2.6 billion USD to the Global Fund to Fight AIDS, Tuberculosis and Malaria, thereby highlighting the substantial scope of US involvement in key areas of global governance" (USAID 2021).

o governo dos EUA doou cerca de 166,8 milhões de dólares. Sem contar com os 500 milhões de dólares de ajuda anual ao desenvolvimento que os EUA concedem ao governo e ao povo de Moçambique.[123]

Portanto, diferentemente do Brasil, a CID dos EUA, mesmo com a ascensão de um *outsider* como Trump, a ajuda ao desenvolvimento desse actor em África, em termos numéricos, ainda continua significativa, conforme se lê na tabela a seguir:

Tabela 2 – Ajuda dos EUA em África – 2021

Nr.	Principais Sectores	Contribuições
1	Resposta de Emergência	3,06 bilhões de dólares
2	Serviços Básicos de Saúde	1,65 bilhões de dólares
3	HIV/SIDA	1,27 bilhões de dólares
4	Ajuda alimentar/Segurança alimentar	1,24 bilhões de dólares
5	Despesas operacionais	620,2 milhões de dólares
6	Energia	546,4 milhões de dólares
7	Saúde materno infantil, planeamento familiar	487,7 milhões de dólares
8	Agricultura	421 milhões de dólares
9	Ensino Básico	332 milhões de dólares

Fonte: Comando dos Estados Unidos para África (2022, p. 6)

Com base nos dados anteriores, fica patente que, no caso dos EUA, mesmo depois de uma governação Trump "contra multilateralismo e antiglobalista", em 2021, os EUA conseguiram financiar cerca de 3.730 actividades no continente africano, a um total de 56 países e regiões (Comando dos Estados Unidos para África, 2022. p. 6). Assim, subsidiando-se nos dados sobre os fluxos da ajuda dos EUA em África, nos anos de 2019 e 2021, os autores do presente capítulo argumentam que as políticas ultraconservadoras ou contra a Ordem Internacional Liberal, vigentes na administração Trump, não conseguiram paralisar os fluxos da CID norte-americana em África.

Portanto, conforme se pode depreender, as perturbações políticas ocorridas nos EUA, principalmente com a ascensão do Trump, não abalaram, significativamente, a visão e política de ajuda dos EUA, apesar dos retrocessos registados e tensões com países europeus e africanos, principalmente em

---

[123] EUA atribuem US$ 59.2 adicionais para ajudar moçambicanos afectados pelos ciclones, cheias e secas https://mz.usembassy.gov/pt/pr-10172019-pt/ Acesso em: 5 maio 2024.

questões climáticas. No entanto, no caso do Brasil, os autores do presente capítulo argumentam que as políticas ultraconservadoras do Bolsonaro, além de terem afectado, negativamente, a inserção internacional do Brasil, representaram uma ruptura significativa no *modus operandi* da diplomacia brasileira, em África e no Mundo.

Esse resultado pode ser explicado com base nos nossos dois pressupostos, anteriormente mencionados. Isto é, (i) o maior grau de institucionalização da CNS dos EUA em comparação com a CSS do Brasil e (ii) a maior autonomia das agências dos EUA (USAID e outras) em relação ao encapsulamento da ABC do Brasil no âmbito do Itamaraty, profundamente politizado no governo Bolsonaro, são elementos fundamentais na compreensão dos efeitos e resultados dos dois regimes populistas na arena de cooperação internacional.

Ainda na busca das motivações que levaram à redução drástica da cooperação brasileira em África, Marcondes (2021), olhando especificamente para o contexto da Covid-19, argumenta que, não obstante os valores nacionalistas do governo Bolsonaro, a Covid-19 constitui um dos factores fundamentais que contribuíram na redução dos níveis da cooperação brasileira em África. Na visão do autor, "o relacionamento entre o Brasil e o continente africano, no contexto da Covid-19, precisa ser entendido a partir desses desafios e dos impactos que os mesmos deixaram na política internacional" (Marcondes, 2022, p. 527).

Todavia, e sem descurar os impactos geopolíticos, econômicos e sociais que a Covid-19 causou no sistema internacional, as evidências corroboram com os pressupostos de que a ausência do Brasil no cenário internacional de assistência ao desenvolvimento foi resultado de dois factores complementares, isto é, a ascensão do governo conservador em 2018, que imobilizou as instituições multilaterais, bem como o menor grau de autonomia das principais agências responsáveis pela política externa.

Ora, fazendo-se uma breve leitura sobre a trajectória histórica da política externa brasileira, durante duas décadas (1994-2014), percebe-se que a política externa foi um dos principais campos de batalha entre PSDB e PT. No entanto, apesar das diferentes visões sobre a inserção internacional e regional do Brasil, os governos do PSDB e do PT adoptaram estratégias que mesclavam seus valores com certa dose de pragmatismo. Todavia, no governo de Jair Bolsonaro, a política externa, entretanto, rompeu com a trajectória histórica da diplomacia brasileira, adoptando um alinhamento automático à potência hegemónica e hostilizando alguns vizinhos, o que compromete a estabilidade e a paz na América do Sul (Nery, 2020-2021).

Portanto, no período pós-2016, a CSS – Brasil-Moçambique foi bastante afectada, além de uma política externa baseada em uma visão missionária e cruzadista, o governo Bolsonaro adoptou um alinhamento automático e de grau inédito com os Estados Unidos, contribuindo para isolar o Brasil na cena global (Nery, 2020-2021). Na verdade, a CSS foi marginalizada, senão descontinuada, e se ampliaram os gastos com países desenvolvidos, a título de exemplo, "os recursos destinados aos Estados Unidos (21,8 milhões de reais) superaram aqueles destinados a Moçambique (8,2 milhões de reais) em 2016" (IPEA, 2018 *apud* Fingermann, 2019, p. 368).

Na CNS dos EUA, mesmo com um governo que conduzia uma política avessa ao multilateralismo, em termos reais, e excluindo vários pacotes de emergência como os anunciados em resposta à actual crise na Ucrânia, houve poucas mudanças nos principais componentes do orçamento de ajuda internacional dos EUA entre 2018 e 2022.[124] Aliás, em 2021, os EUA conseguiram financiar cerca de 3.730 actividades no continente africano, a um total de 56 países e regiões (Comando dos Estados Unidos para África, 2022).

Contrariamente no Brasil, onde a ascensão do Bolsonaro quase paralisou as instituições da CSS, em uma velocidade sem precedentes na história do país, que resultou na "redução da presença diplomática brasileira no continente africano, caracterizada por um contexto de redução dos recursos orçamentários para projectos de cooperação, redução de visitas de alto-nível e fechamento de postos diplomáticos no continente (Marcondes, 2022). Por exemplo, para além de o presidente Jair Bolsonaro ser o primeiro presidente brasileiro a não visitar oficialmente a África, de maio de 2020 até maio de 2022, o governo brasileiro, sob liderança conservadora, extinguiu três embaixadas brasileiras residentes (na Serra Leoa, na Libéria e no Malawi) (Marcondes, 2022).

Portanto, esta situação denuncia uma certa fragilidade das instituições que lidam com a política externa, assim como revela um menor grau da institucionalização da CSS do Brasil. Aliás, os maiores índices de CSS do Brasil para com Moçambique foram observados somente nos governos

---

[124] "In real terms, and excluding multiple emergency packages such as those announced in response to the ongoing Ukraine crisis, there has been little change in the main components of the US aid budget between 2018 and 2022" (Hill, 2022, p. 1).

de Lula (2003-2010), com um total de 49 actos internacionais. A situação tende a ser complexa, pois como e em que circunstância um país com um histórico de CSS, em menos poucos anos, faz uma viragem de 180 graus para o alinhamento do "Brasil com as potências tradicionais (Estados Unidos, Europa e Japão), priorizando a diplomacia comercial, e abandonou a ênfase nas relações Sul-Sul" (Nery, 2020-2021, p. 99). A resposta pode ser encontrada em vários aspectos, mas o pressuposto do menor grau de institucionalização da CSS do Brasil e a hipótese do menor grau de autonomia das agências de cooperação tendem a ser consistentes. Assim, apesar da consciência de que no contexto actual a política externa é vista como uma política pública, em que "a formulação e implementação se enquadram na dinâmica das escolhas governamentais" (Milani; Pinheiro, 2017, p. 278)[125], mesmo assim, urge a necessidade de instituições minimamente permanentes que teriam a função de proteger os fundamentos da CSS num contexto de alternância política. Pois, "o declínio do Itamaraty como formulador central e o crescente protagonismo de outras agências burocráticas e dos partidos políticos têm deslocado o centro gravitacional do processo decisório, tornando a política externa simultaneamente mais sensível ao debate político e social e menos coerente e previsível ao longo do tempo" (Belém Lopes, 2020 apud Nery, 2020-2021, p. 96-97).

Considerações finais

O presente capítulo foi desenvolvido visando explicar em que medida a CNS e CSS contribuem no processo da democratização em Moçambique. Os dados corroboram com o argumento de que a CNS em geral, e as relações entre EUA-Moçambique em particular, apesar de serem acompanhadas por um conjunto de condicionalidades, conseguiram influenciar na criação de uma série de instituições democráticas em Moçambique. Mas uma das descobertas relevantes que emerge do estudo é relativa à qualidade e à sustentabilidade das instituições democráticas criadas no âmbito desta cooperação, na medida em que, não obstante o papel fundador na institucionalização democrática em Moçambique, a CNS não conseguiu imprimir qualidade às instituições criadas, por simplesmente vinculá-las às condicionalidades e por torná-las um instrumento de regência de relações entre Maputo e os países doadores.

---

[125] No original: "Thus recognizing that its formulation and implementation fall into the dynamics of governmental choices".

Adicionalmente, e de modo conjunto, as evidências apontam que a CSS, mormente a cooperação entre Brasil e Moçambique, embora alicerçada na solidariedade, no respeito à soberania e realizada mediante demanda oficial, sem quaisquer tipos de condicionalidades, tem suscitado dúvidas quanto a sua contribuição na construção e no fortalecimento das instituições democráticas em Moçambique. No entanto, as iniciativas mais micro, envolvendo actores subnacionais, têm tido um papel preponderante e promissor na construção e no fortalecimento das instituições democráticas em Moçambique, apesar dessas acções não serem apoiadas, devido aos receios de fragilização ou perda de controlo por parte do poder central, entre outras desconfianças tanto em Maputo quanto em Brasília.

Relativamente às implicações do avanço da extrema-direita sobre a CID em África, ficou patente que essa onda autoritária e ultraconservadora tem repercussões negativas sobre o espírito e sobre os fundamentos da CID, visto que, na sua actuação, os movimentos e governos de extrema-direita limitam os intercâmbios internacionais, a discussão de agendas globais, privilegiando excessivamente questões nacionais, num contexto tendencialmente polarizado. Aliás, olhando especificamente sobre as implicações dessa onda sobre a CID brasileira e dos EUA no contexto africano, da análise desenvolvida, conclui-se que as perturbações políticas ocorridas nos EUA, principalmente com a ascensão do Trump, não abalaram, significativamente, a visão e os princípios de ajuda dos EUA, apesar dos retrocessos registados e tensões com países europeus e africanos. Porém, comparando com o Brasil, constata-se que as perturbações políticas, ocorridas com a ascensão do Bolsonaro, representaram uma ruptura significativa no *modus operandi* da diplomacia brasileira. Assim, ficou concluído que o menor grau da institucionalização da CSS do Brasil em relação ao da CNS dos EUA e a maior autonomia das agências de cooperação dos EUA em relação ao encapsulamento da Agência Brasileira de Cooperação, no âmbito do Itamaraty, profundamente politizado no governo Bolsonaro, são os factores que melhor explicam o impacto diferenciado do avanço dessa onda ultraconservadora e autoritária em Moçambique, no âmbito das relações de cooperação com o Brasil.

Referências

ABDENUR, Adriana Erthal; NETO, Danilo Marques. Cooperação Sul-Sul Brasileira e Democracia promoção do voto electrónico e cooperação judicial. *Pambazuka News*, [S. l.] Edição 55, 2013. Disponível em: http://pambazuka.org/pt/category/features/88330. Acesso em: 5 maio 2024.

ABRAHAMSSON, H.; Nilsson, A. *Ordem mundial futura e governação nacional em Moçambique*. Göteborg: Chalmers Reprocentral, 1998.

ABRAHAMSSON, Hans. *Aproveitando a oportunidade:* espaço de manobra numa ordem mundial em transformação: o caso de Moçambique. Maputo: CEEI-ISRI, 2001.

ALMEIDA, Ronaldo de. Bolsonaro presidente: conservadorismo, evangelismo e a crise brasileira. *Novos estud. Cebrap* [online], São Paulo, v. 38, n. 1, p. 185-213, 6 maio 2019.

AYLLÓN, Bruno. O sistema internacional de cooperação ao desenvolvimento e seu estudo nas Relações Internacionais: a evolução histórica e as dimensões teóricas. *Revista de Economia e Relações Internacionais*, São Paulo, Faculdade de Economia da Fundação Armando Alvares Penteado, v. 5, n. 8, 2006.

BANGURA, Yusuf; GIBBON, Peter. Adjustment, Authoritarianism and Democracy in Sub-Saharan Africa: An Introduction to Some Conceptual and Empirical Issues. *In:* GIBBON, Peter; BANGURA, Yusuf; OFSTAD, Arve (org.). *Authoritarianism Democracy and Adjustment:* The Political of Economic Reform in Africa. Upsala, Nordic Afrika Institute, 1992.

BARREIROS, Daniel; MIAGUTI, Caroline; POTY, Ítalo Barreto. Capitalismo, democracia e a extrema-direita: uma análise comparativa baseada no duplo movimento polanyiano (1870-1945 / 1970-2020). *Rev. hist. comp.*, Rio de Janeiro, v. 15, n. 1, p. 300-336, 2021.

BRESSER-PEREIRA, Luiz Carlos. *Transição e consolidação democrática e Revolução Capitalista*. Rio de Janeiro, Dados, 2011.

BRITO, Luís de. Sobre a transparência eleitoral. *In:* BRITO, Luis De; CHIVULELE, Fernanda Massarongo (org.). *Economia, recursos naturais, pobreza e política em Moçambique:* Uma colectânea de textos. IESE. Maputo: IESE, 2017. p. 371-375.

BRITO, Luis de. Multipartidarismo, geografia do voto e descentralização em Moçambique. *In:* CHICHAVA, Sérgio (org.). *Desafios para Moçambique 2019*. Maputo: IESE, 2019 p. 45-54.

BURGES, Sean. Desenvolvendo a partir do Sul: cooperação Sul-Sul no jogo de Desenvolvimento Global. *Austral:* Revista Brasileira de Estratégia e Relações Internacionais, Porto Alegre, v. 1, n. 2, p. 237-263, jul./dez. 2012. e-ISSN 2238-6912; ISSN 2238-6262.

CABRAL, L.; Levidow, L.; Schmitt, C. J. Alargando o espaço para o diálogo de políticas Sul-Sul: aprender com as iniciativas lideradas pela Sociedade Civil. *In:* MACUANE, J. J.; SIÚTA, M. (org.). *Desafios para Moçambique 2021.* Maputo: IESE, 2021. p. 271-300.

CASARÕES, Guilherme Stolle Paixão; FARIAS, Déborah Barros Leal. Brazilian foreign policy under Jair Bolsonaro: far-right populism and the rejection of the liberal international order. *Cambridge Review of International Affairs*, 2021. DOI: 10.1080/09557571.2021.1981248.

CGLU - Cidades e Governos Locais Unidos. *Cooperação descentralizada para democratizar a cidade.* Projeto de melhoria das capacidades de autoridades locais de Brasil e Moçambique como actores da Cooperação Descentralizada, Barcelona, 2015.

CHANG, Ha-Joon. *Chutando a escada:* a estratégia do desenvolvimento em perspectiva histórica. São Paulo: Unesp, 2004.

COMANDO DOS ESTADOS UNIDOS PARA ÁFRICA - AFRICOM. *Causando um impacto duradoiro:* um ano de cooperação reforça parceria de Segurança. [S. l.] 2022

CONCEIÇÃO, Francisco. *Implicações políticas da cooperação internacional para o desenvolvimento em Moçambique:* da solidariedade socialista à trajetória tradicional do Norte e à experiência emergente do Sul (1975-2013). 205. Tese (Doutorado em Ciência Política) – Instituto de Estudos Sociais e Políticos, Universidade do Estado do Rio de Janeiro, Rio de Janeiro, 2015.

CORRÊA, M. L. *Prática comentada da cooperação internacional:* entre a hegemonia e a busca de autonomia. Brasília, 2010.

CUNGUARA, Benedito; HANLON, Joseph. O fracasso na redução da pobreza em Moçambique. *London Crisis States Working Paper*, London School of Economics, Londres, n. 74, 2010. Disponível em: http://dx.doi.org/10.1787/eag-2017-en. Acesso em: 17 mar. 2021.

DARCH, Colin. *Uma história de sucesso que correu mal?* O conflito moçambicano e o processo de paz numa perspectiva histórica. Maputo: Friedrich-Ebert-Stiftung Moçambique, 2018.

DE RENZIO, Paolo; Hanlon, Joseph. *Contested Sovereignty in Mozambique:* The Dilemmas of Aid Dependence. Oxford, University College Oxford, GEG Working Paper, 2007.

DI CIOMMO, Mariella. O futuro da cooperação para o desenvolvimento: o papel crescente dos doadores emergentes. *Development Initiatives*, Mar. 2014. Disponível em: http://goo.gl/0KQV1M. Acesso em: 5 maio 2024.

DIOGO, Luísa Dias. *A sopa da madrugada:* das reformas à transformação econômica e social em Moçambique: 1994-2009. Maputo: Plural Editores, 2013.

EUA. Estratégia de Assistência do Governo dos Estados Unidos a Moçambique. 2009-2014.

FARIA, Fernanda; Chichava, Ana. *Descentralização e cooperação descentralizada em Moçambique.* 1999. Disponível em: https://macua.blogs.com, Acesso em: 5 maio 2024.

FILHO, Clodoaldo. *A Conferência de Lacaster House:* da Rodésia ao Zimbabwe. Brasília: Fundação Alexandre de Gusmão, 1993.

FINGERMANN, Natália N. Brasil e Moçambique na cooperação Sul-Sul: entre avanços e recuos. *In:* CHICHAVA, Sérgio (org.). *Desafios para Moçambique 2019.* Maputo: IESE, 2019. p. 353-375

FORQUILHA, Salvador. *Desafios para Moçambique 2020.* Maputo: IESE, 2020.

FURTADO, Cláudio. Democracia em África: possibilidades e limites. África. Revista do Centro de Estudos Africanos. USP, São Paulo, v. 20-21, p. 199-217, 1997/1998.

GABINETE DE TRANSIÇÃO GOVERNAMENTAL. *Relatório Final.* Brasília: Comissão de Transição Governamental, 2022.

GARCIA, A.; KATO, K. Políticas Públicas e interesses privados: uma análise a partir do Corredor de Nacala em Moçambique. *Caderno CRH*, Salvador, v. 29, n. 76, p. 69-86, jan./abr. 2016.

GUILICHE, Pedro Madeira. *Implicações políticas da cooperação internacional para o desenvolvimento no campo da educação superior em Moçambique*: análise do papel do Banco Mundial (1993-2018). 2021. Tese (Doutoramento em Ciência Politica) – Instituto de Estudos Sociais e Políticos, Universidade do Estado do Rio de Janeiro, IESP-UERJ, 2021.

GUILICHE, Pedro Madeira. *Repensar a cooperação internacional para o desenvolvimento*: a actuação do Banco Mundial no campo da educação superior em Moçambique. Porto: Alcance Editores, 2022.

GUIMARÃES, Feliciano de Sá; SILVA, Irma Dutra De Oliveira e. Far-right populism and foreign policy identity: Jair Bolsonaro's ultra-conservatism and the new politics of alignment. *International Affairs*, v. 97, n. 2, p. 345-363, Mar. 2021.

HANLON, Joseph. *Seguindo o caminho desenhado pelos doadores para lidar com a dívida secreta de $2,2 bilhões em Moçambique*. Conferência: Desafios de investigação social e econômica em tempo de crise. Maputo: IESE, 2017.

HILL, Cameron. *State of the Union:* US development assistance under the Biden Administration – part one, 2022. Disponível em: https://devpolicy.org/us-development-assistance-under-biden-part-one-20220511/ Acesso em: 5 nov. 2023

INGLEHART, Ronald; NORRIS, Pippa. *Trump, Brexit, and the Rise of Populism:* Economic Have-Nots and Cultural Backlash. Harvard Kennedy School: Faculty Research Working Paper Series, 2016.

JOSEPH, Richard. Democratization in Africa after 1989: Comparative and Theoretical Perspectives. *Comparative Politics*, v. 29, n. 3, p. 363-382, Apr. 1997. Transitions to Democracy: A Special Issue in Memory of Dankwart A. Rustow, Published by: Ph.D. Program in Political Science of the City University of New York.

LALÁ, Anícia; OSTHEIMER, Andreia E. *Transição e consolidação democrática em África:* como limpar as nódoas do processo democrático? Os desafios da transição e democratização em Moçambique (1990 – 2003). Maputo: Konrad-Adenauer-Stiftung, 2003.

LEITE, Iara Costa. Cooperação Sul-Sul: conceito, história e marcos interpretativos. *Observador On-line*, Rio de Janeiro, v. 7, n. 3, mar. 2012.

LEVITSKY, Steven; Ziblatt, Daniel. *Como as democracias morrem*. Rio de Janeiro, Zahar, 2018.

MACAMO, Elísio. *Da disciplinarização de Moçambique*: ajustamento estrutural e as estratégias neo-liberais de riscos, Porto: Faculdade de Letras da Universidade de Porto, 2003.

MARCONDES, Danilo. As relações Brasil – África no contexto da pandemia da covid-19: cooperação com Moçambique. *In:* CASTELO-BRANCO, Carlos Nuno; ALI, Rosimina; CHICHAVA, Sérgio; FORQUILHA, Salvador; MUIANGA, Carlos (org.). *Desafios para Moçambique 2022*. Maputo: IESE, 2022. p. 526-544

MARCONDES, Danilo. Brasil e Moçambique: construindo a cooperação em defesa. *In:* CHICHAVA, Sérgio (org.). *Desafios para Moçambique 2019*. Maputo: IESE, 2019. p. 377-388

MARP. *Relatório de Progresso sobre a Implementação do Programa Nacional de Acção do Mecanismo Africano de Revisão de Pares.* 2020.

MATSIMBE, Zefanias A. Estudos eleitorais em Africa: desafios teóricos, metodológicos e conceptuais. *In:* FORQUILHA, Salvador (org.). *Desafios para Moçambique 2018.* Maputo: IESE. 2018, p. 121-134.

MILANDO, João. *Cooperação sem desenvolvimento.* Luanda: Mayamba Editora, 2013.

MILANI, Carlos R. S.; CONCEIÇÃO, Francisco Carlos da; M'BUNDE, Timóteo Saba. Cooperação Sul-Sul em educação e relações Brasil-Palop. *Caderno CRH*, Salvador, v. 29, n. 76, p. 13-32, jan./abr. 2016. Disponível em: http://dx.doi.org/10.1590/S0103-49792016000100002, Acesso em: 5 maio 2024.

MILANI, Carlos R. S. Apreendendo com a história: críticas à experiência da Cooperação Norte-Sul e actuais desafios à Cooperação Sul-Sul. *Caderno CRH*, Salvador, v. 25, n. 65, p. 211-231, maio/ago. 2012.

MILANI, Carlos R.S. Evolução Histórica da Cooperação Norte-Sul. *In:* Souza, André A. (org.). *Repensando a cooperação internacional para o desenvolvimento.* Brasília: IPEA, 2014. p. 33-56

MILANI, Carlos R. S.; PINHEIRO, Letícia. The politics of Brazilian foreign policy and its analytical challenges. *ForeignPolicy Analysis*, Oxford, n. 13, p. 278-296, 2017.

MONCLAIRE, Stéphane. Democracia, transição e consolidação: precisões sobre conceitos bestializados. *Rev. Sociol. Polít.*, Curitiba, 17, p. 61-74, nov. 2001.

MONJANE, Boaventura; CONRADO, Régio (org.). *Aporias de Moçambique pós-colonial:* Estado, sociedade e capital. Quebec, Daraja Press, 2021.

MUTHARIKA, B. Wa. *One Africa, One Destiny:* Towards Democracy, Good Governance and Development. Southern Africa Regional Institute For Policy Studies (Sarips). Harare, Regional Cooperation Series, 1995.

NERY, Tiago. A ruptura na política externa brasileira e suas dimensões doméstica e geopolítica: subordinação internacional, fragmentação regional resposta à pandemia. *Revista Princípios*, São Paulo, n. 160, nov. 2020; fev. 2021. DOI: https://doi.org/10.4322/principios.2675-6609.2020.160.004

NUVUNGA, Adriano. Governação eleitoral no contexto da consolidação democrática em Moçambique. *In:* AWORTWI, Nicholas; SITOE, Eduardo (org.). *Perspec-*

tivas africanas sobre a nova gestão pública: implicações para a formação de recursos humanos. Maputo, IESE, 2006

NYLEN, William R. *O orçamento participativo num regime autoritário competitivo:* um estudo de caso (Maputo, Moçambique). Maputo: IESE, 2014.

PASQUINO, Gianfranco. *Curso de Ciência Política.* Cascais: Principia, 2002.

PEREIRA, Domingos Simões. Desafios da construção democracia (liberal) na África Subsaariana, 2018. Disponível em: https://iep.lisboa.ucp.pt/asset/3616/file. Acesso em: 17 maio 2024.

PEREIRA, João Márcio Mendes. *O Banco Mundial como actor político, intelectual e financeiro 1944-2008.* 2009. Tese (Doutoramento em História) – Universidade de Federal Fluminense, Niterói, 2009.

PINO, Bruno Ayllón. Evolução Histórica da Cooperação Sul-Sul (CSS). *In:* Souza e Mello, André (org.). *Repensando a cooperação internacional para o desenvolvimento.* Brasília: IPEA, 2014. p. 57-87.

PLATAFORMA PORTUGUESA DAS ONGD. *A eficácia da ajuda e do desenvolvimento.* Lisboa, 2011

Projecto Trocas de técnica, aprendizagem e consolidação entre pares: cooperação descentralizada Brasil e Moçambique. Encontro de troca de experiência entre técnicos dos Municípios do Brasil e de Moçambique. Nampula, 2013.

QUIVY, Raymond; Campenhoudt, Luc. *Manual de investigação em Ciências Sociais.* Lisboa: Gradiva, 2008.

REGILME Jr., Salvador Santino. United States Foreign Aid and Multilateralism Under the Trump Presidency. *New Global Studies, [S. l.]* v. 17, n. 1, p. 45-69, 2023. Disponível em: https://doi.org/10.1515/ngs-2021-0030. Acesso em: 5 maio 2024.

RODRIGUES, Gilberto M. A.; MACIEL, Tadeu Morato. Direitos humanos e cooperação Sul-Sul: qual a contribuição do Brasil? *Monções:* Revista de Relações Internacionais da UFGD, Dourados, v. 7. n. 14, ago./dez. 2018. Disponível em: http://ojs.ufgd.edu.br/index.php/moncoes, Acesso em: 5 maio 2024.

ROQUE, Paula; ALDEN, Chris. China em Moçambique: prudência, compromisso e colaboração. *In: A mamba e o dragão.* Relações Moçambique-China em Perspectiva. IESE/SAIIA. Maputo: IESE, 2012 p. 11-32.

SCHWARTZMAN, Kathleen. Globalization and Democracy. *Annual Review of Sociology*, [S. l.] v. 24, p. 159-181, 1998.

TOLLENAERE, Marc De. Uma economia política da reforma eleitoral em Moçambique. *In:* FORQUILHA, Salvador (org.). *Desafios para Moçambique 2018.* Maputo: IESE, 208.

SOBRE OS AUTORES

ORGANIZADORES:

Rubens de Siqueira Duarte

Pesquisador nível 2 do Conselho Nacional de Desenvolvimento Científico e Tecnológico (CNPq). Doutor em Política e Estudos Internacionais pela University of Birmingham (Reino Unido), em 2017; mestre em Ciência Política pelo Instituto de Estudos Políticos e Sociais da Universidade do Estado do Rio de Janeiro (IESP/UERJ), em 2013; bacharel em Relações Internacionais pela Pontifícia Universidade Católica do Rio de Janeiro (PUC-Rio), em 2008; e bacharel em Direito pela Universidade Federal do Estado do Rio de Janeiro (UNIRIO), em 2007. Fez seu estágio pós-doutoral no IESP/UERJ. Atualmente, é professor adjunto do Programa de Pós-Graduação em Ciências Militares do Instituto Meira Mattos, no âmbito da Escola de Comando e Estado-Maior do Exército (PPGCM-IMM-ECEME), coordenador do Laboratório de Análise Política Mundial (LABMUNDO) e pesquisador do Observatório Interdisciplinar de Mudanças Climáticas (OIMC).

E-mail: rubens@rubensduarte.education

Orcid: 0000-0002-9709-9865

Carlos R. S. Milani

Professor Titular de Relações Internacionais no Instituto de Estudos Sociais e Políticos da Universidade do Estado do Rio de Janeiro (IESP/UERJ), junto ao Programa de Pós-Graduação em Ciência Política. Doutor pela Ecole des Hautes Etudes en Sciences Sociales (1997), tendo realizado um primeiro pós-doutorado na Universidade Federal da Bahia entre 2002 e 2004 (bolsa Fapesb), um segundo no Instituto de Estudos Políticos de Paris entre 2008 e 2009 (bolsa CAPES) e um terceiro na University of California – Berkeley em 2017 (bolsa Estágio Sênior da CAPES). Antes de seu retorno ao Brasil em 2002, foi funcionário internacional da Unesco junto ao Setor de Ciências Sociais e Humanas (1995-2002) e professor assistente em Sciences Po Paris (1997-2002). Desde 2016, é também editor associado (Relações Internacionais) da *Brazilian Political Science Review* e, desde janeiro de 2020, vice-diretor do IESP/UERJ. Coordenador do grupo de pesquisa Laboratório de Análise Política Mundial (LABMUNDO, antena Rio de Janeiro) e do Observatório

Interdisciplinar das Mudanças Climáticas (OIMC), é bolsista de produtividade 1-B do CNPq, Cientista do Nosso Estado da FAPERJ e bolsista do Programa Pró-Ciência da UERJ. Fora do âmbito universitário, é atualmente Senior Fellow do Centro Brasileiro de Relações Internacionais (Cebri).

E-mail: crsmilani@iesp.uerj.br
Orcid: 0000-0001-8204-6827

AUTORES E AUTORAS

Arthur Vargas Facini

Graduando em Relações Internacionais pela Universidade do Estado do Rio de Janeiro (UERJ) e bolsista de Iniciação Científica pelo CNPq. Além disso, é pesquisador colaborador no Observatório Interdisciplinar das Mudanças Climáticas (OIMC) e membro do Laboratório de Análise Política Mundial (LABMUNDO). Tem como foco de estudo o negacionismo e as políticas de obstrução climática no Brasil.

E-mail: arthurfacini@gmail.com
Orcid: 0009-0002-0061-622X

Beatriz Triani Cherem

Mestranda em Ciência Política no Instituto de Estudos Sociais e Políticos da Universidade do Estado do Rio de Janeiro (IESP/UERJ) e bacharel em Relações Internacionais pela UERJ. Pesquisadora do Laboratório de Análise Política Mundial (LABMUNDO), do Observatório Interdisciplinar das Mudanças Climáticas (OIMC) e assistente de pesquisa no grupo Escassez de Recursos, pertencente ao Laboratório de Simulações e Cenários (EGN).

E-mail: biatriani@gmail.com
Orcid: 0000-0003-0232-3287

Bénet Justina Machava

Mestre em Ciência Política pela Universidade Eduardo Mondlane, na Faculdade de Letras e Ciências Sociais, no Departamento de Ciência Política e Administração Pública. Atualmente é docente no Instituto Superior de Ciências e Tecnologias de Moçambique (ISCTEM), na Escola Superior de Economia e Gestão de Negócios (ESEGN). As suas áreas de pesquisa estão relacionadas com Cooperação Internacional e Movimentos Sociais Transnacionais, com enfoque na cooperação Sul-Sul.

E-mail: benetjustina@gmail.com
Orcid: 0009-0000-7757-9880

Bruna Soares de Aguiar

Doutora em Ciência Política pelo Instituto de Estudos Sociais e Políticos da Universidade do Estado do Rio de Janeiro (IESP/UERJ), especialista em Política Externa e Cooperação Internacional Feminista. Atualmente é pesquisadora de Pós-Doutorado Bolsista FAPERJ Nota 10 na Pontifícia Universidade Católica do Rio de Janeiro (PUC-Rio).

E-mail: brusoaresaguiar@gmail.com

Orcid: 0000-0001-5848-988X

Caio Samuel Milagres Soares

Graduado em Relações Internacionais pela Universidade do Estado do Rio de Janeiro (UERJ) e mestrando no Programa de Pós-Graduação em Ciências Militares do Instituto Meira Mattos, no âmbito da Escola de Comando e Estado-Maior do Exército (PPGCM-IMM-ECEME). É pesquisador do Laboratório de Análise Política Mundial (LABMUNDO) e pesquisador colaborador do Observatório Interdisciplinar das Mudanças Climáticas (OIMC).

E-mail: caiosamuel1410@gmail.com

Orcid: 0009-0008-1173-0080

Danielle Costa da Silva

Doutora e mestra em Ciência Política pelo Instituto de Estudos Sociais e Políticos da Universidade do Estado do Rio de Janeiro (IESP/UERJ). Realizou pós-doutorado no PPGRI/UERJ no período 2017-2018. Professora adjunta e coordenadora de graduação do curso de Relações Internacionais do Instituto de Relações Internacionais e Defesa da Universidade Federal do Rio de Janeiro (IRID/UFRJ). Pesquisadora do Laboratório de Análise Política Mundial (LABMUNDO) e do Observatório Interdisciplinar de Mudanças Climáticas (OIMC). Laureada com a Menção Especial da VII Edição do Concurso de Teses Guillermo O'Donnell (2017) da Associação Latino-Americana de Ciência Política (ALACIP).

E-mail: daniellecosta@irid.ufrj.br

Orcid: 0000-0002-2925-8852

Francisco Carlos da Conceição

Professor de Ciência Política e Administração Pública na Universidade Eduardo Mondlane, na Faculdade de Letras e Ciências Sociais, no Departamento de Ciência Política e Administração Pública. É doutor em

Ciência Política pelo Instituto de Estudos Sociais e Políticos da Universidade do Estado do Rio de Janeiro (IESP/UERJ), Brasil. É, atualmente, membro do Conselho Nacional do Ensino Superior, em Moçambique. As suas áreas de investigação incluem: Cooperação e Desenvolvimento Internacional, Políticas Públicas e Sistemas Eleitorais.

E-mail: conceicaofra@yahoo.com.br

Orcid: 0009-0003-2810-0994

Henrique Rabello de Carvalho

Doutorando em Ciência Política no Instituto de Estudos Sociais e Políticos da Universidade do Estado do Rio de Janeiro (IESP/UERJ), na linha de pesquisa Relações Internacionais e Política Comparada. Foi pesquisador visitante junto ao Departamento de Ciência Política da Stellenbosch University (2023) e assistente do curso de inverno sobre metodologia de pesquisa da African Doctoral Academy (2023). Presidente da Comissão da Diversidade Sexual e de Gênero da Ordem dos Advogados do Brasil, seccional Rio de Janeiro (OAB-RJ).

E-mail: henrique.carvalho@iesp.uerj.br

Orcid: 0000-0001-6366-1971

Hugo Bras Martins da Costa

Doutor em Ciência Política e Relações Internacionais em regime de cotutela de tese entre o Instituto de Estudos Sociais e Políticos da Universidade do Estado do Rio de Janeiro (IESP/UERJ) e o Instituto de Estudos Políticos de Paris (Sciences Po Paris). Mestre em Ciência Política pelo IESP/UERJ e bacharel em Ciências Sociais pelo Instituto de Filosofia e Ciências Sociais da Universidade Federal do Rio de Janeiro (UFRJ). Desde 2022, é pós-doutorando do Programa de Pós-Graduação em Ciências Militares (PPGCM) da Escola de Comando e Estado-Maior do Exército (ECEME). Desde 2016, é pesquisador do Laboratório de Análise Política Mundial (LABMUNDO), que integra a plataforma de pesquisa Latitude Sul. Desde 2023 é pesquisador e coordenador adjunto do Laboratório de Pesquisa em Operações de Paz. Entre 2020 e 2022, foi coordenador de projetos do Centro Brasileiro de Relações Internacionais (Cebri) e professor do Seminário de Política Externa Brasileira Contemporânea no Collège Universitaire de Sciences Po Paris.

E-mail: hugobrasmartinsdacosta@gmail.com

Orcid: 0000-0001-7433-5864

Janaína Pinto

Doutoranda em Ciência Política no Instituto de Estudos Sociais e Políticos da Universidade do Estado do Rio de Janeiro (IESP/UERJ). Presta consultoria em produção jornalística, pesquisa especializada, redação técnica para *advocacy* e articulação política no campo ambiental. Graduada em Comunicação Social com especialização em Jornalismo pela Universidade Federal do Ceará (UFC) e mestra em Economia Política Internacional pela Universidade Federal do Rio de Janeiro (UFRJ). Membro da Rede Brasileira de Justiça Ambiental (RBJA), pesquisadora colaboradora do Observatório Interdisciplinar de Mudanças Climáticas (OIMC) e do Laboratório de Análise Política Mundial (LABMUNDO). Pesquisa atores e práticas do desmatamento na Amazônia, obstrução e negacionismo climático, e conflitos socioambientais.

E-mail: jana.bras@gmail.com
Orcid: 0000-0003-3160-5718

Júlia Nascimento Santos

Graduada em Relações Internacionais pela Universidade do Estado do Rio de Janeiro (UERJ). É pesquisadora do Laboratório de Análise Política Mundial (LABMUNDO) e do Observatório Interdisciplinar das Mudanças Climáticas (OIMC). Atualmente pesquisa a Convenção sobre Zonas Úmidas, Convenção de Ramsar e a Política Externa Brasileira para o meio ambiente.

E-mail: julicans0300@gmail.com
Orcid: 0000-0002-1864-7975

Juliana Ramos Luiz

Doutora em Ciência Política pelo Instituto de Estudos Sociais e Políticos da Universidade do Estado do Rio de Janeiro (IESP/UERJ) e mestra em Relações Internacionais (PPGRI/UERJ). É gerente de projetos no Instituto Escolhas para a área de sistemas alimentares. Enquanto pesquisadora associada do LABMUNDO, seus pontos de estudo e análises convergem para os temas de Relações Internacionais, Agricultura e Sistemas Alimentares.

E-mail: juluiz@gmail.com
Orcid: 0000-0001-8738-4665

Juliana Pinto

Doutora em Ciência Política pelo Instituto de Estudos Sociais e Políticos da Universidade do Estado do Rio de Janeiro (IESP/UERJ), especialista em Política Externa de Direitos Humanos. Atualmente é assessora da Associação de Mulheres Diplomatas Brasileiras (AMDB).

E-mail: julianaplemos@gmail.com

Orcid: 0000-0002-6812-6596

Kethlyn Winter

Mestra e doutoranda em Ciências Militares pelo Programa de Pós-Graduação em Ciências Militares do Instituto Meira Mattos (PPGCM/IMM), que atua no âmbito da Escola de Comando e Estado-Maior do Exército (ECEME). É pesquisadora do Laboratório de Análise Política Mundial (LABMUNDO) e do Observatório Político Sul-Americano (OPSA), ambos do Instituto de Estudos Sociais e Políticos da Universidade do Estado do Rio de Janeiro (IESP/UERJ).

E-mail: kethlynwinter@gmail.com

Orcid: 0000-0001-8431-2594

Leandro Carlos Dias Conde

Professor adjunto de Ciência Política da Universidade Federal do Pampa (Unipampa). Doutor em Ciência Política pelo Instituto de Estudos Sociais e Políticos da Universidade do Estado do Rio de Janeiro (IESP/UERJ). Pesquisador associado do IESP/UERJ e do Laboratório de Análise Política Mundial (LABMUNDO). Autor do livro *Humilhação e reconhecimento: Brasil e China em busca de status internacional* (Appris, 2022).

E-mail: leandrocdconde@gmail.edu.br

Orcid: 0000-0002-1991-9792

Magno Klein

Professor dos cursos de Relações Internacionais e de Humanidades da Universidade da Integração Internacional da Lusofonia Afro-Brasileira (UNILAB/BA). Pesquisador na área de Relações Internacionais e Ciência Política, com foco em Regimes Internacionais, Análise da Política Externa Brasileira e Relações Internacionais em África.

E-mail: magnoklein@gmail.com

Orcid: 0000-0002-1840-5757

Maria Isabel Santos Lima

Doutoranda em Ciência Política pelo Instituto de Estudos Sociais e Políticos da Universidade do Estado do Rio de Janeiro (IESP/UERJ) e mestra em Ciência Política pela Universidade Federal do Estado do Rio de Janeiro (UNIRIO). Pesquisadora do Laboratório de Análise Política Mundial (LABMUNDO) e do Observatório Interdisciplinar de Mudanças Climáticas (OIMC).

E-mail: mariaisabellima@iesp.uerj.br

Orcid: 0000-0002-7000-4854

Murilo Gomes da Costa

Doutor em Ciência Política pelo Instituto de Estudos Sociais e Políticos da Universidade do Estado do Rio de Janeiro (IESP/UERJ). Pesquisador associado do Laboratório de Análise Política Mundial (LABMUNDO). Em 2022, foi um dos vencedores do "FLAD Atlantic Security Award". Suas principais áreas de pesquisa são: o Estudo das Potências Regionais, com ênfase no Brasil e na África do Sul; Cooperação Sul-Sul em Defesa e Geopolítica do Atlântico Sul.

E-mail: murilogomesdacosta@gmail.com

Orcid: 0000-0003-3302-6787

Pablo Saturnino Braga

Doutor em Ciência Política pelo Instituto de Estudos Sociais e Políticos da Universidade do Estado do Rio de Janeiro (IESP/UERJ). Atua como professor adjunto da Ibmec, professor substituto da Universidade Federal do Rio de Janeiro (UFRJ) e analista de relações internacionais da Fundação Alexandre de Gusmão (FUNAG). É também pesquisador do Laboratório de Análise Política Mundial (LABMUNDO).

E-mail: satbraga@gmail.com

Orcid: 0000-0002-4553-2671

Pedro Guiliche

Pedro Guiliche é professor de Ciência Política e Administração Pública e consultor de Governação e Políticas Públicas. É doutor em Ciência Política pelo Instituto de Estudos Sociais e Políticos da Universidade do Estado do Rio de Janeiro (IESP/UERJ). Dirigiu o setor de Ciência, Tecnologia, Ensino

Superior e Técnico Profissional ao nível Provincial, em Sofala, Moçambique, e mais tarde exerceu sucessivamente as funções de diretor nacional adjunto do Ensino Superior e assessor do ministro de Ciência, Tecnologia, Ensino Superior e Técnico Profissional, ocupando-se dos assuntos de Desenvolvimento Institucional e Ensino Superior. Atualmente é vice-reitor da Universidade Púnguè, em Moçambique.

E-mail: pedro.guiliche@gmail.com

Orcid: 0000-0001-5885-7048

Tiago Nery

Doutor em Ciência Política pelo Instituto de Estudos Sociais e Políticos da Universidade do Estado do Rio de Janeiro (IESP/UERJ) e assessor de Relações Internacionais do Instituto Nacional de Infectologia Evandro Chagas da Fundação Oswaldo Cruz (INI/Fiocruz). É também pesquisador do Laboratório de Análise Política Mundial (LABMUNDO) e colaborador do Observatório Político Sul-Americano (OPSA), ambos do IESP/UERJ.

E-mail: tiagonnery@gmail.com

Orcid: 0000-0002-8415-0246